팔순 바보 할머니 순례 이야기

팔순 바보 할머니 순례 이야기

사람

글 & 그림 © 김재신 2025

이 책의 저작권은 저자에게 있습니다. 무단 전재, 게시(온라인 포함), 복제 시 저작권법에 따라 처벌받습니다.

An Eighty-Year-Old Foolish Grandmother's Pilgrim Journal

Text, Illustrations, Photos © 2025 Jaeshin Kim
Originally published in Korean by Saram, an imprint of rMAENGe, Seoul, Republic of Korea.
All rights reserved.

일러두기

1. 저자의 어법을 그대로 살렸습니다. 과거 외래어 표기(예: 콘셉트 대신 컨셉)나 한국말 표현/용어(예: 초등학교 대신 국민학교; 보육원 대신 고아원)는 저자의 어법을 살리기 위해 그대로 살렸습니다.
2. 저자이자 엄마 김재신이, 여행가이드이자 아들이자 편집자인 호성이, 딸 호영이, 며느리 진실이 등이 실명으로 언급됩니다.
3. 순례 동반자이자, 이 책의 편집자 중 한 명인 아들의 설명, 첨언은 미주로 처리했습니다.
4. 시, 노래, 찬송은 ' '으로, 영화 및 예술작품은 〈 〉으로, 책은 『 』로 표기했습니다.
5. 성경 말씀은 가급적 사용한 역본을 함께 표기했습니다.
6. 그림이나 사진은 거의 모두 저자의 것입니다. 저자의 것이아닌 경우에는 출처를 밝혔습니다. 그림이나 사진 콜라쥬는 저자가 아이패드로 Procreate 앱을 사용해서 그리고 만들었습니다.

목차

나누는 말　7

1. 시작　9

2. 로마　13
　　첫날, 서울에서 로마로　13
　　이튿날, 로마　29
　　사흗날, 로마에서 피렌체로　75

3. 피렌체　93
　　나흗날, 피렌체　103
　　닷샛날, 아직 피렌체　137
　　엿샛날, 피렌체에서 볼로냐로　176

4. 볼로냐　181
　　이렛날, 볼로냐 어린이 도서전　197
　　여드렛날, 볼로냐에서 제노바로　215

5. 제노바　219
　　아흐렛날, 제노바에서 니스로　240

6. 니스   255
　열흘날, 니스에서 아비뇽으로   268

7. 아비뇽   279
　열하룻날, 아비뇽   286
　열이튿날, 아비뇽에서 파리로   309

8. 파리   315
　열사흗날, 파리   320
　열나흗날, 집으로   346

계속되는 순례 인생   369

　* 미주   375
　* 부록: 이 책에 언급된 책, 영화, 장소   381

나누는 말

피렌체 베키오 다리 부근 레스토랑에서 저녁 식사를 하던 중이었다. 세 번째 코스를 시작할 때였다.
"아들, 생각하면서 먹다 보니까… 이 접시가 예쁘고 음식도 맛있는데, 순례 코스의 식사와는 어울리지 않아서 인증샷은 남기지 않기로 했어. 너무 고급이고 사치스럽고. 순례 코스니까 음식 찍기는 빼자."
"알았어요, 엄마."
"그런데 아들, 이번 여행을 글로 써서 너하고 공동 저자 하면 어떨까?"
"좋죠. 그럼, 지금 식사하는 건 업무인 거죠."
내가 무슨 뜻이냐는 듯이 눈을 크게 뜨니까, 아들이 얼굴의 모든 감각을 동원해서 웃음을 만들었다.
"무슨 말이냐면 엄마, 지금부터 하는 말은 비즈니스이니 식사 비용을 회삿돈으로 내도 된다는 말이에요."
"떼끼. 아들, 그런 법이 어디 있니?"
"맞아요. 그렇게 되는 거예요. 하여튼 호영이가 엄마한테 맛있는 거 많이 사드리라고 돈 많이 준댔어요. 숙박비와 식비는 다 자기가 준다고 많이 쓰라고 했거든요."

이렇게 해서 모자(母子)의 세 번째 여행이면서, 이번 여행의 컨셉인 순례 여행은 책으로 나오게 되었다.

나누기를 좋아하는 나의 특성상 이번 여행은 누구와도 좋으니 나누어주기로 하였다. 나이의 숫자가 많아졌다고 누구도 어디에서도 나에게는 일을 안 준다. 그래서 글로라도 나누고 싶어졌다. 종이 위에 사랑을 심고, 좋아하는 것을 꽂아두고, 기쁜 것을 흩뿌려놓고, 감동을 가지각색으로 칠하고, 나무이파리들을 마음에 드는 색으로 비벼놓고, 만났던 사람들을 부드럽게 표현해 놓고 싶다.

때로는 눈물겨운 정경을 표현해 같이 울고도 싶다. 이런 일만 내가 할 수 있는 일이 되었다. 때로는 이런 일도 힘든 일이 되지만 그래도 있는 정성을 모두 쏟아내어 나에게 은사로 주신 숨겨져 있던 재주를 아니면 주책을 끌어내고 싶다. 세상이 변해 원고지가 아닌 자판을 두드려서 여행을 나누려고 한다.

그림1 3차 여행이자 순례 여행 지도

1. 시작

핸드폰으로 메시지가 왔나 보다. 난 핸드폰을 하루에 두 번 정도만 들여다본다. 저녁 식사를 준비하기 전에 핸드폰을 들여다보니, 아들이 보낸 것도 있다.

"엄마, 여행가요. 수도원 순례 가요."[1]

다른 메시지는 꿀꺽 잘 먹어버리지만, 자식들 것은 떼어먹지 않는 엄마다. 나는 대답했다.

"바보 노릇 그만하련다. 투자한 것만큼 얻지도 못하는데…. 알아듣지도 못하고. 집에 와서 인터넷을 들여다보니 십분의 일도 못 알아차렸더라. 그런 바보 노릇 그만하련다. 그래도 고맙습니다."

나는 손가락으로 자판을 찍지도 않는다. 그냥 핸드폰에다 말하면 핸드폰이 알아서 써주면 그냥 보낸다. 즉시로 대답이 날라왔다.

"그러지 말고 한 번만 더 가요."

"요"

"요"

"요"

나는 생각하고 또 생각해 보았다. 며칠 동안을 삭혀 보았다.

그 며칠 사이 며느리가 와서 예쁜 말로 꼬드겼다. 만약에 끝까지 거절했다가 내가 많이 아파지게 되면, 나도 아들도 마음이 많이 아프겠지. 그러니 또 갔다 오자. 갔다 와서 한바탕 아프더라도 갔다 오자.

얻어오는 것이 하나도 없더라도 따라가자. 아들과 같이 지내는 시간이 또 생긴 것만으로도 감사할 수있는 나이니까.

처음 아들을 따라서 로마로 갈 때의 여행도 그런 마음이었다. 몇 달 동안 아프면서 얻은 결론은 '후회할 일을 줄이면서 살자'였으니까. 이 나이에 얻는 것이 있은들 무엇에 쓸 것인가? 나의 하나님께서 만드신 또 다른 세상을 보는 것. 나와 다른 방식의 삶을 이어가는 이들의 흔적을 살펴보는 것. 나의 머릿속이, 나의 눈이 넓어져서 풍요로워지는 것으로도 족하리라. 그래서 나는 대답했다.

"그러자. 가자. 아들아."

나는 또 바보 노릇을 하기로 했다. 지적 장애인들과 살아본 나는 알고 있다. 바보 노릇이 편하기도 하고, 슬프기도 하다는 것을. 그렇지만 진짜 바보는 슬프지도 않다. 뭘 잘 모르니까.

2023년 2월 17일

나는 비닐 케이프를 어깨에 걸치고, 머리카락을 가위로 가다듬었다. 파마약을 바르고 롤을 대충 감았다. 옆머리와 꼭대기만 감았다. 뭐 어때. 내 눈에 보이는 머리카락만 뻗치지 않으면 되지. 머리가 온통 곱슬곱슬하다 못해 꼽슬꼽슬한 사람들이 많은 곳으로 가니까. 내 머리 모양도 조금만 바꿔주었다. 나는 내 머리의 변형에 만족해하며 여행 준비를 해나갔다.

여행 컨셉이 '순례'라고 했나? 아마도 아들과의 2차 여행 때, 있었던 일을 아들이 기억하고 있었나 보다. 런던에서던가? 어느 월요일 아침에 아들이 내게 말했었다.

"엄마, 수도원 가요."

나의 얼굴이 밝게 피는 것을 느꼈었다. 담 높이가 내 키의 두 배나 될까? 입구 문도 나를 위압할 정도로 높고도 넓은 문 앞에서 내 가슴이 펄쩍펄쩍, 쿵쿵 뛰었었다.

"엄마, 월요일은 개방하지 않는대요."

"아! 아쉽다."

나도 모르게 내 입에서 튀어나온 말. 아들이 내가 한 이 말을 가슴에 담아 두었나 보다. 그래서 수도원 투어를 계획했겠지.[2] 아들은 이런 방법, 저런 방법으로 나를 자라나게 하기를 즐겨한다. 나 또한 아들이 만들어준 길로 뻗어 올라가기를 서슴지 않는다. 아주 용감하게, 부끄러움도 안 타고.

사위가 찾아왔다. 두툼한 봉투를 주고 갔다. 팔순 여행 때 보태 쓰라고 주나 보다. 나이가 많아지는 것이 축하받을 일인지 모르겠다. 나는 애들에게 해주고 싶은 대로 다 못 해주었는데, 내 자식들은 나한테 해주고 싶은 대로 다 해줄 모양이다.

내가 애들 생일에 해준 것이 있을까? 다른 것은 기억나는 것이 없는데, 자동차 운전하는 것을 도왔던 것만은 기억에 남아있다. 아들과 딸의 18살 생일에 운전면허 따는 데 같이 다녔던 기억이 새록새록 올라온다. 애들이 잘 커주었다는 뿌듯함으로 운전 연수를 시키던 일도.

그 아이들이 성인이, 그것도 중년의 아저씨, 아줌마가 되어서 나를 데리고 여행 다니고 싶어한다.
그냥 위를 바라보고도
"고맙습니다!!!"
옆을 쳐다보고도
"고맙습니다! 고맙습니다!!!"를
입에 달고 살 수 있는 내가 좋다.

그림2 팔순 바보 할머니의 순례 시작

2. 로마

첫날, 서울에서 로마로

2023년 2월 28일, 맑음

딸의 생일날이다. 아침 식사를 서둘러 하면서 남편 것도 차렸다. 8시 15분 전. 전화기에서 물방울 소리가 흘러나왔다. 며느리 진실이다.
"어머니!"
"벌써 왔어?"
"네, 어머니."
"올라와…."
현관문을 열어보니 진실이와 아들이 이민 가방만큼 커다란 여행 가방을 가지고 와 있었다.
"8시쯤에 온다더니 일찍 왔네."
"호성 씨가 일찍 끝내서요."
"양치질만 하면 돼. 잠시만 기다려줄래?"
"네, 그럼요."
"이 바바리코트 입고 잠바는 가방에 넣어도 될까?"
"그럼요."
진실이가 재빨리 대답하며 자기가 사 준 잠바를 개어서 큰 여행 가방에 넣었다.

우리는 아파트에서 나왔다. 웬일로 남편도 따라 나왔다. 공연히 멋쩍어지려고 하는 나를 느꼈다. 이런 상황에는 남편과 허그해야 하는데 그런 풍경을 만드는 것이 불편했다. 나는 뒷좌석에 냉큼 올라가 앉았다. 아들이 말했다.

"앞자리에 앉지 않으시고요?"

"응, 거기 조수석에는 진실이 남편 자리니까."

우리는 모두 차창 밖에 서 있는 사람을 향해 인사했다.

올해에 팔순이 되는 할머니, 내가 여행을 떠나는 것이다. 타의 반, 본인의 생각 반을 싣고서.

며느리가 운전하는 차를 타고 인천공항으로 갔다. 1터미널이던가? 내 모습만큼이나 우리나라도 많이 변한 모습이 눈앞을 빠르게 스쳐갔다. '날씨가 참 맑구나'를 느끼는 와중에도 차는 미끄러져 갔다.

내가 젊었을 때는 출국하는 가족들을 김포공항으로 데려다주곤 했는데, 내가 탈 비행기가 몇 시에 뜨는지도 모르면서 여행하는 모습이 참 우습다. 아들이 다 알아서 할 테니까. 아들만 따라다니면 되는 여행이다.

내가 일할 때 장애인 식구들에게 무엇을 할 것인지 말해주어도 소용이 없었다. 그들은 내가 가는 곳이면 그냥 좋다고 웃으면서 신나고 즐겁게 따라다녔다. 그런 그들의 모습이 좋았다. 이번에는 반대로 내가 아들만 잘 따라다니면 되는 역할을 즐기기로 했다.

며느리는 우리 둘을 공항에 내려놓고 스르륵 미끄러져 눈앞에서 사라졌다. 떠나는 차 뒤에다가 왼손을 들어 흔들었다. 고맙다고. 잘 있다가 보자고.

체크인하고, 짐 부치고, 핸드폰 로밍과 여행자 보험 가입까지 마쳤다. 전에는 없던 노약자 우대 입구−교통약자 출국 우대서비스−로 들어가 출국 절차를 밟았다.

"엄마, 라운지로 가요."

"그러자."

아들이 뭘 좀 먹긴 먹었는데 만두 말고는 기억에 없다. 음식이 차려져 있는 바를 한 바퀴 둘러보았다. 조금은 먹고 싶어졌다. 군만두 하나, 커피는 카페라테로 한 잔. 오늘부터 아침 커피를 마시기로 정했기 때문에 마셨다. 그리고 크루아상 하나와 방울토마토 3개. 의자에 걸터앉아 큰 유리창 밖의 풍경을 눈에 담으며, 아주 맛있게 먹었다.

아들이 나를 바라본다. '왜?'라는 뜻으로 눈을 위로 치켜뜨며 웃었다.

"엄마, 나 일 좀 할게요."

아들은 틈틈이 회사 일을 하곤 했다. 나를 데리고 여행하면서도 수시로 노트북으로 핸드폰으로 일을 처리했다. 시간이 있어서 나와 함께 있는 것이 아니고, 나를 데리고 다니는 것을 자기 일 속으로 끄집어들였다는 말이 맞을 것이다. 여행하면서도 일하는 아들을 보는 것도 즐거움의 하나로 들여놓았다.

나는 나 자신을 행복하게 그리고 즐겁게 해줄 의무가 있다. 평생 끈질기게 버텨준 나를 위하여, 버릴 것은 아낌없이 던져버리기로 했다. 더 늦기 전에.

우리는 로마공항에서 내렸다. 이제부터는 진짜 바보 노릇을 철저하게 잘 해내야 한다. 귀가 잘 들리지 않는 데다가 이탈리아 말은 하나도 모르니까 완전 청각장애인이 되어야 한다. 눈치껏 잘 따라가야 아들의 어려움을 덜어줄 수 있다. 바보 노릇을 잘하기로 했지만 마음대로 잘될지 자신은 없다. 짐꾼이 된 아들이 큰 가방에 기내 백에 배낭 두 개를 가지고 앞서갔다.

공항 건물 밖에 택시들이 줄 서 있는 것이 보였다.

"아들, 저기 택시 많이 있네."

아들의 난감한 표정이 나에게 낯선 로마만큼 어색해 보였다. 아들은 우보로 차를 호출해서 타려고 했다는데 엄마가 무안할까

봐서 택시를 탄 모양이었다. 이왕 바보 노릇을 하는 김에 시각장애인 행세까지 해야 했는데 잘 보이는 것이 아들을 난처하게 만들었나 보다. 우보 차를 타면 현금 결제하지 않아도 되는 것을 몰랐다. 우리나라는 어느 택시나 카드 결제가 가능하니까.[3]

얼마나 달렸을까? 몇십 분? 마음을 아프게 했던 개선문―예루살렘 성전에서 가져온 등잔 등이 개선문 안쪽에 부조로 새겨져 있다고 해서―이 보이고, 이어서 콜로세움의 덩치가 시야를 가로막았다. '어허! 내가 콜로세움을 알아보다니. 대단한 할머니네.' 나 자신에게 감탄사를 보내며 스스로 칭찬하는 것은 내 특기이다. 우리 할아버지가 나를 그렇게 키우셨다. 집안의 모든 어른이 나를 그렇게 떠받들어서 나는 내가 잘난 줄 알고 자랐다.

택시가 콜로세움을 지나 조금 더 가더니 어둑어둑한 골목길로 들어섰다. 어두운 골목으로 좀 더 깊숙이 들어가더니 육중한 교도소 같은 건물 앞에 멈추어 섰다. 이 지역 건물의 특징을 살린 작은 유리창들이 나를 바라보았다. 창문 가리개인 나무문들이 길거리로 몸체를 펼치고 있었다. 날이 어두침침하리라고 예상은 했지만, 골목 분위기까지 무언가가 누르고 있는 듯했다.

내가 내린 쪽 건물에는 유럽연합 EU 깃발과 이탈리아 깃발과 자기네 소속을 나타내는 노란 깃발이 바람에 흔들렸다. 깃발 세 개가 펄럭이고 있지 않았다면 골목 전체가 내려앉을 것 같은 기분이 들었을 것이다. 골목 분위기를 체크하는 동안에 아들은 택시요금을 계산했고 짐꾼 아들과 택시 기사는 여행 가방들을 트렁크에서 꺼냈다.

드디어 여행지의 첫 숙소로 발을 내디뎠다. 이렇게 크고 묵직한 철창문으로 들어가는 것은 처음인 듯싶다. 지난번 여행 때는 항상 호텔에 묵었으니까, 도로변의 밝은 쪽으로 출입문이 있었다. 그런 호텔들은 나에게 하나도 어색하지 않았다. '아, 참. 아들이 보내준 메시지에는 첫 번째 숙소가 수도원 숙소'라고 했던 글이 눈앞을 지나갔다. 여기가 그 수도원인가 보다 하고 마음을 현실에 동화시켜 보았다.

그러니까 지금은 아들과 수도원으로 들어가는 중이다. 이어서 아들이 하던 말이 귓가를 스쳤다.

"이번 콘셉트는 순례예요."

'드디어 그 일이 나의 앞에 펼쳐지는가 보다.' 쇠창살로 되어 있는 출입문을 지나며, 굳어지면서도 설레는 나를 느낄 수 있었다. 계속해서 '순례'라는 단어를 삭이면서 여행하기로 했다. 아들이 나를 꼬드기기에 아주 적절한 단어를 골라잡은 것도 사실이다. 그 유혹에 기쁘게 이끌림을 당했다.

짐꾼이 된 아들이 가방들을 끌기도 하고 들기도 하고 건물에 붙어있는 문을 열었다. 그 문은 일반 건물의 문과 다를 바가 없었다. 문 안의 공간에는 일반 성당들 앞에 있는 상점에서 팔고 있는 물건들이 잘 정돈되어 있었다.

나이가 60살은 넘어 보이는 풍채가 넉넉하고 후하게 보이는 수녀님 한 분이 사무실에 앉아있었다. **[그림3]** 그 사람의 옷이 수녀임을 말해주었다. '윔플'까지 챙기지는 않았지만, 베일은 머리에 얌전히 얹어져서 어깨 위로 내려뜨려 등까지 겸손하게 내리운

그림3 로마 수녀원 사무실과 수녀님

모양새가 존경심을 불러일으켰다. 회색 옷에 검정 머릿수건 차림의 수녀님이 퍽이나 안정된 모습으로 내게 비추어졌다. 아들과 수녀님은 열려 있는 작은 창을 사이에 두고 대화를 나누었다. 수녀님은 나보다는 영어를 조금 더 잘하는 것 같았다. 엘리베이터는 어디에 있고 방은 몇 호실인지 등 몇 가지 이야기를 해주었는데 솔직히 내가 관심을 둘 사항은 아니었다. 나는 청각장애인으로 충분히 여행할 준비가 되어 있었다.

 아들은 열쇠를 받아들고 사무실 맞은편에 있는 문을 열고 들어갔다. 왼쪽 벽에 붙어 있는 작은 문이 보였다. 수백 년이 된 건물에 승강기를 끼워넣은 흔적이 눈앞에 나타났다. 이전 여행에서는 이곳 승강기보다 더 구식인 것도 보았기 때문에 놀랄 일은 아니었다. 큰 가방을 욱여넣다시피 승강기 안에 밀어넣고 배낭을 하나씩 짊어진 우리가 승강기 안에 들어가니 '삐익' 소리를 냈다. 승강기가 '당신들 너무 무거워요' 하며 우리를 토해낼 것 같았다. 아들이 승강기에서 '3' 자를 눌렀다.

 아들이 방문에 '313'이라고 적혀 있는 곳에 열쇠를 꽂고 문을 열었다. 사무실의 수녀님과의 대화보다는 쉽게 열리는 문이 신기했다. 나의 상상력은 처음으로 바라보는 장소의 이곳저곳에서 밀담을 주고받기에 바빴다. '본래의 수녀원은 각 방에 문을 잠그고 지냈을까?'

 아들을 따라 방으로 들어갔다. 조그만 싱글 침대 두 개가 다정하니 나란히 누워 있었다. '수녀님들도 침대에서 주무셨을까?' '그녀들은 무슨 생각을 하며 잠을 청했을까?' 기도와 노동으로 일과를 보냈다면 생각할 여력도 없어서 그냥 곤히 잠들었을지도 모르는 수녀님들을 그려보았다. '그녀들은 새벽녘에 어떤 꿈을 꾸었을까?' '나처럼 같이 지내던 장애인들이 나타나서 생활을 이어갔을까?' '기르던 작물들이 예쁘게 싱싱하게 자라는 모습을 꿈에서도 보았을까?' '매일 꿈에도 예수님이 보였을까?' '나타나셨다면 어떤 모습의 예수님이셨을까?'

현실로 빨리 돌아와서 방의 천장을 보았다. 일반 호텔보다도 지붕이 높이 얹혀 있었다. 도배지로 벽을 모두 가리기에는 방이 너무 높아 보였다. 그러니까 250cm쯤 되는 곳에서 벽지는 마감되고 그곳에 가로로 띠 벽지를 둘러서 아주 자연스럽게 벽이라는 공간을 구분해 놓았다. 너무 높아서 어지러울 정도까지는 아닌 지점에서 벽지를 중단시킨 지혜가 놀라워 보였다.

아들이 '엄마'를 부른다. 아들은 손에 들고 있던 슬리퍼를 마루에 내려놓으며 말했다.

"이건 엄마 거."

이번에는 호텔이 아니니까 슬리퍼도 미리 준비해 왔나 보다. 어찌 이렇게나 자상하게 준비했을까?

아들은 큰 가방을 풀어서, 이곳저곳에 물건을 챙겨 넣었다. 아들은 짐을 정리해서 가방에 넣는 것도 완전히 전문가 수준이다. 나는 블라우스도 대충 개어서 넣는다. 아들은 구김살이 없도록 자기가 정해놓은 원칙대로 착착 개어 넣어서 꺼내도 구김살이 별로 없다. 당장 입을 셔츠는 스프레이로 물을 뿌려놓는다. 조그마한 분무기도 매번 가지고 다닌다. 아들은 대접받고 싶은 식당에 갈 때는 와이셔츠에 재킷을 곁들어 입는 방식을 취한다. 그런 아들의 모습을 보는 것을 즐겼다.

아들이 나를 불렀다.

"엄마, 저녁밥 먹으러 가요."

이제부터는 잠자는 곳과 먹는 곳이 완전히 분리되어 있다. 번거로울 수도, 즐거울 수도 있다. 나는 즐기는 쪽을 택했다.

"어디로?"

"테르미니로, 엄마."

"무슨 테르미니?"

"그냥 테르미니요. 엄마."

"그래도 지역 이름이 있을 거 아니니?" 나는 왜 이런 질문을 하는지 모르겠다. 아들이 테르미니라고 하면 그런 줄 알아야 청각

장애인 노릇을 잘하는 거잖아. 이런 생각을 할 때는 이미 늦었다. 입에서 생각이 튀어나간 뒤니까 말이다. 아들이 친한 친구인 핸드폰을 들여다보고, 심복인 손가락으로 왔다 갔다 한다.

"아, 엄마. 로마 테르미니요."

"응, 그렇구나. 가이드가 가이드 노릇을 잘하네."

"엄마, 우보를 부를까요?"

"얼마나 가면 되는데?"

"걸어서는 10분이나 15분?"

"아들, 걸어가자. 순례하는 김에."

아들의 팔에, 손을 밀어넣어 팔짱을 끼고, 수녀원 문을 나섰다. 내 키보다 두 배나 더 높은 문을, 버스가 드나들어도 될 만한 넓은 문을 열고 나섰다. 내 머릿속과 눈앞에는 말을 탄 수녀가 이 문을 드나드는 모습이 보였다. 그 뒤로 마차가 뒤따랐다. [그림4] 타임머신을 타고 여행하는 버릇이 빨리도 생겨났다. 나는 혼자서

그림4 로마 수녀원에 마차가 드나드는 상상

큰 문을 바라보고 웃었다. 문이 말하는 것 같았다. '그런 일이 내게 있었나요? 까마득한 옛날 일인가 보죠.'

여전히 몸도 바쁘고 머리도 눈도 바쁜데 입은 할 일이 별로 없다. 내 입은, 나의 말은 아들을 향해서만 필요한 것이 되었다. 내가 없었던 과거로 여행하느라고 아들의 팔을 놓고 있었다.
"가이드, 나도 데리고 가요."
앞서가던 아들이 뒤돌아서서 웃으며 그의 손을 나를 향해 뻗어주었다. 얼른 내 손을 아들의 손 안으로 밀어 넣었다. 참으로 염치도 없고 체면도 없이 내 세상에서 즐기며 산다.

우리는 터미널 1층(한국식으로 계산하면 2층)으로 올라갔다. 아들이 말했다.
"엄마, 젤라토 사야지요. 젤라토 집이 어디 있지?"
아들은 내가 비행기 타기 전부터 '로마에 가면 젤라토를 먹어야지'라고 한 말을 기억하고 있었나 보다. 아들은 로마공항에서부터 나에게 젤라토를 사주고 싶어했다. 80살이나 되어서 어리광도 아니고 푸념도 아니고 무언가 조르고 싶은 마음이 생겨서 한 말을 아들이 기억해주니 좋았다.
내가 원하는 것을 하기 위해 또는 갖기 위해 다른 사람에게 뭔가 졸라본 기억이 별로 없다. 결혼하기 전에는 조를 필요가 없었다. 결혼한 후로는 조를 수 있는 사람이 없었다. 또 조르는 것은 나의 성격에 없는 조항이기도 했다. 집안의 어른들이 알아서 미리 다 해주셨으니까. 이렇게 내가 하고 싶은 것을 알아주는 아들이 좋았다. 그런 아들도 이제 60살을 향해가고 있다. 이렇게 나이가 들어가는 아들에게는 귀엽다기보다는 대견하다는 말이 더 어울린다.
나의 눈에는 이미 젤라토 광고가 들어와 있었다. 아무리 내가 젤라토 노래를 했어도 그것부터 먹을 수는 없었다. 이것저것 신경을 쓰며 짐꾼 노릇부터 기획과 진행까지 맡아서 빈틈없이 하고 있는 아들에게 최소한의 예우는 할 줄 아는 엄마가 되고 싶었다. 터미널 분위기답게 조금은 어수선했지만 아주 소탈하게 편안하게 먹을 수 있는 분위기가 마음에 들었다.

"밥부터 먹자, 아들."

"그럴까요. 저기 피자집이 있네요, 엄마."

"그러자. 이탈리아에 왔으니, 피자를 먹는 것도 좋지. 나는 치킨 샐러드하고 수프만 사주라."

아들과 자리를 잡고 앉았다. 샐러드를 먹는 동안 니글거리던 뱃속이 편안을 찾아갔다. 아들이 피자 한 조각을 나에게 건네주었다. 조금 매콤한 것이 맛있다. 피자 이름에 '디아볼로'란 말이 있었나 보다. 악마처럼 맵다는 뜻이라고 아들이 일러주었다. 엄마인 내가 그 단어를 외우지 않을 것을 알면서도 아들은 뭐든지 나에게 설명해준다. 내가 그 말을 기억해서 좋은 것이 아니라 아들이 나에게 차근차근 대해주는 것이 좋다. 그런 아들의 모습을 바라보며 즐기는 내가 어처구니없어 보이기는 했다.[4]

2017년에 처음 유럽 여행 왔을 때는 이탈리아에 왔으니, 피자와 파스타를 많이 먹어보고 가면 좋겠다고 생각했었다. 아들이 코스 요리하는 곳으로만 데리고 다녀서 파스타 근처에는 간 적이 없었다. 그런데 지금은 내가 먹고 싶은 것을 서슴없이 말한다. 나는 어리숙하게 내 멋대로 변해가고 있다. 아들은 성숙을 향해 나아가고 있다. 이런 둘이 조화를 이루는 것은 보통 있을 수 있는 쉬운 일이 아닐 것이다.

"엄마, 이젠 젤라토 먹어요."

"그러자. 저기, 오른쪽 집에 있네."

우리는 내가 1층으로 올라오면서 눈도장을 찍어놓았던 집으로 갔다. 순수 바닐라는 없고 코코넛 젤라토가 있었다. 가게 주인이 종이 사발에 인심도 좋게 꾹꾹 눌러 담아주었다. 주인이 스푼 두 개를 들고 있는 손을 우리 쪽으로 내미니까 아들이 영어로 말했다.

"하나만 주세요."

가게 주인이 플라스틱 숟갈을 하나 거두어 가니까 아들이 이탈리아 말로 '고맙다'라고 한다. 주인이 우리를 바라보며 웃어주었다. 왜 고맙다는 말을 외울 마음이 안 생길까? 나는 내 멋대로 그냥 '하이'나 '땡큐'나 '바이'로 인사를 한다. 이런 내가 아주 안 좋아 보이고 이상해 보이기는 했다.

내가 아이스크림을 먹다가 혼자 웃었다. 이탈리아를 돌아다닐 때나 파리나 런던에서도 '젤라토'라고 쓰여 있는 간판을 많이 보았었다. 그때는 젤라토가 무엇인지도 몰랐다. 만약에 알았다고 하더라도 아들에게 사달란 말은 못 했으리라. 무엇 때문에 그런 생각을 하면서 젤라또를 먹고 있을까? 그 이유도 정확하게 설명할 수는 없으리라. 혼자서 과거와 이야기하다가 맛있게 먹고 있는 나를 바라보고 있는 아들이 내 의식 속으로 끼어들어 왔다. 엉뚱한 말로 혼자만의 넋두리에 대거리했다.

"아들, 다 못 먹겠다. 배가 너무 불러서. 아저씨가 너무 많이 줬다."

나는 이렇게 말하면서 아이스크림을 한 스푼 가득 떠서 아들에게 내밀었다. 아들은 "엄마는 귀여워요" 하고 받아먹고서는 가게 안으로 들어가서 하얀 플라스틱 스푼을 하나 받아왔다. 아들은 내가 무안하지 않도록 배려해주는 모습이 보인다. 내가 먹던 스푼으로 아들에게 주다니 말도 안 된다. 아들은 어처구니없는 엄마의 행각에도 부드러운 표정으로 대해준다.

아들은 미국에 있는 동생에게 전화했다. 아이스크림을 맛있게 먹고 있는 내 모습을 동생에게 보여주며, 자기는 아주 행복해서 흐뭇한 표정을 짓고 있다. 결혼한 후로는 매일매일 변함없이 보호자 입장으로만 살아왔었다. 지금의 나는 보호할 사람은 없고 보호만 받고 있다. 그 느낌이 정말로 좋다. 긴장할 일이 하나도 없어 좋다. 평소에는 생각해 보지도 못한 지금의 상황이 너무나도 좋다. 딸이 멀리 있기는 하지만 같이 있는 듯한 느낌도 좋다. 아들이 계속해서 동생 생각을 하며 나의 보호자가 되고 인도자가 되어주는 것이 온몸에 전율이 일어날 정도로 좋다. 나는 분위기에 아주 민감하고 약한 내 성격도 좋아한다. 내 몸과 감정은 주변의 분위기에 따라 적응해 나간다.

　아들이 젤라토를 한 스푼 떠서 입으로 가져갔다. 고맙고 또 믿음직스럽다. 내 속에는 고마움 뒤에 짐이 되지 말아야 한다는 약간의 두려움이 섞여 있다. 그분도 아이스크림 아니 코코넛 젤라토의 맛을 알고 계실까? 그분께도 젤라토를 한 숟가락 떠서 드리는 내 모습을 그려보았다. 그분이 마주보며 웃으실 것만 같아서 나도 함께 웃었다.

　아들과 수도원 숙소로 돌아오면서 말했다.
"로마가 말하네. 김재신 '유어 웰컴!'이라고"
아들이 맞장구를 쳐준다.
"엄마, 그러네요."
"지난번에 런던에 갔을 때도 그랬잖아. 호텔 로비에서 그 아저씨가 날씨가 계속 좋아서 좋다고 했지. 그러니까 니가 그랬어. 우리 엄마가 런던에 와서 그렇다고. 그 아저씨가 웃으면서 말했었어. '너의 엄마보고 계속 런던에 머무르라고 하라고.'"
　아들과 엄마는 둘만의 추억 속을 돌아다니며 웃었다. '나에게 이런 시간을 준 이는 누구일까?' 겉으로는 물론 아들이지. 천사표 며느리가 기획하기도 하고, 아들이 조정하면서. 딸도 사위도 곁에서 세게 응원하니까 여행 열차가 힘차게 달려가곤 했었다.
　나는 여행을 떠나기 전에 하나님께 말씀드렸었다.
"하나님, 하나님께서 아들을 통해서 저에게 세 번째 휴가를 주시는 거죠? 저는 이 휴가를 그냥 즐기기만 하면 되죠? 제가 할 일은 모든 것을 보며, 감탄하며 즐거워하며 기뻐하면 되는 거죠? 그렇게 놀다가 올게요. 모든 것을 누릴 줄 아는 은혜도 주실 거죠. 고맙습니다."
　아들은 엄마의 말에 무조건 동의하기로 했나 보다. 이래서 바보처럼 엄마 노릇을 하는 것이 즐겁기만 하다. 무조건 내 편이 되어주는 아들과 딸이 있어서. 게다가 한 사람씩 응원팀과 같이 살고 있어서 좋다. 아들과 딸, 둘 다 나의 손을 떠나서 며느리는 아들과, 사위는 딸과 잘 어우러져 살고 있어서 내 손길이 필요 없다. 그런 변화가 나에게 얼마나 복이 되는지, 아들과 딸을 잘 인계할 수 있게 해주신 분께 고마워하면서 살고 있다. 그래서 또 그분께 "고맙습니다"라고 고백하곤 한다.

숙소로 돌아오는 길에 약간의 비바람이 얼굴을 간지럽혔다. 다행이다. 일기예보가 조금이라도 맞아야 기상청 직원들도 기가 살아날 테니까. 아들이 한 손에는 핸드폰을, 또 한 손으로는 내 손을 잡고 걸어간다. 핸드폰의 구글 지도는 아들에게 길을 안내하고 아들은 나를 이끌고 간다.

어스름한 골목길을 만들고 있는 가로등 불빛에 노란 건물이 모습을 드러냈다. 깃발에 'CASERMA CADORNA'라고 적혀 있다. 나는 또 가이드에게 물어보았다.

"가이드, 저거 뭐 하는 건물이래?"

"엄만…, 그걸 제가 어떻게 알겠어요?"

"가이드니까 알아야지. 그리고 말해주어야지. 그럼, 내일은 저 노란 건물에 들어가 봐야겠다."

아들이 놀라면서 가이드의 충복인 핸드폰을 열어 손가락으로 무엇인가를 찾는다.

"엄마, 저 건물은 '재정 경찰대'래요."

"알았어. 거기 안 들어갈게." 아들은 어처구니가 없어서 웃고, 나는 뭐든지 척척 잘 가르쳐주는 아들이 고맙고 흡족해서 웃었다.

수도원의 무지무지하게 큰 문을 아들이 열었다. 나도 아들의 뒤를 따라 들어갔다. 작고 아담한 승강기를 타고 3층(한국식 4층)에서 내려 오른쪽으로 가서 우리 방문을 아들이 열었다. 나는 샤워를 하고 싶었다.

"아들, 나 화장실 써도 돼? 샤워하고 싶어서."
"네, 그러세요. 엄마."
아들은 침대로 들어가 필로우들을 침대 헤드보드에 기대어 놓았다. 상반신을 세운 아들은 필로우에 자기 몸을 의지하고는 컴퓨터를 열었다. 아들은 이제부터 직장인으로 돌아가서 일을 할 모양이었다. 하루 종일 일을 못했으니, 일도 밀려 있겠구나 싶었다. 온종일 아들 노릇 하랴, 짐꾼 노릇 하랴, 식단까지 책임지고 챙기느라, 참 바쁜 첫날을 보낸 아들이 갑자기 참 대단해 보였다.
 화장실 안의 샤워부스는 정말 작았다. 내가 큰 덩치는 아닌데도, 그리 요령 없는 할머니가 아닌데도 ─재신이 너 참 잘났다─ 잘못 움직이면 부스 벽에 부딪혀서 작은 소음을 냈다. 수녀원의 수녀 방을 호텔 숙소로 만들려니 화장실도 들여놓아야 하고 화장실 안에는 샤워 시설도 넣어야만 했겠다. 필수적인 것을 넣다가 보니 샤워부스를 꾸겨서라도 넣은 것이 대견하다고 봐주기로 했다. 내가 여행을 안 간다고 하니까, 아들이 '순례'라는 단어로 나를 꼬드기느라고 만들어진 결과니까, 아름다운 결실임에는 틀림없다.

 또 궁금증이 몰려왔다. 여기에는 수녀가 얼마나 많이 있었을까. 그녀들은 왜 이 수녀원으로 들어왔을까? 영화 〈검은 수선화〉에 나왔던 수녀들의 모습이 아른거렸다. 그녀들도 사람인데 어찌 우리와 감정이 다르다고 할 수 있을까? 그저 그분을 닮아가고 싶어서 수녀원으로 왔겠거니 생각해두는 것이 나에게 이로울 것이다.
 우리를 맞아주던 수녀님들의 모습이 웃음 지으며 다가왔다. 여기에 계시는 덩치가 큰 수녀님들 뒤로 '나도 여기 있다'라고 모습을 드러내는 수녀님이 보였다. 아들이 세상에 나와서 처음으로 나와 함께 본 영화 〈사운드 오브 뮤직〉에서 본 수녀원 원장이 얌전하면서도 다부져 보이는 모습으로 나타났다. 언니가 표를 사주어서 본 그 영화에 나오는 수녀는 머리와 목까지 윔플로 단정하게 마무리했었다. 수녀원장의 결단과 재치로 무덤의 비석 뒤쪽에 7명의 아이와 부부를 숨겨주기도 하고, 대령의 차를 뒤쫓으려는 나치 일당의 차에서 부품을 뜯어내어 뒤쫓는 것을 방해하기도 하던, 수녀 일당들이 내 눈 속으로 들어왔다가 나갔다 했다.

   그녀들이 내 눈에 가득 차면, 나도 그들과 같이 행동하는 모습이 보이면서 나의 온몸이 긴장되면서도 웃음으로 충만해지는 것을 느꼈다. 나는 샤워하는 시간 동안, 지금 내가 거처로 삼은 곳의 수녀님들의 모습을 〈사운드 오브 뮤직〉 영화 속 주인공 '폰 트랩' 가족이 도움을 받았던 수도원의 수녀님들과 비교를 해가며, 그 계곡에 빠져서 헤어날 생각을 안 하고 있었다. 그 옛날의 수녀님들과 지금 호텔이라는 이름의 장소에서 일하고 있는 수녀님들의 차이는 무엇일까를 끄집어내려 하고 있었다.

   샤워를 대충 하고 나오니 아들은 커다란 베개에 등을 기댄 채로 곤히 잠들어 있다. 진종일 많이 힘들었을 아들에게 미안한 마음이 새삼스레 밀고 올라왔다. 일인 삼사역(三四役)을 하려니 아주 피곤할 것이다.

   "엄마, 이번에는 멍때리자."

   "싫어 아들. 멍때리는 것은 집에서 할 거야. 책 읽으면서 멍때려도 되고 영화 보면서 멍때려도 되는데 순례하면서까지 멍때리는 일은 싫어. 순례할 거야."

   바보 노릇하겠다고 다짐해놓고는 또 아들에게 한마디 했으니, 아들이 더 힘들어졌겠다. 미안한 마음이라도 생겨야 정상일 테지만 바보라 어떻게 표현해야 할지 모르겠다. 나도 잠을 자야겠다. 내일 열심히 따라다니려면 자두는 것이 상책일 것이다.

   여기는 로마. 로마에서의 첫째 날이 끝나가고 있다. 내일 아침 눈을 뜨면 오늘은 과거가 되어있을 것이다. 그러니 오늘에게 고마웠다고, 잘 가라고 인사했다. 하나님께, 나의 신께 '고맙습니다'라고 인사드렸다. '오늘도 흡족하게 충만하게 은혜 안에서 잘 살았습니다. 아들을 통해서 주시는 사랑을 감사히 받고 있습니다'라고 주저리주저리 떠들어대는 습관을 로마에서라고 안 할 수는 없다. 하나님은 언제나 순간순간 아뢰는 나의 옹알이를 잘 들어주신다. 나누면서 잘살아볼게요.

그분이 또 물어보신다.

"어떻게 나눌래?"

"아무 데서도 일을 안 시키니까, 혼자서 할 수 있는 걸로 할게요. 글을 쓰든지, 그림을 그리든지, 모자라는 재주지만 잘해 볼게요."

하나님께서 나를 바라보시며, 소리 없이 웃어주셔서 좋다. 오늘도 좋은 하루였다. 고맙습니다. 그리고 또 고맙습니다.

이튿날, 로마

2023년 삼일절, 맑음

 3월 1일, 삼일절이다. 집에 있었다면 태극기부터 내걸었을 것이다. 내 눈으로 무엇인가를 볼 수 있을 때부터 우리 집에서는 삼일절이면 태극기를 대문에 내걸었다. 나는 속으로 '태극기가 바람에 펄럭입니다. 태극기는 우리나라 깃발입니다'라고 속삭이면서 태극기 거는 것을 대신했다. 이 동요는 집에서 태극기를 꽂으면서 혼자 부르는 노래다. 독립운동을 하신 할아버지께 '많이 고생하셨어요. 고맙습니다'라고 인사드리고, 조상님들의 애절한 마음을 읽어주신 하나님께 두꺼운 보따리의 고마움을 싸서 드렸다.
 아, 그리고 삼일절과 광복절이 되면 나라에서 나에게도 위로금이라고 통장으로 거액 십만 원을 보내주곤 하는데, 우리 엄마의 아버님이 독립지사여서 주는 것이라고 한다. 투옥되셨다가 그 후유증으로 돌아가셨다고. 아들은 나에게 말했었다.
 "엄마도 독립운동을 좀 하시지…."
 "야, 인마, 독립됐는데 어떻게 독립운동을 하니?"
 "히히…. 그냥 좀 웃자고, 엄마."
 우리에게는 이 독립국을 멋있는 국가로 만들 책임이 주어져 있다.

 아들과 손잡고 식당으로 갔다. 8시. 아침 식사 시간에 맞추어 갔다. 나에게는 수도원 전체가 미로 같아서 어디가 어딘지 모르겠는데 아들은 잘도 찾아간다. 키가 나만 한, 회색 튜닉 같은 수녀복을 입은 사람이 우리를 반갑게 맞아주었다. 안쪽에 있는 식당은 예약석이라고 쓰여 있는 것 같다. 대충 눈치로 알아보았다. 햄과 치즈, 주스와 커피와 우유, 요구르트, 각종 잼, 그리고 크루아상과 바게트 잘라놓은 것이 있다. 이만하면 괜찮다. 수녀들이 음식을 준비하지 않고 사온 것들로는 괜찮아 보였다. 집 밖으로 나가지 않고 먹을 수 있는 것만으로도 80점은 줄 수 있다. 평상시에 아침, 저녁은 잘 먹는 편이다. 색깔별로 각종 영양소 모두 갖추어 먹는 편이다. 하지만 지금은 다르다. 순례 중이니까 조금은 고생해도 된다. 몸이 많이 힘들면 나잇값 하느라고 회복이 잘 안 되긴 하지만.

내가 식사를 너무 많이 해서 아들이 민망해할까봐 조금 마음이 쓰였다. 그런데 걱정을 던져버렸다. 잘 먹고 에너지를 잘 활용하는 것이 아들을 덜 신경 쓰게 하는 것이니까. 아들을 위해서도 눈치 안 보고 양껏 먹기로 했다. 누가 내 생각을 꺾을쏘냐. 다른 사람을 해치지 않는 것이면 괜찮다고 자위하며 양껏 먹었다. 아들이 비타민C도 주어서 감사히 받아먹었다. 비타민까지 챙겨준 며느리도 식탁에 끼워주었다.

내가 먹으면서 이야기를 많이 하니까 아들이 그만하고 나가자고 한다. 내가 이야기가 고팠나? 그렇진 않을 텐데. 하여튼 말이 많아진 나를 발견했다. 은근히 말을 많이 해서 민망스럽고 부끄러워지려고 했다. 쑥스러워지려는 비참함을 밀어넣어야만 했다.

아들 형님네, 바울 성당

"가이드, 오늘은 어디를 갈 건데요?"
"바울 성당이요, 엄마."
"아들 형님네 집이요?"
"네, 엄마."
"그런데 엄마가 왔는데 왜 안 나와봐요?"
"그러게요, 엄마."
"난 바울 안 좋아하는데."
"왜요? 엄마."
"목사님들이 "여자는 잠잠하라!" 등 여자는 어쩌고저쩌고하는 말을 많이 하셔서. 어릴 때부터 내 잠재의식 속에 틀어박혀 있었거든. 예수님은 그런 말씀 하지 않으셨는데 바울은 남녀 차별을 많이 하는 나쁜 사람으로 알고 있거든. 우리 집은 여자들을 많이 아끼는 남자들만 있었으니까. 못된 사람들은 여자를 자꾸 무시한다고 들었었거든."

"엄마, 바울 형님도 목사들이 이 시대에도 그렇게 말할 줄 알았다면 이 말은 이 지역, 이 세대에게 하는 말이라고 했을 거예요."

"그랬으면 좋았을걸."

하여튼 목사님들이 여자에 대해서 하시던 말씀은 우리 집의 분위기와는 맞지 않았다.

우리는 전철을 타러 걸어갔다. 비탈길을 내려가는데 감나무 같은 이파리들이 아침 햇살을 받아 반짝이고 있었다. 어떻게 이런 나무들이 가로수로 있을까? 확실히 우리나라와는 달랐다. 아들을 바라보았다.

"아들, 저 나무 이름이 뭐야?"

"엄마두, 내가 어떻게 알아요. 고무나무."

내가 보기에도 고무나무와 비슷하긴 했다. 감나무와도 비슷했지만 감나무는 상록수가 아니니까 고무나무라고 하는 것이 더 타당할 것이다.

"그래도 고무나무는 아니야."

마침 젊은 남자가 내 옆으로 지나가려고 했다. 나는 겁도 없이 그 남자를 불러세웠다.

"하이. 굿모닝!"

청바지를 입고 머리가 곱슬곱슬한 남자가 멈추어 서서 나를 보며 웃었다. 나무를 손가락으로 가리키며 물었다.

"두 유 노우 왓 더 네임 오브…"

'우즈 유 텔 미'로 시작할까 하다가 내 입에서 빠져나간 소리다. 나의 말이 끝나기도 전에 얼굴을 붉힌 청년이 손사래를 치며, 쑥스러운 표정으로 언덕을 내려갔다. 나는 아들의 얼굴을 바라보았다.

아들이 민망스러워할 일을 또 저지르고 말았다. 나무 이름을 불러주며 나무와 이야기하고 싶은 것뿐이었는데. 아들이 말했다.
"엄마, 영어 못하는 사람들이 많거든요."
나는 이탈리아 말을 못하고, 다른 많은 사람은 한국어를 못 한다. 그래서 나는 내가 이탈리아 말 못 하는 것을 부끄러워하지 않는다. 뻔뻔하다고 할 수도 있지만 그런 일은 내가 신경 쓸 일이 못 된다. 마음을 써도 변하지 않는 것, 그러니까 마음을 써봤자 효과 없는 것은 나도 상관하지 않기로 한 지도 꽤 오래되었다. 괜스레 마음이 불편해지려고 해서 하늘을 우러러보았다. 하늘에는 왜 구름이 없는 거야? 구름에게서라도 이야기를 들으려고 했는데. 구름은 아직 늦잠을 자나 보다.

아들과 전철을 탔다. 테르미니역과 다른 곳이다. 다섯 정거장을 가서 내렸다. 역이름이 'Bacillca S. Paolo.' 전에 왔을 때보다 로마 전철역이 많이 깨끗해진 것 같았다. 아마도 로마는 매우 더러울 것이라고 상상을 하도 많이 해서 괜찮아 보였을 수도 있다. 아들이 사거리에서 멈추어 섰다. 10분 넘게 걸어왔을까? 아들이 서서 두리번거리면서 앞쪽을 휘익 훑어보았다. 나는 아들이 무엇을 찾는지도 모르면서 주변을 살펴보았다.
나는 아들과 이탈리아, 파리, 런던을 여행하면서 이렇게 빈 공간이 널따랗게 여유 있는 자연경관을 본 기억이 없다. 나의 눈에 들어온 것은 길 건너 왼쪽에 큰 성벽처럼 보이는 덩치가 아주 큰 건물이었다. 그 큰 건물이 눈 안에 가득 차게 들어왔다. 그 건물 오른쪽 길 건너에는 내가 모르는 나무들이 나를 내려다보는 듯했다. 바로 사거리 오른쪽 모퉁이쯤 되는 곳에는 내 눈에도 익숙한 'M'자가 빨간 옷을 입고 우리 둘을 바라보고 있었다.
아들이 말했다.
"엄마, 맥도날드가 있다고 하더니 저기 있네요. 건너가요. 저 건물인가 봐요."
아들은 핸드폰으로 구글 지도를 보고 있었나 보다. 구글 지도는 아들의 아주 가까운 안내자이다. 나의 안내자는 아들이다. 아들은 내 손을 끌어다 잡고 길을 건넜다. 차도 안 오는데 아들은 내 손을 꼭 잡고 안전거리 안에 나를 두고 걸어갔다. 아들이 어릴 적에 건널목을 건널 때마다 내가 그리했던 것처럼. 나의 행적을 아들에게 맡기고 따라다니는 것이 좋다. 재미있다. 즐겁고 기쁘고 고맙다.

아들이 우리 왼쪽으로 편안하게 넓적하게 누워 있는 건물에 개미구멍처럼—건물이 원체 육중해 보이니까 아들이 들어간 문은 개미구멍처럼 보였다—만들어져 있는 작은 문으로 들어갔다. 아들과 유리창 안에 앉아있는 남자가 이야기를 나누는 것이 보였다. 아들이 장엄한 건물에서 나오며 나를 바라보고 웃어주었다.

그때 종소리가 내려오면서 나의 귀에 머물렀다. 나는 소리 나는 쪽으로 얼굴을 들어올렸다. 우리 앞에 높이 솟아 있는 하얀 종탑이 보였다. 종탑 아래로 넓적하게 펼쳐져 있는 건물과는 다른 색의 종탑이 건물을 지키고 있었다. 그 속에 있는 종이 움직였다. 나는 자연스레 멈추어 섰다. 아들도 내 옆에 멈추어서 내가 바라보는 쪽을 같이 올려보았다. 내게는 종소리에 대한 향수(鄕愁, nostalgia)가 아주 많이 남아있다. 어려서 듣고 자란 예배당의 차임벨 소리가 내 귓가를 부드럽게 어루만지면서 과거의 순간들이 지금인 듯 지나가기 때문이다. 들리던 종소리가 금방 그쳤다.

"엄마, 이 건물이 바울 성당이 맞대요. 수도원이 붙어 있어서 구경할 수 있을까 해서 물어봤는데 그건 곤란하대요. 성당은 여기로 들어가는 게 아니고 쭉 따라서 돌아가면 이 반대쪽에 출입구가 있다니 그리로 가죠."

"알았어요, 가이드. 그런데 저 나무 이름이 뭐예요?"

아들이 핸드폰을 들여다보더니 말했다.

"엄마, 이탈리아에 많은 나무를 찍어보니까 나오네요. 저거는 '엄브렐라 트리'고요. [그림5] 저 삼각형으로 생긴 것은 '사이프러스'라네요. 됐죠?"

"가이드, 고마워요. 드디어 두 나무 이름을 알아냈네요. 모양이 정말 우산처럼 생기긴 했네."

아들을 바라보며 웃었다. 아들도 씨익 웃으며 나와 나무를 번갈아 바라보았다. 이런 미소의 감사함을 그분께 올려드렸다.

우리 둘은 오른쪽의 널따란 공원 같은 평원과 왼쪽의 펜스 너머에 있는 잔디에 눈길을 보냈다. 바울 성당의 공식 이름이 '성 밖 성 바오로 성당'(La basilica papale di San Paolo fuori le mura)인 이유를 알 듯도 했다. [그림6] 이렇게 넓은 공간에 나무들이 많이 있는 까닭도 이해되었다. 옛날 로마시대에는 아우렐리우스 성벽 밖에 로마 사람들의 묘지가 있었다는 것이 실감났다. 머리를 흔들어 생각을 바꾸었다. 옛날의 이곳을 머리에서 쫓아냈다.

그랬더니 웅장한 자태로 뻗어 올라간 돌기둥들이 나를 눌러왔다. 그전에 왔을 때

"나는 이탈리아에 오면 기가 죽더라"라고 했더니 아들이 말했었다.

"엄마, 유현준 건축가가 하는 말을 주워들은 건데요. 그거는 이

그림5 바울 성당 건너편에 있는 우산나무

쪽 나라들에는 강수량이 많지 않아서 이렇게 돌같이 무거운 것으로 건축하는 게 가능했고, 옛날 우리나라는 장마철이나 집중호우 탓에 지반이 약해져서 돌로 건물을 짓는 게 힘들었다네요."

 아들의 말을 곱씹으며, 우리나라의 궁궐과 여기 있는 건물들을 비교하지 않을 수 없었다. 나무의 덩치들도 건물의 돌기둥만큼이나 튼튼하고 높이 뻗어 올라가서 머리를 뒤로 다 젖혀야만 올려다볼 수 있었다. 나무 꼭대기에다가도 말을 걸고 싶었다. '나 여기까지 왔노라'라고.

 낮은 울타리를 끼고 좌회전하니 5층 아파트 높이쯤 되어 보이는 나무들이 서 있다. 그 커다란 나무들 사이로 큰 개를 데리고 씩씩하게 걸어가는 아저씨와 아줌마도 있다. 처음 보는 그들과 시선이 맞부딪쳤다. 내가 웃으면서 '하이' 하고 인사하니까 그들

그림6 밖에서 바라본 바울 성당

도 못 알아듣는 말로 뭐라고 응대하여 웃음을 주고받았다.

　나는 속으로 말했다. '오늘도 좋은 날. 아들의 형님(바울 사도)네 집에 온 날. 내가 왔는데 네 형님은 왜 인사하러 안 나오니?' 마음속으로 아들이 할 말을 만들어보았다. '에이, 엄마도, 형님이 인사를 했는데 엄마가 못 알아들으신 거예요.' 혼자서 말을 주고받으며 즐거워했다. 그 즐거움에 고마움을 담아 하늘로 올려보내드렸다.

　바울 성당으로 들어가는데 제일 먼저 나를 바라봐준 것은 10m도 더 높게 올라가 있는 종려나무들이었다. 아주 작은 종려나무들도 큰 나무 그늘에서 살고 있었다. 씨가 떨어져 자연 발아하여 자라고 있는 것은 아닐까? 잠시 대추가 떨어져서 싹이 나오는 과정을 그려보는데 머리가 소리쳤다. 아, 참! 종려나무가 아니고 '야자나무'라고.

그림7 바울 성당 입구에 있는 야자수들

저 크고 싱싱한 이파리를 보면 잊을 수 없는 광경이 내 가슴으로 들어와 자리 잡으며, 여전히 전율을 일으키고 있음을 느낀다. 처음 여행 때 런던에서의 일이다. 2017년 4월 종려주일이었다. 아침 식사를 하면서 아들이 말했다.

"엄마, 우리 서둘러 먹고 예배하러 가요."

"그러자, 그런데 어디로 갈 건데."

"엄마, 웨스트민스터요."

웨스트민스터란 말을 듣는 순간부터 심장이 뛰고, 머릿속이 상상력을 동원해 이리저리 휘둘렸다. 내가 감정을 조절하지 못하는 일은 거의 없는데 신기한 움직임이 나를 조정하고 있었다.

아들을 따라나섰다.

"엄마, 다 왔어요. 저기요."

아들의 손가락이 가리키는 곳에 내 눈을 고정시켰었다. 웅장한 건물과 초록색 잔디가 나를 이끌어가는 것이 아니고, 모여있는 사람들이 내 눈을 휘둥그레지게 했다. 아들의 손에 의지하여 낮게 펜스를 쳐둔 곳으로 갔다. 제복을 입은 사람이 조금 열려 있는 입구에 서 있었다. 그 사람은 영어로, 한마디로 말하고 있었다. 거기는 영국이니까.

"예배? 아니면 관광?"

아들과 동시에 말했다.

"예배."

그 안내자는 우리에게 잔디밭의 안쪽으로 들어가라고 손짓했다. 그러니까 관광하러 온 사람은 펜스 밖에서 보나 보다. 말 그대로 그냥 관광. 나는 하나님 나라로 불려 갔을 때는 무엇으로 구분할까를 잠깐 생각했었다. 예수님이 말씀해주신 비유를 떠올리면서 아들의 손을 끌고 건물 가까이로 갔다. 나의 속셈은 건물 가까이 가면 예배당 안 앞자리에 앉을 수 있으리라는 것이었다. 드디어 11시 종소리가 울렸었다. 종탑의 종소리보다 더 큰 소리가 내 가슴속에서 울렸었다.

그림8 상상의 종려주일

　잠시 후에 신부님인지 사제인지 위엄있어 보이는 사람들이 기다란 가운을 입고 나타났다. 그 사람들은 줄을 지어서 걸어나왔다. 어깨에는 우리가 종려나무라고 부르는 기다랗고 커다란 야자 나뭇잎을 어깨에 걸치고 걸어나왔다. 그들은 찬송하기 시작했다. 영국이니까 영어로. 내가 영어로 아는 찬송은 '고요한 밤 거룩한 밤'밖에 없다. 내가 선데이스쿨 유년반 때 크리스마스 축하 예배를 위해서 선생님이 영어로 가르쳐주셨었다. 그런데 그들이 부르는 찬양은 영어로는 못부르니까 우리말로 당당하게 소리를 내 찬양했다. 아들 눈치도 안 보고 크게 찬양했다. 온몸에 찌르릉 찌르릉 전기가 흘렀었다.

　　호산나 다 노래 부른다. 수많은 아이들이 즐거운 노래로
　　그 품에 안으시고 복 주신 주님께
　　온몸과 마음 드려 주 찬양합니다.

온마음과 정성을 다해 찬양하면서, 우리도 따라서 행진했다. 그런데 우리를 이끄는 사제단은 내가 생각했던 문이 아니라 우리가 들어왔던 성당 마당 입구 쪽을 향해 행진했다. 내가 생각했던 문이 아니고. 이 글을 자판에 두드려 찍는데도 눈물이 나려고 한다.

그래서 아들과 나는 뒤쪽 무리에 묻히게 되었다. 예배당 제단 앞 가까이에 앉기는커녕 예배당의 팔에 해당하는 자리에. 그러니까 십자가의 팔에 해당하는 자리에 앉도록 안내받아 아들과 같이 앉았다. 갑자기 부끄럽고 아들에게 미안해졌다. 나에게 스스로 타일렀다. '재신아, 다시는 그런 욕심도 내지 말렴.' '그래, 알았어.' 하나님께서 나를 바라보시면서 빙그레 웃어주시는 것 같았다. 부끄럽고도 행복했던 그 주일의 이야기가 야자나무를 볼 때마다 솟아올라 나를 재교육시킨다.

야자나무에 묶여있던 나를 끌어다가 바울 성당으로 데리고 왔다. 나의 눈을 잡아당겨 한 작품에 고정시켰다. [그림9] 철창 안에 갇혀 있는 두 팔과 그 팔에 붙어있는 두 손. 한 손은 철창을 잡고 있었다. 못 자국이 있는 다른 손은 철창 밖으로 내밀어 나에게 보여주고 있었다. 그 작품 아래에는 성경 말씀이 기록되어 있었다. 물론 이탈리아니까 이탈리아 말로. 그 아래에는 영어로,

"I was in prison and you visited me."
((내가) 감옥에 있을 때는 찾아와 주었다. 마태복음 25:36하, 새한글역)

익히 아는 말씀이다. 그 말씀 뒤에 이어서 하신 말씀도 속으로 되뇌었다. (아멘 너희에게 말한다. 너희가 나의 이 형제자매들, 곧 가장 작은 이 사람들 가운데 하나에게 해 준 것이 나에게 해 준 것이다. 25:40, 새한글역) 잠시 그 자리에 가만히 서서 나의 생활을 되돌아보았다.

그림9 티모시 슈말츠(Timothy Schmalz)의 해석

큰 작품이나 소품들에 빨려 들어가서 종종 나를 데리고 다니는 아들을 잊어버리고 있다가 놀란다. 아들을 찾아봤다. 아들은 저만큼 서서 나를 감상하고 있었다. 나에게 재촉하지도 않고 기다려주곤 했다. 그래서 더 고맙다. 나를 챙겨주는 사람이 있는 이 세상이라서 아주 좋다.

바울 동상을 바라보며 그가 해준 말들을 다시 삭여보면서 성당 건물로 가까이 가니 바울의 행적이 청동문에 부조로 새겨져 있었다. 스데반을 돌로 쳐서 죽이는 장면, 다메섹에서 말에서 떨어지는 장면, 베드로와 바울이 만나는 장면, 바울이 참수당하는 장면이 있다. 이 청동문 위에는 천사 둘이 면류관을 붙들고 있는데, 그 표정은 도무지 이해되지 않았다. 너무 무표정이다. 바울 사도가 참수당하는 것을 보면서 느낀 감정의 표현일까?

또 다른 문이 우리를 기다리고 있었다. 이 청동문의 가운데는 은으로 만들어진 십자가가 길게 있고, 십자가는 포도나무 넝쿨로 서로 감겨 있었다. 12구획으로 나뉘어 있는 곳에는 넝쿨 사이사이 그러니까 십자가의 세로 면에는 12명의 제자가 보이고 가로축에는 사복음서를 쓴 사도들의 이름이 새겨져 있다. 마음속으로 그들에게 감사한 마음을 올려드렸다. 내가 존댓말을 하는 이유는 나의 대선배들이기 때문이다. 12칸으로 나뉜 곳에는 베드로의 순교 장면, 백부장이 세례받는 장면(?), 바울의 참수당하는 모습, 베드로가 예수님으로부터 열쇠를 받는 모습 등이 보였다. 우리는 이렇게 저렇게 포도넝쿨처럼 엉켜있다. 그래서 문을 만든 작가도 우리가 서로 얽혀있다고 표현했나 보다. 예수님께서 요한복음 15장 5절에서 보여주신 대로이다.

"나는 포도나무요, 너희는 가지니…."

문 위에는 바울을 상징하는 성경책 가운데 칼이 놓여 있다.

바티칸에 있는 베드로 대성당에 갔을 때는 천장의 프레스코화를 올려다보느라고 목이 아팠던 기억을 잊을 수가 없다. 어떻게 이 동네 사람들은 구석마다 그림을 그리다 못해 천장에까지 정성을 다해 그림을 그려두었는지 그 마음을 본받고 싶었었다. 그래서 혹시나 하고 회랑의 위쪽으로 시선을 올려보았다. 아니나 다를까. 그 꼭대기에도 천장 가득히 복음서 저자들의 상징이 부조되어 있었다.

아직 성당에는 들어가지도 않았는데 가슴도, 머리도 이미 놀라운 감동으로 가득 찼다. 대리석 기둥이 이어지는 회랑을 지나면 성전 문 앞에 이른다.

만들어진 신비 속으로, 바울 선배의 무덤이 있는 곳으로

아들에게 다가갔다.
"엄마, 이제 들어가 볼까요?"
아들이 내게 손을 내밀었다. 아들의 손에 나를 맡기고 안으로 들어갔다. 나의 입에서 태풍 부는 소리처럼, 그렇지만 작게 소리를 만드느라고 애쓴 듯한 소리가 튀어나왔다.
"와아~!!!"
아들도 내 손을 놓고는 저만큼 앞에 가서 두리번거리다가, 어디엔가 시선이 머물러 있었다. 나는 들어오던 쪽으로 뒤돌아섰다. 그리고 또 한 번 신음 섞인 신비한 소리를 낼 수밖에 없었다.
"우우!!!"
어떻게 이렇게 우아하면서, 장엄하고, 그리고 멋있게 만들었을까. 만든 사람들의 믿음이 저렇게 멋있을 것만 같아 부러웠다. '하늘과 땅을 이어주는 곳'이라고 말해주는 신부님의 이야기가 실감난다. 이만한 신비를 감추고 있는 곳이라면 이런 말이 적당할 것도 같았다. 그런 곳이 예배당이다. [그림10]
예배당은 내가 있는 곳이면 다 예배당이라고 하는 내 말이 이런 때는 틀린 듯하다. 그래도 그분은 여전히 나에게 속삭이신다. '너 자신이 예배당 맞아. 내가 있는 곳이 내 나라이고.' 나는 보이지 않는 그분께 말씀드렸다. '고맙습니다. 항상 같이 계셔주셔서. 그리고 날 다스려주세요.' 그분이 다스림이 있는 곳이 하나님의 나라이다.
내가 뒤돌아서서 바라본 것은 여섯 개의 돌기둥이다. 이 원주들은 1823년 화재 이후에 성당을 다시 지을 때 이집트의 부왕인 모하메드 알리가 기증했다는, 기둥 높이가 8m나 되는 설화석이라고 했다. 설화석은 문자 그대로 눈 모양의 무늬가 자연적으로 만들어져서 더 신비함을 드러내는 아름다운 돌이다. 말과 글로만 듣고 보던 설화석이 나의 눈 앞에 저렇게 커다란 기둥이 되어서 서로 바라보고 있었다. 나는 설화석 기둥에게로 가서 얼른, 살짝

이튿날, 로마

이 만져보았다. 아니다. 쓰다듬어 보았다. 아주 매끄러웠다.
 나는 뒷걸음질을 쳐 원기둥에서 떨어져 서서 다시 바라보다가 아쉬움을 삼키며 뒤돌아서는 순간 아쉬움은 어디론가 가 버렸다. 나의 눈 안에는 또 다른 장관이 기다리고 있기 때문이었다. 원당이라고도 불리우고 신랑이라고도 말하는 옆의 측랑과 구분하는 곳에 원주가 두 줄로 세워져 있었다. 확실히 한 줄일 때보다 훨씬 더 신비로운 듯하고, 더 장엄해 보이기도 했다. 80개의 원기둥이 나의 몸과 마음을 그리고 정신과 영혼까지 정돈하도록 만들었다. 반복의 위대함을 느낄 수 있었다. 좋은 일의 반복은 나의 생활과 성품을 다듬어 가서 좋다.

 다음으로 눈을 통해 머리에 머리에 들어와 앉는 것이 있었다. 나에게는 많은 뜻을 전해주는 고해소가 있었다. 이 성당이 좋아 보이는 만큼 고해소도 좋아보였다. 고해소를 '좋다'라고 표현하기에는 좀 어색하긴 하다. 언어의 한계를 느낀다. 좀 다른 말을 생각해보아도 어울리는 표현이 없다. 품격이 있다? 기품있다? 이 말도 저 말도 어울리지 않는다. 고해소는 그냥 고해소다. 뉘우친 죄를 고백하는 곳. 누군가가 하나님 대신 지은 죄를 들어주고, 대신 용서해주는 곳. 하나님께서 용서해주시기를 바라면서. 신부에게 고해하는 것의 효과 유무는 내가 결정할 일이 아니니까, 그냥 패스. 내가 잘못을 저질렀으면 잘못한 상대에게 먼저 잘못했다고 말하고, 그분께 나의 잘못을 고하는 순서를 갖는다. 이것은 내 방식이다.
 다시 중앙으로 가서 내진을 지나 제대를 향하여 천천히 묵상하며 걸음을 옮겼다. 이 동네를 여행하면서 '아차! 위를 또 안 봤네' 하면서 위를 바라보는 버릇이 생겼다. 위쪽은 아치 모양으로 구분되어 있었다. 개선문처럼 생긴 '승리의 아치'에는 모자이크로 만든 ─ 사복음서를 쓴 제자들의 상징인 ─ 동물들이 있다. 황소와 사람과 사자와 독수리. 어떻게 예수님의 제자들에게 짐승을 상징으로 붙여놓을 수 있었을까. 내가 이상한 것일까? 어렸을 때 우리 집안에서의 내 별명은 '사람'이었는데.

 이 성당의 중앙 제대는 정말 단순하다. 지금껏 다녀본 성당의 제대들은 대체로 앞이 막혀 있고 조금씩 높은 자리에 있었다.

 뒤로 돌아서니 사람들이 모여 있었다. 이 무리는 관광객일까, 순례자일까? 과거 신본주의 시대에는 주로 순례자였을 테고, 인본주의 시대의 색채가 짙어진 요즈음은 관광객이 많다고 책을 보며 생각을 정리한 적이 있었다. 이제 직접 다녀보니, 순례자의 입장에 섰다가 어느새 관광객으로 바뀌어 있는 나를 발견하곤 한다. 성당 장의자의 무릎 받침대에 꿇어앉을 때는 확실히 순례자로서 하나님을 향하여 마음을 여는 나를 발견하지만, 아들이 사주는 음식을 즐길 때면 순례자의 틀에서 약간 벗어나 있는 것이 아닐까? 아니면 하나님께서 예쁘게 봐주셔서, 주신 것을 잘 먹고

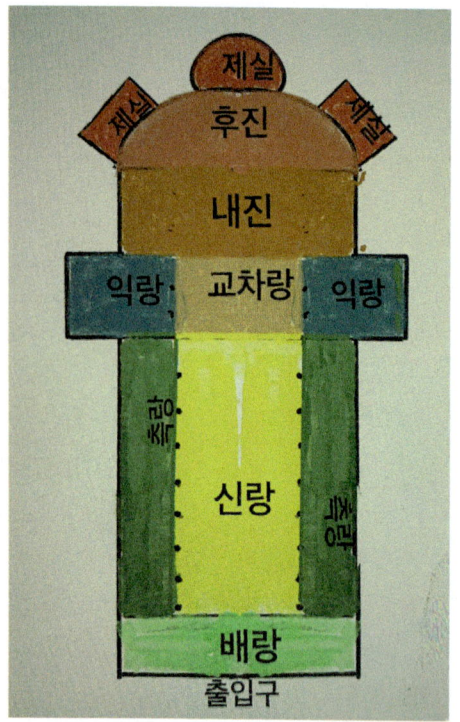

그림10 십자가형의 바울 성당 내부 구조와 이름

있는 피조물일까? 나도 헷갈린다.

　순례자인지 관광객인지 모를 무리 속으로 나도 끼어들었다. 어느새 아들도 함께 있었다. 눈 옆으로 기다랗게 높게 뻗어 있는 것이 걸려들었다. 옆구리에 걸리는 것이 무엇인지 궁금해졌다. 가까이 다가가는데 그것이 나에게 말하는 것 같았다. '나는 촛대예요. 커다란 촛대'라고요. 가까이 다가가면서 보니 촛대의 형상임이 확실했다. 성당마다 많이 있는 촛대와는 완전히 다른 모양, 다른 크기이다. 나는 촛대로 가까이 다가가서 자신을 뭐라고 소개하는지 읽어봐 주기로 했다. 중앙 제대 오른쪽 회랑으로 가는 쪽에 세워져 있는 이 촛대의 높이는 5m 60cm. 촛대의 맨 아래에는 얼굴은 사람, 몸은 사자와 양인 형상이 있다. 양은 보통 우리를 위해서 희생하신 예수님을 뜻하지만 사자는 무슨 의미인지 더 찾아보아야 하겠다. 혹시 사자와 양이 같이 어우러져 산다는 의미일까? 단테의 『신곡』에서의 호랑이는 그 시대 사람들이 죄로 여겼던 악의와 사기이고, 사자는 폭력과 야욕이었다고 했는데. 촛대의 가운데는 부활하신 구주의 모습이 조각되어 있었다. 촛대 기둥에는 예수님의 고난 겪으시는 형상들이 조각되어 있었다.

　한참 동안 아들의 존재를 잊어버리고, 홀로 감상(感想)에 빠져서 구경 내지는 독백하면서 사람들이 몰려있는 곳으로 갔다. 중앙 제단 앞인데 그리고 성당 안인데 고해소 말고 다른 작은 건물 같은 것이 우뚝 솟아있었다. 뾰족뾰족한 고딕 양식이다. 사람들이 들여다보는 작은 판을 나도 들여다보았다. 갑자기 사람들 속에서 아들의 말소리가 흘러나왔다. 2~30분 동안 아들의 목소리를 못 들었을 뿐인데 오랜만에 듣는 소리인 듯이 반가웠다.

　"엄마, 바울의 무덤이래요."

　"아아, 그렇구나."

　열댓 명도 더 되는 사람들이 낮고 좁은 지하 공간에 모여 있었다. 어떤 이는 한쪽 무릎을 꿇고 경건을, 경배를 표하고 있었다. 더러는 두 손을 모으고 무엇인가를 행하고 있다. 사도 바울을 묶었던 쇠사슬이 보였다. 바닥에는 유리로 막아놓은 부분에 불이

켜 있었다. 바울의 육신을 담고 있는 것으로 추정되는 석관의 한 부분이 보였다.

사도 바울이 참수당하는 그림을 여러 번 보았었다. 그때마다 눈을 질끈 감았다. 아들을 통해서 만나고 알게 된, 많은 화살이 꽂힌 세바스티아노(세바스찬)의 몸을 볼 때도 눈을 감게 된다. 그것은 그저 그림이 아니고 실물로 나에게 다가와 고통을 옮기고 있다. 하지만 나는 그런 고통이 싫지 않은 건 무엇 때문인지 모른다. 그러면서 나의 입에서 나오는 말.

"나에게도 그럴 만한 믿음과 용기를…."

사도 바울의 잘린 머리가 세 번을 튀면서 뒹굴었다는 이야기. 신실한 그리스도인이었던 여인인 루치나(Lucina)가 자신이 소유하고 있던 이곳에 몰래 유해를 가져다 매장했다고 했다. 나는 태어날 때부터 신실한 개신교 집안에서 나고 자랐다. 그러니 뼛속 아니 내장 구석구석까지 개신교 성분이 박혀 있어서 성물에 대한 애착이나 관심이 별로 없는 편이다. 내 안에서 그런 건 우상이라고 외친다. 그래서 성물을 따라 순례하며 속죄의 의미를 찾지는 않는다. 하지만 순교한 조상들의 의미를 그림이나 조각이나 글로

사진1 바울 성당 옛모습 ┃ 사진 출처: 바울 성당 전시 자료

라도 만나면 숙연해지는 것은 어쩔 수 없다. 그런 분들이 계셨다는 것이 고맙고 감동을 자아내는 마음은 어쩔 수 없다. 그리고 그런 믿음을 구한다.

천주교인이면 어떤가? 천주교가 우리의 모태이고 기독교의 시작이라고 믿는 나를 나무란다면 달게 받을 수 있다. 천주교가 많은 개신교도를 자기와 다르게 믿는다고 죽인 것은 잘못이지만, 개신교도라고 특별히 예수님 말씀을 더 잘 순종하고 가르치는 것처럼 보이지도 않는다. 서로 비판하지 말고, 사이좋게 사는 것이 하나님을 기쁘시게 해드리는 일일지도 모른다. 심판은 그분의 몫이니까. 우리 모두를 만드신 이는, 똑같은 한 하나님이시라고 나는 믿으니까. 엄마가 되어보고 자식을 키워보니, 나를 행복하게 해주는 것은 자식들끼리 화목하게 사는 것이었다. 하나님께서도 우리 인간이 하나님 안에서 화평하게 사는 그것을 제일 좋아하실 것임이 분명하다.

아들이 바울의 무덤을 뒤로 하고, 층계를 올라간다. 나도 따라가면서 시계를 보았다. 12시가 아직은 안 되었다.

"엄마, 수도원 구경 가요. 안에는 못 들어가도. 표를 사 가지고 올게요."

아들의 손에 이끌려 좁은 복도로 들어갔다. 거기에는 다른 사람은 하나도 없었다. 기다란 복도의 양 벽은 유리창으로 되어 있었다. 그 기다란 진열창 속에 벽화라고 할 수는 없는 그림이 있었다. 옛날 성당 초창기의 건물. 울타리로 둘러싼 성곽 안에는 집도 여러 채 있고, 밭도 있다. 사라센족이 쳐들어와도 피해를 입지 않으려고 성곽을 쌓았다던, 과거 역사를 보여주는 그림이다. **[사진1]**

그림의 끝에는 복도를 가로막는 유리문이 있다. 저 안에 수사들이 있나 보다. 세상 사람들을 만나면 마음에 교란이 일어날까 봐, 나 같은 속물이 돌아다니는 시간과 공간을 피하는 것일까? 아들이 장난스러운(?) 표정을 지으며 말했었다.

"수사들이 엄마를 보면 수도를 하는 데 방해 받을 거예요."

수사들이 나를 보면 왜 안 좋을까? 세상 사람들도 저렇게 늙어간다는 것을 보며 수도사되기를 잘했다고 생각할 텐데. 하기는 생각은 제각기 하기 나름이니까. 아무리 내 아들이라도 내 생각을 따라서 똑같이 하라고 강요할 수는 없는 일이다. 세상 그 어떤 무엇을 보더라도 올바른 신심이 요동하지 않는 수사들이 많으면 참 좋겠다. 내 나이쯤 되어도 잘 안 되는 일을 수사들에게 바라는 것은 웬일일까? 방문객이 없는 시간에 수사들이 고깔모자

사진2 바울 성당의 회랑
| Herbert Weber, Hildesheim 사진, Wikimedia Commons CC-BY-SA-4.0

가 달린 기다란 가운을 입고 성당 안팎을 정리하는 모습을 그려 보았다. 그들에게 주님이 주시는 평안이 항상 깃들기를 감히 기원하며 발길을 옮겼다. 그들 때문에라도 세상에 평화가 유지되기를 바라는 나는 이기적이고 욕심쟁이임이 분명하다.

아들과 함께 회랑으로 나왔다. **[사진2]** 회랑 바닥이 먼저 눈에

들어왔다. 나도 건축을 하면서 식당 바닥을 이와 비슷한 방식으로 데코타일을 붙였던 일이 떠올랐다. ─ 순간, 거기에서 같이 살던 장애인 식구들이 손을 흔들며 눈시울을 적시며 사라져 갔다. ─ 나의 눈이 햇빛이 환하게 드리우는 회랑의 난간에 가서 머물었다.

아들과 나의 입에서 동시에 탄성이 터져 나왔다.

"엄마, 이것 좀 보세요."

"아들, 얘네들 좀 봐. 어떻게 이렇게 아름답게 만들어 놓았지."

웬 이름 모를 보석들을 이렇게 많이 가져다 붙여놓았는지, 알아볼 재주가 없었다. 아롱다롱이라는 말로는 표현이 다 안 된다. 밤하늘의 별이 신기하다고 하지만 여기 이 기둥들에 박아놓은 정성들은 그 무엇으로도 설명하기가 힘들 것이다. 사진을 찍어서 실물보다 더 크게 키워 살펴보며 눈을 호강시켰다. 갖가지 보석의 모양을 작게 만들어서 포도넝쿨 사이사이에 박아놓은 것이다. 작으니까 더 아름답다. 하늘의 별들도 작게 보여서 아름다운 것일까?

나는 어렸을 적 밤하늘의 별들을 바라보는 즐거움을 많이 누렸었다. 과거와 현재를 섞어서 사는 것은 나를 풍요롭게 만들어준다. 아들도 제각기 다른 특별한 기둥들을 뜯어보느라 입을 다물지 못하고 있다. 나의 머릿속 서랍을 하나 열었다. '제일 아름다운 정원. 바울 성당 회랑에 있는 정원.' **[그림11]**

"아들, 정말 놀랍다. 어떻게 이렇게 만들 수 있었을까."

포도넝쿨처럼 휘휘 감아올린 기둥에 보석을 잔뜩 박아놓았다. 건너편 회랑의 아치 위의 장식과도 아주 잘 어울리는 걸작이 내 눈 앞에 펼쳐져 있음이 놀라웠다. 반짝이는 보석들이 신이 만들어 놓으신 오리지날 영혼들의 광채일까?[5]

아들이 작은 아치문으로 들어가며 손을 흔들었다. 나는 아들에게 보았다는 표시로 머리를 끄덕였다. 아들은 내가 회랑의 분위기에서 벗어나기를 기다리다가 먼저 들어간 것일 거다. 아들이 나 때문에 덜 피곤하게 하려면 잘 따라다녀야만 한다. 나도 눈앞의 것들을 거두어서 마음의 주머니와 머릿속의 서랍에 넣고 아치문으로 들어갔다.

그림11 바울 성당 회랑의 원주 ▮ 예쁨의 극치

사건 1호를 만들다

들어가 보니 왼편에 큰 문이 또 있는데 마침 그 문이 열렸다. 그리고 그 문에서 신부님과 아주머니 세 분이 나왔다. [그림12] 오른편에 있는 아들을 바라보고 '아들' 하고 작은 목소리로 불렀다. 아들은 어느 작품에 정신을 놓고 있음이 분명했다. 나는 그냥 혼

그림12 신부님과 마담들

그림13 아들, 나 자가격리 됐어

자서 신부님이 나오신 방으로 들어갔다.

 그 방에는 옷장 같은 것 두 개만 큰 문을 가운데 두고 정렬해 있었다. 『나니아 연대기』에 나오는 옷장 같은 것이 무엇인지 궁금해졌다. 왼쪽 것부터 열어보았다. 그 안에는 멋을 있는 대로 부린 장서용 책-아니면 고전?-들이 꽂혀 있었다. 나는 실망했다. 『나니아 연대기』의 문을 상상했기 때문이 아니라, 사람들이 자주 찾아 읽는 책들이 아니었기 때문이다. 행여나 하고 다른 것도 열어보았다. 거기에도 이미 열어본 것과 -내 눈에는- 같은 책들이 무심하게 나를 바라보고 있었다. 사람들과의 교감이 없는 책은 감각이 없는 물체일 뿐이다. 책이 불쌍하게 여겨졌지만, 조용히 문을 닫아주었다. 사람들이 자주 보아주는 책이면, 행복해 할 텐데. 참 불쌍한 책처럼 보였다.

 나는 나가서 아들을 불러오려고 내가 들어온 문으로 갔다. 문이 잠겨 있었다. 다시 문손잡이를 돌려보았다. 여전히 움직이지 않았다. '뭐야? 왜 안 움직이는 거야? 잠긴 거야? 분명히 열려 있어서 들어왔는데.' 이럴 때는 겁이 나고 두려워 해야 하는 것 아닌가? 나는 왜 이렇게 침착한지 모르겠다. 아들에게 전화했다. 여행 중에 처음으로 아들에게 전화했다. 그전에도 40일을 넘게 여행했어도 전화한 적은 한 번도 없었다.

 "엄마? 왜요?"
 "나, 격리됐어."
 "거기가 어디예요?"
 "아들이 있는 데서 앞으로 바로 보이는 방에."
 "엄마, 알았어요."
 혹시나 지나가는 사람이 있으면 들어주라고 문을
 "똑똑"
 두드렸다. 문밖에서 소리가 들려왔다. 분명히 우리나라 말로. 다시 말해서 한국말로.
 "곧 열어드릴게요. 잠시만 기다리세요."
 그 소리가 하늘에서 나는 소린가 하고, 다시 문을 두드려보았다. 주먹을 쥐고서는, 손등 쪽의 중지 가운뎃마디로 두드렸다. '똑, 똑, 똑.' 아까와 같은 소리가 들려왔다.

뒤돌아서서 이 방에 격리된 기념으로 물건을 하나 데려가고 싶은 충동을 느꼈다. 방안을 휙 둘러보다가 천장을 바라보았다. [그림13] 그 방의 천장에도 그림이 있었다. 바닥은 일반 성당의 바닥에 사용되는 무늬로 되어 있는 대리석이 깔려 있었다. '에라, 대리석 방바닥이라도.' 핸드폰을 바닥을 향하여 응시하고는 꾹 눌렀다. 핸드폰을 주머니에 밀어 넣는데 문이 움직이는 기척이 들려왔다. 열쇠를 문에 밀어 넣나 보다.

잠시 후에 문이 밀리더니 제복 입은 남자가 들어왔다.

"아이 엠 쏘리. 앤 땡큐."

참으로 뻔뻔스러운 나의 인사다. 나도 내가 그렇게 인사할 줄은 몰랐다. 제복을 입은 남자가 긴장된 모습으로 나를 바라보며 고개를 까딱해 보이며 살짝, 조금은 부족한 듯한 미소를 보내주었다. 나이가 많이 들어서 머리카락이 하야니까 좋은 점도 참 많다. 웬만한 실수는 그냥 봐주는 것도 좋다. 덕분에 배짱만 늘어난다. ㅡ흰 머리카락은 인생의 면류관이라고 내 어머니가 말씀하셨었다.ㅡ 문밖으로 태연하게 나갔다. 실제로 아무렇지도 않았으니까.

거기에는 아들이 웃으면서 서 있었다. 아들은 그분께서 나를 지키라고 보내준 천사 같았다. 천주교인들에게 왜 수호성인이 필요한지 이해되었다. 그렇다고 죽은 사람이 보호자가 될 수 있다고 믿지는 않는다. 내 하나님께서는 살아있는 사람들끼리 서로 도우며 살도록 감동하게 하는 것이 아닐까? 하나님께서 성인으로 살다가 죽은 사람들을 시켜서 돌봐주신다고? 그러면 '무소부재, 전지전능'하신 위엄과 권능은 언제 사용하실까?

"아들, 내가 드디어 사건 1호를 만들었네."

"엄마 괜찮아요?"

아들에게 아주 미안했다. 나야 내가 스스로 한 행동이라 자신을 탓할 일이 없지만, 아들은 걱정되었을 텐데 말이다.[6] 왜 나는 겁이 없는지 모르겠다. 어른들이 나를 자신만만하게 키우신 것이 분명하다. 뭐, 어쩔 것인가? 내가 보기에는 나에게 맡기신 자식들도 나 못지않게 자신만만한 듯하다. 교만하지만 않으면 된다는 것이 나의 생활철학이다.

다시 아들의 손을 잡고 가서 처음으로 만난 그림은 병풍 같은 화폭 속에 그려진 많은 화살을 몸에 박고 있는 세바스티아노 대선배님이시다. 세바스티아노 선배님은 가는 데마다 먼저 와서 기다리고 계셨다. 장관(壯觀)도, 놀라움도, 감동도, 아름다움도 모두 마음에 담고 회랑을 따라 걸어나왔다.

눈앞에 아니 왼쪽 옆으로 화장실이 보였다. 역시 아들이 물어온다.

"엄마, 화장실 가실래요?"

내 머릿속에서는 여전히 과거가 다가와서 현재와 같이 엉킨다. '호성아, 나가기 전에 쉬~ 하고 갈까?' 혼자서 웃었다. 역할이 바뀐 현재도 참 즐겁고 고마워서 웃으며 아들에게 고맙고 이런 시간을 허락하신 그분께 또 감사를 올려드렸다.

"응."

대답하면서 화장실을 들여다보았다.

"아들, 도네이션 통이 놓여 있네. 난 그냥 들어 갈란다."

"알았어요."

물 묻은 손을 탈탈 털면서 화장실에서 나오니 아들이 기다리고 있다.

"엄마, 밥 먹으러 가요."

"좋지. 그러자. 저기 스낵바로 갈 거야?"

"그럴까요?"

거기에 들어가면 나는 다시 청각장애인이 될 것이다. 그래도 먹는 것은 즐겁다. 그리고 여전히 고맙다. 그래서 또 고맙습니다! 라고 고백하고.

"나는 치킨 샐러드만 시켜주라. 그리고 콜라도 한 병. 너는 정식으로 다 먹고."

"알았어요."

진열장 안에 놓여 있는 음식들을 구경했다. 모르는 채소가 더 많다. 유리로 된 진열장 안에 'contorno'란 글이 있다. 무슨 뜻일까? 진열장 속에 있는 글자를 수첩에 옮겨두었다. 아는 것보다 모르는 것이 더 많을 때는 그냥 바보인 듯이 살면 편하다는 것을 느낀다. 내 것을 다 먹고도 아들을 바라보았다. 감자튀김 — 프렌치프라이 — 에 포크를 갖다대니. 아들이 말했다.

"엄마, 잡수셔요. 많이."

아들의 접시에 길쭉길쭉 늘씬한 모양을 하고 누워 있는 감자튀김도 몇 조각 집어 먹었다. '웬일로 여기에는 케첩도 있네'라고 생각하면서 케첩에 찍어 먹었다.[7]

아들의 눈을 바라보았다. 그 눈에 피곤이 서려 있을까봐. 아들은 평상시에는 점심 식사 후에는 잠깐의 휴식 시간을 갖는다고 알고 있었다. 그런데 여행 중에는 쉴 수가 없을 테니까 미안한 마음이 들었다. 내가 해줄 수 없는 것이 많은데, 시간을 만들어줄 수 없는 것도 그중 하나이다. 아들이 콜라를 음미하고 있는 나에게 말했다.

"엄마, 난 커피 가지고 올게요."

"응, 그래라."

아들이 커피로 피곤함을 덜 느끼기를 바라면서 아들의 뒷모습에 고맙다고 전했다. 아들은 수시로 자기 와이프에게 전화를 한다. 그런 아들의 모습을 보는 것도 즐긴다. 그리고 고마움을 날려 보낸다. 다 같이 잘 살아주어서 고맙다. 변절하지 말고 결혼식 할 때 한, 언약처럼 잘들 살아주기를 부탁하기도 한다. 아들은 자기의 부인이자 나의 며느리 자랑도 잘한다. 그런 일 역시도 나를 편안하게 해준다. 세상 모든 사람이 서로를 배려하면서 같이 잘 살아가면 그분이 아주 기뻐하실 것이다.

아들이 커피를 즐기는 동안 나는 우리 둘이 먹고 남은 일회용 그릇을 들고 일어섰다. 아들이 나의 손에서 받아들려고 서둘렀다. 내가 아들의 행동을 막고 일어서자, 여종업원이 재빨리 와서 내 손에 있는 것들을 받아 처리해주었다. 난 웬 복이 이렇게 많을까? 집안 어른들이 나에게 잘해주시던 것처럼 많은 사람이 나에게 잘해준다.

시간이 흘러가면서 남는 것이 감사뿐이니 참 좋다. 안 좋은 일은 떠나보내서 나에게 붙어 있지 못하게 하면 된다. 좋고 감사한 일도 많은데, 좋지 않은 일을 붙잡고 시간과 에너지를 소비하고 싶지 않다. 그분은 이런 내 마음을, 아주 잘 키워주신다.

아들의 손을 잡고, 또 걷기 시작했다. 출구로 가는 길에는 화재에도 여전히 남아있는 석재들이 비 가림 지붕 아래에 누워 있었다. 1823년 7월 15일, 16일에 지붕을 수리하던 사람들의 실수로 불이 났다고 하는데, 상흔을 지닌 채 누워 있는 모양새만 보아도 화재 전 성당의 위용을 상상해볼 수 있었다. 성당 중앙이 거의 전소되는 비운을 겪은 성당의 잔재들이 그날의 아픔을 내보이면서도 새 성전과 함께 잘 지내고 있음을 보았다. 옛것도 기억해 주며 떠오르게 하는 것들이 많다. 이런 것이 역사이겠거니 하면서 그 육중한 모습을 바라보았다. 한번 쓰다듬어 주고 싶지만, 안 만지는 것이 보존하는 데 좋으리라는 것을 알기에 눈만 마주치면서 지나갔다. 우리가 성당에 들어올 때의 반대 방향으로 아들은 몸을 돌렸다. 성당을 한 바퀴 다 돈 셈이다.

주변의 건물들이 느슨하게 늘어져 있었다. 아직도 도시화가 덜 된 옛 로마의 성곽 밖이다. 이런 환경이 느긋하게 여유를 품게 해주었다. 하늘에 두둥실 떠 있던 뭉게구름도 자기네 집으로 가고 없었다. 하늘이 파아란 색으로 나를 내려다보면서 구름이 가서 심심하다고 말하는 듯했다. 그래도 나는 하늘을 올려다보며 그분께 뭉게구름 모양의 그리고 푸르른 색의 고마움을 올려드렸다.

드디어 버스 정거장이 보인다. 서너 명이 거기에 서 있었다. 어떤 사람은 가게 앞에 두 다리를 뻗고 앉아 있었다. 나는 걸어가면서 아들에게 물었다.

"아들, 몇 번 버스를 타?"

"엄마, 170번이요"

"아들, 많이 가요?"

아들이 핸드폰을 들여다보면서 정거장 수를 세고 있다. 나는 왜 아들을 또 바쁘게 만들었을까? 내가 알아도 조금도 도움이 안 될 질문을 아들에게 또 했으니 말이다.

나는 버스 차창으로 들어오는 도로변을 구석구석 찾아보느라고 쉴 사이가 없었다. 이층, 삼층의 베란다의 꽃나무 이름도 궁금하고, 걸려 있는 파라솔의 모양도 알아내고 싶고, 가게에 진열해 놓은 것들도 알고 싶고, 알고 싶은 것이 많으니 말이다. 아들은 이런 엄마를 감상하는 것이 재미있나 보다. 엄마인 나를 부끄러워하지 않아서 참 다행이다. 내가 하는 행동이 부끄럽냐고 물어본 적 없으니 이 역시 내 착각인지도 모르겠다. 나는 그런 난처한 질문을 하고 싶지 않다.

내 눈이 아무리 바쁘게 돌아간다 해도 아들에게 크게 해로울 일은 없기를 바랄 뿐이다. 아들이 말한다.

"엄마, 다음에서 내려요."

나는 또 아들을 따라서 내려가면 된다. 이 얼마나 좋은 일인가. 하자는 대로 해도 되는 사람이 있다는 것이 참 좋다. 여행하는 동안 이 말을 몇 번 더 하게 될까? 하여튼 참 좋다.

마메르티노 감옥, 베드로와 바울 선배님이 거쳐가신 곳

우리는 다시 로마 시내로 들어왔나 보다. 많은 사람이 무리 지어 움직이고 있다. [그림14] 사람이 많은데 왜 나의 마음이 설렐까? 나는 나에게 말했다. '진정해 김재신. 내 나이가 80이거든. 그러니까 어떤 환경의 변화에도 동요가 있어서는 안 된다고.' 또 다른 재신이가 대꾸했다. '나이가 많아도 사람은 사람이거든. 그리고 나는 그분의 훌륭하고도 유일한 명작이니까 모든 것을 느낄 수 있고, 표현할 자유가 있어. 나쁜 것만 아니면 되거든.' 나는 내 안에 여러 모습의 재신이가 있음을 인정하며 산다. 나쁜 영향을 나와 다른 사람에게 끼치지 않으면 된다. 나에게 지혜와 사랑을 공급하시는 그분께서 주시는 능력 안에서 힘껏 씩씩하고 명랑하게 살고 싶다.

아들의 말소리가 나의 독백을 깨웠다.

"엄마, 여기 왔던 것 기억하세요?"

"응, 왔었지. 아들, 미켈란젤로의 뭐라고 했더라. 저 뒤에는 포로 로마노(Foro Romano)도 있고."

"엄마, 저 위에 마메르티노도 있어요. 거기 가실래요? 아니면 포로 로마노에 가실래요?"

"아들, 마메르티노에 가자. 거기 가서 다시 한번 베드로 사도와 바울 사도가 갇혀 있던 생각도 해보고."

"그래요. 가요. 엄마."

그림14 로마 경찰들과 경찰차(Carabinieri)

아들의 손에 의지하여 미켈란젤로의 층계를 올라갔다.
한 번 왔던 곳에 오니까, 정감이 더 묻어났다. 하늘도 맑았다. 여기 하늘은 더 높게 느껴지는 것은 왜일까? 아들은 층계를 올라가면서 그 계단의 설계 비밀을 다시 이야기해주었다. 아들과 세계 최초의 박물관 앞에 앉아서 숨을 고르며 각기 상념에 빠져들었다. 나는 2017년도에 이곳에 왔을 때 나의 모습을 끄집어내었다. 내가 현시대를 벗어나 중세 어디쯤에 와 있다는 착각에 빠질 정도였다. 그때도 로마에 온 첫날 여기에 왔었다. 첫 번째 들린 곳이 콜로세움이었고, 그다음이 개선문을 지나 포로 로마노에서부터 입을 벌릴 수 있는 만큼 다 벌린 채로 여기에 왔었다.
아마 베드로와 바울이 갇혔다던 마메르티노 감옥에 들르지 않고 캄피돌리노 광장에 왔더라면 자신의 시대를 벗어나 있는 이색적인 환경 때문에 오감이 다 떨렸을 것이다. 로마의 언덕 이름은 다 알고 있었음에도 아무런 도움이 안 되었다. 나의 눈은 수리 중인 앞 건물에 가 있다가, 눈을 돌려 황제 아우렐리우스의 기마상을 보고 인사했다. '지난번에 왔을 때는 위대하신 황제의 이름도 몰라서 인사를 못 했네요. 실례가 많았습니다. 소인 이만 물러갑니다.' 황제가 괜찮다고 하면서 웃을 것도 같았다. '또 만나요'라고 하면 어떻게 하나? 필요 없는 상상을 하면서 웃었다.

아들의 소리가 또 나를 불렀다.
"엄마, 이제 가볼까요? 박물관은요?"
나는 혼자의 세계에서 벗어나 아들과 함께하는 세상으로 옮겨갔다.
"그냥 가자. 아들."
우리 둘은 언덕 바람을 시원하게 받으며, 맨 꼭대기로 갔다. 나무들에는 새싹들이 열심히 바깥으로 발돋음 하며 뾰족이 내밀면서 허밍으로 노래하고 있었다. 나도 같이 찬양을 올려드렸다. 저 아래쪽에 있는 포로 로마노의 모습이 스며 들어왔다. 허물어져 있어도, 깨져 있어도, 위엄을 잃지 않은 자태들이 속속 줄지어 지나갔다. 어떠한 신을 믿고 싶었기에 신전을 그렇게 지었을까를 상상해보았다.

봄이 오는 것을 알리는 산들바람이 이마로 스쳐갔다. 그분께서 내 마음을 잘 받았노라고 이마를 쓰다듬어 주시나 보다. 아들을 따라 마메르티노에 들어갔다. 아들이 그 건물을 기억하고 있어서 놀랍고 고마웠다. 대견하게까지 느껴졌다. 이곳은 처음 여행 때 내가 신청해서 방문한 곳이기 때문이다. 또 다른 신청지는 카타콤베. 그곳에서는 세바스티아노를 소개받았었다. 아들은 나에게 세바스티아노가 어떻게 순교했는지 자세하게 설명해주었었다. 자상했던 나의 아버지처럼. 순례자들을 위해 준비된 예배실을 들여다보는데 사무실에서 나온 아들이 말했다.

"엄마, 오늘은 무슨 방송 촬영 준비하느라고 관람이 안 된대요."

"할 수 없지. 가자. 아들."

이렇게 말하면서 내 머릿속은 회전하기 시작했다.

이전과 달리 쇠 파이프 난간이 스테인리스 파이프 난간으로 바뀌어 있었다. 그 아래는 테베르강과 연결되는 하수도가 있다던가. 지하 1층쯤이 감옥이었는데, 그런 곳에 있으면 각종 병에 다 걸리겠다고 생각했던 기억이 떠올랐다.

아들에게 물었다.

"가이드, 그러면 이제 어디로 가요?"

마음의 방향을 돌리기 위해 '가이드'를 불러 세웠다. 아들은 내가 부르는 호칭에 즐거운 반응을 보이며 웃어주었다.

"판테온으로 가려고 하는데요."

"그럼 '나보아 광장'에도 가나요?"

"거기도 들르죠. 뭐."

우리 둘은 손잡고 큰길을 건넜다. 사람들이 신호등이 바뀌지도 않았는데 길을 건넜다. 나도 아들의 손에 잡혀서 차도를 건넜다. 차들은 빽빽거리지 않고 기다려주었다.

고흐의 컬러 속으로

인도로 올라서자 아들의 얼굴이 환해지며 나를 바라보았다. 나도 아들의 얼굴이 머물렀던 오른쪽에 있는 건물에 눈을 보냈다가 데려왔다.

"엄마, 저기 갤러린가 봐요. '고흐 전'을 하네요."

"오오, 그러네. 들어가 볼까?"

"그럴까요? 엄마."

아들과 들어간 1층(한국식 2층) 전시장에는 고흐의 손자국들이 걸려 있었다. 색채가 어둡다. 본래의 색일까? 아니면 빛이 어떤 색을 데리고 갔을까? 길거리를 거닐다가도 빨간색으로 써둔 간판 글씨를 보면 '어! 저 색은 해님이 데려가서 점점 흐려질 텐데' 하고 부질없는 걱정을 하곤 했으니.

아들과 나의 거리가 멀어진다. 서로 잊은 듯이 다닌다. 지금까지 못 봤던 것이 많다. 색조의 변화가 눈에 띄게 들어온다. 고흐는 나이 들었을 터인데 색은 밝아졌다. 고흐는 늙도록 살지는 못했으니까, 나이 때문이 아니고 작가로서의 변화 때문이라고 해야 하리라. 고흐 선배가 맞닥트린 세상의 변화가 그림에서 보인다.

고갱과 함께 살려고 애썼던 모습도 스쳐 갔다. 서로 자란 배경이 다른 두 사람의 결별을 떠올리며, 빨리 헤어진 것은 잘한 일이라고 손뼉을 쳐주고 싶어졌다. 내가 처음으로 고흐를 만난 것은 젊을 때였다. 지금도 세상사에 어둡지만, 그때는 세상사를 더 몰랐다. 삐쩍 마른 자화상을 만난 순간에 내 머릿속에서 터져 나온 말은 심각했다. '왜 제대로 못 잡숫고 사셨나요?' 그러나 지금은 아들 덕분에 고흐 대선배에 대해 조금은 더 알게 되면서 불쌍한 인생살이에 수고가 많으셨다고 애도를 표하곤 한다.

다행히 동생 테오 덕분에 인생 마지막 날까지 자기가 좋아하는 그림을 그릴 수 있었으니까, 아주 슬픈 인생은 아니었을 것이라고 위로하고 싶어지기도 한다. 종이가 없어서 여관의 냅킨에 그림을 그릴 때에는 무슨 생각을 했을까? 제수가 경제적인 이야기를 했을 때는 형님으로서 체면과 자존심이 어떻게 뭉개졌을까? 스스로 쏜 총에 맞아 죽어가는 형의 모습을 이틀 동안 지켜보던 동생 테오는 어떠했을까? 그 가슴은 또 얼마나 애잔했을까?

그림을 그리기 시작하면 끼니때도 잊고 그렸다던 그림들을 보면서 우리는 감탄한다. 개성이 뚜렷한 그림. 처음엔 '무슨 그림이 이래?'라고 했었다. 고흐의 그림은 바라보면 볼수록 그림 속의 생물들이 살아서 움직일 것 같아 긴장감이 몰려오고, 그 붓의 움직임을 따라 나의 시선도 옮겨가게 된다. 동생 테오의 조언에 따라 색채 공부를 한 고흐가 좋아진다. 색상이 많이 밝아져서 축하한다고도 말하고 싶다. 그림이 더 씩씩해져서 보는 눈길도 행복해졌다.

고흐의 그림 속에 자리잡은 짙고 옅은, 밝고 어두운, 성숙하고 앳된 녹색의 향연을 나는 한껏 즐겼다. 살아 움직이는 듯한 태양의 색깔들도 내 눈 속에서 빛을 발하고 있다.

눈은 참 신기한 기구라는 것을 새삼스럽게 느끼며 나를 만드신 분을 찬양했다. 색을 볼 수 있도록 배려해주셔서 더 좋았다. 이렇게 말하려니 색을 못 가리는 사람들에게 미안한 마음이 스치며 내가 돌보았던 환자들이 떠올랐다.

"진석 씨, 개나리가 노랗게 예쁘게 폈어요."

"원장님, 나는 색이 안 보여요."

투석하러 갔다가 오는 길에 내가 한 말에 메아리쳐 온 말은 나를 부끄럽게 만들었다.

"정말 미안해요. 그 생각까지는 못 했어요. 정말정말 미안해요."

"괜찮아요. 하루이틀도 아닌걸요. 내가 고맙죠. 누가 날 이렇게 돌봐주겠어요."

아지랑이 같은 그림자를 흐트러트리면서 옛날의 한 장면이 또 내 앞에 나타났다가 고물고물거리며 사라졌다.[8]

모든 신의 집

 길거리로 나온 우리는 주변을 휘익 둘러보았다.
 "아들, 이제 우리 어디로 가?"
 "판테온이요."
 우리는 좁은 길로 들어서면서 마주 바라보고 웃었다. 상점의 물건들이 나를 유혹하지 못하는 이유는 지금 나의 마음이 더 필요한 것이 없을 정도로 충만하기 때문일 것이다.
 저쪽 골목 끝을 지나서 보이는 광장의 시끌벅적한 사람들의 소리가 골목 바람을 타고 날아왔다. 우리도 그 무리에 섞여서 줄을 섰다. 우리 앞에는 가족 단위의 사람이 서 있었다. 서너 살쯤 되었을 덥수룩한 옷차림에도 귀여워 보이는 모습을 한, 여자아이는 내가 좋아하는 젤라토를 먹고 있었다. 나도 군침을 삼키며 바라보았다. 그녀의 아버지와 어머니는 이야기하느라고 바쁘다. 그런데 안내원이 그 여자아이는 못 들어간다고 했나 보다. 젤라토를 바닥에 흘리면 안 되니까. 그럴 수도 있겠다. 여자아이는 판테온에 관심이 없을 테니까 사진으로 남겨놓았다가 이야기해 주는 것도 좋은 방법일 것이다. '너도 몇 살 때 판테온에 갔었는데, 기억나니?' 어른들이 물어보겠지. 나는 왜 이런 생각을 하면서 혼자 즐거워하는지 모르겠다. 하여튼 나는 심심할 시간은 없다. 기억력이 좋아서 나쁠 것은 없다. 가끔은 기억력이 억지스럽게 튀어나올 수 있겠지만 악용할 마음으로 그러지는 않을 거다. 비가 부슬부슬 내리다가 그쳤다.

 판테온으로 들어갔다. 2017년에 처음 왔을 때의 놀라움과 감동은 밀려들지 않았다. 왜 사람들은 이런 데다 자기의 무덤을 만들기 원할까? 죽은 사람은 보지도 알지도 못할 텐데. 라파엘의 무덤도 여기에 있다고 했던가? 황제의 무덤과 같이. 아들이 나의 시큰둥한 표정을 읽었나 보다.
 "엄마, 갈까요?"

"응, 그래."

"엄마, 저 위를 보세요."

아들의 오른손 집게손가락을 따라 눈을 올렸다. 입구의 오른쪽 위.

"저기 파인 데 있지요. 로스 킹의 『브루넬레스키의 돔』을 보면, 브루넬레스키가 피렌체의 두오모를 만들기 전에 돔 구조물이 어떻게 만들었는지 연구하기 위해서 저렇게 파봤대요."

"으응. 그렇구나."

건축가들이 어떻게 저만큼을 잘라내어서 알아냈는지 궁금해졌다. 오래되지 않은 지난날에 아들이 나에게 설명해주던 판테온이 아직 머릿속에서 소용돌이치면서 움직였다.

"엄마, 철근 하나도 없이 시멘트로 지었대요. 판테온 안에는 누구누구… 무덤이 있대요."

내 질문은 딱 하나였다.

"아들, 판테온이 무슨 뜻이래?"

"'모든 신의 집'이래요. 로마의 모든 신."

'로마의 모든 신이 다 모여 있기에는 너무 작아.' 지금도 같은 생각을 하면서 아무도 모르게 혼자 웃었다. 아들은 나의 손을 이끌면서 판테온을 나왔다. 판테온에는 여전히 16개의 화강암으로 된 코린트식 원기둥이 버티고 있겠지. 그런데 어떡하나? 나에게는 그 원기둥들이 더 이상 웅장하게 보이지를 않았다. 미안하지만 어쩔 수 없다.

건축물로 본다면 감탄을 금할 수 없다. 판테온은 작은 건물이지만 인간의 창조물로는 대단한 것이었다. 대화재로 소실된 판테온을 재건한 지 1,900년이 지난 지금까지 그 오랜 세월을 버티고 있다는 놀라움은 여전하다. 벽의 두께가 6m가 넘는다니 놀랍다. 창문이 하나도 없다. 지름이 9m나 되는 돔의 구멍으로 들어오는 태양의 빛이라니 그 역시 놀랍다. 모든 신을 위한 집을 지을 때도 하나님이 그들에게도 지혜를 넣어주셨을까?

'그래도 별로야.' 아마도 바울 성당을 보고 온 뒤라 더 그런지 모르겠다. 바울 성당에는 신비함과 웅장함도 우아함과 아기자기함도 골고루 있지 않던가?

나보아 광장으로 가는 이정표를 찾아 두리번거렸다. 이곳저곳을 둘러보아도 '나보아'란 글자는 안 보였다. 나를 앞서가는, 움직이는 이정표인 아들을 바라보았다. 우리는 나보아 광장까지 갔다. 광장을 보고도 아무런 감흥이 없었다. 그 이유를 정확하게 알아낼 수가 없었다. 나의 감정이, 감각이 둔해진 걸까? 잘 모르겠다. 나의 변화를 시큰둥해하는 나는 그렇다 치고, 가이드를 하고 있는 아들도 별 감동 없이 이리저리 살펴보고 있다. '익숙해지는 병에 걸린 거야. 너는 당연히 알고 있으니까.'
내가 먼저 말을 걸었다.
"여기에 왔던 것 같은데…."
"안 왔어요. 처음이라니까요. 엄마."
"얘들은 왜 광장을 이렇게 많이 만들어놔서 사람 헷갈리게 하니?"
아들은 엄마의 푸념이 어처구니없는지, 나를 바라보면서 입꼬리를 올린다.
"엄마, 우보를 부를까요?"
"버스는 없어?"
"있어요. 조금만 가면."
우리는 다시 170번 버스를 타고 집 아니, 수도원 호텔로 돌아왔다. 무슨 비밀스러운 저택의 대문처럼 생긴 새까만 문을 열고 들어갔다.
60살은 넘은 듯한 후덕하고 선량한 모습의 수녀님이, 여전히 사무실 유리창을 통해 우리를 맞이해주었다. 순례자인지, 관광객인지 모를 우리를. 시계를 보니 6시 20분. 온종일 아들과 돌아다녔다. 요즈음 내 인생 기록은 자식들이 만들어준다.

조그마하고 장난감 같은 승강기를 타고 3층에서 내렸다. 오른쪽으로 돌자마자 다시 또 오른쪽으로 꺾어져 있는 복도로 가면 오른쪽에 있는 첫 번째 방이 우리 숙소다. 아들이 열쇠를 문구멍에 집어넣고 돌려 방문을 열어주었다. 완전 구식이다. 중세 스타일은 아닌가? '아들은 많이 피곤하겠지' 하는 마음에 이르니, 미안한 마음이 꿈틀거렸다. 미안함 대신에 고마움으로 마음을 바꾸어보았다. 아들은 나를 바라보며 말했다.

"엄마, 옥상으로 석양 구경 가실래요?"

"나야 좋다만 너 피곤하잖아?"

"아니, 괜찮아요. 엄마, 여기 옥상 뷰가 좋대요."

아들과 세 층은 승강기로, 한 층은 좁은 층계를 걸어서 올라갔다. 이렇게 좁은 층계를 보니 첫 여행 때 들렸던 렘브란트의 집이 떠올랐다. 집이 크면 세금을 많이 내던 시절, 유리창이 커도 세금을 많이 내야 했다고 했던가? 층계가 좁아 이삿짐을 나를 수 없을 정도였단다. 그래서 건물 맨 꼭대기에 도르래 장치를 달아야 했다고 해서 웃으면서 듣던 일이 내 속에서 같이 놀았다. 짐을 끌어올릴 때 부딪칠까봐 집을 정면 방향으로 조금 기울여서 지었다고 했던가? 또 내 기억에 남아있는 것은 꼭 옷장 같아 보였던 하녀의 방이다. 그 좁은 공간에서 수납장 같은 문을 닫고 잠을 청하는 하녀의 피곤한 모습을 떠오르게 했었다.

수녀원 호텔은 다른 층계는 다 넓고 편한데 옥상으로 가는 층계만 조금 좁다. 그래도 렘브란트가 살던 곳보다는 훨씬 넓다. 아들이 옥상으로 나가는 문을 열었다. 시원한 저녁 바람이 우리를 맞아주었다.

"아아! 좋다. 그치. 아들."

"정말 좋은데요. 좋다고 평에 쓰여 있더라고요. 저기 저 성당이 유명한 마리아 성당이에요. 저긴 내일 가요. 엄마."

"아들 덕분에 좋은 것 많이 보네. 고맙습니다."

"엄마, 저쪽에 해 지는 것 좀 보세요. 이쪽에요."

나는 아들이 있는 곳으로 가서 돌출되어 올라와 있는 난간에 기대고 섰다. 팔꿈치를 올리고 손바닥으로 얼굴을 감쌌다. 그리고 해가 지는 하늘을 하염없이 바라보았다. 이런 풍경을 바라보았던 것이 언제인지 기억조차 없다.

 이런 시간에 매일 무엇을 했었을까? 매일 매 순간 지상과 천하에 이런 파노라마가 너울대고 있었을 텐데 말이다. 나는 도대체 무엇을 하며 살아왔을까? 해가 뜨는 시간에 무슨 일을 하고 있었기에 솟아오르는 해를 맞이한 날이 없었을까? 그동안 내가 맡은 일은 무엇이었을까? 그 결과는? 나는 하루에 하늘을 몇 번이나 올려다보았던가? 밤에는 달과 별들을, 얼마나 보고 살았을까? 나는 왜 지금 이 시간에 이런 과거를 끌어올리고 있을까? 지금이 너무 황홀해서 과거와 대비해보고 있는 것일 거다. 앞으로는 자주자주 이런 시간을 만들어 창조주를 찬양해야겠다.

 과거로 걸어 들어간 나를 끌어내어 아들 곁으로 데려왔다.
 "참 좋다. 고마워. 아들 덕분에 처음으로 석양도 보고. 참 좋다."
 "엄마, 나도 엄마 덕분에 이렇게 좋은 여행해요. 그리고 엄마는 이렇게 여행할 자격이 있어요. 한 열 번쯤은 더 다녀도 돼요. 엄마는 매일 집에만 계셨잖아요. 그러니까 충분히 자격이 있어요. 엄마, 내일 아침에 또 올라와요. 일출도 봐요."
 "아들, 그러자."

 나는 스스로 뿌리라고 자부하고 살았다. 내가 집안에서 가족들이 기초를 잘 닦게 자양분을 잘 올려주어야 해. 나는 집안의 태양이니까. 이름하여 '안'에 있는 '해'.
 아들은 자기 부인에게 또 전화한다. 맛있는 것을 먹을 때도, 멋있고 아름다운 장면 앞에서도 자기 짝꿍에게 전화하며 인생을 즐겁게 나눈다. 동생에게도 자주 전화하여 내가 여행하는 모습을 보여주며 기쁨을 나눈다. 이런 기쁨이 이 시간에 잇대어 그 나라까지 도달하면 좋겠다는 기대를 했다. 나는 이런 좋은 인생을 사는 사람들을 바라보는 것이 참 좋다. 변치 말고 계속 이렇게 살아가기를 소리 없이 지원하며 기원했다.
 우리는 제각기 노을이 만들어 내놓는 색의 향연을 핸드폰에 담

앉다. 색색으로 부드러운, 아주 연한 주홍빛도, 스러져 가는 노란 빛도 참으로 포근하다. 불그스레한 것은 멀리 올려보내서인지 안 보였다. 우리는 그렇게 수도원 옥상에서 이쪽저쪽을 올려다보고 내려다보았다. 이리저리 돌아보며 감탄사를 연발했다. 나는 그분이 만들어내시는 풍광에 놀라움으로 답하며 '참 아름다워라, 주님의! 세계는…'을 올려보내드리고 싶어졌다. 욕심이 생겼다. 저런 하늘을 종이에 담는 방법도 있을까? 얼마나 노력하면 가능할까? 하늘을 옮기고 싶어졌다.

방으로 들어오니 이곳 역시 좋다. 아들은 많이 지쳤을 텐데도 힘들다는 기색을 보이지 않는다. 아들은 방에 들어오자마자 컴퓨터를 열었다. 또 밀린 일을 하려나 보다. 아들이 일을 하고 있을 때는 건드리지 않는다. 그러니까 잠시 아들이 내 옆자리를 떠나 출근했다고 치면 된다. 나는 조그마한 샤워 박스로 들어가서 몸에 물칠 한 번, 비누칠 한 번, 또 물을 한 번 뿌려주고는 나왔다. 아들은 잠들어 있었다. 조용조용히 나도 침대에 걸터앉았다.

20분도 채 못 되어 아들이 일어났다.

"엄마, 밥 먹으러 가요?"

"어디로? 멀리?"

"아니, 이 동네요. 엄마."

나는 궁금했다. 어떤 식당으로 가려나? 하지만 오늘은 질문은 그만하기로 했다. 아들이 다시 핸드폰을 손에 들고 맛집을 찾나 보다. 숙소에서 내려가서 두 번째 골목으로 접어들었다. 우리가 묵는 숙소만큼 언덕진 곳으로 갔다. 골목의 건물들 분위기에 빠져서 힘든지 모르고 따라갔다. 이 동네는 길거리가 온통 박물관 같다. 건물들이 무슨 조각품인 양 제각기 자기 자태를 뽐내면서 나에게 손짓하는 듯하다.

내가 이리저리 몸을 휘두르며 걷고 있는데, 드디어 아들이 입을 열었다.

"엄마, 저기요. 다 왔어요."

나는 내가 하지 않은 밥을 먹는 것이 아주 재미있다. 어쩌다가 이런 날들이 이어지는지 자식들에게 고맙고, 자식들에게 이런 마음을 주신 그분께 감사함을 올려드려야 마땅하다. 그렇다고 내가 식사 준비하는 것을 싫어하지도 않는다.

"식사 준비하는 것이 지겹다"라는 말도 절대로 하지 않는다. 내게 주신 복을 벌로 바꾸는 행위인 것 같아서 그런 말은 의도적으로 하지 않는다. 다만 나이 탓인지 가끔 힘겨울 때는 있다. 내가 먹고 싶은 것을 자유롭게 해 먹을 수 있는 것이 큰 은혜요, 내게 주신 큰 복이라고 감사하며 살아왔다.

어떤 사람은 차려주는 음식 외에는 먹을 힘이 없는 사람도 있다. 그런 사람은 얼마나 답답할까? 차려준 밥도 자기 손으로 먹을 수 없는 사람과도 살아보았다. 그들을 생각만 해도 가슴이 조여든다. '한 번만이라도 똑바로 서 있어 보고 싶어요'라는 하소연이 귀에 걸려 사라지지 않을 때도 있다. 그들과 같이 살 때는 그들 몫까지 산다고 열심히 일했는데 그것도 한계가 있었다.

두 발로 사뿐히 걸으면서 하늘을 우러러보며 감사를 올려드린다. 이렇게 걸을 수 있도록 은총을 내려주심에 감사하면 기쁨이 솟아오른다. 나는 이런 데서 솟아오르는 에너지로 충만하게 살아 나간다. 그러니까 아기가 엄마만 바라보면서 하루 종일 옹알이 하듯이 그분께 무엇이든지 일일이 말씀드리면서 산다. 그분께서도 보기에 좋다고 웃어주신다.

도로변에도 커다란 부스를 쳐놓은 식당이다. 텐트 안에도 테이블이 여럿 놓여 있다.

"안으로 들어가죠. 엄마"

"응, 그러자. 아들."

아들이 선택한 테이블에 앉았다. 아들이 메뉴판을 다 보고 내려놓으니까 식당 관계자가 다가왔다. 아들은 여러 가지를 주문한다. 내 것도 세 가지나 주문했다. 맛있는 것으로 고른 모양이다. 내가 맛있게 먹는 모습을 보고 싶다는 표정이 아들에게서 흘러나와서 내 앞에 줄을 서는 것을 보았다. 아들은 피자와 샐러드를 그리고 와인도 한 잔 달라고 했다. 하루 종일 나를 데리고 다니느라고 힘들었을 텐데도 항상 웃는 모습이다. 그런 아들에게 더 좋은 것을 주고 싶다.

아들은 어려서부터 나에게 참 다정하고 따뜻했다. 1970년 여름 어느 날, 하숙집으로 가는 길이 장맛비로 진흙탕이었다. 퇴근길에 아들을 태화관(어린이집)에서 데리고 버스에서 내려 걸어가는 중이었다. 아들을 등에 업고, 한 손으로는 아들의 엉덩이를 받히고, 가방을 든 다른 손에는 우산도 들고 있었다. 등 뒤에 납작이 엎드린 아들은 내 어깨너머로 두 손을 올려 내가 덜 힘들도록 애쓰고 있었다. 그때 어린 아들의 입에서 나온 말을, 나는 지금도 듣는다.

"엄마, 내가 이다음에 돈 벌면 엄마도 비신을 사줄게요."

자기는 장화를 신었지만, 나는 신지 않았다는 것을 알고 있었던 게다. 나는 아무 말도 하지 못하고 그냥 머리만 끄덕거렸었다. 그 아들이 오십 중턱을 넘어서 나를 데리고 여행 중이다. 내 속에 아직도 남아 있을 만한 끼를 꺼내느라고 마음을 써주고 있다.

나는 내 앞에 놓인 죽부터 맛있게 먹었다. 아들은 와인의 향을 살짝 코로 들이켜 보고, 또 입으로 음미하고는 머리를 끄덕였다.

"아들, 진짜진짜 맛있네. 잘 골랐네. 맛있다."

나는 '맛있다'라고 말하면서 먹었다. 아들이 또 직원에게 뭐라고 길게 설명하니, 사워 글라스 하나가 내 접시 옆에 놓였다.

진짜 칵테일을 나에게 줄 리는 없다. 부드러운 노란색을 띤 액체를 조심스럽게 입술에 대어보았다. 도수가 낮은 칵테일인가? 약간 알코올이 들어간 것도 같다. 다시 한번 살짝 액체에 혀를 대보았다. 스퀴즈(squeeze)인 것도 같고 아니면 목테일(mocktail; 알코올 성분이 없는 칵테일)일지도 모른다. 하여튼 내 입에서, 내 마음에서 1%의 거부감도 나오지 않으면 된 것이다.

감탄이 나도 모르는 사이 흘러나왔다.

"으음, 맛있네, 부드럽고. 아들."

"엄마, 맛있어요?"

나의 입에서 나오는 소리에 아들의 얼굴이 만족으로 가득하였다.

"응, 맛있네. 우리 치어 하자."

생각지도 않았던 말이 내 입에서 튀어 나왔다. 아들이 자기의 튤립 모양의 와인 잔을 들어 나의 글라스에 가져다 살짝 부딪혀 주었다. 우리 둘의 눈이 식탁 위에서 만나 부딪치고 예쁜 불꽃을 튀겼다.

그냥 이렇게 뿌듯하게 비벼대면서 사는 것이 나의 특권이다.

내가 웃으며 말했다.

"내가 일할 때 말이지 시설장들이 모여서 회의하고 나서 식당에 가면 소주, 맥주가 나오거든. 모두 소주잔이든 맥주잔이든 들고서 나보고 건배사를 하란다. 신부도 있고 수녀도 있는데 짓궂게 나보고 하라는 거야. 그러면 내가 '뭐라고 할까요?'라고 물으면 술에 취한 사람들이 '뭐라고 할까요?를 위하여'라고 하면서 잔을 부딪치더라고. 어처구니가 없어서."

아들이 놀라는 기색을 하며 맞장구쳐 주었다.

"정말로 그렇게 말해요?"

"그렇다니까. 취했으니까, 자기들이 무슨 말을 하는지도 모르는 거지."

"그렇게 술에 잔뜩 취해서 숙소로 돌아가면, 공무원들과 언쟁이 벌어졌어. 서로에게 불편했던 일들을 술이라는 쓰레기통에 다 쏟아놓으면서, 구경만 하는 나에게 노래하라고 했었다. 말짱한 정신으로 있는 사람이 두어 명 있는데, 내가 제일 신참이니까 나보고 노래하라고 했단다. '무슨 노래할까요?'라고 질문하면 찬송가 580장을 부르란다. 내가 교회에 다니는 것을 알고 있다고 놀리는 말일 게다. 그때는 찬송가에 580장이 없을 때였어. 술을 먹고 뒤풀이하다가 지갑도 잃어버리고 호텔 잔디 위에서 자기도 하고. 그렇게 스트레스가 심했었나 보다 싶었지. 나랏돈 받아서 감독, 감사 받아 가면서 일하기가. 그래도 그들은 다음 날이 되면, 우리가 언제 서로 욕했냐는 듯 대했어. '오늘은 새로운 태양 아래이니까 새롭게 살자!'라고 언약이라도 한 듯이 다시 사업 이야기에 몰두하는 것이 신선해 보이기까지 했었단다."

이런 이야기를 하니까 물끄러미 나를 바라보고 있던 아들이 오랜만에 심각한 표정이 되어 조용한 소리로 말했다.

"그러게요. 안 믿는 사람들은 그렇게 털어가며 사는데 우리는 왜…."

말끝을 흐리는 아들에게 왜 내가 미안한 마음이 들까? 부끄러워지려고 했다. 과거가 된 이야기가 너무나 많다. 내 나이가 팔순이 다 되어가니까 미래보다는 과거가 더 많은 것이다. 그래도 아직 야무진 소망을 가지고 산다. 나는 나의 미래가 더 황홀하고 찬란하기를 바라면서.

우리 둘 그러니까 아들과 엄마인 나는 오랜만에 만나서 여행하는 중이다. 우리는 둘 다 서울에 산다. 서로 10km 거리 안에 살면서도 일 년에 두어 번 정도 만날까? 아들은 바빠서 못 오고 엄마는 아들 사는 데 시간을 뺏지 않으려고 보고 싶어도 마음을 꾹꾹 눌러가며 산다. 무슨 일을 하다가 모르는 것이 생겨도 아들에게 연락하지 않는다. 자식들 살아가는 데, 성장하는 데, 방해될까 봐 전화도 잘 안 한다. 대신 며느리가 아주 자주 찾아온다. 딸도 카톡으로 찾아든다. 이렇게 찾아주는 것도 미안하고 황공하다. 자식들의 날개에 깃털 하나만큼도 올려두지 말아야 한다는 생각에 내가 먼저 연락하는 일은 드물다.

어쩌다가 이렇게 아들하고 같이 시간을 보내게 되었으니, 최대한으로 즐기고 싶은 것이다. 아무도 모자간에 끼어들지 않는다. 아들은 오로지 엄마를 보호하고 즐겁게 해주려고 작정한 모양이다. 며느리가 어머니를 잘 살피면서 다니라고 세뇌했나 보다. 오늘 하루에만 '엄마 힘들어요?'라고 몇 번이나 물어봤는지 셀 수도 없다. 그런 질문을 받는 것도 행복하고 신이 난다. 나는 철이 아직 덜 들어서 그럴 게다. 굳이 어른스러워지려고 노력하지 않으면서 살고 있다.

　아들 뒤쪽의 테이블에 있던 청년팀은 벌써 식사를 끝내고 나가고, 다른 커플이 들어와 앉았다. 나중에 들어온 커플도 식사를 끝내고 나갔다. 관광 온 사람들인가 보다. 그러니까 식사를 서두를 테지. 구경할 것이 많아서. 식당 주인에게 미안해해야 하는 건 아닌지 궁금했지만, 아들에게 묻지 않기로 했다. 내가 즐기는 일이 피해를 줄 정도는 아니다. 식당 안에 아직 빈자리가 있으니까.
　나는 본래 밥을 천천히 먹는다. 보통은 사오십 분을 먹는다. 제일 오래 먹었을 때는 역시 아들과 여행할 때였다. 2017년에 베네치아의 식당에서 6코스도 더 되는 점심 식사를 세 시간 동안 하며 아들과 환담을 나눈 것이 나의 기록이다.[9] 오늘은 거의 두 시간 동안 식사했다.
　아들과 식당을 나와 서로 손을 잡고서 언덕을 내려왔다. 다시 오른쪽 골목의 언덕으로 올라가서, 왼쪽에 있는 수도원 숙소의 넓고 큰 문을 열고 들어갔다. 여전히 수녀님이 웃으면서 맞아주었다.

　아들은 양치질만 하고 침대로 들어갔다. 상체는 필로우에 기댄 채 앉아서 잠 속으로 깊이 빨려 들어갔다.
　여행 첫날이 서서히 끝나고 있었다. 한 방에 조그만 싱글 침대 두 개. 내일이란 것이 있기는 할까? 눈을 뜨면 또 오늘일 텐데. 매일 오늘을 후회 없이 잘 살아가도록 해야지. 재신이도 오늘은 그만 안녕이다.
　'하나님, 오늘도 즐겁게 잘 살았습니다.'
　'하나님, 잘 자겠습니다. 자다가 오줌 안 싸면 좋겠습니다. 고맙습니다.'

사흘날, 로마에서 피렌체로

2023년 3월 2일, 맑음

나는 눈을 뜨면 핸드폰을 열어서 시간을 본다. 매일 하는 일이다. 나에게 새로 찾아온 오늘도 같은 일로 시작했다. '하나님, 참 잘 잤습니다. 로마 수도원, 수도원 작은 침대에서요. 하나님 옛날에 수녀들도 침대에서 잤을까요?' 또 궁금증이 몰려오고, 상상력이 날개를 달고, 나를 끌고 다닌다. 그분께서 싱긋 웃으시며 나의 머릿속 그림을 흐뭇하게 훑어보셨다. 나는 속으로 찬송을 부른다. '하늘에 가득 찬 영광의 하나님, 온 땅에 충만한 조~온귀하신 하나님… 영원에 잇대어 살아가게 하소서….'

집에서도 새벽이면 성경을 읽기 전에 찬송을 부른다. 하나님의 성호를 노래하는 찬양을 주로 한다. 하나님의 능력을 노래하는 찬양을 한다. 하나님이 계셔서 좋다는 노래 가사로 찬양하는 것이 좋다. 내가 기도하고 싶은 내용의 가사를 골라서 찬양을 올린다. 얼굴에 나만의 미소를 띠고 고마움을 머금고 찬양한다. 내게 귀한 것이 시간이니까 시간을 들여 하나님께 찬양하면서 하루를 시작한다. 이 과정 또한 내게 귀중한 시간이다.

아들이 내 소리를 들었는지 허밍으로 따라 부른다. 호호호! 이런 큰 복이 또 어디에 있을까? 자식과 함께 그분을 찬양하는 복. 로마에서의 셋째 날이 이렇게 시작되었다.

시계를 다시 보니 5시 45분. 서둘러 옷을 챙겨 입었다. 내가 미사에 참예하고 싶어하는 것을 아는 아들이 어제 미사 시간을 알아봐 주었다. 6시에 미사가 시작된다고 했다.

나는 우리나라에 있을 때는 성당에 가본 적이 한 번도 없다. 그런데도 여기에 오면 성당에서 행해지는 미사에 아무런 거부감없이 참예한다. 더 어처구니없는 행태가 또 있다. 알아들을 수 있는 말이 없는데도 이상한 느낌 없이 예배를 잘했다는 느낌이 든다.

나는 우리 숙소 방문을 용감하게 열고 층계로 내려갔다. 그런데 작은 성당이 있으리라고 여겼던 문이 나타나지 않았다. 그렇다고 방으로 다시 갈 수도 없었다. 그러기는 싫었다. 갑자기 당황스러워졌다. 이럴 땐, 메스꺼움도 같이 오곤 하니 마음을 다독여야 했다. '재신아, 괜찮아. 다시 올라갔다가 다시 찾아 내려오는 거야.' 나는 나를 타이르며, 격려하며 어두운 복도에서 기억을 되살려가며 여기저기를 살폈다. 시간이 다 되어가는데… 늦게 들어가고 싶지는 않으니까 빨리 내 눈앞에든지 기억의 문이라도 나타나든지, 내 귀에 미사 소리가 들리든지 하기를 바라는 마음으로 더듬어 갔다. '에라 모르겠다'라고 하면서 눈앞의 문을 조심스럽게 열었다.

거짓말처럼 그곳에는 수녀님들이 나지막이, 아주 부드럽고, 매끈하고, 작은 소리로 뭔가 외우고 계셨다. 내 가슴 깊은 데서 안도의 숨이 몰려왔다. 얼마나 좋았던지, 얼마나 이 방을 갈망했던지, 눈물이 나오려고 했다. 사무실에서 일하던 수녀님과 눈이 마주치지 않았다면 눈물을 삼키지 않았을지도 모른다. 그 푸근한 느낌의 수녀님이 건너편 마지막 장의자를 가리키셨다. 나는 그 의자로 가서 두 무릎을 꿇었다. '하나님, 제가 이렇게 찾아왔습니다. 여기에도 계신 하나님이 저의 하나님이시죠. 오늘은 이렇게 정식으로 무릎을 꿇었습니다. 수녀님들과 함께 예배드리겠습니다. 고맙습니다. 이렇게 맞아주셔서.'

성당에서는 내가 무릎을 꿇어도 누구 하나 이상하게 보지 않아서 좋다. 그리고 무릎을 꿇었을 때는 하나님께서 나의 마음을 싸악 훑어봐 주셔서 참 좋다. 나는 하나님 앞에서 울기도 참 많이 울었다. 다른 데서는 못 울고 예배당 안에서만 울었다. 한 5년 동안을. 그러고 난 후에, 만들어진 것이 지금의 '나'다.

의자에 기대어놓았던 엉덩이를 밀어 의자 안으로 밀어놓으면서 무릎을 일으켰다. 6시 정각이다. 그러니까 6시도 안 되었는데 수녀님들은 무엇인가를 교독(?)하고 계셨다. 세미한 소리가 이런 소리인가 보다. 두성으로만 읊고 계셨다. 나는 갑자기 궁금증이 발동해서 관찰자의 자세로 가고 있는 나를 보았다.

수녀가 몇 명이나 있을까? 숫자를 세기 시작했다. 모두 17분. 휠체어에 앉아계신 분도 있다. 머리를 완전히 앞으로 꺾으신 상태다. 아프지 않으실까? 나의 본색이 드러나려 해서 가만히 있으라고 눌러놓았다. 수녀 한 분이 나가시더니, 잠시 후 신부님과 같이 들어오셨다. 수녀원에 웬 신부님인가 싶어 바라보았다.

이런 태도는 관람자의 태도이다. 마음 자세를 바꿔 예배자로 만들어야 하는데 컨트롤이 잘 안 된다. 그 시각이 6시 30분. 신부님이 성경도 읽으시고 뭐라고 말씀도 하셨다. 설교를 하시는가 보다. 혼자서 예수님이 하신 말씀을 끌어내어 묵상했다.

"너희는 하나님의 계명을 버리고, 사람의 전통을… 하나님의 계명을 잘도 저버린다."(마가복음 7장 7-8절, 새번역)

그리고 성찬식이 시작되었다. 수녀님들이 줄지어 나가 빵을 받아 입에 넣었다. 동그랗고 종잇장처럼 얇은 것을 빵이라고 해야 하는지, 성찬식에 참예할 때마다 너무 인간이 편리한 대로 바꾸는 것이 영 찜찜하다. 이런 것을 진화라고 할까, 변화라고 할까. 무조건 사람들이 편한 대로 바꾸어 나가고 있다.

마지막으로 의자에서 일어난 수녀님이 나에게 나와서 자기 앞에 서라는 표시로, 손가락을 열심히 움직이면서 눈을 오그려 미소를 보내왔다. 어떻게 거절할 수가 있겠는가? 성찬 예식에 동참하자는 제의를 따라 일어나서 그 수녀님의 앞에 섰다. 숙박객 중에 미사에 참여한 사람은 나 하나뿐이었다. 나는 갑자기 순례자로 돌아가서 성찬식에 참여했다. 오늘 하루도 이 세상에 보냄받은 나그네로 다른 나그네들과 함께 충실히 성실히 진실되게 살 것을 약속드리며 그럴 힘도 주시기를 바라며 참예했다.

그런데 성당에서 성찬식에 동참할 때마다 느끼는 일이다. 왜 천주교는 빵만 나눌까? 아들의 설명이 머릿속에서 자리를 잡지 못한다. 신도가 포도주를 받다가 쏟았다나? 신부들 생각에 '어떻게 예수님의 피를 쏟을 수가 있담.' 그들은 회의 끝에 신도들에게 포도주를 주지 않기로 했다고 한다. 그런 것도, 어느 공의회에서 결정했겠지. 아니면 어느 누가 우스개로 만든 말일까? 물론 이 말을 내가 이해한 대로 각색하여 표현한 것이다. 왜냐하면 아들의 말을 그대로 인용할 수 없으니까.

성찬식에 참예한 사람들 모두가 예수님의 피와 살을 옮겨 받았다고 믿지는 않는다. 그렇다고 빵과 포도주가 실제로, 예수님의 피와 살로 변화된 것이라고 믿지도 않는다. 죽은 사람이 살아난다는 일은 있을 수 없는 일이다. 그런데 그 있을 수 없는 일이 예수님에게만 일어났다는 것은 믿는다. 그것도 일시적으로 살아난 것이 아니라 부활하셨기에 내가 믿는 것이다. 모든 기독교 신자는 나와 같은 믿음을 가지고 있을 것이다.

내가 그까짓 15cc도 안 되는 포도주를 못 마셔서 이상하게 생각하는 것은 아니다. 예수님의 말씀을 어떻게 읽었기에, 자기들 마음대로 바꾸어서 행동하는지 이해가 안 된다. 그런 행동의 밑바닥에는 신부는 특별한 신자라는 의식이 있기 때문일 것이다. 하나님의 창조물인 우리를 스스로 구별하는 것은 교만이다. 모든 사람을 더 잘 섬기겠다고 신부가 되는 것이 아닌가?

신부님에게서 동그랗고 납작한 과자처럼 생긴 빵을 받아서 입에 넣었다.

"예수님 고맙습니다. 날 위해서 십자가에서…. 아멘"이라고 하면서.

신부님이 수녀님 한 분과 같이 퇴장하셨다. 왼쪽 팔을 들어 시계를 보았다. 시계는 정각 7시를 가리키고 있다. 왜 이런 습관이 들었을까? 일할 때 각종 일지를 쓰면서 마음과 머리에 박힌 버릇일 거다. 차를 타면 차량일지에 시간을 쓰고, 주행거리를 쓰던 버릇이 20년이 지난 지금까지 발휘되고 있다니 반복의 놀라운 힘이다.

머리를 여전히 푹 숙이고 있는 수녀님이 휠체어에 앉은 채로 나가신다. 저 수녀님은 여기서 몇십 년을 지내셨을까? 분위기가 침묵을 불러오고, 침묵 속에 장애인 수녀님도 나가시고, 뚱뚱한 수녀님들도 나가신다. 침묵의 위대함을 많이 겪어본 나는, 그 침묵의 위대한 점을 조금은 안다. 침묵 속에 깃들어 있는 것, 그 침묵이 만들어내는 신비를 조금은 안다. 모두 나가신다. 아주 고요하게 움직이신다.

순례여행 전에 아들에게서 날아온 영화가 떠오른다.
"언어가 사라진 뒤에야, 우리는 비로소 보기 시작한다."

〈위대한 침묵〉. 정말로 "눈부시도록 아름다운 침묵의 세계"를 다룬 이야기이다. 우리는 말이나 소리로 표현할 수 없는 것들을 침묵으로 표현할 수 있다. 그림으로 표현하기도 한다. 하지만 어떤 표현 수단으로도 신의 침묵만큼 신비롭지 않으리라. 신(神)의 인내만큼 끈질기지도 않으리라. 오히려 큰 소리는 파괴하는 괴력을 발휘할 때가 많다.

나는 굉음이나 폭음을 싫어한다. 그런 큰 소리 가운데서 충만을 느낄 수가 없다. 두려움을 몰고 오는 시끄러움을 감당할 정서를 나는 갖지 못했다. 속이 비어 있음을 증명하는 시끄러운 큰 소리, 체면도 안 차리고 쏟아내는 큰 소리를 감당할 자신이 없다. 큰 소리로 자신의 우월함을 드러내는 사람은 피해가며 살고 싶다.

침묵은 묵상할 수 있는 잔잔한 풀밭이나 꽃밭으로 나를 인도하기도 한다. 침묵 속에서는 내가 그리워하는 것을 기다릴 수 있도록 나를 평안으로 보내주기도 한다. 침묵 안에서는 나에게 양식이 되는 말씀을 되새김할 수 있게도 만들어준다. 한마디로 말하면, 침묵은 나에게 여유로움을 선물하기도 한다. 나는 그 여유 안에서 내 인생을 정리하는 것을 즐거워한다. '나에게 허락하신 인생이 참으로 즐거웠습니다.'라고 고백할 것이기 때문이다. 큰 소리 가운데서는 그런 고백을 할 수 있는 분위기를 만들어내지 못한다.

  수녀님들이 모두 나가신 성당에 홀로 앉아 있었다. 다시 두 무릎을 굽혀, 아래에 있는 무릎 받침판에 몸을 실었다. 허리를 똑바로 폈다. 허리가 자연스럽게 펴졌다. 왜 이런 의자에 친밀감을 느끼게 될까? 우리 예배당보다 성당에 들어올 때, 내가 믿고 있는 신을 향한 경외감이 왜 더 충만히 솟아오르는 것일까? 나 같은 이를 위하여 성당을 이렇게 지어놓은 것일까? 하여튼 나는 성당에 들어와 앉아 있으면 참 좋다. 지금 무릎 꿇고 있는, 15평도 안 되는 성당이라도 느낌은 마찬가지다.

  전지전능하신 나의 하나님께 경배를.
  무소부재하신 나의 하나님께 찬양을.
  부족한 저를 굽어보시는 분께 감사를.
  오늘 하루도 주님 안에서
  생각하고 행동하게 도와주시기를,

그림15 로마 수도원 숙소 옥상 뷰

예수님의 이름으로 기도합니다.

하나님, 나중에 들어와서 여기에 있는 그림들 찍어가겠습니다. 나는 그분께 보고하고는 무릎을 펴고 일어났다.

나는 아들이 있는 숙소로 올라갔다. 미사 드리는 곳을 찾지 못해서 겁이 났다는 말은 안 했다. 이미 지난 일이니까. 내일은 잘 찾아가리라는 기대를 하면서. 아들이 내가 오기를 기다렸다는 듯이, 나를 반겨주며 말했다.
"엄마, 일출 보러 가야죠."
"그래, 가자. 올라가 보자. 아들."
우리의 손이 닿지 않을 만큼, 저 멀리 하늘에 길게 두루 펴져 있는 움직이는 듯한 노랑. 흉내 내기 불가할 것 같은 주홍이 조금 섞인 듯도 아닌 듯도 한, 해님이 만든 기묘한 색깔이, 우리를 그분의 세상 속으로 이끌어갔다. 다른 말로 표현할 수 없는 신비가 이 아침에도 여전히 우리 주변을 감싸고 돌고있어 참 좋다. '너희도 이런 감탄의 빛으로 살거라'라고, 타이르시는 듯이 속삭여 주셨다. **[그림15]**
내가 소리내어 대답하지 않아도 알아들으셨다는 듯이, 해님이 조금씩 구름을 밀어가며 움직이게 하신다.
나는 오른쪽으로 가서 마리아 성당을 내려다보았다. 밤사이도 안녕하시다. 존댓말을 쓰게 된다. 나보다 나이가 많으니까. 느긋해진 나의 행동에, 나의 마음이 평안하다. 느려져도 지루하지 않은, 이 시간을 즐길 수 있는 성품을 주신 것도 감사했다. 이 시간에 누릴 수 있는 것을 모두 누리는 것 또한 바보들의 장기이자 특권이다.
아들은 갑자기 생각난 듯이 나를 불렀다.
"엄마, 밥 먹으러 가요. 8시가 다 되어가네요."
아들은 나처럼 헤매지도 않고, 식당 입구를 찾아 들어갔다. 식당에는 이미 여러 사람이 식사하고 있었다. 신부님 같은 분도 있고, 그냥 우리처럼 돌아다니는 사람도 있는 것 같았다. 우리가 좀 익숙해져서 늑장을 부렸나 보다.

"엄마, 여기 앉아요."

"그러자. 아들."

우리는 신부님 같은 분의 뒤에 있는 테이블에 핸드폰을 놓았다. 오늘은 단체 손님이 없나 보다. 어제보다는 식당 이용객 숫자가 적어 보였다.

라테 커피가 맛있다. 향은 좀 덜하지만, 맛이 순하고 부드러워서 좋다. 아들이 블루베리 잼을 열어서 내 앞에 놓아주었다. 내가 어제 그 잼을 맛있게 먹던 것을 기억해냈나 보다. 아들이 나를 귀한 사람처럼 대해주는 것이 참 좋다. 나는 뭐든지 다 맛있다. 햄도 치즈도 요구르트도 빵도 맛이 있다. 하루 종일 앉아서 먹으라고 해도 먹을 수 있을 만큼.

앞자리에 앉아서 잡수시던 신부님 같은 분이 일어서서 나가셨다. 그분이 앉았던 옆자리에 모자가 그냥 덩그러니 남아 있었다. 아들과 동시에 그 의자 위의 모자를 보았다. '그냥 놔둬. 없는 줄 알면 찾으러 오시겠지.' 아들은 내가 말을 꺼내기도 전에 이미 일어나 있었다. 모자를 재빨리 들더니 잽싸게 따라 나갔다. 노신사가 웃으면서 '고맙네'라고 말하는 소리를 듣는 듯했다. 아들이 웃으면서 들어와 앉았다. 그러고는 무슨 일이 있었냐는 듯이 커피를 한 모금 마셨다. 나도 아들을 따라서 내 커피잔을 들었다.

아침 식사 후 수녀원 안을 돌아다니다 보니, 평상시의 수녀님들 행적이 눈앞에 아른거렸다. 깔끔하게 정리된 다리미질 하는 방도 있었다. 그들이 말하는 성물도 정성스럽게 관리하고 있다는 표시가 즐비하게 놓여 있었다. 1층에서 내려다본 정원에는 일반 가정과 다르지 않게 자동차도 있었다. 꽃들이 각종 크기의 화분들과 함께 어우러져 합창하는 듯이 하늘을 우러러보고 있었다. 수녀님이 아닌 사람들도 거주하는 듯했다. 수녀님들이 이 큰 건물을 다 관리하려면 아주 힘들 게다. 실내 화분에는 모두 조화(造

花)가 꽂혀 있지만 실외 화분은 모두 살아있는 식물들이었다. 이름 모를 애들도 여럿이 있었다. 수녀님들과 대화할 수 있으면 더 다정다감하게 다가갈 수 있을 텐데, 약간의 아쉬움을 등지고 숙소로 돌아갔다.

로마 국립박물관

"엄마, 가요. 박물관으로. 그리고 피렌체로 가요."

아들이 여행 백을 다시 끌고 들고나와서 0층에 있는 사무실에 들러서 짐을 맡겨놓았다.

우리는 왼쪽 테르미니역을 바라보면서 길을 건넜다. 오른쪽으로 돌아서자 그다지 높지 않은 곳에 여전히 하늘이 있었다. 구름도 없는 무표정으로 있는 하늘이 땅에서 무엇인가를 올려보내 주기를 기다리고 있었다. 아들 손을 잡고 가는데 갑자기 눈앞이 막

그림16 로마 국립 박물관 입구의 사이프러스나무

히는 듯했다. 오른쪽 앞으로 산덩이만큼 덩치가 큰 시꺼먼 물체가 우리를 내려다보고 있었다. 그 물체가 딱 버티고 우리를 바라보고 있었다.

"가이드, 저거 뭐예요?"

"엄마, 내가 그걸 어떻게 알아요. 나도 신기해서 바라보는 중이거든요. 이제부터 알아봐야죠."

"그럼 가는 데 이름을 적어줄래요?"

"예, 그럴게요. 엄마."

내 작은 수첩을 아들에게 주었다.

'로마 국립박물관'(Museo Nazionale Romano). 빨리 핸드폰을 열어 박물관 이름을 찍었다. 무슨 목욕탕이란 말도 보였다. 아들이 말해주었다.

"박물관이 네 개가 있다네요. 기차 타고 피렌체에 가야 하니까 여기만 봐요, 엄마."

아들은 알뜰하게 시간에 맞추어, 나를 데리고 다닌다.

"엄마, 힘들어요?"라고 계속 확인하면서. 얼마 만에 받는 보호인가? 내게 이렇게 의존성이 많이 남아있는지 몰랐다. 아들은 자기가 하는 말의 앞이나 뒤에, 꼭 한 번씩 '엄마'를 붙여서 불러주었다. '엄마이기에' 엄마란 이름으로, 이런 호강을 하며 여행을 하고 있다.

잘 정돈되지는 않았지만 깨끗해 보이는 정문을 지나고, 조금은 스산해 보이는 정원을 지났다. 건물이 있는 곳으로, 아들을 따라 들어갔다. 아들은 입장권을 사서 내 손에 넘겨주었다. 표를 판 사람의 손가락 끝을 따라, 왼쪽으로 이어져 있는 건물 안으로 들어갔다. 들어가다가 오른쪽으로 보이는 출입문으로 우리는 끌려 들어갔다. 무엇이 우리를 잡아당겼는지 모르겠다. [그림16]

첫눈에 들어온 것은 수도원 같은 분위기를 풍기는 큰 정원이었다. 정원에는 분수가 있었던 모양인데 그날은 분수가 쉬고 있었다. 잘 가꾸지를 않아서, 행복해 보이지 않은 오렌지 나무도 있었다. 여기는 지중해 부근이라고 외치듯이 야자나무도 높이높이 자라고 있었다. 한 야자나무는 어디가 아픈지, 치료를 받는 듯했다. 그 나무에 기대놓은 기다란 사다리 때문에 그렇게 보였다. 사다리로 조심스레 올라가는 정원사도 보일 듯했다.

우리는 동시에 눈길을 끌어다가, 왼쪽 벽으로 가져갔다. 거기에는, 웬 할아버지가 우리를 기다리고 있었다. 그 할아버지 옆에는 해골 같은 것들도 있었다. 그것은 재미있어 보이는 벽화였다. 나는 여기 말을 모르니까 읽을 수가 없었다.

정원에 둘려져 있는 통로는 신전에서 가져다 놓은 듯한 원기둥이 위층의 난간을 받치고 있었다. 그 난간 아래에는 그러니까 통로에는 조각품들이 즐비하게 서있거나 누워있었다. 사람의 몸체만 있는 조각도 있고, 머리만 있는 것들도 있었다. 홀랑 벗고 서 있는 남자들도 여럿 있었다. 이제는 그런 조각상들을 하도 많이 봐서, 얼굴을 붉히지도 않는 나 자신이 이상하게 느껴졌다.

"엄마, 어디는 머리 조각만 많대요."
"서로 맞추어 놓으면 좋겠다."
"그러게요, 엄마."

우리는 제각기 생각에 몰두하면서, 대리석 기둥들과 갖가지 모양의 돌조각과 누군가의 시신이 있었을 석관과 정리되지 않은 채 부서져 있는 건축물의 큰 파편들을 보았다. 아직도 정리 중이라는 표시라고 봐주기로 했다.

우리는 어마어마하게 높은 담으로 둘러싸인 어두운 곳으로도 들어갔다. 그 안에는 지금도 손봐주기를 기다리고 있는 고대 로마 시대의 훼손된 파편들이 있었다. 어른들께서 하시던 말씀이 들려왔다. '아는 것만큼 보이는 거야.' 맞는 말씀이다. 내가 지금 이곳에 대해서 아는 것이 없으니까, 이해해서 머리에 담을 수 있는 것이 없음을 인정할 수밖에 없었다. '내가 만약에 하고 싶은 공부를 했다면, 저런 골동품들을 만지고 있지 않았을까?'라는 생각을 잠깐 했다.

디오클레치아노 욕장(Terme di Diocleziano)이라고 하는 이 박물관 자리는 이름 그대로 디오클레치아노[디아클레티아누스] 황제가 짓기 시작(298~306년)했다고 한다. 이곳이 비미날레 언덕이란다. 퀴리날레 언덕 사이의 평지에 만든 목욕탕이라고 적혀 있었다. 그 규모가 얼마나 컸으면 한 번에 3,000명 이상이 목욕을 할 수 있었을까? 그 모습을 상상해보는 것도 재미있다.

그렇게 번창했던 고대 로마가 5세기 초에는 서고트족의 침략을 당했고, 6세기에는 동고트족의 침입을 받으면서 크게 훼손되었다고 설명되어 있었다. 더구나 동고트족은 아예 수도관을 막았단다. 그래서 목욕탕의 기능을 할 수 없었다고 한다. 그렇게 컸다던 목욕탕은 어디에 자리하고 있었을까? 우리가 들어오기 전에, 우리가 보았던, 괴물같아 보이던 덩치가 목욕탕 건물의 일부였나 보다.

건물을 이 구석 저 구석 둘러보았다. 어떻게 허물어졌는지, 그 형태를 짐작해볼 수도 없었다. 위층으로 올라가니, 에트루리아의 유물들이 전시되어 있었다. 로마라고 불리기 전에 이 땅에 살던 민족이라고 고등학교 세계사 시간에 외운 기억이 났다. 뭐가 뭔지 모르면서도 신기하고 발달한 문명을 이루면서 살았던 민족을 그려보는 재미도 있었다. 지금 내가 밟고 있는 이 땅에 살았던 사람들의 흔적을 조금은 느껴보았다.

아들은 나를 데리고 0층으로 내려왔다. 처음에는 0층부터 시작하는 승강기가 이상했는데 이제는 익숙해졌다.

"엄마, 여기는 옛날에 말이 교통수단이었잖아요. 그래서 땅에는 말들이 있어야 하니까 1층으로 치지 않은 거래요."

내 머릿속에 소설 속의 이야기가 끼어들어 왔다. 건물 맨 아래쪽의 한 편에는 말들이 있고, 다른 쪽에는 노예들이 잠자던, 소설 속 이야기 말이다. 길거리 건물마다 있는 말을 묶어두는 장치를 볼 때마다 내 얼굴에 웃음이 떠올랐다.

오늘은 좀 이상하다. 아들이 '엄마' 하고 부를 때마다 '내 엄마'가 보였다. 내 엄마를 모시고 여행한 것은, 딱 한 번뿐이다. 독일에 사는 동생이 엄마를 모셔와 달라고 부탁했을 때의 일이다. 팔순을 넘기신 엄마는 척추협착증으로 거동이 불편하셨다. 어머니를 휠체어에 모시고 비행기를 탔었다. 화장실 출입이 불편하실 테니까 소변줄을 끼고 소변 백을 달고. 엄마는 아무런 불평 없이 내가 하자는 대로 하셨다. 비행기를 타는 일이 많이 불편하셨을 텐데도 입만 벌리면 '고맙다', '미안하다'라고 하시는 말씀이 다였다.

그러니까 엄마는 엄마니까, 엄마 자식이 엄마 때문에 힘들지 않기를 바라신 거다. 엄마는 내가 팔순이 되어도 그냥 '엄마'로 여전히 나와 함께하신다. 사진 속 엄마를 보면서, 나는 변함없이 '엄마'를 부른다. 왜 못해 드린 것만 기억에 남아 있을까? 지금은 평안히 즐겁게 계실 엄마를 그려본다.

사진 속의 엄마는 지금의 나보다 젊으시다.

"너한테는 잘해준 것이 없어서 정말 미안하다. 신아."

모자람 없는 환경에서 보호 받으며 잘 살았는데도 엄마는 나에게 미안해하셨다. 더 잘 해줄 것이 없을 정도로 잘 해주셨을 텐데.

우리는 숙소 근처 식당으로 갔다. 오늘은 첫 번째 골목 초입에 있는 식당으로 들어갔다. 그곳도, 아들의 손바닥에 있는 핸드폰의 안내를 받아서 갔다. 아들은 햄버거, 나는 또 치킨 샐러드. 아들이 나의 샐러드에 올리브유를 부어주고 또 까만 통에 담긴 발사믹 식초도 짜서 넣어주었다.

젊어서 샐러드드레싱을 집에서 만들어 먹던 시절의 기억을 꺼내보고, 빨리 보내버렸다. 샐러드 위에 덧입히니까 드레스(dress)란 말을 쓴다는 기억이 떠올라 웃음이 새어 나갔다. '흐흐~' 그때는 우리나라에 샐러드란 말도 잘 사용하지 않았고, 샐러드드레싱을 팔지도 않았다.

"아들, 그것도 넣으니까 새콤하니 더 맛있네. 고맙습니다."

"그렇죠. 엄마."

"감사히 맛있게 잘 먹겠습니다."
"나도요."
아들과 나는 웃고 있는 눈을 마주쳐 주었다.

아들이 내 생각을 헤치고 들어왔다.
"엄마, 햄버거가 생각보다 맛있어요. 옛날에 유학하러 갔을 때는 석 달을 햄버거만 먹은 적도 있었어요. 그런데 우리 집 DNA가 그런지 괜찮더라고요."
눈이 점점 커졌다. 아들을 혼자 유학 보냈을 때를 더듬어보았다.
"그래서?"
"석 달 지나면서부터는 설사가 나더라고요. 배탈이~."
아들도 과거로 여행을 시작했나 보다. 커피 한 잔과 함께 지금의 자신과 비교도 해보면서 현재로 돌아오겠지.

아주 조그마한 나를 놀라게 한 깜짝 이벤트

우리는 수도원 호텔로 돌아왔다. 아들은 여행 가방을 챙겨 놓고는 양치질한다고 화장실로 갔다. 그때, 수녀님 한 분이 사무실에서 나오셨다. 수더분하게 생긴 수녀님이 밝게 웃으시면서, 나에게로 다가와 통통한 그녀의 손을 나에게로 내미셨다. 나는 웃으면서 내게로 와 있는 수녀님의 손을 바라보았다. 그 손에는 하얗고 조그만 조각품이 품어져 있었다. 커다란 앞치마를 입으신, 푸근한 느낌이 들게 하는, 그 수녀님이 나에게 아주 커다라면서도 조용한 미소를 보여주시면서, 하얀 이콘을 내 손 안에 넣어주셨다. 그러고는 종종걸음으로 지나가셨다.
또 한 수녀님이 사무실 문을 열고 나오셨다. 그 수녀님도 뚱뚱한 몸에 앞치마를 두루시고는 양쪽의 끈을 질끈 잡아당겨 뒤로 묶으신 모습이 아주 친밀한 옆집 아줌마 같은 분위기였다. 또 예상외로 나에게로 오시더니 손을 내미셨다. 나는 의외라는 표정을 지으면서 머리를 크게 끄덕여 인사했다. 쭈욱 편 수녀님의 넓적한 손바닥에는 묵주 두 개가 있었다. 이분들이 나를 감동시키려고 계획을 하셨나. 이렇게 아니하셔도 감사할 일이 많은데. 연극의 한 장면 같기도 하고, 천사들이 내 앞에서 왔다 갔다가 하는 것 같기도 했다. 우리는 언어권이 달라서 서로 한마디 이야기도 나누지 못했었다. 아마도 그분께서, 우리 사이를 왔다 갔다 하며 통역을 하셨나 보다.

나는 이루어지는 모든 상황을 통틀어서 그냥 그분께 또 감사를 올려드렸다. 수녀님들에게도 고맙다고 영어로 인사했다. 나의 두 무릎을 모아서 살짝이 굽혔다가 펴면서. 수녀님들은 해바라기보다 더 크게 입술을 벌려, 귀여운 미소를 보여주셨다. 감명이 깊은 데로부터 차 올라와서, 가슴이 먹먹해지려고 했다.

아들이 돌아왔다. 내 표정이 진짜 바보 같았을 것이다. 실제로 바보니까.

"엄마, 왜요?"

"아들, 수녀님들이 이거 줬어."

"왜 사람들은 엄마만 보면 뭘 주고 싶어하실까?"

아들의 말을 마음에 담아두었다. 사람들은 약해 보이는 사람 편에 서는 것을 좋아하니까. 그런 마음은, 그분이 우리를 만들 때에 넣어주신 본능이니까. 우리는 창조주를 닮는 것이 당연한데, 사탄의 꼬임에 넘어가면 DNA가 바뀌는 거겠지.

아들은 나를 바라보면서 무슨 생각을 하는지 부동자세이다. 내가 왜 그러냐는 듯한 표정을 지어보였다. 아들이 입을 열었다. 저런 표정일 때는 무슨 말이 나오는지가 궁금해졌다.

"엄마, 지금까지 제일 좋았던 게 뭐예요?"

웬 뜬금없는 질문일까? 다 좋았는데.

아들과 같이 다니는 것도 좋고, 같이 성당 안을 돌아다니며 보는 것도 좋았고, 갤러리에 들어가서 가지가지 모양의 고흐를 만난 것도 좋았고, 아들이 이것저것 자상히 설명해주는 것도 좋고,

화장실 안내받아 가는 것도 좋았고, 화장실 들어갔다 나오면 기다려주는 아들이 있는 것도 좋았고, '엄마! 손!' 하면서 아들이 나를 부르면서 내 손에 핸드크림 발라주는 것도 좋고, 아들이 챙겨주는 것이 많아서 좋고, 맛있는 밥을 같이 먹는 것도 좋고, 아들이 자기 부인과 사이좋게 통화하는 것 보는 것도 좋고, 찬란하고 경이로운 일출과 일몰 보는 것도 좋았다. 수녀님들과 함께 새벽마다 미사에 참예하는 것도 좋았고, 좋은 것투성이인데, 무엇 하나를 골라낼 수 있을까?

아들의 뜬금없는 질문에 뭐라고 답해야 할까? 그러면 일상적이지 않은 것을 좋다고 말해야 하겠다. 내가 웃으며 아들을 바라보았다.

"가장 좋은 것? 좋았던 것은 수녀님이 나한테 조그만 하얀 이콘 선물 준 것."

답하면서도 아들이 내 대답에 실망하지나 않을까 하여 덧붙였다.

"있잖아, 나는 내가 다른 사람한테 무엇인가를 받는 걸 좋아하리라고는 생각해보지 않았어. 그런데 참 놀랍고 좋더라. 나는 주는 것을 좋아하는 사람인 줄 알았거든. 받으면 거북할 줄 알았는데, 그런데 나 역시 받는 것이 좋았어. 그것도 기대하지도 않은 사람이. 그리고 있잖아, 수녀님들한테 받으니까 더 좋았어."

아들은 기대하지 않았던 말을 나에게서 들은 것이 분명했다. 이럴 때는 미안하다고 해야 하는지, 뭐라고 말해주어야 하는지 고를 수가 없었다. 나는 역시 바보로 사는 것이 제일 편하겠다. 눈치 못 챈 척하고 비벼대고 그냥 넘어갔다.[10]

우리는 기차를 탔다. 기차를 타도 쉴 수가 없다. 누가 못 쉬게 하는 것이 아니고, 봐야 할 것이 끊이지 않고 이어져 있어서 한눈을 팔 수가 없다. 커다란 파노라마 유리창 밖에서, 휙~휙~ 뒤로 도망가 버리는 산과 한가한 들, 농사 준비를 다해 놓아, 거기에 펼쳐져 있는 평화로워 보이는 밭과 언덕의 나무들. 그 모습이 정겨워서 만져보고, 쓰다듬고 싶어졌다. 넓게, 내 위를 덮은 하늘의 변화도 나에게 말을 걸어왔다.

내가 어렸을 때, 하늘을 올려다본 건 교회의 선생님 때문이었다. 예수님이 구름 사이로, 나팔 소리와 함께 오실 것이라고 선생님이 전해주셨다. 햇살이 운동장을 향해 내리꽂히는 아침 조회 시간에 햇살이 운동장을 향해 내리꽂히면, 샛눈을 뜨고 빛살 사이를 열심히 살폈다. 둥실둥실 떠 있는 부드러운 하얀 구름 속 예수님을 만나려고. 내가 제일 먼저 예수님을 만나서 "예수님이다"라고 외치고 싶어서.

그러다가 초등학교 시절도 끝나고 어느덧 팔순이 되었다. 여전히 구름은 쉬지 않고 모양을 바꿔가며 이야기를 들려준다. 예수님은 나를 타고 오시지 않을 거라고. 나는 아직은 모르는 일이라고 말해주었다. 내 이야기가 끝나기도 전에 다른 구름이 내게 말을 건네려 한다. 이 세상의 신비한 일들을 나누자고 떼를 쓰는 듯하다.

양떼 무리도 보았다. 양들은 모여서 같이 놀고 있었다. 아니다. 내가 놀고 있어서 노는 것으로 보일 수도 있겠다. 가지치기를 단정히 한 포도나무도 많이 지나갔다. 넓은 밭에 줄을 맞추어 심겨진 올리브나무는 그 가지를 여전히 씩씩하게 하늘을 향해 뻗히고 있었다. 조금 지나면 올리브꽃들도 피어나겠지. 우리집 올리브나무들에게 미안한 생각이 들었다. 저런 곳에서 자라야 하는데 내 욕심이 지나쳤나, 돌이켜보게 만드는 경치였다.

3. 피렌체

피렌체로

　아들이 의자에서 일어났다. 벌써 한 시간 반이 지났나 보다. 아들은 출국할 때부터 내가 가방에 손도 대지 못하게 한다. 내가 기내 백을 끌고 다니는 일도 없게 하려고 아들의 기내 백은 가져오지도 않았다. 그렇게 혼자 가방들을 짊어지기도 하고 끌고 가기도 한다. 나도 하나쯤은 끌고 갈 수 있는데도 아들은 혼자 다 감당하려고 한다. 저렇게 힘들게 이동하니까 저녁이면 곯아떨어질 수밖에 없다.
　여기는 피렌체, 여전히 3월 2일, 날씨는 참 좋다. 아들의 뒤를 묵묵히 따라 나오며 둘레둘레 주변을 살펴보면서 역을 나섰다. 목포역만큼 작은 역이다.

　우리가 역에서 나가자마자, 덥수룩한 머리카락을 늘어트린 젊은 사내가 미소를 지으며 다가왔다. 나는 속으로 말했다. '내 아들은 우보를 부를 텐데 저 사람 허탕 치겠네.' 내 생각이 하나는 맞고 하나는 빗나갔다. 아들은 우보에 연락하지 않아서 내 예상을 뒤집었다. 그 남자가 택시 기사인 것은 맞았다. 그 아저씨는 아들의 여행용 캐리어를 잡고는 자기의 손으로 끌고 갔다. 그러고는, 자기 차의 트렁크를 열더니, 캐리어를 번쩍 들어서 올려놓았다. 잽싸게 아들 손에 들려있던 백팩도 받아서 트렁크에 넣었다.
　깨끗하게 정리되어 있지 않은 트렁크였지만 그 아저씨가 고맙고, 예쁘고 착하게 보였다. 내 아들의 수고를 조금이라도 빨리 해결해주어서 고마웠다. 아무리 장삿속이라도 열심히 눈치껏 사는 사람이 좋다. 그런 사람이 잘 사는 세상이 되는 것은 더 좋다. 나는 여전히, 나한테 잘하는 사람을 좋아한다는 것이 입증되는 시간이다. 아들은 이 기사가 눈치 빠르게 도와주어서 그냥 타기로 했다고 말해주었다.

택시기사가 일본말로 인사하는 듯했다. 그러자 아들이 자기는 코리안이라고 했다. 둘은 영어로 쉬지 않고 대화를 나누고, 나는 건물들에 눈을 마주쳐주면서 인사를 했다. 그렇지 않아도 구경할 것이 많은, 좁은 골목길을 좋아하는 나를 태우고 골목으로만 갔다. 『인페르노』에 있는 글들과 섞여서 지나갔다.

아들이 설명해주었다. 공사하는 곳을 피하느라고 이렇게 간단다. 또 수도원 호텔로 간다는데 그곳은 어떤 곳일지 상상이 안 되었다. 왜냐하면 이런 좁은 골목에 수도원이 있을 것 같지 않았기 때문이다. 내가 성당과 수도원을 구분 못 하는지도 모르겠다. 택시는 가다가 뒤돌아가기도 하다가 어느 건물 앞에서 섰다.

택시 기사는 카드로 요금을 받아서 마음이 조금은 더 편안해졌다. 로마 비행장에서 올 때는 기사가 현금만 받겠다고 해서 내가 아들에게 미안했었다. 현금이 부족해서 아들이 조금 불편해했으니까. 아들은 육중한 나무문을 가리켰다. 이번 수도원은 나무로 된 출입문이다. 문에 문패가 붙어 있는데, 내가 그 꼬부랑글씨에 익숙하지 못했다.

"여기에요. 엄마"라고 하면서, 문 옆에 있는 벨을 눌렀다. 그러고는 문을 열었다. 어두침침해야 수도원 호텔이란 표시가 나는 걸까? 일반 호텔은 로비의 분위기만 보아도 호텔임을 알 수 있었는데, 수도원 호텔은 뭔가를 의미하는 것같이 밝지 않았다. 조금은 넓은 홀이 로마의 수도원 호텔과 다른 면모를 갖추고 우리를 끌어들였다. 아예 접수대 같은 것이, 우리가 들어가는 문을 마주하고 있었다. 지구에 사는 사람은 지구가 폭발할 정도로 많아졌는데, 수도원에 들어오는 지망생은 줄어들었나 보다. 그래서 수도원이 숙박업소로 바뀌기도 하고, 성당이 술집이 되기도 했단다. 지금 들어와 있는 이곳도 수도원 건물임은 분명하다.

분위기를 살피고 있는 나와는 달리, 아들은 앞에 있는 숙소 직원을 향해 걸어갔다. 나의 눈도 아들을 따라, 안내데스크를 향해 갔다. 나이가 서른 살도 안 돼 보이는 젊은 수녀가 혼자 앉아 있었다. 아들이 핸드폰을 열어서 예약 서류를 보여준다. 수녀가 아들의 말을 알아듣지 못하고, 엉뚱한 말로 대응하나 보다. 수녀의 어리둥절한 표정에 나까지 당황스러워졌다. 아들도 난감한 얼굴이다. 아들은 방 하나 싱글베드 두 개를 강조해서 말하는데도, 수녀는 알아듣지 않기로 작정한 듯한 말만 했다. 아들은 짜증이 날 만도 한데 인내심을 갖고 계속 설명했다.

수녀는 결심했나 보다. 자기가 생각한 대로 우리를 숙소로 안내하기로. 수녀는 우리를 승강기로 안내해서 태워주고 자신은 걸어 올라갔다. 드디어 수녀의 머릿속이 정리되었나 보다. '아하!' 하는 표정을 온몸으로 보이더니, 우리를 다시 승강기로 데리고 가서 태워 놓고는 자기는 뛰어 내려왔다.

다음에는 무슨 상황이 벌어질지 모르니, 불안해지려고 했다. 그러니 수녀가 열심히 뛰는 모습을 보고 웃을 수도 없었다. 수녀가 뛰다니? 나는 왜 수녀는 뛰면 안 되는 사람이라고 생각하고 있었을까? 더구나 서른 살도 안 돼 보이는 젊은 수녀인데 뛸 수도 있지. 로마의 숙소에서 만났던 나이도 지긋하고 품행도 흐트러짐이 없는 수녀님들이, 벌써 나의 가슴 속에 터를 잡고 계셨나 보다.

하여튼 내가 지금까지 본 수녀 중에서 가장 활발하고 씩씩했다. 로마의 갤러리에서 보았던 수녀님도 여러 사람 있었는데, 그 수녀님들을 바라보는 나의 시선은 존경의 눈빛이었다. 어쨌든 수녀님들은 자기 인생을 완전히 버리고 예수님을 자기들 속으로 받아들여서 사는 사람들이니까 당연히 존경해야 한다고 믿는 나다. 개신교의 목회자들과는 다른 신분임은 확실하다.

신기하다. 아들은 꽤 예민한 성격인데, 수녀의 서투름에는 그리고 시간을 낭비하게 하는 일에는 조금도 불편함을 드러내지 않을까? 혼자서 마음속으로 이러쿵저러쿵 구시렁거리는 내가 부끄러워지려고 했다. 어린 수녀는 3층의 방으로 우리를 다시 안내했다.

 분명히 방 하나에 싱글베드 두 개인 방으로 우리는 안내되었다. 아들의 인내심이, 그분 앞에서도 인정받은 듯했다. 나는 그렇게 행동하는 아들이 대견하기도 하고, 고맙기도 했다. 이곳 침대도 로마의 수녀원 침대처럼 작은 사이즈다. 화장실 안의 샤워부스도 같은 크기이다. 다른 것이 있다면 샤워실 곁에 엉덩이를 얹어놓을 수 있을 만큼 큰 스툴이 있는 것이었다.

 "아들, 오늘은 스툴에 앉아서 샤워를 해볼까?"

 아들이 '씨익' 웃어주면서 말했다.

 "스툴은 왜 있나 했더니, 그래서 있는 거군요. 엄마."

 "스툴에 앉으면 다리가 덜 아플 테지. 그런데 스툴을 놓고 앉으려면 샤워부스가 좀 좁기는 하네. 내 엉덩이가 커서."

 아들이 '하하' 웃어주었다. 나도 따라서 웃었다. 아들은 또다시 여행 가방을 열었다. 와이셔츠 하나는 꺼내서 걸어놓았다. 조그만 스프레이를 꺼내서 물을 넣고는, 그 셔츠에다 물을 뿌렸다. 아마도 저녁에 입을 옷을 준비하나 보다. 바지는 매일 청바지를 입어도 웃옷은 바꿔 입는다. 내가 좋아하는 방법이 아들에게도 유효하고 있음을 보면서 웃었다.

 아들도 자기가 식사하는 식당의 분위기를 좋게 만들고 싶은가 보다. 식당에 앉아 있는 사람들의 차림새가 그 식당의 품격을 말해주니까, 잘못하면 좋은 식당에는 들어가지 못할지도 모른다. 어쨌든 간에, 가능하면 깔끔하게 입고 가는 것을 즐기는 나이기도 하다. 아마 식당 주인도 자신이 모르는 사이에 손님의 차림새를 따라 다르게 대우할 수도 있을 테다.

 아들은 밀렸던 일을 하려나 보다. 조그만 책상 위에 컴퓨터를 열고 의자에 앉더니 금방 일 속으로 빨려 들어갔는가 보다. 아들은 틈새를 이용해서 일한다. 엄마인 나를 데리고 여행하면서도, 최소한 하루에 두 번은 직장으로 출근하는 아들을 바라보며, 미안함보다는 고마움을 밀어 보냈다.

　나는 언제부터 이렇게 뻔뻔해졌을까? 당연히 아들에게 미안하다고 해야 하는데 '좋다'라고만 한다. 그분께 순간순간 '고맙습니다' 하는 것처럼 아들에게도 표현해야 하는데. 그분과 아들은, 차원이 아주 다른 데도 구분을 못 하는 나다. 아예 뻔뻔해지기로 마음을 먹었는지 모르겠다. 시편 37편에서 읽던 구절이 떠올랐다.

　"악인은 빌리기만 하고 갚지 않으나, 의인은 은혜를 베풀고 거저 준다"(새번역). 나는 '빌리기만'에 '받기만'을 대입하기를 잘 한다. 그러면 지금의 내가 악인이 되는 것인가? 그분을 바라보며 대답을 기다려보았다. 그분이 그냥 웃으시는 듯하면 나도 그냥 지나간다.

　아들이 직장에서 퇴근했나 보다. 나를 부른다.
"엄마."
"응."
나는 내 머릿속에서 빠져나왔다.
"엄마, 바람 좀 쐬고 밥 먹으러 가요."
"어디로?"
"조금만 가면 두오모가 있어요. 피렌체 두오모."
"맞아, 네가 보내준 숙소를 찾아보니까 두오모 근처라더라."
"맞아요. 엄마."
　아들은 티셔츠를 와이셔츠로 갈아입고 외투를 걸쳤다. 나는 터틀넥 티셔츠에 며느리가 사준 검정 점퍼를 입었다. 목을 전체적으로 가려주는 터틀넥 티셔츠는 나에게 아주 고마운 옷이다. 다행히 나에게는 딸과 며느리가 사다준 터틀넥 티셔츠가 많다. 목이 따뜻하면 온몸도 따듯해지는 것 같아서 좋다. 또 목주름도 가려주어서 좋고.
"엄마하고 나하고 세트로 입었네요."
　며늘애가 의도적으로 아들과 나의 옷을 세트로 사준 것이 분명해서 나는 더 좋았다. 왜 나는 행복하다는 말 대신에 '좋다'라는 말과 '즐겁다', '기쁘다'를 사용하는지 잘 모르겠다. 아마도 행복이란 말을 풀어서, 사용하고 있나 보다. 나는 나를 부끄러워하지 않고, 데리고 다녀주는 아들이 고맙다. 사람들이 하는 말을 알아듣지도 못하는 엄마를 데리고 다녀주는 아들이 있어서 좋다. 아들은 자기 일상을 벗어나 하지 않아도 되는 일들을 하느라고 많이 피곤할 텐데도 그런 기색을 내보이지 않아서, 엄마인 나를 안쓰러운 마음이 들게 하기도 했다. 내가 말을 못 하고 못 알아듣는 엄마이지만, 미안하고 염치가 없음은 안다. 그렇다고 얌체가 되고 싶지는 않은데.

    내가 방문을 열고 왼쪽으로 몸을 돌리니, 아들의 목소리가 들린다.

    "엄마, 오른쪽으로요."

    "아, 그런가? 이쪽인 줄 알았는데."

    아들이 내 손을 잡고 층계로 걸어 내려갔다. 어두운 홀을 지나 커다란 문이 있는 곳으로 갔다. 건물의 기능은 많이 바뀌었는데도, 문은 수도원 같은 분위기를 여전히 지니고 있었다. 상업용으로 지어진 호텔이 아니니까 분위기가 다른 만큼 마음의 자세를 다르게 가질 수 있게 해주었다.

    우리는 기다란 골목을 가다가 꺾인 도로를 따라 몸을 돌려가며 걸었다. [그림17] 나는 건물의 모습에, 눈을 박아넣기라도 할 듯이 바라보았다. 나의 손은 아들에게 잡혀 있으니 이끄는 대로 가면 되니까, 내 눈은 자유롭게 따로 여행했다. 두오모 앞에 멈춰선 아들을 따라, 나도 자동으로 걸음을 멈췄다. 두오모! 신의 집!

    2017년 4월 3일에, 아들이 나를 데리고 꼭대기까지 올라갔던 곳이다. 올라갈 수 있을 만큼 끝까지 올라간 두오모에서 지상을 내려다보며, 지붕들이 모두 다 같이 빨갛다고 놀랐던 곳이다. 두오모의 오른쪽에 기다랗고 높다랗게 올라가 있는 곳이 산 조반니 세례당이라고 아들이 말했었다. 청년 단테도 세례받은 곳. 미켈란젤로가 만들었다는 세례당의 철문 앞에는 지금도 지난번처

럼 사진 찍는 사람들로 붐볐다.[11]

내가 지나간 날을 불러와 만나고 있는데, 아들의 목소리가 나를 깨웠다.

"엄마, 들어가 보실래요?"

"아니, 아들. 안 들어갈래."

생각할 필요도 없을 정도로 빨리 아들에게 대답했다. 나의 머리 안에서는 기억이 기다란 화물열차처럼 그림이 이어지고 있었기 때문이다. 처음으로 아들과 며느리가 기획하고 진행한 여행에서 의구심이 생긴 것을 해결하기 위하여 열심히 공부했던 것들이 나를 감싸고 돌고 있었다.

왜 교회 안에 무덤을 만들었을까? 이해되기도 안 되기도 하는 오묘한 감정과 이성과 신앙이 충돌하는 내가 아니라, 파헤치면서도 스스로 끄덕이는 나를 발견했다. 내 머리란 것이 정말 아주 신

그림17 두오모로 가는 골목길

기해서 옛날을 오늘, 지금으로 불러오는 기능을 아주 잘 감당하고 있었다.

　세례당 안의 오른쪽 벽에는 돈으로 한때 (대립)교황 요한 23세였던 사람의 영묘가 있다. 지금도 관광객들이 볼 수 있는데, 최초의 르네상스식 영묘라고 한다. 흔히 피렌체 두오모 세례당 하면 '미켈란젤로의 천국의 문'을 떠올리는데, 나에게 더 깊고 넓게 생각을 이어가게 하는 것은 이 영묘이다.

　이 사람에 대하여 읽으면서 많은 것을 배웠다. 좋은 사람도 좋은 선생님이고 나쁜 사람도 좋은 선생님이라고 하시던, 옛 어른들의 말씀을 떠올렸다. 여자 문제도 많았고, 불량한 인생을 산 이 무덤의 주인 이야기를 생각하니 예수님의 비유가 떠올랐다. 불의한 청지기가 자기가 쫓겨날 것을 알게 되자, 주인에게 빚진 자들의 빚을 줄여주는 장면. 예수님은 이 나쁜 청지기가 주인의 재산을 축내는 것을 언급하시면서도, 그 지혜는 좋다고 말씀하신 것과 비슷한 점이 있다고 느꼈다.

　조토의 종탑도 여전히 우뚝 서 있었다. 첫 번째 여행 왔을 때, 내가 어리벙벙했던 그때로 다시 돌아가보았다. 서 있는 자리에서 몸만 천천히 한 바퀴 돌리면서 처음 그때를 떠올려보았다. 신이 거하는 집이니, 최선을 다해 튼튼하고 멋있고 아름답고 신묘하게 짓고 싶었을 것이다. 건물을 바라보기만 해도 하나님의 형상이 떠오를 만큼 웅장하면서도, 안기고 싶은 마음이 생기도록 짓고 싶었을 게다.

　그렇더라도 사람이 지은 집이 600년 넘었으니 낡을 수밖에. 그래서 두오모의 오른편(북동쪽)은 또 공사 중이다. 이 동네는 쉬지 않고 공사를 한다. 원체 오래된 건물들이라 돌아가며 보수공사를 해야만 건물이 잘 보존될 수 있을 것이다. 그래도 이런 장엄하고 아름다우면서도 신비함을 품어내는 건물들이, 내 앞에 버티고 있어 주어서, 나의 오감뿐 아니라 정신과 마음과 영혼이 모두 황홀경에 빠질 수 있으니 참 좋다.

아들이 두오모로 갈 때는 핸드폰을 꺼내지 않았다. 두오모로 가는 길은 잘 알고 있나보다.

나는 나이가 들수록 하는 짓이 철부지 같아진다. 정해진 소속감이 없어서 자유로워졌나 보다. 그래서 늙으면 어린애가 된다고 하셨던가. 경계선을 나 스스로가 그어놓고는 뒤돌아서서 '과거여, 안녕'이라고 외치기라도 한 듯이. 그렇게 하면 마음이 평온함을 느끼게 되니까, 그렇게 살기로 작정했나 보다. 나도 나를 관찰하고 있는 것이 재밌다. 내가 어디까지 변하는지 보는 것도 흥미로운 일이라는 것을 알았다.

아들이 다시 핸드폰을 들여다본다. 맛집을 찾으리라는 생각에 이르자, 입에서 침이 나와 입안을 적셔주었다.

한 식당의 입구에서 중년 남자가 우리에게 다가와 문을 열면서 맞아주었다. 그리고 안쪽 문을 또 열고 들어가서, 우리에게 식탁을 지정해주었다. 아들은 메뉴판을 보고, 나는 아들의 얼굴이 변하는 모습을 영화 보는 것처럼 바라보았다.

나는 엉뚱한 주문을 했다.

"아들, 이 식당의 디시 매트 멋있네. 이거 한 장만 얻어주라."

"알았어요, 엄마."

이름도 모르는 음식을 아들이 주문했다. 와인과 함께. 그리고 디시 매트도 여분으로 줄 수 있냐고 물어보았다. 주인장은 웃으며 흔쾌히 머리를 끄덕였다.

두 시간이 넘도록 식사를 즐겼다. 나는 왜 이렇게 식사를 천천히 하는지 모르겠다. 오랫동안 먹는 나에게 맞추어 아들도 느긋하게 먹었다. 그러고도 디저트를 시키려고 했다.

"난 그만 먹을래. 배불러."

"엄마, 이거 참 맛있어요. 티라미슈. 같이 나눠 먹어요."

"그러자, 아들."

티라미슈가 작은 접시에 얌전하게 담겨 나왔다. 작은 스푼으로 반입만큼 떠서 입에 넣었다. 매끄러운 촉감이 입안을 뱅그르르

돌다가 목으로 내려갔다.
"으음, 맛있네."
"거봐요. 엄마, 내가 맛있다고 했잖아요."
"응, 그러네."

우리는 둘이 눈을 맞추고, 말을 맞추어 가며, 디저트 접시를 깔끔히 비웠다. 이렇게 피렌체에서의 첫째 날, 수녀원에서의 셋째 날이, 저물고 있었다. 재미있고 맛있는 식사 시간과 함께 하루가 마감되고 있었다.

어떤 내일이 기다리고 있는지 몰라도, 평안할 수 있는 '나'이기에 좋은 것이다. 아들은 수녀원에 돌아와서 하루 종일 묻은 먼지를 닦아내고, 베개를 고이고는 잠이 들었다. 많은 여행 가방과 엄마라는 힘겨운 호칭이 있는 사람을 데리고 다니느라고 매우 힘들었을 테니까.

공주원로원에서 내가 거주인의 보호자에게 생활비 내라고 연락했던 일이 떠올랐다.

"원장님, 나도 일흔이 넘어서 연금으로 사는데 어떻게 아흔 넘은 아버지를 돌봅니까? 생각 좀 해보세요."

맞는 이야기다. 백세시대라고 좋다고 하지만, 보호자였던 부모가 늙으면 자녀가 보호자가 된다. 부모 앞에서 자식이 먼저 떠나는 것이 불효라고 한다면, 부모가 너무 오래 살아서 자식을 힘들게 하는 것은 뭐라고 말할 수 있는지 잘 모르겠다. 흙수저 부모란 말은 사람을 비참하게 만들고, 쓰레기 부모라고 부르기는 싫고, 더구나 막장 부모도 아니니 신조어가 만들어져야 하겠다.

잠든 아들을 바라보며 그분께 아뢴다.
'제 앞에서 아들을 데려가지 말아 주시고. … 고맙습니다.'
그분이 말씀하시는 듯하다.
'나도 네가 원하는 그런 모습을 보는 것을 좋아한다.'
'아하! 나의 하느님. … 오늘 밤도 잘 자겠습니다. 고맙습니다.'

나흘날, 피렌체

2023년 3월 3일, 쾌청

새로운 날인 3월 3일의 3시 3분에 눈이 떠졌다. 매일 하던 대로 그분께 아뢰었다.
'하나님, 잘 잤습니다. 그리고 어젯밤에도 오줌을 싸지 않았습니다. 고맙습니다. …오늘 하루도 예쁜 마음으로 살도록 인도해 주실 거죠? …아멘.'

매일 하는 운동을 40분 하고, 한 시간 20분 동안 뜸을 떴다. 2차 여행 때까지는 뜸 뜨는 기구를 챙기지 않았었다. 그런데 이번 여행에는 거추장스럽더라도 기내 백에 넣어 가지고 왔다. 그만큼 건강에 자신이 없어진 거다.

7시 10분에 아침 식사하러 0층(한국식 1층) 맨 끝방으로 갔다. 식당 앞의 방에서는 미사를 드리고 있었다. 내일은 미사에 참석해야겠다고, 속삭이는 음성이 들려왔다. 나의 몸도 마음도 그 음성에 동의하는 것을 보았다.
이 수도원 호텔의 식당은 정원을 내다볼 수 있어서 좋았다. 로마의 수녀원 호텔과 식사가 비슷한데, 과일바구니가 있는 것만 달랐다. 과일을 보는 순간, 과일 같은 미소가 내 얼굴에 번지는 것을 느꼈다. '나'라는 사람은 왜 과일을 보면 반가워하는지, 스스로 조절이 잘 안 되어서 난감했다. 많이 마른 오렌지를 먹으면서도 맛있다고 하는 엄마를, 아들이 바라보는 것도 나중에야 알아차렸다. 속이 덜 차도 많이 덜 찬 나를 아들에게 보여주면서도 얼굴 하나 붉히지 않고 말했다.
"아들, 진짜 진짜 맛있다."

아들이 블루베리 잼을 나에게 주면서 말했다.

"엄마, 이 잼 좋아하잖아요. 발라 드세요."

"아냐, 괜찮아. 맨 빵도 구수하고 좋아. 나는 왜 이런 빵을 좋아하지?"

나는 바게트처럼 달지 않은 빵을 좋아한다. 그런 빵을 '라테'에 찍어 먹으면 더 맛있다. 빵을 천천히 꼭꼭 씹어 먹으면 '그 맛이란!' 향긋하면서 구수해서, 참으로 좋다. 설탕이 많이 들어간 음식은, 몸이 받아들이기를 싫어한다. 자연스레 마음이 몸의 편을 들어주는지, 아니면 몸이 시키는 대로 마음이 따라주는지, 하여튼 몸과 마음이 한 편이어서 다행이다.

아들의 눈과 나의 눈을, 정원의 나무들이 날갯짓하며 불러댔다.

"엄마, 우리 정원으로 나갈까요?"

"그러자. 그런데 오늘은 날 데리고 어딜 갈 건데요?"

"수도원이요. 엄마."

"진짜 수도원이요?"

"그건 아니고요. 엄마. 수도원 했던 곳이요."

사진3 피렌체 수도원 숙소의 추억
| 자목련, 수선화, 알로에꽃, 영산홍, 낙화들이 어우러진 그림과 사진 콜라주

"그래도 고맙습니다. 아들."

내 마음에는 이미 수도원이 들어와서 자리를 잡기 시작했다. 우리 둘은 큰 유리문을 열고 정원으로 발을 내디뎠다. 내 앞에 보이는 삼면 모두 건물이지만 높지 않아서 아늑해 보였고, 앞 건물 벽에 비친 나무 그림자들은 무슨 작품 같았다. 해님과 나무가 같이 만들어낸 그림이 바람에 조금씩 흔들리니까, 그림이 살아있는 것 같았다.

자목련 두 그루에 이파리가 없으니까, 몸매를 더 잘 드러내고 있었다. 가지에 제각기 크기로 피어 있는 자주색 꽃들이 제각기 다른 자태를 내보이며 봉오리를 벌리고 '오호, 좋은 아침!' '아하, 굿모닝! 좋아요. 좋아요'라고 하는 듯했다. **[사진3]**

귀티나는 꽃들로 치장한 목련 아래쪽에는, 동백꽃처럼 보이는 꽃들이 피었다 떨어져 잔디 위에 수놓은 듯이 누워 있었다. '낙화인들 꽃이 아니랴, 쓸어 무삼하리오….'가 저절로 머릿속에서 튀어나왔다. 아직도 나무에 달려 있던 때를 상상하기에 족할 만큼 예쁜 모습이었다.

벤치 뒤쪽에 숨듯이 피어난 샛노란 수선화. 수선화 노래가 부르고 싶어졌다.

　… 또한 나의 작은 애인이니
　아아 내 사랑 수선화야
　나도 그대를 따라
　저 눈길을 걸으리.

'수선화'[12] 노래를 부르면 왠지 마음이 차가워진다. 내 눈에 보이는 수선화는 마냥 정답고 안아주고 싶은 데 말이다.

알로에도 겨울을 그냥 정원에서 살아내는 것이 신기한데, 커다란 빨간 꽃을 보여주고 있으니, 어찌 놀라지 않을 수 있을까? 내가 키운 알로에는 아이보리색의 꽃을 보여주었는데 말이다. 지중해성 기후, 나도 좋아해야 할 기후인가 보다.

이어서 내가 '목련화'[13] 노래를 흥얼거리니까, 아들도 허밍으로 따라서 한다. 저쪽 꽃길에서, 아들의 노랫소리와 새소리가 합창하러 내게로 오고 있었다. 아들은 내 마음의 분위기를 잘 알아채서, 백발이 된 엄마의 기분을 날아가게 해주었다. 장미꽃도 봉오리를 벌리면서, 고음으로 그분을 찬양했다. 목련꽃은 덩치답게 부드러운 바리톤으로 노래할 것 같아 조용히 기다려보았다.

이른 아침, 세상의 모든 만물, 그분이 우리를 위해서 만들어두신 것들과 함께 찬양하다니, 얼마나 기쁘고 즐거운지. 당연한 일임에도 나 같은 바보 할머니는 또 가슴이, 심장이 펄떡 팔짝 뛰기 시작했다. 이 느낌이 사그라지면서 온몸을 훑으며 지나가는 전율은, 내가 살아 숨 쉬고 있다고 말해준다. 정원에서 제일 먼저 눈에 들어온, 키가 큰 자색 꽃 목련 나무를 핸드폰을 '꾹' 눌러서 나의 사진첩으로 들여보냈다.

9시 30분에 아들과 나, 바보행세에 익숙해진 나는 수도원을 향해 발걸음을 옮기기 시작했다. 날씨는 쾌청하고, 마음도 날아갈 것같이 가벼웠다. 아들이 말했다. 지금은 수도원으로, 오후에는 고아원에 가려고 한다고. 나의 눈에 힘이 들어감을 느꼈다. '웬 고아원?' 하지만 질문을 하지 말고 따라가 보기로 했다. 머릿속에 들어 있는 수도원 지침이나 수도승들의 행위만으로도 충만해서, 그것들을 삭히기에도 바빴다.

수도원이란 이 세상에서도 그분 나라의 동거인으로 들어가서 사는 것을 의미할 것이다. 내가 생각하는 수도원은 온전히 자신의 결심으로, 자발적으로 수도원에 들어간 사람만을 염두에 두고 있다. 어려서 자신이 버려져서 수도원에 들어가 살아가면서 그곳에 남아, 그분의 계명을 따르기로 결정한 사람들도 소설 속에서는 가끔 만날 수 있었다. 나는 이런 사람들까지 자발적으로 수도승이 된 사람이라고 말하고 싶다. 그 시대의 말로, 잉여 인간으로 태어난 것이 본인의 잘못은 아니니까.

평생 수도원에서 수도생활하는 것도 어려운 결정이지만, 세상

속에서 살면서 신실한 그리스도인으로 그분의 계명을 지키며 사는 것도, 쉬운 일은 절대로 아님을 나는 안다. 어느 정도의 수준에 도달하면, 그분이 내 안에 계시고 내가 그분 안에 있음을, 느끼고 알게 되기도 한다. 그쯤 되면 어려운 고비는 넘어갔다고 할 수 있을 것이다.

내 안에서 그분이 말씀하시는 것을 들을 수 있고, 심지어 나의 행동을 조절하고 계시는 것도 알 수 있다. 하지만 수시로 사탄이 나를 꾀어서 끌고 가려고 하는 조짐도 있음은 명확하다. 따라서 어려운 고비를 넘긴 만큼 통찰력이 예민해지고 넓어져서 많은 것을 꿰뚫어 볼 수 있는 능력도 생긴다. 또한 느낀 대로 표현하지 않게 되고, 말하지 않는 지혜도 생긴다. 가정에서도, 수도원에 사는 것과 같은 방식으로 살아가도 지루하지 않고 평안하며, 기쁘게 살 수도 있다.

어떻게 학문으로 신(神)을 다 말할 수 있을까? 스스로 계신 신비의 그분은 그냥 신비 그 자체이리라. 코끼리를 시각장애인이 만지면 제각기 코끼리를 설명한다고 하듯이, 그분에 대한 설명도 부분적일 수밖에 없다. 그분에 대한 많은 설명은 오해일 수도 있고 틀린 것일 수도 있다.

오히려 어떤 수도승들처럼, 침묵 가운데 만나 뵙는 그분은, 한 사람 한 사람에게 직접 만나주시고 보여주시며 속삭여주시리라고 믿는다. 그래서 나는 수도원에, 아니 수도승들에게 관심이 많다. 그들의 표정을 보고 싶은 이유도 그 때문이다. 그분을 모시고 사는 사람의 얼굴에 나타난 그윽한 표정, 느긋한 모습, 세상을 통달한 듯한 밝은 표정, 그분의 빛을 반사한 빛을 보이는 모습, 모든 것을 품을 듯한 넓은 아량이 그들의 모습 속에서 풍겨 나오기를 바라면서, 수도원에 관한 글들을 읽었었다.

안젤리코의 〈수태고지〉

우리는 광장을 지나 '산 마르코 수도원'으로 들어갔다. 아들을 따라 바로 1층(한국식 2층)에 올라서자마자 눈앞에 펼쳐진 것은 <수태고지>이다. [그림18] 황금빛이 전체 화면을 차지하면서도 명암으로 분위기를 드러내어 그림 자체가 귀티 난다고 해야 할까? 정숙하다는 표현이 더 어울릴까? 아니다. 오른손 검지를 입술에 가져다 대면서, '쉿~ 조용히'라고 숨죽여야 할 것 같다. 원래 수태고지의 분위기가 고요할 수밖에 없지만 이 그림은 유난히 차분한 색으로만 채워져 있는 듯하다. 이 그림이 있는 곳이 수도원이라 더 그런지도 모르겠다. 함부로 접근할 수 없으면서 부드럽고, 간결한 선들이 나에게 작은 소리지만 큰 의미를 스며들게 한다.

마리아가 수도원에서 기도하는 모습을 상상했을까? 내 생각에는 어린 마리아가 수도원에 왜 갔을까 의아하다. 코린트식의 원주를 배경으로 넣었으니 말이다. M자는 마리아를 상징한다는 이야기를 들은 기억이 났다. 원주 위의 아치가 소문자 m 모양이긴 하다. 그림 속 천사의 날개는 지금 막 땅에 발을 디뎠는지, 완전히 펴진 상태다. 따뜻한 봄볕 같은 부드러운 황금빛 배경이, 나를 그림 안으로 데리고 들어갔다.

그림18 안젤리코의 <수태고지> 앞에서

천사는 살굿빛 명암을 부드럽게 살린 스톨라 스타일의 옷을 입었다. 고귀하게 보이는 천사는 만나는 이의 긴장을 풀어준다. 허리부터 늘어진 풍성한 주름도 푸근하거니와, 두 손을 가슴께로 모으고 허리를 앞으로 숙여서 겸손함을 보이고 있다. 존귀하신 그분의 말씀을 전하러 왔음에도 불구하고, 상대방이 놀라지 않도록 최선의 배려를 하는 듯한 모습에, 내 마음도 평안해진다.

아들을 따라다니면서, 헤아릴 수 없을 만큼의 〈수태고지〉를 보았다. 성경을 읽고 있는 마리아나 뜨개질을 하고 있는 마리아를 그린 것도 보았는데, 안젤리코는 그런 소재를 등장시키지 않아서 아주 잠깐 내 머릿속을 헤맸다. 배경이 수도원인 듯하니까, 아마 기도하고 있는 마리아를 생각했을 수도 있겠다.

마리아의 표정은 얼떨떨하면서도 무표정이다. 천사가 갑자기 마리아 앞으로 날아와서 두 손을 얌전히 모으고 앉으니까, 마리아도 놀라 얼떨결에 상대방과 같은 자세를 취한 듯하다. 사람들은 이런 얼굴에서 어떻게 순명(殉命, 명령에 따름)이란 단어를 떠올릴 수 있을까? 전문가가 원하는 내용을 공식적으로 단어화한 것 같다. 어쩌면 내가 감상할 줄 모르는지도 모르겠다. 하지만 전문적으로 그림을 그리는 사람이 만들어둔 해설을 따라서 감상해야 한다고는 생각지 않는다.

그림을 감상하면서 작가를 떠올리는 일은 나에게 흔치 않다. 그런데 이 그림은 이상하게 화가가 자꾸 나에게 다가왔다. 이 그림을 그리기 전에 긴 묵상을 하는 안젤리코의 모습이 그려졌다. 나도 잠시 묵상한 후에 다시 그림을 보았다. 나의 영혼이 그분 앞에 섰을 때의 풍경을 상상하고 있는 나를 보았다. 〈수태고지〉의 전체 화면에 따스한 봄볕이 스며드는 듯한 느낌이 들었다. 평온을 선물하는 그림이 포근하다.

수도사들이 하루 일과를 마치고 자신들의 두 평 남짓한 작은 방으로 들어가기 전에 〈수태고지〉를 보게 한 수도사 화가의 심정을 이해할 수 있을 것 같았다. 마리아가 그분의 말씀을 전하는 천사의 말에 복종한 것처럼 '우리도 그렇게 합시다'라고 말하고 있는 것 같았다. 지금은 나에게도.

　성당과는 달리 하얀 회벽이 모든 벽면을 차지하고 있었다. 내가 밟고 있는 바닥을 보았다. 보통 성당은 대리석이 기하학적인 도형으로 되어 있어서 수도원도 으레 그럴 줄 알았다. 예상외로 이 수도원의 바닥은 빨간 벽돌이 가지런히 눕혀져 있었다. 바닥마저 소박해서 친근하게 느껴졌다. 수도하는 데 걸림이 없도록 설계되어 있나 보다.
　천장을 올려다보았다. 천장이 아니라 지붕의 안쪽이 나를 내려다보고 있었다. 그 지붕은 "왜?" 하며 나를 내려다보는 듯했다. 나는 당연히 그림이 있을 줄 알았다. 그런데 아니었다. 우리나라 식으로 말하면 '서까래'가 그대로 드러나 있었다. 지붕 안쪽이 다른 마감재 없이 그냥 드러나 있다. 나는 갑자기 창고형 대형마트의 천장이 떠올랐다. 나를 내려다보는 이곳 수도원 지붕의 재료는 나무뿐이었다. 그리고 벽돌 바닥 위에 칸막이를 두어 수도승과 순례자를 위한 작은 방들을 만들어놓았다. 물론, 노동을 맡아서 하는 평수사들도 있었겠지만. 어느 방에도 지붕은 없었다. 복도에서 보았던 그 지붕이 보였다. 그러니까 이 방과 저 방이 벽으로만 막혀 있을 뿐 위 공간은 열려 있었다. 두근거리는 가슴을 마음으로 쓰다듬어 주며 방을 들여다보았다.

　오른쪽 첫 번째 방을 들여다보았다. 제일 먼저 눈이 찾은 곳은 작은 창이었다. **[그림19]** 두 손을 합한 것만큼이나 작은 나무창이 있었다. 나무창 가운데에, 또 아치형으로 만든 손바닥보다 조금 더 작은 창이 있었다. 작은 창으로 세상을 내다보면서, 수도승들은 무슨 생각을 했을까? 작은 창 안쪽에는 두꺼운 나무로 된 덧창이 있다. 나무로 된 덧창까지 닫으면 수도사들은 어둠 속에 홀로 남았을 것이다.
　보통 건물에는 나무로 된 바깥 창이 있는데, 수도사의 방에는 안에 있는 창이 두꺼운 나무로 되어 있었다. 수도사 스스로 차단

할 수 있는 안쪽 나무문은 나에게 많은 의미를 안겨주었다. 오로지 마음속으로 그려지는 세상 속에서 그분만으로 충만을 누리며 살아가는 사람들을 그려보았다. 나는 왜 수도사들에게서 그분의 빛을 보고 싶어 할까? 그들 또한 사람인데. 하지만 그것이 내가 수도사들에게서 보고 싶은 인상이니까. 그런 가능성만이 나도 그럴 수 있다는 확신을 잘 심어줄 수 있으니까.

열린 첫 번째 방. 문 건너편 벽의 위쪽에 그림이 있다. 부활하신 예수님을 마리아가 만지려고 하자, 만지지 말라고 하시던 장면이다. 왜 첫 방에 저 그림을? 아마 안젤리코도 그 말씀이 마음에 걸렸던 모양이다.

여기에 있던 수도사들은 어디로 갔을까? 가이드를 찾아보았다. 아들은 옆 방에 간 모양이다. 다행이다. 물어보고 싶어도 참을 수밖에 없으니까. 수도사들을 쫓아냈다는 말을 어렴풋이 읽은

그림19 수도사의 작은 방의 작은 창문

듯한데, 그 이야기를 읽을 때는 수도사들이 내 머릿속에 없었나 보다. 수도사들을 쫓아낸 사람들은 어떤 사람들일까?

내 한쪽 구석에서 부정적인 방향으로 머리 쓰지 말라고 소곤거린다. 나도 그 말에 동의할 수밖에. 1869년부터 박물관으로 바뀌었다는 기록은 보았다. 세상이 참으로 얄궂게 변해가고 있음은 확실하다. 다음 방을 들여다보는 순간에 궁금증은 자리 잡을 여백이 없어져서 다행이다.

이 방에 있던 수도사는 항상 이곳에 자리한 그림 속 인물들과 무슨 이야기를 주고받았을까? 이미 오래전 수도원의 기능이 사라진 방을 들여다보니 수만 가지 사건들이 스쳐 지나간다. 발을 디딤돌 위에 올려놓고 작은 창으로 밖을 내다보았다. 위로 하늘을 올려다보고, 또 아래로 내려서 정원을 보다가 종탑으로 눈을 돌려보았다. 갑자기 나도 모를 눈물이 뺨을 적시며 굴러 내려갔다.

이번에는 조금 큰 방이다. **[사진4]** 다른 방과는 구조도 다르고 책상도 있다. 눈이 휘둥그레질 수밖에 없다. '뭐야? 여기는 왜 이렇게 넓어. 이 고풍스러운 책상은 왜 여기 있어?' 아들이 보였다. 질문을 안 하기로 했는데, 내 생각을 아들이 읽었나 보다.

"엄마! 이 방은 수도원장 방이래요. 화형당한 원장 사보나롤라(Girolamo Savonarola, 1402-1498) 방이요."

"으음… 원장 방이라 이렇게 크구나. 책상도 좋고. 연구를 많이 했나 보다."

"그 시대 종교개혁가였죠. 교황과 대립해서 그만 화형에 처해졌대요."

"저런…."

르네상스 시대인 15세기말 이곳 피렌체는 안정되고 풍요로웠다고 한다. 사람들이 사치와 향락에 빠지고 종교까지 세속화되는 것을 본 사보나롤라 원장은 '종말이 다가왔다'라고 설교 때마다 울분을 토해냈다고 한다. 성직자의 타락을 비난하고 전제적 통치의 잘못을 지적하고 가난한 자들에 대한 착취를 죄악이라고 외쳤다고 한다. 성경적인 홍수가 올 것이라고 예언했다고 한다. 때마침 프랑스 샤를 8세가 이탈리아를 침공했고, 시민들은 사보나롤라의 예언대로 하나님의 분노가 임했다고 믿게 되었단다.

종말론에 빠진 피렌체는 사보나롤라 주도의 신권 통치체제로 극단적인 정치를 하다가 교황과 대립하게 되었다. 교황청은 사보나롤라가 그런 설교를 하지 않으면 추기경 자리를 주겠다고 했지만 그는 사절했다고 한다. 결국 파면에 이르고, 1498년 교황과 메디치 가문이 군중을 선동하여 이단으로 판결받아 공개 화형에 처해졌다고. 처형 광장에는 시민들이 가득 모였다고 한다. 이야기들을 생각하며, 그의 초상화를 보고 그가 사용하던 책상을 보았다.

그러니까 1517년 루터의 종교개혁보다 전에 교회개혁을 하려고 했던 사람 중 한 사람인 게다. 그가 지내던 방에서 나는 교회의 방향을 느끼고 있었다. 세상이 풍요로워지면 교회는 왜 타락으로 이어질까? 풍요를 잘못 누린 결과, 어떤 사람은 타락하고 어떤 사람은 파면당했다. 사보나롤라는 파면당한 이후, 이 창문으로 정원을 내려다보면서 무슨 생각을 했을까? '내가 이대로 죽

사진4 사보나롤라와 그의 책걸상 그림과 사진 콜라주

더라도 잘한 일이야'라고 결심하면서 회유를 거절했을 것이다. 그 심정을 헤아려보았다.

다른 방으로 발길을 옮기다가 또 궁금증이 몰려왔다. '방이 몇 개나 되는 거야.' 복도를 가운데 두고 양쪽으로, 그리고 저쪽에도 사람들 사이로 보이는 방문의 숫자를 세어보았다. 얼핏 보아도 마흔 개는 더 되나 보다. 나도 모르게 한숨을 길게 내쉬었다. 사람들의 발걸음 소리가 들리는 가운데서도 적막은 흐르고 있었다. 나는 묵상을 하지 않고 있는데 마음속에서는 누군가가 묵상을 하고 있었다. 가끔 자다가 깨면서도 내 속에서 누군가 찬양하는 소리를 듣는 것과 같은 현상이라는 것을 알았다. 그럴 때는 그저 가만히 귀 기울이고 있으면 된다. 마음속의 울림이, 묵상이 나의 입을 다물게 하고 나는 하늘을 향해 평온한 자세를 취하면 된다.

다시 수도승들과 이야기를 나누고 안젤리코와 대화하기 시작했다. 이 간결하고 청순하고 단정하면서도 단순해 보이는 그림들은 화가의 성품을, 그리고 수도원이 가져야 할 내용을 그대로 담아내고 있다. 안젤리코는 한 번 그린 그림에는 다시 손을 대지 않았다고 한다. 하나님이 자신의 손을 움직이셔서 그린 그림이라고 믿었으니까. 안젤리코 대선배가 고개를 끄덕여주는 것 같았다.

가끔 저세상으로 간 조상들이 꿈에 나타나시는 것을 본다. 어르신들은 색채가 있는 옷을 입고 오신다. 그러니 안젤리코 대선배가 수도승 복을 입고, 그림 그리는 모습을 상상해 보는 것은 그다지 힘든 일이 아니다. 고깔모자가 붙은 현대판 긴 가운이 아니다. 튜니카에 동아줄 같은 끈으로 허리춤을 질끈 매고, 그 위에 스카플라ㅡ소매 없이 어깨에 걸쳐 앞뒤로 걸치는 조끼 같은 모양ㅡ를 걸치고 계신다. 머리카락의 흐트러짐을 막아줄 필요는 없었을 게다. 그는 삭발 수도승이었다니까.

대선배는 일어났다가 앉았다가 반복하며 그림을 그리고 있다. 옆에는 비슷한 옷차림의 제자 '베네초 고졸리'가 회벽에 안료가 잘 스며들게 촉촉하게 젖은 회칠을 해주고 있다. 두 사람은 교감이 잘 이루어지는지 가끔 마주치는 눈빛도 회벽에 칠해지는 색채처럼 부드럽다. 이렇게 잘 맞는 동역자를 만나는 것은 이 세상에 사는 동안에 누릴 수 있는 최상의 복일 것이다.

복도가 조용해졌다. 아직 방을 다 못 보았는데. 다들 나갔나 보다.
"다 어디 갔어? 아들."
"엄마, 갔나 봐요. 사람들은 엄마처럼 안 보니까."
기다란 복도에 그리고 높은 지붕 꼭대기의 스산함이 내려앉으려고 했다.
"엄마, 저쪽으로 가요. 도서관이요."
나는 방을 다 못 보았다는 말을 할 수가 없었다.
곧 나가야 할 시간이 다가오고 있는 것쯤은 알 수 있었다. 아들이 이끌어주는 대로 따라갔다. 크고 기다란 방이 눈에 들어왔다. 다른 곳보다는 단출한 원주가 두 줄로 이어져 공간을 셋으로 갈라놓고 있었다. 원주 위는 다른 곳과 같이 아치여서 아주 딱딱한 분위기는 면한 듯했다. 도서관이니까 좀 이성적으로 표현했나 보

사진5 화답송(Graduale) ▌ 좌 1521년, 아타반테의 제자로 추정되는 플로렌티나 채색사
▌ 우 1521 지오반니 디 줄리아노 보카르디(보카르디노 일 베키오), 프란치스코 채색사

다 생각하고, 오른쪽부터 가보았다.

  머리를 숙여 보기에 적당한 높이에, 유리로 막혀 있는 보관함(진열장) 속에는 필사본들이 들어 있었다. [사진5] 큼직한(아들이 나에게 준 ARS SACRA 책만큼이나 큰) 책들이 있었다. 악보들도 있었다. 얼마나 오래된 유산들인지, 이런 것에 대해 아는 것이 없지만, 경탄을 금할 수가 없었다. 악보에까지 아름다운 색채로 그려진 그림들이 나의 눈을 황홀지경으로 데리고 다녔다. 그 옆에는 채색할 때 사용한 염료들도 전시되어 있었다. 저절로 필사한 사람들에게 '고맙습니다. 수고 많이 하셨습니다. 훌륭하십니다'라고 말하고 있는 나를 보았다.

  아들과 함께 지층(地層)에 있는 회랑으로 갔다. 수도사들의 방과 도서관을 거쳐서인지, 이곳은 사뭇 정적(情迹)인 곳이라는 느낌이 들었다. 아들과 다시 건물 안으로 들어가서 복도의 벽 위쪽에 전시된 그림들을 보고 열려 있는 방으로 들어갔다. 거기에는 누가 보아도 〈최후의 만찬〉임을 알 수 있는 그림이 있었다.

  아들이 나를 데리고 두 번째 여행을 했을 때는 밀라노에 있는 도미니크 수도회 소속인 산타 마리아 델레 그라치에 성당의 식당에 있는 레오나르도 다빈치의 〈최후의 만찬〉을 볼 수 있었다. 며느리가 예약을 해놓아서 기다리지 않고도 볼 수 있었다. 그날은 봄비가 부슬부슬 내리고 있었다.

  아들이 아닌, 진짜 현장 가이드가 영어로 미술 용어를 섞어가며 설명했다. 솔직히 말해서 십분의 일도 알아듣지 못했다. 덧칠에 덧칠한 그림만 뚫어지게 바라보았다. 빈 곳이었을 그곳에 의젓이 자리 잡은 그림을 보았다. 그림의 가치를 모를 때는 그림을 무시하고, 그 벽에다 문을 만들어 출입하기도 했었다고 했다.

  나는 그림이라기보다는 원근법에 충실한 기하 수업 시간을 상상하며 보았다. 그림이 기하 선생님의 가르침에 따라, 자를 대고 도형을 그리던 모습으로 살아났다. 왜 우리는 정해진 평가와 이론에 따라 그림을 감상해야만 하는지 이해가 안 되었다. 나는 레오나르도 다빈치가 피렌체에서 작품 활동을 못 하고 로마까지 갔는지 이해가 되었다.
  가이드가 현장에 들어가기 전에 작품에 대해 알려주고, 각자 자신의 방법대로 보게 하면 어떨까? 내 머리는 공부 시간이 아니니까 그런 생각은 그만하라고 한다. 습기에 취약한 그림을 왜 식당에 그리고 싶어 했을까? 옛날이나 지금이나 고정관념이 많은 영향을 끼치고 있다. 밥 먹는 곳에는 먹는 그림이 적당하다는 생각. 식당의 벽에 숲에서 새가 날아다니고, 토끼가 깡충깡충 뛰어다니는 그림이 있다면? 상상 속의 그림을 바라보면서 웃었다.
  그때도 〈최후의 만찬〉을 보고 나서, 반대편 벽에 소외당하고 있는, 세 개의 십자가 아래에 많은 사람이 모여있는 그림에 다가갔던 기억이 생생하다. 그 그림도 벽을 가득 채운 큰 작품이었는데, 가이드는 〈최후의 만찬〉만 설명했다. 십자가에 매달려 계신 예수님을 바라보며 인사했다. '고맙습니다. 주님처럼 잘 살아 보겠습니다. 도와주실 거죠.'
  그곳의 〈최후의 만찬〉은 템페라 화법으로 그려서 보존이 어려웠다고 했다. 그 그림이 있는 식당 자체가 감옥으로도 사용되고, 마구간으로도 사용되었다고 하니, 그 그림 역시 그 시대 사람들과 같이 수난을 심하게 겪었다는 애절함이 내 속을 지나갔다.

  레오나르도 다빈치의 〈최후의 만찬〉을 머리의 한 귀퉁이로 밀어놓고, 미켈란젤로의 선생님이었다는 도메니코 기를란다요(1448-1494)의 〈최후의 만찬〉을 바라보니 훨씬 화사하다. 그림 속 멀리 창 너머에 있는 정원의 오렌지 나무도 분위기를 부드럽게 만든다. 여기는 피렌체니까 오렌지 나무가 있는 것도 자연스러운 일이다. 예수님이 피렌체까지 오셔서 만찬을 하고 계시다니 놀라운 발상이다. 미켈란젤로 스승의 발상이 흥미롭다고 느끼는 순간이었다.

  다시 나와 복도에 서서 천장을 바라보니, 1층과는 천장의 꾸밈새가 다르다. 그림들 속에 나를 넣어보았다. '만약 저곳에 있었다면, 어떤 행동을 취했을까.' '나에게 올바른 선택을 하게 하시고, 옳은 것을 행할 용기를 주시옵소서'라고 하면서 그림을 떠나, 현실 세계로 돌아왔다. 어차피 인생은 나그넷길. 한번 잘 살아가도록 도와주시기를, 순간순간 부탁드리며 한 걸음씩 걸어 나가도록. 커다란 종(鐘)이 앉아있는 방도 있다. 수도원장이 화형당하기 전에 성도들을 불러 모으던 종이 기념으로 남아있나 보다.

  12시 10분, 아들과 나는 꽤 오랜만에 얼굴을 마주 보았다. 제각각 그림 속으로 들어갔다가, 건물의 한 부분이 되었다가, 아들과 엄마로 돌아왔다. 아들이 물을 마시는 것을 보니 식사하러 갈 시간이 되었나 보다. 아들은 식사 30분 전이면 물을 마시니까.
  식당으로 가는 길에 젊은이들이 여기저기 웅성거리고 있었다. 휘둥그레진 나를 본 아들의 눈이 건물 입구의 글자로 갔다.
  "엄마, 이 건물이 대학이네요."
  "으응, 그래서 저렇게 젊은 사람들이 많구나."
  "그쵸. 엄마."
  우리는 따스하게 내려앉는 햇볕을 즐기며, 젊은이들의 열기 속을 지나갔다. 아들이 핸드폰을 들여다보고, 무엇인가를 확인하더니 나를 보았다. 나는 머리를 끄덕여 화답하고 따라 들어갔다. 작은 식당인데 특징이 있어 보였다. 서부극에 나오는 작은 '바' 같은 분위기였다. 아들은 점심 식사는 대체로 순례하는 곳과 가까운 식당을 고르는 편이다. 아들은 샐러드와 '뇨끼'라는 것을 주문해주었다. 집에서도 점심 식사는 대충한다. 하루 세 끼를 다 잘 먹으면 살도 찔 테고, 사치가 될뿐더러, 낭비라는 것이 나의 입장이다. 식사를 끝낸 나를 보고 아들이 물었다.
  "엄마, 식사 어때요?"
  나는 매우 못됐나 보다.
  "별로야. 끈적끈적한 거 안 좋아하거든. 배도 안 고팠고."
  아들의 민망한 표정이 살짝 스쳐 지나갔다.

"우리나라 사람들은 아주 좋아하는 메뉴인데 수제비 같다고."
점심을 대충 먹는 엄마인 줄 알고 있으니까 우리나라 사람들이 좋아하는 것으로 주문하면 엄마도 좋아하리라 생각했나 보다.
"아, 그렇구나. 내가 수제비를 좋아하지 않거든. 수제비를 별로 못 먹어봐서 그런가 보다."
계산하러 온 식당 직원이 음식이 어떠했냐고 물어보았다.
"엄마는 별로 안 좋아하셨고, 나는 좋았다"라고 아들이 대답했다. 그냥 좋았다고 말해줄 걸, 후회가 되었다. 이미 쏟아진 물을 어찌하리. 나는 아직도 나잇값을 못 하며 살고 있다.

숨겨져 있는 나

나는 민망스러운 뻔뻔함을 뱃속에 눌러놓고, 아들의 손을 잡고 다시 걷기 시작했다. 맑고 빛나는 해님을 바라보며 부끄러움도 발바닥으로 꾹꾹 눌러가며 입으로는 능청스럽게 이야기를 흘려보냈다. 나는 내 힘으로는 구제받기 힘든 할머니가 되어 있음을 인정할 수밖에 없었다.
"아들, 이제 어디로 가?"
아들이 나이와는 좀 어울리지 않는 밝은 미소를 보이며 말했다. 아들은 날 더 부끄럽게 만들었다.
"지금 가는 곳은 '인노첸티 고아원'이라는 데예요. 유럽 최초 고아원이래요, 엄마." [사진6]
"아들, 수첩에다 그 이름 좀 써줄래?"
"네, 엄마."
아들은 내가 핸드백에서 꺼낸 작은 수첩에 꼬부랑글씨를 써주었다. 여러 번 들었는데 뜻을 모르겠다.
"그거 무슨 뜻이야? 아들."
"'순수한' '죄가 없는'이라는 뜻이요. 엄마."
아들은 아는 것도 많다고 생각하며 혼자 웃음을 삭였다. 그러고 보니, 아주 오랜 옛날에 그 단어를 암기하던 생각이 났다. 고아원에 온 아이들은 원죄 외에는 아직 죄를 짓지 않았을 터이니, 참 적당한 고아원 이름이다. '무죄한 이들의 병원, Ospedale degli Innocenti.'

  무죄한 이들이 살았던 곳에, 죄 뭉치인 내가 방문하게 되었다. 그러니까 수도승들처럼 '나를 불쌍히 여겨주시옵소서'를 되뇔 수밖에 없다. 갑자기 내 마음이 무거워졌다. 입을 다물고, 아들을 따라 발을 옮겼다. 광장에는 말을 탄 아저씨 동상이 우리를 기다리고 있었다. 그곳은 안눈치아타 광장(Piazza della Santissima Annunziata)이고, 기마상의 남자는 페르디난도 데 메디치라고 아들이 말해 주었다. 나는 동상을 앞뒤 좌우로 살펴보면서, 아들이 해준 말을 되씹어 보았다. 세 번도 아니고, 두 번을 되뇌는 동안에 아들이 들려준 말이 도망가고 없어졌다. 내가 바보인 것이 확인되는 순간순간이 나를 당혹스럽게 만들곤 했다. 그래도 그 놀라움을 가슴에 묻어두지는 않기로 작심하곤 한다. 말을 들었을 때 이해하면 되었으니까. 나는 참 이상한 할머니로 변하는 중이다.

  고아원으로 간다고 했으니까 나도 따라가야 한다. 아들이 나에게 보여주고 싶어하는 곳이라면, 내가 보면서 무엇인가를 느끼

사진6 인노첸티 고아원 건물

고 배우고 간직하고 싶어할 곳임이 분명하다. 이번 여행의 콘셉트는 순례라고 했으니까, 영육만이 아니라 마음과 정신의 힘듦도 잘 견뎌야 한다. 아들을 따라가는데 특이한 건물이 눈을 가득 채웠다. 규칙적으로 서 있는 원주들은 여러 곳에서 보았다. 그런 건물들의 안정감이나 웅장함은 크기에 따라 달랐다. 그런데 이 건물의 특징은 아치 사이사이에 있다. 푸르른 바탕의 기다랗게 세워진 타원 속에 아기들이 하나씩 조각되어 있었다. 그것도 띠 같은 것으로 둘둘 말아 묶어놓은 듯했다. 저건 뭘 상징하는 걸까? 내가 놀라는 표정을 노골적으로 보이지 않았는데도, 아들은 걱정스러운 표정으로 나를 바라보았다.

아들을 따라 몇 개의 층계를 밟고 올라가서 아들이 주는 입장권을 들여다보았다. 들어가는 입구를 찾는 데 어려움을 조금 겪었다. 아마도 중세에 지은 건물에 승강기도 끼워놓고 관광객에게 필요한 편의시설도 갖추려니까 그랬나 보다.

아들이 드디어 입장하는 표를 한 여자에게 보여주었다. 그 직원은 우리가 당연히 어렵게 왔을 것이라고 여기는 듯했다. 지금

┃ Ricardalovesmonuments 사진, Wikimedia Commons CC-BY-SA-4.0

부터는 고생하지 않아도 된다는 뜻을 보여주려는지, 아들과 나를 데리고 층계 있는 곳까지 나와서 저기로 가고, 거기 있는 것 다 보면, 그다음에는 어디로 가고, 그 다다음에는 현대 그림이 전시되어 있는 갤러리로 가는 곳까지 아들에게 자상히 설명해주었다. 아들은 한 번에 다 알아들었다는 표정이다. 아들이 못 알아들어도 나는 상관없다. 하여튼 아들만 있으면 마음 편히 즐겁게 다닐 수 있으니까. 이런 나를 파렴치하다고 할 사람도 없을 테고, 뻔뻔하다고 무안을 줄 사람도, 큰 소리로 화낼 사람도 여기는 없을 테니 말이다.

 아들을 따라서 발이 아니라 눈이 먼저 갔다. 건물 정면의 아치 사이에 있던 조각상의 아이들이 여기저기 많다. **[사진6 세부]** 아들이 무엇인가를 읽고는 나에게 다가왔다.

 "엄마, 아기들이 안정되게 잘 자라나라고 저렇게 천을 둘러놓은 거래요."

 고개를 끄덕였다. 지나간 과거가 보였다. 내가 엄마한테 가서 아들을 낳았을 때, 나의 엄마는 기저귀를 갈거나 목욕 후에 얇은 융 이불로 손자를 둘둘 말아놓으셨다. 그러고는 손자를 두 팔로 안으시고 말씀하셨었다.

 "귀한 내 새끼. 어쩌면 이렇게 잘 생겼을까? 허우적거리지 않게

사진6 인노첸티 고아원 건물 세부

잘해 놓았지."

그렇게 세상을 살기 시작한 아들이 오십 중반을 넘겨 나의 보호자가 되어 있다. 나는 아들과 어머니를 통해 현재와 과거를 이어가며 지금을 살고 있다.

옛날 이곳에도 아기를 버릴 수밖에 없었던 부모가 많았나 보다. 우리나라에서는 절에 가져다 놓기도 하고, 잘 길러줄 만한 집 앞에 사연을 써서 놔두기도 했다는 이야기를 많이 들었다.

고아원의 역사를 이렇게 보존하여 후손들과 공유하는 것도, 여러 방면에서 유익한 일임은 분명하다. 조그만 수납 서랍, 거기에는 개인 정보들도 있다. 이곳에서 자란 사람들이, 성장한 후에 인터뷰하는 모습은 많은 것을 느끼게 한다. 중세에도 이렇게 사회에 공헌하는 일을 할 수 있었다는 것은, 그들의 마음 밑바닥에 종교가 말하는 사랑의 정신을 함께 나누는 마음이 있었음에 감동하고 감사할 수밖에 없다.

박물관으로 변한 이 고아원의 마지막 부분을 차지하고 있는 것들은 나의 마음을 이리저리, 보이지 않는 상처를 내며 긁었다. 아이를, 자기 아이를, 자기 몸속에 아홉 달 넘게 같이 먹고 숨 쉬며 살아온 피붙이를 두고 가면서 남겨둔 인증표다. 아이를 두고 떠나면서, 다시 데리러 오겠다고 하면서 맡겨놓은 물증일 것이다. 이 증표들도 가지각색이다. 반지도 있고 찢어진 사진도 있다. '아이를 찾아가지 않았으니까, 두고 간 물증이 고아원에 남아있겠지'까지 생각이 이르니 다리가 후들거리기 시작했다.

내가 큰 범죄를 저지르고 숨어버린 것처럼. 내가 내 아이를 거기에 맡겨놓고 도망쳐 나온 것처럼. 내 속에 숨겨져 있는 어두움…. 끌어낼 수 없는 죄책감….

우리는 현대 작품을 전시해 놓은 곳으로 발걸음을 옮겼다. 그림을 잘 이해하지도 못했으면서, 젊은이가 대부분인 갤러리를 빠져나왔다. 회화에도 변화무쌍한 회오리가 불고 있음만은 확인했다. 내가 좋아하는 형식이든 아니든, 세상은 나와는 상관없이도 잘 흘러갈 테지. 내 정신을 혼란하게 만드는 마지막 공간까지 통과해서 밖으로 나왔다.

아들은 무엇을 느꼈을까? 궁금해도 질문은 하지 않기로 했다. 머릿속에 조용하고 맑은 공기를 밀어넣어 보냈다. 나의 곁에 아들이 있음이 나를 이렇게 평온으로 이끈다. '엄마, 나를 버리지 않고 키워줘서 고맙습니다.' 아들은 고아원에서 그런 생각을 하고 있었나 보다. 나는 다른 생각을 하고 있었는데. 그냥 넘어가면 안 될 것 같았다.

"그런 것이 아니야. 나는 아이들을 그냥 뗐어."

결국 얘기했다. 아들이 대충은 알고 있었을 테지만, 정확하게 그리고 자세한 이야기는 나에게서 들은 적이 없을 거다. 아들은 말없이 그냥 나를 바라보았다.

"여러 번."

가만히 생각에 잠겼다. 고아원에서 나오니까 건물의 길이에 따라 기다란 층계가 있었다. 거기에는 여기저기 사람들이 앉아서 스낵을 즐기며 담소를 나누고 있었다. 비둘기들이 사람들과 섞여서 간식을 챙기느라고 이리저리 돌아다니고 있었다. 아들이 엉뚱한 이야기를 했다. 화제를 돌리려나 보다.

"예전에 애들을 데리고 왔을 때, 이 층계에서 점심을 먹게 했다가 비둘기들이 달려들어서 애들이 울었어요. 엄마."

"그럼 어린 손녀들이 무서워했겠다."

"아내한테도 말 들었어요."

아까 하던 이야기를 지금 마저 하지 않는다면 두고두고 괴로울 것이 확실했다. 그러니 하기 싫은 이야기, 입에 담고 싶지 않은 말이라도 한 번은 해야 했다. (아들에게 이런 말을 하긴 했어도, 글로 쓸 용기는 없었다. 그런데 최근에 남편이 출판한 책의 내용 중에 다음과 같은 글이 있어서, 자백하기로 결정했다. '나의 죄의 고백'이란 장 제목 아래에 "나는 아내를 통해 뱃속의 아이들을 죽였으며…"라고 적혀 있는 것을 보았다. 그것도 남편의 제자에게서 전화를 받고 알게 된 일이다. 돌로 때리는 사람이 있다면 맞을 각오를 하며 이 글을 자판에 두드렸다.)

"그런데 아들, 난 아무것도 몰랐어. 바보같이…. 여고 졸업하고 대학 2년 다니고. 내 주변에 그러면 안 된다고 말해줄 사람에게 갈 수가 없었어. 결혼한 지 3년이 지났는데도 난 성에 대해서, 결혼생활에 대해서 아는 것이 별로 없었어. 그냥 남편 말을 들어주어야 한다는 것, 신학교를 다닌 사람 말은 성경에 있는 말이라고 생각했어. 사회생활을 하면서 보고 들었어야 하는데. 교회에서 들은 이야기는 남편에게 순종해야 한다는 말. 그러니까 남편의 말을 들어야 한다고 생각했어. 엄마한테 물어봤어야 했는데 그렇게 못했어. 언니에게 남편이 병원에 가서 떼라고 한다고 했더니, 언니가 말했어. 결혼해서 임신했는데, 왜? 라고 하면서 안 데리고 갔어. 언니한테 남편이 또 그랬다고, '뭐 먹고 살려고 그래' 하면서 강요했다고 하니까, 언니가 나를 병원에 데리고 갔었지. 그것이 한 번도 아니고. 엉엉 울고 있는 나를 언니가 꼭 품어주었어. 언니도 같이 울어주었어. 미국에 가서까지도. 나는 내가 영어를 얼마나 잘해서 그런 길을 찾아서 상담도 혼자 다 했는지 몰라. 남편은 왜 내게 그렇게 하라고 강요했을까? 하고 생각하지도 않았어. 그냥 하라니까 했지. 참 바보같이 순종했지. 남편이 병원에 데려다주니까. 나는 날짜로 피임하고 있었거든. 남편에게 오늘은 안 된다고, 배란일이라 임신한다고 했는데도 남편이 '괜찮아, 괜찮아' 하면서 그냥 했거든. 그러고 나서 임신했다고 하니까…."

더 이상 말하기가 힘들었다. 엄마인 내가 말을 중단하고 멍청해진 것 같은 나 자신을 느끼면서 가만히 있으니까, 아들은 나와 마주 서주었다. 나의 왼쪽 어깨를 가만히 다독이면서 소리 낮추어 말했다.

"엄마, 동생이 넷이나 있을 뻔했네."

"그건 아니지. 아기를 낳았으면 계속해서 그런 짓을 하지 않아도 되었을 테니까."

마음속에 묻혀 있던 것을 끄집어내니 짐이 조금은 가벼워졌음을 느꼈다.

"그런데 아들, 나는 죄책감도 없이 그냥 사느라고 바빴어. 너

기억나니? 우리 광장동 살 때, 신학교에 교환학생으로 왔던 브라이언이라는 학생 부부의 부인이 우리 집에 자주 왔었는데, 하루는 물어보더라. 유산을 시켜본 적이 있냐고. 갑작스러운 질문에 내 머릿속이 엉클어지기 시작했어. 내 모습을 보고는 긍정으로 받아들였나 봐. 계속해서 질문하기를 '길티(guilty)'하지 않냐고 묻더라. 그 이후로 나는 나의 행동이 '죄책감'을 느껴야 하는 문제인 것을 깨달았어."

 남편이 다니던 대학의 남자 기숙사에서는 무슨 영웅담이나 되듯이, 남학생 본인이 어느 여학생을 임신시켰고 임신중절수술을 하게 했다는 말이 돌고 있었다고 했다. 남편도 그런 이야기를 들었었기 때문에 그런 수술이 있다는 것을 알았을 것이다.

 나는 아들에게 구체적으로 심경의 변화를 말해주지는 못했다. 어떻게 뻔뻔스럽게, 그런 이야기를 할 수 있을까? 그냥, 그분께만, 늦게나마 세상에서 제일 큰 범죄자임을 아뢰며 살았었다. 나보다 더 큰 죄를 지은 사람은 없다. 그러니까 나는 다른 사람들이 잘못한 것을 안다 해도 욕해서는 안 되며, 어떤 누구도 비난해서는 안 된다고 나 자신에게 말하곤 했다. 나는 살인죄를 지었고, 갑질로 치면 최악의 갑질을 한 엄마이다. 이는 과거완료형이 아니라 현재진행형이다.

 아들은 자기가 접근할 수 없는 곳에 머무르는 나의 마음을 보았나 보다. 아들은 손을 뻗어 내 어깨에 살포시 올려놓으며 말했다.

 "엄마가 너무 어려서 결혼해서 그래요. 사회에 대해서 아는 것이 별로 없었잖아요."

 속으로 말했었다. '신학교 가면 목사 될 사람이니까 뭐든지 옳은 일만 할 줄 알았지. 그리고 그때는 병원에 가서 두 다리 벌리고 눕는 것이 싫어서…. 나는 진짜 나쁜 사람이었어. 하긴 지금도….'

 어느새, 나는 아들을 따라 숙소로 걸어가고 있었다. 나의 정신은 엉뚱한 곳으로 가 있는데, 아들이 나를 불렀다. 아들이 길가에 붙어 있는 이정표를 보며 읽어주었다. 영화에서 본 거리인데 이 역시 기억하지 못하는 바보였다. 길이름을 모르고, 그 길이 나왔던 영화 이름도 외우지 못하는 바보는 괜찮다. 그러나 옳고 그름을 판단하지 못하는, 그런 멍청이는 그만하고 싶다. 잘 판단하며 행하는 사람으로 변모하며, 그분을 닮아가는 삶을 살고 싶다. 사탄의 유혹을 받기 이전의 에덴동산, 그분과 아담이 대화하던 동산에서, 지금을 살고 싶다. 내가 그분 안에, 내 안에 그분이 계실 수 있도록 살고 싶다. 그래야만 그곳에 잇대어 살 수 있으리라. 그분의 다스림 안에 살고 싶다. 여전히 '큰 죄인인 나를 불쌍히 여기시옵소서'를 읊조릴 수밖에. 용서해주시고 안 해주시고는, 그분의 뜻에 따를 수밖에 없다. 너무나 뻔뻔스러워지는 것도 한계가 있으니까.[14]

아들은 수녀원 숙소로 들어가자마자 책상 의자에 앉았다.
"엄마, 잠깐만 일을 하고요."
"응, 그러렴."
아들은 틈새 시간을 확보하여 또 출근했다. 잠시 후에 컴퓨터를 덮은 아들이 와이셔츠를 입으면서 말했다.
"엄마, 지난번 피렌체 여행 때 갔던 그 식당에 가려고요."
"으응, 알아서 메뉴 골라주던 서비스 잘하는 아저씨 계신 식당?"
"네, 엄마. 그런데 시간이… 택시를 불러서 갈까요?"
"걸어서 가면 얼마나 걸리는데?"
"15분이요."
"아들, 그러면 걸어가자. 슬슬. 그 보석가게 거리도 다시 보고, 메디치가의 비밀 통로도 지나고, 베키오 다리도 다시 건너보고."
아들이 엄마인 나를 바라보며, 나도 알지 못할 미소를 빙그레 보냈다.
"그래요, 그럼. 엄마."

우리는 걷기 시작했다. 도시 자체가 예술 작품 같다는 말은 사실이다. 아니다. 박물관 같다. 가는 길이 멀어도 지루하지 않다. 내 나이가 더 많아져서 거리의 변화가 이상하게 다가오는 것일까? 보석가게 상점들이 늘어선 거리가 그전만큼 화려해 보이지 않았다. 보석가게 상점들 뒤에 있는, 메디치가의 바사리 통로(바사리[Vasari]가 만들었다고 그렇게 부른다고 한다)를 보았다. 나는 사람들과 섞여서 사는 것이 좋은데, 나처럼 사는 것이 불편한 사람도 있었나 보다. 정적들에게 암살당할까 염려하는 사람들은 무슨 재미로 살까? 바사리 복도로 들어가 있던 머리를 끌어냈다. 베키오 다리가 보였기 때문이다.

베키오 다리가 눈으로 들어오는 순간, 곁다리로 들어오는 다리가 있었다. 아들이 첫 번째 여행 때 데려가준, 베네치아의 리알토 다리가 내게로 다가왔다. 그 다리 위에도 양쪽으로 상점들이 가득했다. 우리나라에는 강 위나 육교 위에 집이 있던가? 베키오

사진7 베키오 다리에서 본 불빛과 그림자

다리의 옆구리에 버팀목(스포르티)을 대어 가게의 면적을 넓혀놓은 것이 눈에 거슬렸다. 꼭 직선으로 만들어야 잘 정돈된 것도 아니니까, 자연스럽게 보아주자. 특히 교각 위로는 널찍하니 뻗어져 나와 있다.

"내 소유이니 내 마음대로 한다"라고 상점 주인이 말하는 듯했다. 삶의 터전을 넓힌 흔적이라고 보아주기로 했다.

눈을 돌려 강 위에 마음을 보내고 다리 위로 발을 옮겼다. 진열된 상점의 물건들을 구경하면서 다리 가운데 작은 테라스로 갔다. 나는 지난번에 두 번이나 갔던 식당이 보이는 쪽으로 가서 섰다. 한 번은 미켈란젤로 광장에서 시내를 내려다보면서 감탄했고, 언덕길을 따라 내려오면서 느껴지던 정취가 숨 쉬듯 흔들거리며 새삼스레 나왔다.

저쪽, 동쪽 강변으로 끝없이 늘어져 있는 상점에서 나오는 전등 빛은, 날이 저물어 감을 보여주고 있었다. [사진7] 그래도 이쪽 하늘에는 맑은 푸르름이 머물고, 푸르름 아래로는 하얗고 부드러운 솜 조각을 얇게 펴놓은 듯한 구름이 편히 누워 있었다. 저 멀리 강 끝쪽 하늘은 보라색을 조금 섞어서 펴놓은 큰 팔레트 같았다. 상점에서 강으로 내려온 불빛들은 제각기 기다란 기둥을 드리우고, 파란 강물에 점을 찍으며 빛기둥을 장식하고 있었다.

다리 아래의 물색은 강 저편 하늘의 물색과 닮아 있었다. 강과 하늘과 강물의 색을 번갈아 보며, 그분의 세상을 꾸려가고 있는 우리네 일상을 생각했다. 해님이 물러가면서 강 위에 드리워지는 어스름을, 강물 위로 흐르는 색을, 밝지도 어둡지도 않아 평온함을 불러오는, 그 무엇이 하늘로부터 내려앉고 있었다. 내가 좋아하는 하늘의 변화를 사진으로 담았다. 강물에게 '흘러 흘러 바다로 잘 가렴' 하면서 뒤돌아섰다. 아들이 내 뒤에 있는 것도 잊고 색과 그림자 여행을 하고 있었나 보다.

"아들, 이번에는 저쪽으로 가보자."

"사람이 많아요. 엄마."

"그래도 가볼 거야."

늙은 엄마가 가보겠다는데 아들은 어쩔 도리가 없었겠다. 내가 사람들 사이를 비집고 요리조리 빠져서, 건너편 다리 난간까지 가서 뒤돌아보니, 아들도 내 뒤에 있었다. 아들의 임무는 엄마인 나를 호위하고, 안전을 지키는 것이라는 표정을 지으며 서 있었다. 나는 나이 많음을 방패로 무례를 저지르고도 태연히 웃었다. 나는 핸드폰에서 나침판을 찾았다. 내가 서 있는 방향은 서쪽이다. 아르노강을 베키오 다리가 동서로 갈라놓았다는 말이 꼭 맞았다.

일몰 풍경이 장관이다. 누구나 좋아하고 감탄할 수밖에 없는, 말이나 그림으로 다 표현할 수 없는 신비스러운 그 무엇이 저쪽 강 끝에 머무른 흔적을 남기고 있었다. 저런 색을 그대로 그림으로 잘 그릴 수 있을까? 하여간 핸드폰에다 또 하늘의 순간을 넣었다. **[사진8]**

神(신)에게도 색이 있다면 어떤 색일까?
점잖은 색으로 존재하실까?
아니면 황홀한 색으로 보여주실까?
아니면 무지개색으로 계실까?
영이라고 하셨으니까 투명하실까?

아마도 오늘은 나에게 노을의 색깔로 함께하시려나 보다. 하여튼 이 땅에서도 저런 색감을 바라볼 수 있다는 황홀경에 나를 그대로 놔두고 있었다. 베키오 다리 위에 있는, 내 주변 젊은이들의 웅성거림도 어우러져, 아름다운 조화를 이루었다.

나만 머리카락이 하얀 노인네이지만 그 순간만큼은 내 나이도 강 속으로 들어갔나 보다. '같은 강 위에서 보는 풍경도, 이쪽과 저쪽이 이렇게 다를 수가 있구나.' 강물에게 인사는 하고 가야지. '흘러 흘러 지중해로 갈 거지. 갔다가 구름이 되어 우리나라에 내려올지도 모르겠네. 잘 가렴.'

"아들, 갈까요?"

"예, 엄마. 저기 잠깐 들려서요."

아들이 가자고 하면 따라가주어야 한다. 아는 것이 없으니, 아들이 하자는 대로 잘 따르면서도 아들의 존재를 잠깐씩 잊는다. 아들이 이끄는 대로 따라 들어간 곳은 작은 마트였다. 아들은 곧바로 과일이 있는 냉장 선반으로 갔다. 내가 '왜?'란 표정으로 아들을 바라보니, 아들도 씨익 웃는 표정으로 대답했다. 아들은 주머니에서 헝겊 가방을 꺼내서 폈다.

나도 입술을 살짝 벌려서 '아들 멋지다'라는 표정을 지어서 보내주었다. 아들은 사과 한 봉지를 계산한 후에 가방에 넣었다. 한 손에 엄마에게 주고 싶은 사과를, 한 손으로는 엄마의 손을 잡았다. 우리는 다시 베키오 다리를 지나갔다.

"엄마, 2차 세계대전 때 나치가 이 베키오 다리를 폭파하지 말라고 했대요. 대신 다리 끝에 있던 건물 세 개를 폭파해서 이 다리를 막았다고 해요. 그래서 이 다리가 보존된 거죠."

"나치가 뭘 알긴 아나 보네."

"엄마, 독일군도 이 다리를 없애면 많이 원망할 걸 알았대요. 다리가 너무 아름다워서 그냥 남겨두라고 했대요."

아들이 전쟁 이야기를 해주니, 나는 잠시 시간여행을 떠난 나

사진8 베키오 다리 위에서 만난 노을과 그림자

를 만났다. 6.25전쟁 때, 나의 아버지는 나를 자신의 등짐 위에 올려놓고 한강까지 걸어가셨다. ─ 서울역 앞에 있던 우리집에서부터 ─ 식구들과 함께. 그때 나는 한강 다리와 철교가 폭파되는 것을 보고 들었다. 그 현장이 온몸에 담겨서, 오랫동안 힘들었던 기억이 되살아났다.

 사람들은 왜 전쟁을 하는가? 무슨 욕심이 그렇게 많아서 크고 작은 전쟁을 일으키는지 이해가 안 된다. 전쟁은 비참을 초래할 뿐이다. 남자들의 절제 못 하는 성욕이 불러일으키는 수많은 불행과 불협화음과 함께 이해가 안 되는 일이 전쟁이다. 내가 가끔 '남자들은 왜 그러니?' 하면서 끝도 밑도 없는 넋두리를 할라치면, 아들은 서슴지 않고 말하곤 한다.

 "남자들은 다 그래요."

 그 말 뒤 끝에, 나는 아들에게서 내가 듣고 싶은 말을 덧붙인다. '나는 안 그러려고 노력해요. 엄마, 나는 안 그럴게요.' 나 혼자서 아들에게 대답하곤 한다. '암, 그래야지. 그래야 해. 고맙구나.' 나는 젊어서 아이들을 키울 때 하던 기도를 잊지 않는다. '우리 애들이 의인 10명에 들어갈 수 있게 키워주세요.'

 식당으로 들어갔다. 입구는 그전과 변한 것이 없어 보였다. 그동안 코로나로 오랜 세월이 지났는데도 말이다. 제일 뷰가 좋아 보이는 자리로 안내받았다. 아들이 아주 만족한 표정을 지으며 외투를 벗어서 의자에 걸었다. 양쪽이 커다란 유리창이라, 강이 나를 감싸고 흐르는 것 같았다.

 "엄마, 오래전에 예약했더니 이렇게 좋은 자리네요."

 아들이 한껏 만족한 미소를 지었다. 아들이 음료는 무엇으로 할 거냐고 물어보았다. 나는 '그냥 물'이라고 답했다. 음료수 중에 맹물이 제일 좋다. 로마에서도 '물'이라고 했더니 정수한 수돗물을 가져다준 식당 직원도 있었다.

 첫 번째 접시에 크림 죽이 가운데만 살짝 담겨서 나왔다. 접시 위에 접시가 놓여 있다. 이런 것이 프랑스식 에티켓인가? 이런 것이 귀한 손님이란 표시인가 보다. 좋은 식당들은 음식이 접시 위 장식품처럼 조금씩 담겨 나온다. 여기도 마찬가지였다.

두 번째 접시가 나왔다. 고기 접시다. 여전히 예쁜 요리가 호사스럽게 담겨 있다. 접시 위에 또 접시가 올라가 있다. 두 접시가 세트인데 아래 것이 좀 더 컸다. 찻잔이 접시 위에 올라가듯이. 감자 으깬 것 위에 무슨 누런 고기를 길게 얹었고, 가운데는 조그만(손가락 두어 개 크기) 소고기 스테이크 위에 갈색 소스가 있다. 이탈리아는 소스의 백화점인가 보다. 소스 맛도 특이하다. 나는 스테이크를 고기 맛으로만 즐기는 편이다. 이러나저러나 어차피 배고프지 않으니까 그 양으로도 충분했다.

아들은 나한테 해주고 싶은 일은 다 하기로 했나 보다. 저녁 식사 때면 꼭 동생 이야기를 한다. 동생과 같이 왔으면 좋았을 터라는 말을 여러 번 한다. 같이 오지는 못했어도 아들과 딸의 마음이 함께 다니는 것을 보는 것만으로도 아주 흡족했다. 형제간에 화목한 것이 최상의 효도이다. 그래서 나는 내 모든 이웃과 그리고 잘 모르는 사람들과도 사이좋게 살고 싶다. 나도 하나님께 효도하고 싶으니까.

아들은 가는 곳마다 자기 부인을 기억하고 연락한다. 오히려 내가 자고 있을 며느리를 깨우지 말라고 잔소리하는 편이다. 한번은 아들이 전화하는 소리를 들었다.

"앗! 자고 있었어? 미안. 계속 자. 미안."

자는 사람을 깨워놓고는, '계속 자'라고 해도 며느리는 좋았을 테고, 고마웠을 거다. 여행 가서도 계속 머릿속에 넣어 같이 다니니까.

"내가 정말 이렇게 호화롭게 여행해도 될지 모르겠다."

"엄마는 매일 집에서 우리만 보고 계셨잖아요. 그러면서 항상 원고 쓰시고. 그러니까 이렇게 다닐 자격이 충분하죠."

아들은 또 그 이야기다.

"맹 바라기만 했지. 그렇게 하기로 내가 결정한 거야. 왜냐하면 구의동 셋집에서 광장동 집을 사서 이사 갔잖아. 그 동네로 이

사 가서 듣고 충격받은 이야기가, 신학교 두 교수댁 아들들 이야기였어. 두 남자애가 동네를 돌아다니면서 대야같이 엿 장사한테 팔 수 있는 물건은 다 집어다가 팔았다는 이야기. 어떻게 내가 놀라지 않겠니? 그래서 나는 집에서 아들딸을 키우려고 결심한 거지. 내가 잘하려고 한다고 해서 잘 되는 일은 아닐 테지만, 방송국에서 아나운서 하자고 연락이 왔을 때도, 단번에 거절하고도 아쉬움이 남지 않았어."

남편을 통해서 오는 직장 건도 남편이 사절하는 소리를 듣기도 했다. '우리는 체인지 코트했습니다.' 이제는 남편이 직장생활을 맡았다는 이야기였다. 지금도 기억한다. 나는 이 집의 뿌리라고. 뿌리가 밖으로 나가 돌아다니면, 위에 드러난 가지나 잎이나 열매 등 모든 것이 약해지고, 병들어 죽는다고 믿었다. 그래서 나는 튼튼한 뿌리가 되려고 했다. 나중에 수경재배라는 것을 알고는 '무식이 용감했지'라고 혼자 웃기도 했다. 물론 차원이 다른 이야기이긴 하지만.

나는 이번 여행에도 무례한 일을 참 많이 저지르기도 했다. 무슨 말인고 하니, 식사 도중에 화장실 가는 사람을 이상하게 보았는데 그날은 내가 그 무례를 범했다. 내가 긴장하지도 않았을 텐데, 그런데 소변을 참고 싶지도 않았다. 와인을 분위기 있게 마시는 아들을 보았다. 혼자서 출장 갈 때는 이런 여유를 못 누려봤을,[15] 아들의 흥취를 깨야 하나, 참아야 하나. 그러다가 내가 참았던 결과가 실수를 일으키면? 에라, 모르겠다. 용기를 내서 아들을 부르기로.

"아들, 나 화장실 가고 싶어졌어. 가도 돼?"

이쯤되면 가겠다는 말인데, 아들이 안 된다고 할 일도 아닌데 물어보는 이유를 나도 모르겠다.

"네, 갔다 오세요. 저기~"

"아들, 그전에 갔던 데 기억나. 갔다올게. 미안."

아들이 멋쩍은 미소를 보낸다. 서빙하는 아저씨가 벽 쪽에 기대서서 나의 행각을 지켜보고 있다. 그 의아해하는 모습은 아랑곳하지 않고 그냥 다소곳하지도 않은 태도로, 머리를 숙이지도 않고 지나갔다. 내가 이 나이에 눈치 볼 사람은 같이 사는 사람들 외에는 없다. 왜냐하면 같이 사는 사람들에게는 계속 좋은 사람이고 싶기 때문이다.

나에게 좋지 않게 하는 사람은 피해 다니면서 살아야 한다. 그래야만 내 마음이 평안하고, 그곳에 잇대 사는데 방해를 받지 않기 때문이다.

강 깊이 스며든 불빛의 움직임이 우아해 보였다. 국민학교 때 프리즘을 만들어 들여다보던, 빛의 변화를 관찰하던 놀라움과는 또 다른 변화의 놀라움. 이런 감정을 뭐라고 표현해야 하는지 모르겠다. 빛의 움직임이 요란스럽지도 않고, 색이 아주 원색적이지도 않으며, 물결이 섞어 만드는 파스텔톤. 노랗다가 조금은 주홍색을 띤 어두운색으로 변하는 부드러움이, 지금 먹고 있는 음식까지 나누고 싶게 만들었다.

두 시간여 만에 식사를 마친 우리는, 시원한 강바람이 부는 거리로 나왔다. 밤하늘을 올려다보았다. 별들이 잘 안 보인다. 로마 숙소에서도 별은 보이지 않았다. 대신 땅 위의 집, 사람들이 사는 곳에 켜놓은 불빛들이 휘황찬란하게, 많은 뜻을 내뿜으며 '내가 별 대신'이라고 하며 웃었더랬다.

"엄마, 피곤해요? 택시 부를까요?"

"걸어가자. 구경하면서."

나는 솔직히 걷는 것이 좋았다. 밤바람에 몸 비벼대 가며, 사람 구경도 하고, 건물 구경도 나무 구경도 하는 것이 즐겁다. 아들은 이 골목 저 골목 헤매지 않고 나를 잘 데리고 갔다. 우리 모자는 웬 이야깃거리가 그렇게 많은지. 어떻게 그 오랜 시간을 만나지 않고, 말도 많이 하지 않고 지냈는지 모르겠다. 나는 아들이 일하는 시간을 뺏지 않으려고 참았는데, 아들은 엄마 생각할 여유가 없었을 게다. 그렇다고 서운해할 나는 아니니까. 빠져들 만한 일이 아들에게 있다는 것은, 나에게도 기쁜 일이라고 스스로 여러 번 다독였었다.

　내가 몇 번 아파서 병원에 입원하였었다. 그때마다 제일 바쁘고 힘든 이는 자식들이었다. 특히 가까이 사는 며느리가 말로 다 표현할 수 없는 지극함으로 나를 돌보느라고 바빴다. 아들도 동생과 연락하면서 병원에 오가며, 내게 말도 없이 병원비도 중간정산해 가며 바빴다. 내가 아프고 싶어서 아픈 것은 아니지만, 결과적으로는 멀리 있는 딸까지 바쁘게 만들었다. 내가 아프면 자식들이 힘들어진다. 이제는 나 자신을 돌보는 것이 자식들을 위한 길이라는 결론을 내릴 수밖에 없었다. 자연스레 나의 몸이나 마음, 정신이나 영혼에 해로운 것은 멀리하면서 살게 되었다.
　가끔은 그분이 나의 이런 태도를 어떻게 보실까? 하고 하늘을 바라보기도 했다. 이렇게 사는 것이, 내가 믿고 의지하는 그분을, 아들딸도 좋아할 수 있게 만드는 방법 중 하나라고 여긴다. 침대에 상체를 높이고 곤히 잠든 아들을 뒤로하고, 자그마한 화장실로 그리고 더 작은 샤워부스로 들어갔다. 이렇게 오늘은 그만 안녕이고 또 다른 오늘이 저만치에서 기다리고 있음을 나는 안다.

　천장으로 막혀 있는 하늘을 향하여 인사드렸다. 이미 나를 감싸고 계신 그분을 느꼈다. 순간순간 물어보는 나를 귀찮다고 아니하시는 그분께, 밤 인사를 했다.
　'좋은 잠자리를 주셔서 고맙습니다.
　잘 자겠습니다.
　적당한 시간에 깨워주실 거죠.
　이 세상에서든지 저 세상에서든지.
　하여튼, 이곳과 저곳을 잇대어가면서 사는 행운이 있기를.'

닷샛날, 아직 피렌체

2023년 3월 4일, 쾌청

눈이 떠졌다. 당연히 배수 작업을 하고 싶어서 일어났다. 눈을 뜸과 동시에 그분께 아침 인사를 드렸다. '하나님, 어젯밤도 참 잘 잤습니다. 오줌도 안 싸고 잘 잤습니다. 고맙습니다…. 아멘.' 그분께 드리는 내 인사는 유치하지만, 그분은 웃으면서 들어주신다. 새벽 운동 코스를 서둘러 끝냈다. 아들은 침대 속에서 핸드폰을 보다가 나에게 인사했다.

"굿모닝, 맘."
"너도 잘 잤어?"
"네."
"아들, 난 미사 드리러 갈 거야."
"그러세요. 엄마, 다녀오세요. 우리 식당에서 7시 45분에 만나요."

7시 5분에 어제 봐두었던 미사 드리는 방으로 갔다. 문을 열면 왼쪽으로 제대가 있고, 오른쪽으로 신자석이 있다. 그리고 신자석 끝에는 커다란 스테인드글라스 유리창이 있다. 정원을 내다볼 수도 없고, 정원에서 들여다볼 수도 없게 아름다운 색들이 유리창에 붙어 있다.

이미 수녀님들이 미사를 드리고 있었다. [사진9] 겸연쩍고 부끄럽다고 안 들어갈 수는 없다. 이미 출입문을 연 상태이기도 했지만, 나도 격식 갖추어서 그분을 만나뵙고 싶어서 왔으니까, 내가 망신스러운 것과는 상관없다.

참! 두 무릎을 함께 많이 굽혀서 십자가를 향해 인사드리고 싶었는데, 그 순간을 또 놓쳤다. 평소 예배당에 그냥 들어가서 앉던 버릇을 바꾸기가 이렇게 어렵다. 어른들 말씀에 '세 살 버릇이 여든까지 간다' 하시더니, 나에게 꼭 맞는 말씀이다. 내 나이가 지금 여든이라서 더 실감이 나나보다. 그런데 나는 미사실에 들어갈 때마다, 성당에 들어갈 때마다, 실수한 다음에야 깨닫는다.

 새로 주신 이 '한 날'도 그분의 빛 속에서, 말씀 안에 거하게 해주십사 부탁드렸다. 수녀님들은 계속해서 무어라 말하면서 하나님 앞에 있는 듯했다. **[그림20]** 나는 수녀들이 하는 말을 상상으로 받아, 같이 읊조렸다.

"영광의 주님을 경배합니다.
찬양합니다.
나를 구속하신 주님께 감사드립니다.
이 죄인을 불쌍히 여기시옵소서.
주님 안에서 평온하게 하옵소서.

존귀하신 주님,
제가 전지전능하신 분을 많이 좋아합니다.
영화로우신 주님,
주님을 닮고 싶습니다.
도와주세요.
도와주실 거죠…."

이어서,

"자손들이 우리의 대열에 같이 있게 해주시기를,
우리나라를 불쌍하게 여겨주시기를,
이 세상에서 사탄의 세력이 번영하지 않기를,
사람들이 사탄의 유혹에 넘어가지 않기를!"

그리고 마지막으로 "이 죄인을 불쌍히 여기시옵소서"라고 아뢰면 나도 모르게 눈물이 흐른다. 꾸밈없는 말로, 그분께 아뢰는 시간이 좋다. 나의 마지막 순간에도, 이렇게 그분께 아뢰며 갈 수 있기를 바랐다.

그러는 중에 신부가 들어와 집례를 시작하셨다. 할아버지 신부님은 7시 15분에 들어오셨다. 제단 옆에 있는 문으로 들어와서 성경 같은 큰 책을 펴고 읽었다. 또 수녀가 나가서 읽기도 했다. 성찬 예식이 시작되었다. 수녀들이 복도로 나가서 줄을 서더니 한 명씩 신부 앞으로 가서 한쪽 무릎을 꿇어 경의를(누구에게?) 표하고 성체를 받았다. 우리 식으로 말하면 분병을 하였다. 잔은 돌리지 않고 신부가 혼자 마셨다. 내가 읽은 성경 말씀으로는 완전히 성경 말씀을 거역하는 행동이다.

 잔을 받다가 실수로 쏟는다 해도 예수님이 화내지 않으실 것임을, 나는 확실히 안다. 예수님도 육체를 입고 이 땅에 오셨기 때문에, 인간이 실수투성이인 것을 아신다. 실수처럼 보이는 행동이

사진9 피렌체 수녀원 숙소의 수녀님들

진짜 실수인지 아닌지 신부들은 몰라도, 예수님은 아실 테니까 문제 삼을 필요가 없다. 신부님은 부서진 빵가루를 긁어모아 잔에 밀어넣더니 옆의 그릇에 있던 물을 부어서 마셨다.

  신부님은 빵가루가 주님 몸의 부분이니 그 성체 모두 신부님의 몸이 되게 먹어야 했을 것이다. 빵이 진짜 예수님의 몸이냐 아니냐를 따지는 일은 헛된 일이라고 나는 본다. 분병이라지만, 진짜 빵도 아니고 납작한 과자 같은 상징을 가지고 논하는 것 자체가 이상한 일이다. 정말 그런 이론, 즉 성찬식 때 먹고 마시는 것이 주님의 것이라면, 나는 그 예식에 참여할 수 있을지 궁금해진다.

  나이가 많이 든 자그마한 백인 신부님이 보라색 가운의 옷소매에서 하얀 손수건을 꺼내셨다. 작은 소리를 내서 콧물을 풀더니 다시 소매로 밀어 넣으셨다. '어어! 저런, 신부님이 감기에 걸리셨나 보다.' 나는 속으로 '속히 쾌차하시기를!' 하였다. 신도석을 향

그림20 피렌체 수녀원 숙소의 무릎 꿇은 수녀님

하여 서로 인사하라고 하셨나 보다. 나는 당연히 알아듣지 못했다. 수녀님들이 앞, 뒤, 옆을 바라보며 웃으며 인사하였다. 회색이나 흰색 머릿수건을 쓰고, 까만 수녀복이나 진회색 수녀복을 입고서, 서로 마주 보며 인사를 했다. 나도 눈치껏 동참했다.

신부님이 분병하고 나서 혼자서 큰 잔에 그것을 따라 마시더니 아까 넣어두었던 손수건을 꺼내 입가를 닦으신다. 나는 또 속으로 혼잣말했다. '신부님, 그 수건은 아까 콧물 푼 손수건이잖아요. 그렇게 하셔도 돼요?' 나를 바라보고 계시는 예수님을 느꼈다. '네가 걱정할 일이 아닌 것 같구나. 김재신.'

미사실 천장을 올려다보았다. 거기에도 예수님은 계실 테지. 내 시야가 닿는 곳이든, 안 닿는 곳이든, 어디든지 그분이 계셨다. 어디에서나 나를 지켜보시고 관여하시는 주님이 좋다. 내가 잘못 말하면 즉시 깨닫게 해주시는 주님을 경외할 수밖에 없음이 좋다. 오래전에 내가 잘못하면 즉시 야단치시고 이유를 말씀해달라고 그분께 부탁했으니까. 하늘에만 계신다면 별로 좋아할 일이 없을 것 같다. 그런 제한 속에 계신 하나님이라면, 그런 분을 의지할 필요가 없을 것이다. 하나님을 '하늘에 계시는' 하나님으로 가두어놓고는 자기들 마음대로 말하고 행동한다. 하나님을 자기들이 필요할 때만 꺼낸다. 나는 그런 하나님을 믿지 않는다. 내 하나님은 여전히 '전지전능, 무소부재'하시다.

신부님은 감실에서 무엇인가 꺼내놓고 성경인 듯한 책을 들고 나가셨다. '신부님, 왜 그 책을 들고 나가시나요?' 의구심 많은 나와는 상관없이, 신부님은 오른쪽에 있는 작은 문으로 나가셨다. 수녀님들은 나가면서 신부님이 꺼내둔 그 물건(아들에게 말했더니 그것은 성물일 것이라고 했다) 있는 그곳에 무릎을 굽혀 인사하고 나갔다. 나는 성물 같은 것에 인사하지 않는다. 그런 물건에 어떤 효력이 있다고 믿지도 않는다.

7시 45분에 미사가 끝났나 보다. '김재신, 또 관찰자로 바뀌는 거야? 지금은 예배 중인데도 집중하지 않고.' 내 한쪽 구석에서는 나를 책망하고, 또 다른 나는 핸드폰을 꺼내 사진을 찍었다. 나는 어쩔 수 없는 속물임을 인정할 수밖에 없다. 같이 예배한 사람은 수녀님 7명. 숙박객은 나 혼자이다. 어린 수녀님들이 모두 나가신 다음에, 나도 그분께 오늘도 같이 다녀주십사 부탁드리고 나왔다.

　어제와는 다른 식탁에, 아들이 앉아 커피를 마시고 있었다. 아들 옆의 의자를 꺼내는데 아들이 말했다.
　"엄마, 여기 뷰가 저기보다 더 트여서 엄마가 좋아하실 거 같았어요."
　"그러네. 아들, 이쪽저쪽 다 잘 보여서 좋네. 나도 가서 먹을 것 가져올게."
　어제는 마른 오렌지가 있었는데, 오늘은 싱싱한 오렌지가 소쿠리에 많이 담겨 있다. 과일의 윤기보다 내 눈의 윤기가 더 매끈거릴지도 모를 정도로 반가웠다. 어제 아들이 마트에서 사과를 집어들던 표정이 떠올랐다. 내가 과일을 좋아하는 것을, 아들이 다시 알게 돼서 그랬다는 생각과 동시에, 아들의 따끈한 마음이 내 가슴에 촉촉이 스며들었다.
　이렇게 마음의 잔잔한 동요를 느끼며 살 수 있다는 것은, 큰 은총이 아닐 수 없다. 그저 감사드리며 마음에 담는 수밖에 없다. 이제는 갚을 수 있는 체력도, 어떤 능력도 없으니 말이다. 하나님의 심부름을 할 수 있는 것도 없으니, 그분 앞에서 그저 기쁘게 고맙다고 외치면서 살 수밖에 없다. 엄마 앞의 아기처럼 뒤뚱대면서라도 즐겁게 기쁘게 사는 일만이 남았다.
　하기는, 사람들이 하나님을 위해서 무엇을 한다는 말 자체가, 모순일지 모른다. 내 엄마를 위해서는 뭔가 할 수 있었는데, 그분을 위해서 어떤 일을 한다는 것은 잘 어울리지 않는 말로 들린다. 그래서 나는 찬송가에서 '주님을 위하여…'라는 가사는 바꾸든지 빼든지 한다. 그냥 베풀어주신 은혜에 감사하여, 주님이 기뻐하실 일에 동참할 뿐이다.

　접시에 빵, 잼, 치즈, 요구르트에 햄도 올려놓았다. 오렌지도 하

나. 커피 반 잔에 따끈한 우유를 가득 부어서 라테를 만들었다. 부드러운 라테가 좋다. 접시를 식탁에 올려놓고, 아들 곁에 앉아서 유리창 너머로 시선을 보냈다. 어제 보았던 자목련과 눈인사하였다. 앞쪽의 자목련도 자기를 보아주라고 하는 듯. 앞 건물에 비친 그림자를 눈여겨보았다. 무감각할 건물의 그림자가 왜 이렇게 다정하고 부드럽게 다가오는지 모르겠다.

"엄마, 좋지요?"
"응, 아들, 진짜 진짜 좋다."
"뭐가요? 엄마."
"모두 다."
"엄마는 라테가 맛있어요?"
"응, 부드럽고 좋아. 미국에서 일할 때는 우유 없이 마셨는데 지금은 집에서 그냥 맥심에 우유를 넣어서 마셔."

나는 금방 미국에서 일할 때로 돌아가 있었다. 늙으면 미래가 없으니까, 지난 이야기만 하게 된다던, 집안 어른들의 말씀이 머릿속을 스쳤다.

"너를 데리고 미국엘 갔지. 1971년 7월에 갔어. 그때 여권 사진을 내가 너를 무릎에 앉히고 찍었어. 미국에 간 다음 주 월요일부터 병원으로 출근했어. 미국 가자마자 하루도 쉬지 않은 셈이지. 너는 이사한 기숙사 집을 아주 좋아했어. 그래도 아들 침대는 샀었지. 아버지 책꽂이와 책상이 있는 방에 아들 침대를 놓았어."
"그럼, 엄마. 내가 아버지 책을 꺼내서 블록처럼 가지고 놀다가 야단맞은 방이 아빠 서재였네요."
"그런 셈이지. 그런 일이 있었구나. 하지만 네 아버지는 매일 강의실이나 도서관에 가 계셨으니까, 네 마음대로 가지고 놀았겠네. 내가 퇴근할 시간에 맞춰 너를 유치원이나 학교에서 데려오시고는 학교로 다시 가셨으니까."[16]

나는 그때, 퇴근 후 집에 오면 하루에 영화를 두 편씩 봤어. 영어를 배워야 하니까. 한쪽에는 사전을, 한쪽에는 수첩을 놓고, 모르는 말이 나오면 발음대로 적어놓았다가 사전을 뒤져서 외우곤 했었다. 내 손바닥 서너 배만 한 흑백 텔레비전으로 보았다. 나중엔 의사들이 내가 하는 영어를 듣고는 랭귀지 코스 다니냐고 물어볼 정도로 실력이 발전했었던 모양이다. 지금은 도루묵이 되었지만.

내가 맛있게 오렌지 껍질을 벗겨 먹는데, 아들은 오렌지를 나이프로 예쁘게 요렇게 조렇게 잘라서 보기 좋게 벗겨 먹고 있었다.
"뭐야, 아들. 그렇게 멋있게 먹는 건 어디서 배웠어?"
"아이 참, 엄마가 가르쳐주시고는."
"내가? 하긴 호영이도 그레이프프루트를 반을 딱 자른 다음에 칼로 일일이 다 파놓고 먹으니까, 호영이 신랑이 물었대. 어디서 배웠냐고. 그래서 엄마가 가르쳐줬다고 했다고 하더라."
모두 병원에서 보고 배운 것이다. 그 병원이 부자들이 오는 요양병원이었으니까.
"난 다 잊어버렸는데."
아들이 나의 시간여행을 다 듣고는 일어섰다.
"엄마, 내가 방에 가서 사과 가지고 올게요."

아들이 챙겨온 정겨운 사과. 아들의 예쁜 마음을 닮은 풋풋한 빨간 사과를 들고, 우리는 은은한 빛으로 가득 채워진, 햇볕이 내려앉은 정원으로 나갔다. 아들에게 말했다.
"여기는 아담이 쫓겨난 정원이 아니고 아들의 사과를 먹는 정겨운 정원이네."
아들이 빙긋이 웃음으로 화답한 뒤, 사과를 먹음직스럽게 크게 한입을 물고는 입안으로 넣었다. 사랑스럽고 고마웠다. 나도 사과를 한입 깨물어 어금니 쪽으로 밀어넣었다.
달짝지근한 사과 향이 입안뿐 아니라 머리를 지나서 등골을 타고 온몸으로 퍼져나가서, 나에게서도 사과 향이 날 것 같았다. 가끔씩 그분께 고백하는 말이지만, 그 순간에도 같은 마음을 햇살에 담아 올려드렸다. '사과를 씹을 수 있는 이도 주셔서 고맙습

니다. 이런 사과를 주는 아들을 주심도….'
 이가 아파 깍두기도 먹을 수 없던 때가 있었다. 오랜 후에 총각김치를 시원하게 씹어 먹으면서 그분께 감사드렸었다. 그 후로는 음식 먹을 때 자주 그분께 고백하곤 한다. '이를 이렇게 튼튼하게 만들어주셔서 고맙습니다. 많이 고맙습니다.' 이어서 나의 어머니께도 감사하다고 말씀드린다. 건강한 이를 보존할 수 있는 지혜를 주셔서 감사하다고.

 장애인 시설에서 장애인과 같이 살면서 감사할 일이 더 많이 생겼다. 새벽에 운동하면서 숫자를 셀 때면, '나에게 하나, 둘, 셋…' 숫자를 배울 수 있도록, 좋은 어머니를 주신 것에도 감사하게 된다. 변기에 앉아서도 신비로움을 느끼며 고마움을, 내 손으로 음식을 만들면서도 감격의 고마움을, 그 향내를 담아 올려드린다. 물론 어머니께도. 지금도 엄마 사진을 보면서 '엄마'라고 부르며 속삭인다. 누가 나에게 사진에 말하면 안 된다고 해도 상관치 않을 것이다. 내 엄마는 여기에 계시지 않아도 여전히 내 속에 살아계신 내 엄마니까.
 정원에서 사과를 먹으니, 에덴 동산에서 뱀의 꾐에 넘어가 그분의 말씀을 거역했던, 이브와 아담이 내게로 왔다. 아담이 이브 때문이라고 핑계를 대는 장면이다. 유치한 아담, 핑계를 대다니.
 주일학교에서 아담과 이브의 이야기를 들으면서 내 마음에 삭여놓은 것이 있다. '나의 잘못을 다른 사람 때문이라고 둘러대는 유치한 짓을 하지 말아야지.' 에덴동산을 상상하며 내 눈앞에 펼쳐져 있는 정원을 머릿속과 마음에 그리고 핸드폰에 담았다. 자목련을 핸드폰에 담는 것을 힘들어하자, 아들은 이렇게 색조정을 해서 찍으면 좋다고 가르쳐주었다. 내가 못하는 일을 아들은 잘도 한다. 친절하게 잘 가르쳐주는 아들이 내 보호자여서 대만족이다. 웃을 수밖에 없다.
 "아들. 땡큐다" 하면서 자목련 색이 잘 살아있는 한 컷을 꾸욱 눌러 가졌다. 조그마하지만 정겨운 시간이 녹아있는 정원의 풍치를 어찌 잊을 수 있을까. 아들과 며느리가 나의 여행을 기획한 노력이 지금 내 앞에서 춤을 춘다. 고전적인 춤을 추다가 템포를 더 느리게 하면서 떠오르는 해님과 함께 오늘이라는 새날을 열어가고 있다.

나는 연출자 중 한 명이면서도 내용을 모른다. 기획도 하고 연출도 하는 아들을 그냥 따라만 다니며, 즉흥적으로 튀어오르는 감정을 쏟아내기도 하고, 꾹꾹 아래로 눌러놓기도 한다. 부끄럼한 점 없는 천진한 아이처럼, 아니 태어나면서부터 다른 사람의 의사에 따라 움직이는 사람처럼.

오늘도 나는 어떤 계획이 있는지 모른다. 이제 그다음에 할 일이 무엇인지 궁금해졌다.

"아들, 오늘은 어디로 갈 건데?"

"산타 크로체 성당 갈까요?"

"결정된 거야?"

"그러려고요. 엄마가 좋아하실 것 같아서요."

"좋죠. 그런 성당에서라면 하루 종일 쉬면서 놀아도 돼요."

"그럼, 엄마 이 닦고 나가요."

산타 크로체 성당

9시 55분, 나는 엄마 따라 외출하는 어린애처럼, 몸을 이리 흔들 저리 흔들거리고 우쭐대면서 수도원 숙소를 나왔다. 이리 나가도 두오모가 보이고, 저리 돌아다니다 올려다봐도 웅장한 두오모가 나를 바라보고 있다. 이런 피렌체가 참 좋다.

피렌체란 이름처럼 꽃인 양 아름다워서 좋다. 그냥 예쁜 것이 아니라, 하늘의 색을 뿌려놓은 것 같은 것들이 여기저기 많아서 좋다. 내가 모르는 길도 이름 모를 조각들과 마주치는 재미도 좋다. 골목을 지나 광장으로, 그리고 층계 위에 우뚝 서 있는 단테 조각상, 홍수 때문에 광장에서 성당 앞으로 왔다는 단테의 조각상, 살아생전에는 추방되었다가 시신 가지고도 경쟁을 벌이고 있

는 대선배 단테가 말하는 듯하다. '내가 추방당하고 쓴 신곡을 잘 읽고, 올바르게 잘 살다가 만납시다.'

이리 보나 저리 보나, 프란체스코의 생활신조가 담긴 건물임이 확실한 건물을, 단테는 예리한 눈으로 쳐다보느라 애쓰고 있다. 13세기 말부터 짓기 시작했다는 크로체 성당과 두오모 성당을 너무 자주 많이 봐서 그런지, 그 차이점을 알아차릴 수 있었다. 아들이 입장권과 영어로 된 안내서를 주었다. 나는 종이를 펴 보았다.

무덤이 참 많기도 하다. 죽은 자들도 자기가 여기에 묻힌 것을 알까? 그래서 좋아하고 있을까? 고개를 갸우뚱거리며 안내서의 숫자를 따라 이름과 그 현장을 대조하면서 혼자만의 세계로 여행을 다니기 시작했다.

수도원만 사방이 폐쇄된 듯이 막혀 있는 것은 아니다. 성당도 벽과 창으로 막혀 있다. 천상의 모습을 성당 안에 들이고자 벽화로 장식했을까? 그 나라에도 저 중앙에 자리잡은 제대 같은 것이 있을까? 돔을 올려다보는데 과거가 다시 내게로 밀려왔다.

내가 일할 때 떠올려 보았던 '하나님 나라'에는 첫째 병원이 없으리라. 그 나라는 아픈 사람이 없을 테니까. 노숙자도 없으니, 나보고 보호자를 찾을 때까지 맡아달라고 할 경찰도 없을 것이 분명했다. 이 세상에 있는 것 중에, 그곳에는 없을 것이 분명한 것을 손꼽아보는 것은 즐거운 일이었다. 그렇게 실제와 그 나라를 연결하며, 사는 즐거움을 누린 때도 참 행복했었다.

나는 타임머신에서 내려와 지금 이곳으로 돌아와서 돔을 다시 올려다보았다. 어떻게 이렇게 장엄하고도 신비한 빛을 발할 수 있을까? 생활을 덮고 있는 믿음의 무게를 표현한 것일까? 돔을 통해 들어오는 빛을 무엇에 비교할 수 있을까?

나는 왜 이런 성당에 들어서면 그분의 위엄에 흠뻑 빠지는지 알 수가 없었다. 여행 오기 전에 인터넷에서 돔에 있는 그림을 본 적이 있었다. 줌으로 확대하면서 저 꼭대기에 프레스코화로 〈최후의 심판〉을 그리는 화가와 조수들을 상상하며 '대단하십니다' 하고 존경과 감사를 표한 기억이 생생하다. 서서 그렸다면 미켈란젤로의 말대로 허리가 하프처럼 휘어지는 아픔을 견뎌야 했을 것이다. 얼굴에 떨어지는 물감도 상상해 보았다.

또 성당의 문은 너무 높고, 커서 사람이 드나들기 위해 만들어 놓은 문이 아닐 것이라고 짐작하게 한다. 실제로 사람이 드나들 때는 쪽문과 같이 생긴 작은 문만 열린 것도 볼 수 있었다. 성당의 출입문에서부터 중압감을 머리에 얹어놓고, 겸손한 마음을 담아서 들어가면, 나는 더 작아질 수 없을 만큼 작아진 자신을 데리고 중앙에 있는 제단을 향하여 읍할 수밖에 없는 심정을 가지게 된다. 나는 이런 느낌이 좋아서 성당에 들어가기를 즐거워한다.

성당 안에 무덤을 만든 이유는 알았는데, 시신이 없는 가짜 무덤 – 단테의 무덤 – 까지, 이런 장소에 만들어두어야 하는지는 모르겠다. 단테가 피렌체의 독립을 지지하다가 교황이 득세하자 1302년에 추방당했다고 배웠다. 벌금형과 2년간 추방형을 받았던 단테는 벌금을 내지 않자, 영구추방령과 함께 돌아오면 화형에 처하게 결정되었다고 했었다.

단테의 무덤을 이 큰 성당에 유치하려는 이유는 무엇일까? 사체를 가지고도 경쟁하는 세상이 내 머리에서는 웃습다고 소리친다. 내 한쪽 구석에서 응얼대는 소리가 들린다. '이 유명인이 우리 동네 사람이었다고. 우리 동네는 이렇게 잘난 동네야. 하하하. 그래서 이 성당을 가리켜 이탈리아 영광의 교회라고 하잖니?' 나도 응대해 주었다. 그래야 더 좋아할 테니까. '그래, 너희 동네가 빛나네.' 지금의 사람들은 역사 속의 인물과 건물을 유지하느라고 애쓰고, 역사 속 그들은 현대인을 관광이라는 이름으로 봉양하고 있다. 그러니까 후손은 조상을 돌보면서, 생계를 유지하고 있는 셈이다. [사진10]

크로체 성당에 묻힌 사람 중에는 갈릴레오(1564~1642)도 있던데, 교황청은 갈릴레오의 지동설을 반대하면서 핍박하고, 어떤 때는 시신이라도 성당에 모시는 오류를 범하는지 이해가 안 된다. 이 일도, 교황청의 비리 중의 하나일까? 교황청은 예수님의 말씀을 잘 이해 못 했었나 보다.

　여기에 묻히면 좋은 말을 많이 듣고, 기도 소리도 들어서, 하나님 나라의 특별 입장권을 얻는다고, 정말 믿었을까? 최고의 존경의 표시라고 여겼을까? 어디에든 묻어야 했을 테니 좋은 곳에 묻었다고 쳐주기로 했다. 내 결론이 다른 사람들에게는 중요하지 않을 테니까. 하여튼 묘지 분양권치고는 너무 비쌌다.

　성당 안의 고택들을 하나의 작품으로 바라보기 시작하니, 마음이 조용히 내려앉아서 좋았다. 고택들의 집합에 예배당이란 이름을 붙여도 될까? 십자가란 말까지 붙여서? 그냥 무덤이 있고, 그 무덤을 장식한 장례 예술이 꽃피운 곳으로 정리하기로 했다.

　전문가가, 다른 사람들이 좋다고 한다고, 무조건 같이 좋아하는 것은 좋은 결단은 아님이 분명했다. 가운데 통로를 천천히 걸

사진10 성당 안의 영묘들

으며 바닥 아래에 묻힌 시신들을 떠올려보았다. 그 위를 밟지 않고 직사각형 주변으로 돌면서 글자들을 읽다가 본의 아니게 출입구 근처까지 갔다.

작은 키, 얌전한 몸매의 'OFFRING'함. 어떤 헌금함에는 무릎을 꿇을 수 있는 무릎 받침대도 붙어 있었다. [그림21] 그 의미가 마음에 와닿았다. 성수대를 지나쳐 오른쪽으로 돌아보니, 기원을 담은 작은 촛불이 살랑살랑 움직이며 약한 빛을 내보내고 있다. 초의 가격도 적혀 있다. 초를 사서 불을 붙이고 기원하는 사람들을 상상하면서, 어딘가 기대야만 살 수 있는 우리의 연약한 모습을 다시 보았다.

이왕에 출입구로 왔으니, 입구에 서서 중앙제대를 바라보면서 신비한 분위기를 몸에 두르는 기쁨을 누렸다. 또 오른쪽 통로로 옮기면서 바닥에 있는 무덤들을 눈여겨보며, 어쩔 수 없이 사후 세상과 지금 이곳을 연이어 그려보았다. 하지만 성당 안에 시

그림21 크로체성당의 무릎꿇고 드리는 헌금함

신을 둔 조상들의 생각에 동의하지 않았다. 예배하는 자리는 그냥 순수하게, 온전히, 완전히 예배만 하면 좋겠다. 갈 곳 없는 사람이 잠자는 것은, 하나님도 끄덕이실 것 같았다. 중앙에 놓여 있는 장의자가 나를 불렀다. 의자로 가서 나의 무릎과 두 손을 모았다. '하나님 고맙습니다. 주님을 찬양하며 다닐 수 있게 해주셔서 고맙습니다. 연약한 저를 불쌍히 여겨주세요.'

나도 고해소 앞에 섰다. **[사진11]** 그분께 직접 아뢰었다. '주님을 경배합니다. 저를 불쌍히 여겨주시옵소서.' 지은 죄가 여러 종류로 너무 많아서, 일일이 고백할 수가 없다. 순간순간 마음속을 쑤시고 지나가는 나쁜 생각까지 조정해주시기를 의탁하며, 고해소 앞을 지났다. 바닥에 색색으로, 그리고 질서정연하게 깔린 대리석을 보니 다시 감탄이 밀고 올라온다. 다행이었다.

미사실에 그려놓은 프레스코화들이 색채가 화려하다. 르네상스 미술의 선구자라고 하는 조토의 프레스코화도 있다. 피렌체의

사진11 고해소들

토착 귀족인 바르디 가문의 주문(1295년)으로 그려졌다고 한다. 바르디 가문도 자기들의 영묘를 이 성당에 안치하는 조건으로 교회 장식을 했다고 한다.

  예수님이 탄생하실 때의 모습을 그린 것은 모두 빨간색이다. 아기 예수도 빨강 요 위에 빨간 옷, 요셉과 마리아도 공단 같은 반짝거리는 헝겊으로 만든 옷을 입혀놓았다. 하긴 화가의 생활권의 분위기에 충실하게 그림에 담을 수밖에 없었을 게다. 아니면 교황청에서 정해준 색일지도 모른다. 여기저기 스테인드글라스를 지나서 들어오는 햇빛이 만들어내는 화려하지 않은 밝음은, 영혼마저 쓰다듬어 줄 것 같다. 1966년 홍수 때 나무 십자가도 많이 손상되었다고 하는데, 오히려 그런 모양의 십자가가 일으키는 감동은 더 깊었다. 단테도 그 홍수 때문에 성당 계단 위로 올라왔다고 전해지니, 비의 위력이 상당했나 보다. 그러나 내게는 다시는 비 때문에 세상이 망하지 않을 것이라는 확신이 있다. 하

그림22 크로체 성당 중앙 통로

나님께서 다시는, 노아 홍수 같은 것은 안 보내실 거라고 어려서부터 들었으니까.

아들이 내 뒤에서 여전히 나를 챙기면서 다녔나 보다.
"아들, 골 아파. 도무지 모르겠네."
"뭐가요? 엄마?"
"로마숫자 말이야. 국민학교 때부터 배우긴 배웠는데, 외우는 데는 소질이 없어. 하긴 외울 생각도 안 해 봤지. 무덤은 전부 로마숫자잖아."
아들이 엄마인 나에게 로마숫자를 알려주기 시작하였다.
"엄마, X는 열이고요, M은 천이에요…."[17]

아들은 엄마가 암기 천재인 줄 아나 보다. 하긴 남대문 국민학교에 다닐 때는 그랬다. 계산문제 시험을 보면 거의 1등을 했고, 그래서 서울 사범에도 합격했으니까. 그런데 지금은 아니다. 아들이 설명하는 중에도 내 머리는 다른 곳으로 가고 싶어했다. 그래도 아들의 성의를 봐서 잘 들으려고 애썼다. 아들의 말을 귀담아들으면서 수첩에 적어놓았다. 집에 가면 복습해야지. 지금은 아들이 하는 말을 잘 듣고 있지만, 완전히 터득하려면 앉아서 백지에 그려가며 외워야 한다. 하지만 그때가 언제일지 자신에게 약속하지 않았다. 나는 여전히 바쁜 할머니니까. 요즈음 나의 한계를 잘 알고 있다. 그래서 내가 마음만이라도, 예쁜 색으로 칠해 놓으려고 하는 것을, 그분은 잘 아신다.

우리는 성스러운 십자가(Basilica di Santa Croce)라는 이름을 가진 성당의 커다란 문을 향하여 걷기 시작했다. **[그림22]** 276명의 무덤이 있는 곳. 무덤이 아니고 영묘라고 하면, 의미가 달라질까를 저울질하며, 출구로 향해 갔다. 내가 보기에 이곳은 공동묘지이다. 그러니까 무덤 박물관이다.

성당을 나와 뒤돌아서서 건물을 찬찬히 훑어보았다. 건물의 외형은 내 마음도 영혼도 깔끔해질 것 같은 느낌이라, 아주 평안하다. 프란체스코 대선배의 마음이 잘 표현되어 있는 건물이 있음에, 만족하고 감격했다.

갑자기 들려오는 종소리. 시계를 들여다보니, 12시다. 가슴을 뭉클뭉클 그리고 꿈틀거리게 하는 종소리를 음미하며, 종소리를 따라서 눈을 올려보냈다. 청각을 통해, 나에게 임하시는 그분의 숨결. 우리나라 가을하늘처럼, 맑고 푸른 하늘 아래에, 종탑이 나도 고딕 건물이라고 소리 지르는 양 뾰족이 솟아 있다. 저 높은 종탑으로부터 내려오는 종소리. 저런 소리를 뭐라고 해야 할까? 그분의 음성이, 저 은은함 속에 담겨 있을까? 적당한 형용사가 없을 때는, 그냥 '신비한'으로 통일해도 괜찮겠다.
"엄마, 갈까요?"
"어디로?"
"밥 먹으러요. 시장으로 가요. 엄마"
아들의 손을 잡고 따라갔다. 남대문 시장 노점상보다 더 작은 가게들이 그득히 늘어져 있었다. 이 세상의 모든 색을 가져다 놓은 듯이 일일이 표현할 수 없는 색의 가죽 가방들이 걸려도 있고 놓여도 있다. 옷도 있다. 그야말로 총천연색이란 말이 딱 어울린다. 가죽 냄새를 뚫고서 나와, 아들과 넓죽한 건물 앞에 섰다. 입구부터 사람들이 많기도 하다.

마드리드에 갔을 때도 이런 곳에 간적 있다. 돈키호테 길이었다. 저녁을 먹으러 갔는데 빈자리가 없어서 아들이 난처해하던 모습이 눈에 선하다. 그래도, 그때 귀한 장면을 목격하고 감격했었다. 우리나라의 상여 같은 들것을, 열 명쯤 되는 남자들이 어깨에 올려놓고 같은 한소리를 내며 걸어가는 것을 보았었다.
휘둥그레진 나를 본 아들이, 거리에 있는 한 남자에게 물어보고, 나에게 가르쳐주었다. 고난주간 동안에 있을 세마나 산타(semana santa)라는 축제 행사 연습이라고 했다. 그 말을 듣는 순간에 '아아, 예수님의 고난에 동참하는 마음으로 고행을 하나 보다'라는 생각이 들었다. 나는 한참 그 일행을 따라 눈을 보내다가, 아들에게로 돌아왔었다.

내가 지금은 피렌체에 와 있다, 우리는 점심 식사를 위해서 푸드코트에 왔는데 앉을 자리가 없다. 식당마다 긴 줄이 이미 늘어져 있었다. 나는 아들을 따라서 윗층으로 올라갔다. 아래층보다는 사람이 적었지만, 여전히 왁자지껄한 식당에 와 있는데. 왜 이렇게 재미있다고 느껴질까? 사람 사는 것 같다는 느낌이 따뜻하게 스며들었다.
"아들, 저기 빈 자리 있네. 가서 앉을까?"
"네, 엄마, 그러죠."
아들은 내 뒤를 따라와서 내가 앉는 것을 확인하고는 말했다.
"엄마, 뭐 잡수실래요?"
"아무거나."
"아무거나 말고요, 엄마."
"그럼, 샌드위치 하나 사주라."
"무슨 샌드위치요, 엄마?"
"아들이 골라주라."
아들이 어깨를 으쓱하고는, 음식 만드는 쪽으로 갔다. 아들은 음식 이름도 모르는 엄마를 데리고 다니면서 얼마나 난감할 때가 많을까? 내가 나를 봐도 진짜 바보 노릇을 잘 하고 있다.
아들이 먹을 것을 가지고 오는 동안에, 나는 들어도 이해하지 못하는 이탈리아 말 속에서 마음대로 꿈을 꾸면서 사람들을 구경했다. 그런데 이탈리아 말이 참 재미있다는 느낌이 들기 시작했다. 예를 들면 '메르카토 첸트랄레'라는 발음이 굴러가는 소리로 들렸다. 맛으로 표현한다면 달콤하고 촉감으로는 매끄러울 것 같기도 했다.
드디어 피렌체 중앙시장의 푸드코트에서 밥을 먹었다. 샌드위치가 진짜 맛있다. 아삭거리는 채소는 풋풋한 냄새를 풍기며 씹

히고, 무슨 고기로 만든 햄인지는 모르지만 맛있게 먹었다. 아들도 식사를 다 하더니

"엄마, 나 커피 사 가지고 올게요" 하면서, 내 뒤쪽으로 사라졌다. 어디쯤에서 날아오는 커피 냄새인지는 몰라도 음식 냄새 속에 커피 향이 묻혀서 내게도 날아왔다. 나는 상상으로 커피 향을 마셨다.

각가지 향기와 맛으로 찾아오시는 그분의 맛이라고 해도 될까? 아침에 먹었던, 향긋하고 달콤한 오렌지 향이 혀끝을 감돌며 내려갔다. 아들이 사준, 새콤하고 달달한 사과의 내음이, 코를 지나 입을 거쳐 목을 타고 내려갔다. 이렇게 상상으로 향기를 맛나게 먹고 있는데 아들이 돌아왔다. 손에는 커다란 커피가 든 컵을 들고서.

식사가 끝난 후에 우리는 건물의 끝에 있는 화장실로 갔다. 남자 줄은 짧은데 여자의 대기 줄은 길다. 아들이 용건을 끝내고 나와서, 나에게 말했다.

"엄마, 여기로 들어가세요. 내가 깨끗하게 다 닦아놓고 왔어요."

당황할 수밖에 없었다. 내가 어리둥절해하며 거절하려고 하자 내 뒤에 서 있던 아주머니가 영어로 아들의 말을 거들었다.

"괜찮아요. 들어가세요."

나는 주춤거리다가 남자 화장실로 들어갔다. 변기 시트까지 내려놓은 아들의 자상한 모습이 떠올랐다. 얼른 배수 작업을 끝내고 부랴부랴 빠져나왔다. '아뿔싸' 아들 뒤로 남자들이 두 명이나 서 있었다. 내 얼굴이 붉어졌는지 살펴볼 새도 없이, 좁은 화장실 입구를 재빠르게 빠져나와, 뒤돌아서서 아들을 보았다. 나는 조금 전의 일을 뭉개서 치우고, 아들에게 또 물어보았다.

"아들, 이제 어디로 가요?"

내가 나를 보니 조금이라도 불편하든지 기분이 너무 좋든지 하면 아들에게도 '요'를 붙여서 말하고 있었다.

"엄마, 시장 구경을 조금 하고, 로렌초 성당으로 가요."

"아하! 좋지. 시장 구경."

아들은 엄마가 무엇을 좋아할까, 공부를 많이 했나 보다. 시장 구경을 하자고 하니 궁금증이 몰려들었다. 우리는 채소, 과일, 치즈, 빵, 생선, 정육 그리고 이름도 모르는 물건을 파는 가게들을 구경했다. 특히 과일가게는 그림을 그린다 해도, 그런 조화로운 색채를 만들 수 없을 정도로 밝고 예쁘게 진열되어서 나의 눈을 호강시켜 주었다. 내가 지금 어디에 있는지조차 가늠하기 어려울 정도로 공중에 '붕' 떠 있는 기분이었다. 시장을 돌아다니면서 아름다운 각가지 색깔로 나에게 나타나 주시는 그분께 경배와 찬양을 올려드릴 수밖에.

두오모를 또 지나쳐서 로렌초 성당으로 향했다. 메디치가의 성당으로 알려진 곳, 집안사람들이 미사를 드리는 곳, 그 집안사람들이 많이 묻혀 있는 곳. 메디치가를 빼놓고는 말을 이어갈 수 없는 곳이다. 물론 피렌체, 그 이름 자체가 메디치가를 떠오르게 하는 말이기도 하다.

다른 성당보다도 아주 일찍 건축된 성당의 입구에 섰다. 장엄하기는 한데 화려함은 없어보인다. 검소와 겸손, 단순함의 아름다움도 바라보는 시각에 따라 다르게 다가올 테지.

나에게 누가 뭐라고 말할지 모르겠지만, 처음 로렌초 성당 앞에 섰을 때의 내 느낌은 피라미드를 마주 보고 있는 듯했다. 이집트에 가본 적은 없지만, 어쩐지 느낌이 비슷했다. 피라미드가 변형되어서 문도 있고, 기울기도 다르다는 것은 확실했다. 하기는 그 안에 시신이 있다는 점도 같다. 성당 정면에 파사드가 안 보여서 그런 느낌이 들었을 수도 있지만.

성당으로 들어가는 순간, 깔끔하게 정돈되어 있으면서도 화사하고 포근한 느낌은, 외관과 완연하게 달랐다. 그래서 더 강렬했다.

성당 천장을 보았다. 평평한 천장이라니 놀랍다. 성당에 들어오면 돔 아래로 가서 위를 올려다보는 일이 나의 순서 중 하나니까, 돔 아래로 다가가 보았다.

 벽에 만들어져 있는 직사각형 위에 있는 반원형 창으로, 햇빛이 부드럽게 들어와 나와 함께 해주어서 좋았다. 눈을 비비고 핸드폰으로 확대해서 다시 보았다. 아들이 와서 사진기에 담아주려나 보다. 훌륭한 가이드가 있어서 좋다. 혹시 파이프 오르간이 있지 않을까? 해서 뒤를 돌아다보았다. 첫 번째 여행 때, 런던 웨스트민스터 교회에서 종려주일 예배를 할 때, 큰 성당 안을 울리던 오르간 소리를 상상하며 뒤돌아보았다. 출입문 위에, 굵고 가느다랗고 길고 짧은 파이프들이 얌전하게 서서, 우리를 내려다보고 있었다.

 아들이 보고 있는 그림이 있는 왼쪽 복도로 가보았다. 나에게 친근하게 다가오는 그림 안의 사람을 보았다. 나는 참 이상하다. 상대방의 이야기가 나에게 들어오면 실제로 알던 사람처럼 친근감이 든다. 다른 사람도 그럴까? 누구에게도 물어본 적이 없어서 모르겠다. 하여튼 그 그림 안에 내가 알고 있는 사람이 있었다. '로렌스'이다. 아들을 통해서 순교자 세바스티아노를 알게 된 후, 인터넷을 통해서 우연히 같이 만났던 믿음의 선배인 순교자 로렌스였다. 그가 철판 위에서 화형당하는 모습을 보면서, 5년 전에 읽었던 이야기를 떠올렸다.

 "친구들아, 이쪽은 잘 익었으니 이제 뒤집어주세요."

 살이 타는 역한 냄새가, 맛있는 요리 냄새로 바뀌었다는 전설 아닌 전설. 그 내용을 읽을 때의 전율이 다시 돋아났다. 철판 위의 대선배를 바라보며, 나에게도 저분의 지혜와 사랑과 용기와 인내를 주시기를 그분께 부탁드렸다.

 평생 독신으로 살았다는 도나텔로가 만든 설교단 앞에 섰다. 서로 마주 보고 있는 두 개의 설교단을 꼼꼼히 들여다보며, 지금 나에게 하시고 싶은 말씀이 무엇일까, 귀 기울였다. 그분께서 우리를 사랑하셔서 이 땅으로 보내주신 예수님을 조각해 놓은 설교단 〈부활과 수난의 제단〉은 도나텔로의 마지막 작품이라고 했다. 예수님의 수난당하시는 모습과 부활하시는 모습을 조각하여, 청동으로 설교단을 만들어놓았다.

  그 시대에는 글을 읽을 수 없는 사람이 대부분이어서 예술품들이 그림 성경, 조각 성경의 역할을 했다는 것이 이해되었다. 작품들 앞에서, 성경을 읽을 때보다 더 짙은 감동이 솟구치는 것을 알아챌 수 있기 때문이다. 코시모 데 메디치는 죽기 전에, 도나텔로가 죽으면 자기 옆에 묻어달라는 유언을 남길 정도로 그를 아꼈다고 한다. 그래서 도나텔로의 시신도 로렌초 성당에 같이 있다.

  여러 주제의 성화 중에 〈수태고지〉는 어느 성당에나 있나 보다. 성당 안을 둘러보니 아들이 저만큼 중앙 주제단 앞의 장의자에 앉아 있다. 나도 그 옆줄 의자에 앉았다. 무릎 받침대에 두 무릎을 대고, 발가락을 바닥에 대어 발바닥이 세워지도록 한 채로 있었다. 나는 왜 이 자세를 이렇게 좋아하는지 나도 모른다. 이런 의자가 아니면 취하기 힘든 자세여서 이런 의자도 좋아하나 보다. 하여튼 성당 안에 들어와서 좋은 것 중 하나를 꼽으라면, 이렇게 무릎 꿇는 것이라고 말할 정도이다.

  이번에 여행을 하면서, 성당 안에 있는 이런 장의자를 사진으로 많이 담았다. [사진12] 헌금함도 모양대로 다 찍고 고해소도 많이 찍었다. 또 하나, 부활을 상징한다는 촛대도 보이는 대로 데려가고 싶어서 핸드폰에 담았다. [사진13] 특히 이 성당의 촛대들은 특이하다.

  아들은 일상을 벗어나서, 엄마인 나를 데리고 다니는 일이 아주 힘들 텐데도 쉬지 않고 순서를 만들어내고 있다. 아들이 이렇게 나에게 보여주고 싶은 열망이 큰데, 내가 힘들다고 하면 안 된다. 나를 그윽한 눈으로 바라봐주는 아들에게 보답하는 방법은, 즐겁게 그리고 기쁘게, 또 신나는 마음으로 누리고 챙기는 것일 거다. 하지만 나는 안다. 아들이 나에게 보여주고 싶은 것의 십분의 일도 챙기지 못하고 있다는 것을. 이런 마음이 들면 미안해지려고 하니까, 나의 부족한 부분도 밀어서 한국으로 보내버릴까?

  아들의 따스한 손이, 나에게로 또 왔다. "엄마, 손." 하고는 내가 손을 내밀면 로션을 잔뜩 발라서 비벼주던 손이다. 속에 뭉쳐

사진12 성당의 의자들

사진13 크로체 성당과 로렌초 성당의 촛대들 콜라주

있는 것이 있었다면 모두 다 부드럽게 풀어줄 수 있는 힘을 그분으로부터 받았나 보다.

로렌초 성당에 들어온 것이 2시 15분인데 나가려니 4시가 다 되어간다. 마르코 수도원과는 다르게 색채가 짙고 화려하다는 느낌이 나를 흔들었다. 우리는 다시 이 골목, 저 골목을 지나서 두오모 성당이 있는 광장까지 왔다. 세례당을 다시 올려다보았다.
"엄마, 들어가 보실래요?"
"아니."
"엄마, 힘드세요?"
"아니."
처음 이곳에 왔을 때, 아들이랑 저 성당 꼭대기까지 올라갔었다. 온 시내의 모든 건물이 빨강 지붕을 뒤집어쓰고 있었다. 정말로 신기했다. 여기는 흑적색으로 지붕을 씌우기로 약속했나 보다, 생각했었다. 여행을 마치고 집에 돌아와 인터넷으로 알아보니 이곳의 흙을 구우면 그런 색이 나온단다. 약간의 색깔 차이는 생기지만.
두오모 성당 꼭대기에 올라갔을 때, 아들은 내가 바람에 흔들릴까봐, 잡아주었었다. 그 자상하고 예민하게 나를 살펴주는 감각이 다시 살아서 현재처럼 느껴졌다. 아들을 바라보았다.

수도사가 계신 수도원 예배당으로

"엄마, 조금 더 가면 수도원이 있는데 들려보실래요?"
"으응, 좋지. 가보자."
아들은 이번 여행의 주제가 '순례'라는 것을 마음속 깊이에 넣어두고 자주 확인하고 있는 것이 분명하다. 그러니 알맹이를 채워넣는 일은 나 스스로 해야만 한다.
아들과 조금 언덕진 곳에 있는 건물 입구로 걸어들어갔다. 불그스레한 벽돌로 된 통로 위에는, 까만 받침대 위에 밤색 벤치가 있었다. 그 벤치 위에는 발만 내놓고 홑이불 같은 헝겊을 뒤집어 쓴 노숙자가 누워 있었다. [그림23] 벤치의 아래 청동판에 마태복음 25장 36절이 쓰여 있다.

"벗고 있을 때는 옷을 걸쳐주었고, 아팠을 때에는 나를 보살펴 주었다." (새한글역)

여행 첫날 로마에서 바울 성당으로 들어갈 때 보았던, 창살로 내밀고 있던 손이 또 보였다. 거기에는 "내가 아팠을 때… 내가 갇혔을 때…"의 성경 구절이 찍혀 있었는데. 그런데 이렇게 행하는 것조차도, 마음먹는다고 할 수 있는 것이 아니라는 것을 나는 안다. 말씀을 행할 수 있는 마음도 그분께서 선물로 주셔야만 기꺼이 실천할 수 있음을 알고 있다.

벤치를 지나서 오른쪽으로 굽은 길로 가니 거기에도 단테 아저씨 동상이 서 있고 그 아래에는 설명이 있었다. [사진14] 내가 못 읽는 글자로. 혹시 그 동상의 제목이 '길 잃은 단테'일까? 〈신곡〉에 나오는 글 중에 적당한 말을 찾아보았다. '인생길의 한중간에서, 올바른 길을 잃어버려서, 나는 어두운 숲속에서 헤매고 있다.' 동상의 제목과 글의 내용이 맞아떨어지는 것 같다.[18]

그림23 티모시 슈말즈의 행려자 예수상 ▎이 작품은 서울 서소문 역사공원에도 있다.

하여튼 이 동네는 모두 작품으로 공간을 채우나 보다. 아들과 같이 수도원 성당에 들어가서 안을 둘러보았다. 제대 위에는 숙소 미사실에서 미사가 끝난 뒤에, 신부님이 꺼내놓으신 이콘과 같은 모양의, 좀 더 큰 이콘이 놓여 있었다. 역시 성당은 성당답다. 잠시 또 무릎 꿇고,

"위대하신, 전지전능하신 주님을 경배하며 찬양합니다. 이 약한 죄인을 불쌍히 여겨주세요"라고 고백했다. 무릎을 펴고 엉덩이는 뒤로 밀어서 의자에 앉아 신선한 성당의 분위기를 들이켰다.

성당 입구에서 아들이 건넨 종이 위의 글자는 하나도 읽을 수 없다. 그런데 그 종이 위에 있는 그림들이, 나를 마구 흔들기 시작했다. 종이 위에서이지만, 제대의 양옆에서 하얀 머릿수건을 쓴 수녀님들과 수도사들이 찬양하고 있었다. 아아~, 오늘은 드디어 수도사들을 만나게 되나 보다. 수도하는 사람들의 표정은 어떠

사진14 티모시 슈말즈의 길 잃은 단테상

할까? 얼굴에서 광채가 날까? 아니면 잘 먹지는 못하면서도, 일을 많이 하고 밤새 기도를 해서 수척할까? 나중에 얻은 결론이지만, 나는 아직 철이 들려면 멀었다.

아들이 서 있는 성당 입구로 조심스럽게 걸어갔다. 다른 성당에는 관광객들이 있어서 그렇게까지 신경을 쓰지 않아도 되었었다. 그런데 이렇게 조용하니 진짜로 성당에 온 듯했다. 내가 오기를 기다렸다는 듯이 아들이 밖으로 나갔다. 나도 따라서 나갔다.

"엄마, 6시에 미사가 있대요. 그때 다시 올까요?"

"그래, 아들. 그러자. 숙소에 가서 좀 쉬었다가 올까?"

아들은 내가 뭘 원하고, 무엇을 좋아하는지 잘 알고 있었다. 그 말은 아들의 마음이 내 마음에 들어와 있다는 뜻일 거다.

"엄마, 구경하면서 슬슬 숙소로 가죠."

우리가 피렌체에서의 첫날 저녁 식사한 곳도 지나고 도서관도 지나 숙소로 갔다. 나에게는 이 골목이 그 골목 같고, 저 골목이

사진15 창문들

이 골목과 같아 보였다. '왜 이렇게 헷갈리는 거니?' 스스로 묻고 대답하는 말소리가 들렸다. '기억하려고 마음먹지 않고 그냥 바라보니까.' 맞다. 그런데 이제는 늦었다. 해가 저물어가서 정확하게 볼 수 있는 가로등 불빛이 필요했다.

　이 도시는 우리나라처럼 가로등인지 방범등인지를 환하게 밝혀놓지 않았다. 왜 불빛이 이럴까? 눈으로 건물과 도로를 번갈아 보면서 가로등 빛하고도 눈을 마주쳐 보았다. 그 빛이 나에게 말하는 것 같았다. '내가 날아갈 듯이 밝은 빛이면, 여기 건물들하고 어울리지 않겠죠?' '응, 그러네.'

　그리고 다시 바라보니 노랑에 어둠이 약간 내려앉은 듯한 붉은 빛이 부끄러운 듯 살짝 숨어 있다. 그 빛이 이 밤을 조금은 따뜻하게 보이게 하고 있었다. 참으로 빛의 조화란 인간이 함께 어울려 사는 것보다 더 조화롭다고 느껴졌다. '아들, 왜 가로등 빛이 환하지 않아?'라고 묻고 싶었던 질문을 물었다.[19]

　아들과 걸어가다가 조금은 눈에 익은 건물이 보였다. 처음으로 수도원 호텔 건물 입구를 자세히 살펴보았다. 그리고 그 건물의 눈높이쯤에 붙어 있는, 장난감같이 조그만 창문을 보면서 물어보았다.

　"아들, 이건 뭐야?"

　아래의 글씨는 모르는 글자이거니, 미리 짐작하고 읽을 생각도 하지 않았다. 아들이 창문 아래 금속판에 있는 글자를 읽더니 말했다.[20]

　"와인 윈도우라네요. 옛날에는 수도원에서 와인이나 식료품들을 생산해서 팔았잖아요. 이 작은 문으로 와인을 팔았나 봐요."

　마르코 수도원 수도사들의 작은 방에 있던 작은 창문이 아직 나의 눈 속에 남아있는 것을 보았다. [사진15] 수도사들의 창문과 여기 와인을 내주는 창문이 겹쳐서 마음으로 내려앉았다. 참으로 창문도, 문도, 용도가 여러 가지다. 세상의 변화와 다양성을 실감하게 했다. 나는 다시 정신을 여기, 이곳에다 가져다 놓고 창문 아래로 눈을 보냈다. 거기 작은 금속판에는 나도 아는 글자가 적혀 있었다. 이렇게 늘어만 가는 나의 의존심을 어떻게 극복할 건지는 나중에 해결하기로 하고, 오늘은 그냥 편하게 살기로 하면서 아들을 따라 숙소로 올라갔다.

5시 반이 되자 아들이 나를 불렀다.
"엄마, 가요."
다른 여행 때와는 정말 다르다. 계속 느끼는 것이지만, 일반 호텔에 있을 때는 이런 골목으로 다닐 일이 없었다. 수도원 문 열 때나 작은 침대와 샤워부스를 볼 때면, 아들이 말하던 '순례'라는 단어가 온몸으로 화~악 밀고 들어왔다. 그래서 좋다. 내가 순례를 하고 있다니. 중세 이전의 사람들의 순례와는 목적도 －죄를 용서받기 위해 행하는 순례는 아니다－ 방법도 다르지만, 마음가짐만은 그에 걸맞게 맞추자고 나를 다독였다.
지금은 진짜 현재의 수도원으로 미사를 드리러 간다. 사실은

그림24 바디아 피오렌티나 수도원 미사 시간

미사라는 말을 인터넷에서만 뒤져보았을 뿐인데도, 친근감이 있게 경건함을 동반하여 나의 품속으로 들어왔다. 우리 둘은 수도원으로 들어갔다. 바디아 피오렌티나(Badia Fiorentina).

아까 아들과 같이 보았던 벤치에 누워 있는 노숙인 조각은 현대 조각가인 티모시 슈말츠의 작품이라고 했다. 발에 못자국이 있는 것을 보니 예수님이신가 보다. 이 교회가 단테가 다니던 교회라고도 적혀 있었다. 피렌체에서는 여기저기서, 단테가 우리를 기다리고 있었다.

이런 피렌체에서 웃지 않을 수가 없다. 너무 숨이 막힐 정도로 좋아서도 웃고, 즐거워서도 웃었다. 이상해서도 웃고, 이해가 안 되어서도 웃었다. 때론 역사를 곱씹으면서 가슴이 아려와서 슬프기도 했다. 가끔은 아들을 잊어버릴 정도로, 어딘가에 빠져 있기도 했다.

성당 안으로 들어갔다. 나는 욕심부려 앞자리로 가서 앉았다. 그래도 맨 앞자리는 여기 사람들에게 양보했다. [그림24]

오! 놀라운 일. 수도사 세 분이 맨 앞줄 의자에 앉아 계셨다. 후드 가운을 입고 있는 수도승들의 모습이라니!

오! 오! 더 놀라운 일. 의자에 앉아계신 분들 앞에는 바닥에 무릎 꿇은 듯한 모습으로 세 분의 수도승이 머리를 푹 숙여 무언가 읊조리고 계셨다. [그림25]

그 여섯 분의 수사님들은 하얀 가운이긴 한데, 너무 밝지 않은 흰색이면서 조금은 낡은 듯한 헝겊으로 된 가운을 입고 계셨다. 가운에는 고깔모자가 목덜미 아래 등까지 내려와 있었다. 의자의 가운데 앉은 분은 머리가 까맸다. 흑인 수사님이려니 했다. 내가 그렇게 생각한 것은, 숙소의 수녀님들이 한 분만 빼고 까맸으니까. 그런데 미사가 시작되자, 가운데 앉은 수사님이 머리의 까만 것을 걷어 내리셨다. 백발이 드러났다. '아하. 나처럼 늙으셔서 추위를 많이 타시는구나. 그래서 까만 털모자를 쓰고 계셨구나.'

끝까지 승리의 길을 걷고 계신 수도승을 위하여, '주님, 불쌍히 여기시옵소서. 우리 모두를'이라고 부탁드렸다. 이어서 그 노수사

그림25 무릎 꿇고
머리 숙인 수도사님들

그림26 수도사의
마지막 길

님을 위해서도. '끝까지 그분의 품속에서 평안하시기를' 하면서 기원했다. **[그림26]** 진심으로. 평상시에도, 그 누군가가 이 세상을 위해서, 그분의 빛 가운데 살면서, 중보기도를 하고 있기에, 아직도 우리가 이만큼의 평화라도 누리며 살고 있다고 믿는다. 아직은 의인 10명이 있기에. 소돔과 고모라가 종말을 맞기 전에, 의인 10명을 찾으시던 그분을 떠올리면서. 내게 맡기신 아들과 딸도 그 그룹에 끼어 있기를 기도하면서. 나는 그 '누군가'가, 세상의 군더더기가 묻지 않은 수도사들이라고 생각하고 있다. 물론 장소는 다르지만, 나도 그들 무리 중에 속하는 사람이라고 그분이 봐주시기를 바라면서 살고 있다. 아파트 숲속에 살지만, 수도원 같은 분위기 속에서 살고 있다고 믿고.

  나는 사람에 의해 추방된 사람, 수도승들은 스스로 추방된 채 살고 있는 사람이라고 믿는다. 내가 수도사들에게 바라는 것이, 그들 자신이 바라는 것이라는 믿음이 있기 때문이다. 그들이나 우리나 모두 한정된 장소에 살고 있지만 오대양 육대주를 품을 수 있을 것이다. 그분이 품고 싶으신 곳이라면, 모두 다 품을 수 있을 만큼의 아량을 갖기를 원하면서. 몸으로 다 돌아다니는 안타까움일랑 그분께 맡겨드리면서. 그분의 사랑으로 감싸고 돌보는 신비로움을 느끼면서 살아간다.

  그분이 우리에게 바라는 것이, 그분과 같이 그분 안에서 화평하게, 화목하게 사는 것이기 때문에, 한마음 한뜻으로 살려고 노력해야 하는 것을 우리는 안다. 그런 품성이 습관이 되도록 살아가는 것이 기적이다. 그래야만 이 세상에서도 저세상을 살 수 있고, 후일이 약속된다고 알고 있다. 그분이 몸소 겪으신 육체의 고통에는 못 미치는, 자신의 어려움을 인내로써 이겨낸 후에는 그분 나라의 동거인으로 받아주시지 않을까? 하는 이런 소망을 가지면서도, 동시에 나 자신의 뻔뻔함에 부끄러움을 느끼기도 한다. 내 생각, 내가 품은 마음까지도 그분과 하는 대화가 되기를 바라기도 한다.

  여섯 명의 수도사를 바라보면서, 또 다른 모습에 마음이 달려

갔다. 아까 종이(안내서) 위에 있던 그 많은 남녀 수도사는 어디로 가신 걸까? 수도 생활이 힘들어서 포기하고 이 세상 속으로? 아니면 맡겨진 사명이 끝나 그분 나라로 데려가셨을까? 죽음이라는 관문을 거쳐서? 만약 이 땅 위로 가출했다면 거기서는 활동 수도사가 되어, 살고 계시기를 부탁드려 본다.

이번 미사 시간에는 관찰자의 자세로, 볼 수 있는 정신이 없었다. 한 시간이 넘도록 진행된 예배 후에 성당 밖으로 나왔다. 스스로 이해가 잘 안되는 감정 속으로 몰입해 있다가 제정신으로 돌아오기 시작했다. 특히 예배에 몰입해 있다보면 종종 생기는 일이었다. '스탕달 신드롬'이 아니고 '재신이의 예배 신드롬'이다. 나의 몸과 정신과 마음과 영혼이 몽땅 다 같이 어디론가, 여기가 아닌 '신비의 세계'로 갔다 돌아온 듯한 느낌이다.

두 번째 사건

시간이 얼마나 지났을까. 내 몸에서 물을 내보내라고 신호가 오기 시작했다. 나만 겪는 증상은 아닐 게다. 어떤 일에 집중해 있다 보면, 네 시간이고 여섯 시간이고 화장실에 가는 것을 잊어버리고 일을 하곤 한다. 심할 때는 열두 시간 이상도. 하던 일을 마치고 나면 요의가 느껴진다. 그런데 지금 여기에서 숙소까지 가려면 시간이 부족하다. 내 몸은 급해졌다. 왼쪽 팔을 들어 시계를 보았다. 7시 20분. 아들을 바라보았다.

"아들, 나 오줌 마려워."

"엄마, 급해요?"

"응, 아주 급해."

아들의 난감해하는 모습이 어스름한 어둠을 뚫고 나에게까지 밀려왔다. 아들이 주변을 살피느라고 머리를 '휙휙' 둘러보는 것이 내 눈에도 보였다. 나도 아들을 따라서 주변을 살펴보았다. 모든 건물의 돌벽들이, '나는 화장실이 아니야'라고 말하는 듯이 입도 벙긋하지 않고 묵묵히 뻗치고 있다. 저기 벽 쪽의 쓰레기통만이 나를 바라보고 있는 것 같았다.

"엄마, 저기 구석 가서 누우실래요? 내가 지켜볼게요."

아들이 나에게 뭐라고 말하는지도 정확하게 들리지 않았다. 내 마음대로 편한 대로 알아들었나 보다. '그래도 그건 아닌데…'라고 말하고 싶은데, 아들의 말소리가 또 들려왔다. 이번에는 아주 밝은 말소리다.

"엄마, 저기 호텔이 있어요. 거기 가서 부탁해 볼게요."

아무리 급해도 그것은 내가 직접 처리하고 싶었다. 호텔에서 일하는 사람이라면 나의 엉터리 영어도 알아들을 테니까, 내가 말하는 편이 더 효과적이겠다는 생각이 들었다.

그런데 아들의 마음은 내 마음보다도 더 급했었나 보다.

"내가 부탁하고 사용할게."

나의 말을 뒤로하고, 호텔 문을 열고 들어가는 아들이 보였다. 호텔의 로비 데스크 앞에는 두 젊은이가 서 있었다. 정장으로 아주 깔끔하게 챙겨입은 호텔 직원이. 아들이 그 남자들에게 했을 말을 상상해보았다.

"내 엄마가 갑자기 소변이 마려워서 그러는데 화장실을 쓰게 해주실 수 있나요?"

아마도 그 직원들은 아들의 뒤를 따라 들어오는, 웬 동양 할머니의 모습에 웃을지 말지 결정하기 어려웠을 것이다. 하긴 그것이 나와 무슨 상관일까? 직원들이 미소 지으면서 손가락으로 가리키는 쪽으로 가서, 화장실 표시를 찾아 들어갔다. ─그분이 나의 급한 모습을 보시고 호텔을 내려보내셨나 보다.─ 이번 여행 중에는 아직까지 잠잘 때도 실수하지 않았다. 아주 피곤하고 바쁘게 일한 날, 자다가 실수할 때가 한두 번 있었다. 오늘은 아들의 재치 덕분에 위기를 잘 넘겼다.

사건이 터지지는 않았지만, 이것이 두 번째 사건이다. 화장실에서 나오니 아들이 경호원인 양, 딱 버티고 서 있었다. 나는 엄마를 만난 어린 자식인 양, 의기양양하게 화장실 문을 닫고, 손에 묻은 물을 탈탈 털고, 나머지 물은 잠바 속으로 손을 밀어 넣어 티셔츠에 닦았다. 나는 아들의 손을 잡고 걸어 나가면서, 호텔 직원들에게 웃으면서 고맙다고 말하고 왼손을 흔들었다. 그들에게 웃음을 주었으니, 마냥 도움만 받은 것은 아니라고, 자신을 스스로 치켜세웠다. 언제부터 이런 엉뚱한 생각을 하는 사람으로 변했을까? 한동안 같이 살았던 발달 장애인들의 삶에서 감염된 것일지도 모른다. 한동안 나의 식구였던 그들과 ―내가 그들을 배신하고 먼저 떠나기는 했지만― 같이, 스스로 하는 생각의 흐름을 즐기면서도, 고개가 갸우뚱해졌다. 이번 같은 돌발 사건을 더는 만들지 말아야 한다고 속으로 다짐해 보았다. 이렇게 두 번째 사건은 마무리되었다.

나의 행동과 생각을 정리하는 와중에도, 아들은 우리의 다음 순서를 궁리하고 있었나 보다.

"엄마, 어디 가서 저녁 식사를 할까요?"

매 끼니 어디서 뭘 먹을까를 고민하는 일은 참으로 딱한 일일 게다. 어쩌다가 외식하는 데도 애로사항이 많기는 마찬가지다. 지금의 나는 내가 결정할 일이 없는 철부지로 살고 있으니 다행이지만, 모든 짐이 아들에게 얹혀 있으니 많이 미안하고 고맙다. 대신 즐겁게 따라다니는 것만이 고마움에 대한 답례일 것이다.

"아들이 고르는 데로."

나 때문에 식사 시간이 좀 늦어지긴 했다.

"엄마, 지난번 그 식당은 어때요?"

"좋죠."

두오모가 그려져 있는 누르스름하면서도 깔끔한 종이 디시 매트를 사용한 식당이다. 주인은 예절 바르면서도 지성적으로 생겨서, 식당의 격을 높여주었다. 이미 아들은 식당 문 앞에 나와 있는, 그 주인을 보았나 보다.

"지금 여기서 밥 먹을 수 있나요?"

내 생각에는 아들이 그렇게 물어보았을 것 같다.

"8시 30분까지는 돼요."

아들이 좋다고 말하자, 주인은 우리를 지난번 앉았던 자리로 안내했다. 아들의 주문이 끝나자, 주인은 조그만 테이블용 저울과 갈비를 가지고 우리 테이블로 왔다. 저울을 식탁 위에 놓고 갈비를 올려놓아서 우리에게 보여주었다. 정확하게 2kg이다. 주인은 다시 갈비와 저울을 가져갔다.

약속 시간이 되면 어떡하나 하고 한쪽 가슴이 두근거리려고 했다. 하지만 8시 반이 넘어도 우리 테이블로 다른 손님은 오지 않았다. 식당 아저씨는 맛있게 구워진 갈비를 식탁 위로 가져왔다. 즐겁게 그리고 맛있게 배부르게 식사하였다. 먹는 이야기도 인생에서 빼놓을 수는 없지만 이만 줄이기로 하자.

나는 흥얼거리고 싶은 마음으로 아들을 따라 다시 걷기 시작했다. 아들이 내 키보다 높은 건물벽에 붙어 있는 골목길의 이름을 읽어주었다. 영화 어디에고 나올 법한 골목 분위기인데, 본 듯도 하고 아닌 듯도 하여 확실하게 떠오르지 않는다. '비아' 뭐라고 말해주었다. 비아가 길이란 말은 오래전부터 알고 있었는데, 그 다음 말은 외워지지 않는다.

외우고 있는 길 이름은 '비아 아피아'뿐이다. 처음 여행 때, 머릿속이 하얗게 되도록 흥분하며 읽었던 도로 이름이다. 세바스티아노 카타콤으로 갔는데 수많은 관광버스와 사람들 틈을 비집고 다가왔던 도로 표지판. 느닷없이 나의 눈앞에 나타난 도로 표지판이 '비아 아피아'였다. [그림27] 고대 로마 시대에 감찰관 아피우스 클라우디우스가 전쟁 물자 수송을 위해서 만들었다고 하니, 2300년이나 된 도로이다. 작은 돌들로 이어진 도로가 운동화 밑으로 보내오는 촉감은, 다른 도로에서는 느껴볼 수 없는 이질감이지만, 나에게는 아주 반갑게 다가왔다. 왜냐하면 베드로가 그리스도인들에게 가해지는 핍박을 피해 로마를 떠나 도망가다가, 베드로 대신 죽으러 가시는 예수님을 뵈었다는 도로이기 때문이다. 그때 손바닥 절반만 한 울퉁불퉁한 돌이 깔린 도로를 걸었었다.

나는 지금은 아들을 따라서 수도원 숙소로 가는 중이다. 골목을 내 집안처럼 이리저리 따라다니다가 멀지 않은 곳에서 이십여 명이나 될까? 하는 무리가 웅성거리고 있는 것을 보았다.

"뭐야? 아 골목길에서 이 밤에 뭐하고 있는 거래? 아들?"

아들은 핸드폰을 들여다보다가 나를 바라보며 말해주었다.

"엄마, 저기가 단테 집인데요. 생가요. 지금은 박물관이라 왔나 봐요."

나는 오늘 단테를 여러 번 만났다. 오전에는 로렌초 성당에서 단테의 동상과 그의 빈 무덤을, 이 밤에는 단테의 생가라니.

갑자기 어제 산 마르코 성당의 원장으로도 지냈다가, 성직자들의 비리와 부패를 비판하면서 종말론을 주장하다가 화형당했다는 '지롤라모 사보나롤라'의 초상화가 떠올랐다. 단테도 매부리코, 그 화형당한 사람도 매부리코인 것이 나에게 인상 깊었나 보다. 내 속에서 '그 사람들의 얼굴 모양이 너와 무슨 상관이냐? 쓸데없는 생각을 왜 하니?'라는 소리가 들렸다. '그래, 쓸데없는 일이야.' 나는 나를 나무라면서 다시는 그런 것에 시간을 낭비하지 말라고 타일렀다.

종교개혁가이자 설교자였던 사보나롤라는 르네상스 때인

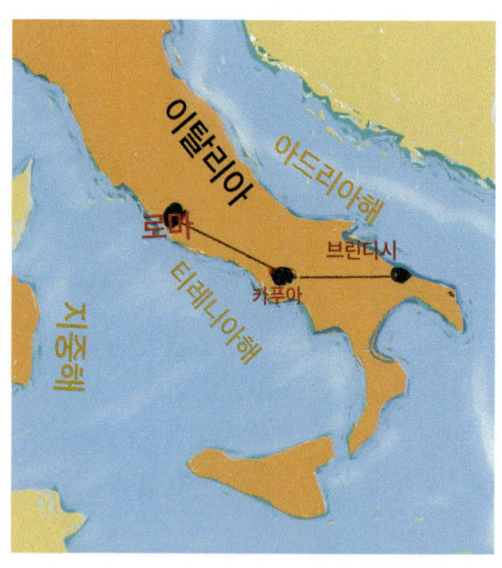

그림27 아피아 가도
▌ 312년 BC에 만들기 시작한 길이다.

1498년에 믿는 방법이 다르다고 화형당하고, 또 다른 한 사람, 단테는 교황을 지지하는 흑파와 반대하는 백파 정쟁에서 백파를 지지하다가 1302년에 추방당하였다. 1321년 타지에서 말라리아로 객사했다는 단테. 아까운 죽음을 보면서, 우리가 배워야 할 것은 무엇일까? 시대를 탓해야 하는 건지, 쫓아내고 화형에 처한 교황을 원망해야 하는 건지는 몰라도, 두 사람이 죽은 까닭의 밑바닥에는 교황이 있다는 것이 나를 부끄럽게 만들었다. 하여튼 오늘의 피날레는 단테인가 보다. 그나저나 단테는 지금 어디에 있을까? 자기가 상상해서 쓴 『신곡』의 어느 부분에 가 있을까?

엿샛날, 피렌체에서 볼로냐로

2023년 3월 5일, 맑음
여행 중에 맞는 첫 주일

여행한 날이 늘어남에 따라, 나는 점점 조금씩 늦게 일어나고 있다. 오늘은 4시 10분에 일어났다. 우리나라와 여기의 시차는 4시간이니까. 시간 적응하다 말고 돌아갈 것이다. 눈을 뜨자마자 그분께 아뢰었다.

'하나님, 밤새 참 잘 잤어요. 옛날에 수도원 하던 곳에서 잤어요. 오늘은 주일날이에요. 여기서도 주일이에요. 하기는 하루하루가 주님의 날인 걸요. 주님의 다스림 아래 살고 있으니까요. 하늘과 온 땅에 가득 찬 주님의 창조물을 바라보며 감사 찬송드리는 재신이가 되게 도와주세요. 그리고 매일 주님의 날로 살아가게 지켜주세요.'

이제는 어디에서도 나를 일꾼으로 써주는 곳이 없다. 그러니 그분과 같이 사는 방법도 바뀌어야만 했다. 밥을 하더라도, 빨래를 하더라도, 마트에 가더라도, 사람을 만나서 이야기하더라도, 그분과 같이 있다고 생각하고 말과 행동을 하는 것이 그분과 함께 사는 방법이 되었다. 물론 그전에도 그렇게 했지만, 지금은 생활이 더 단순하니까, 더 수도원처럼 살고 있다. 나의 평안을 깨는 걸림돌이 되는 것은 피해 다니기로 했다. 그 해로운 일 때문에 저항하면서 보낼 시간과 에너지가 나에게 없기 때문이다.

이브가 뱀의 속삭임을 피하지 못한 그런 일을, 나는 안 하고 싶을 뿐이다. 그래서 그분께 '처음의 창조하신 상태로 돌아가서 살게 도와주세요'라고 부탁드리곤 한다. 내가 오랜 기간 눈물로 살면서 터득한 방법이다. 내가 세상의 모든 것으로부터 자유로워질 수 있는 길은, 인간의 타락 이전으로 돌아가서, 그분을 직접 뵙고 사는 길뿐이다. 그것만이 참 자유를 누리며 사는 길임을 성경을 통해서 배우게 해주셨다.

　그래서 '저를 불쌍히 여기셔서 도와주실 거지요? 원체 약해서 잘 할 수 있는 것이 없어요. 나에게 부당하게 윽박지르는 것에는 피하고 밀어낼 수 있는 힘을 주세요. 그런 것들 때문에 아프지 않게 도와주세요…. 오늘 하루도 또 부탁드려요. 예수님 이름….'라고 기도한 적도 있었다.

　아들은 주일 독서를 하나 보다. 레이첼 에반스의 『헤아려 본 믿음』. 내가 믿고 의지하는 그분이 아들의 하나님이기를 기원하며 미사실로 갔다. 우리, 사람들은 같은 성경책을 읽지만, 제각기 하나님을 만들어서 믿고 있는 듯하다. 그러니까 교회에 다니면서도, 제각기 다른 모양의 생활 형태로 나타나는 것이 아닐까? 자기가 믿는 신이 화를 잘 내고 큰소리를 잘 치고 잔인한 짓을 좋아한다면, 그런 신을 닮은 행동을 하며 살게 되리라. 사람은 자기가 생각하는 대로, 믿는 대로 닮아갈 수밖에 없을 테니까.

　나의 하나님은 조용히 말씀하시고 자상하시고 부드러우시고 오래 기다려주시고 따뜻하고 포근하게 감싸주시는 하나님이시기에, 나도 그렇게 살고 싶고 그 품성을 닮으려고 노력한다. 엘리야에게 크고 강한 바람으로도 아니고, 지진 속에서도 아니고, 불 속에서도 아닌 부드럽고 조용한 소리로 나타나주신 하나님을 나는 좋아한다(열왕기상 19장 9절 이하). 아마 수도사들도 이런 분위기를 본받느라고 조용히 살기를 택했을 것이다. 그들은 침묵하면서도 서로 잘 소통되니까, 그들이 믿고 따라가는 신(神)도 나의 신과 같을 것이라고 믿는다. 아들은 내가 그런 분위기를 좋아하는 것을 아니까 나의 순례길을 준비하면서 수도원이었던 곳을 숙소로 정했을 것이다.

　오늘이 주일이어서 그런지 숙박객이 세 명이나 미사 시간에 왔다. 성찬 예식에도 같이 참예하여 보기 좋았다. 나는 성찬 예식에 동참하지 못했다. 잔을 나에게 안 주고 신부님 혼자 하실 테니까.

또 나에게 권하는 수녀님도 없었고. 둘 다 참예하고 싶어서 반쪽짜리는 참예하지 않았다.

로마 수도원에서는 나이 든 수녀님이 정중하고 예쁘게 권하셔서 주님이 괜찮다고 하시는 듯해서 동참했었다. 미사 도중에 수녀님 한 분이 나가셨다. 제단을 향하여 무릎을 살짝 굽혀 인사하고는 당당히 나가셨다. 숙박객들도 중간에 인사하고는 나갔다.

보라색 가운을 입으신 노신부님, 흰색 회색 검은색 머릿수건을, 그리고 회색 수녀 가운에 검정 스웨터를 입은, 젊고 검은 얼굴의 수녀님들, 모두를 그분께서 '불쌍히 여겨주시기를.'

사흘째 만나는 정겨운 피렌체의 수도원 정원도 오늘이 마지막 날이다. '참으로 고맙습니다. 자그마한 정겨운 정원이여, 시간이 흘러 또 어떤 모습으로 변할지 모르겠군요. 당신의 영원한 주인은 그분이시기를. 나는 오늘 여기를 떠나요.'

정원이 나보다 훨씬 먼저 이 세상에 생겨났을 테니까 존댓말로 인사를 했다. 여행을 떠나온 지 며칠 안 되었지만, 수도원들이 변한 모습을 보며, 그분을 떠올리지 않을 수 없었다. 아들이 편의상 시내의 숙소를 정해서 다행이다. 작은 규모의 수녀원이 아니고 큰 곳이었다면 나의 마음, 정신 어쩌면 영혼에까지 아물기 어려운 상처가 남았을지 모른다.

어엿이 십자가가 건물에 박혀 있는데도 호텔이라니 어이가 없다. 경관이 수려한 곳에 있던 수도원들이, 환경이 아름답다고 광고하는 호텔이 되었을까? 어쩌다 이렇게 암울한 변화를 우리 앞에 보이게 되었을까? 인간의 어떤 타락상이 건물에까지 스며들게 했을까? 앞으로는 얼마나 더 처참하게 바뀔까? 사람들이 점점 더 잔인해지고, 자기중심적으로 되고, 즐기기 위해서만 사는 존재로 바뀐다면 마지막에 우리를 기다리는 것은 무엇일까?

피렌체에서 머물렀던 숙소도 문자로 찾아보았을 때는 '성령 봉헌회' 수녀원이란 글이 눈으로 들어와 머리에 앉았었다. 이곳에서도 미사는 드리고 있는데, 미사를 받으시는 분이 계시기는 할까? 나이 20대로 보이는 아프리카계 흑인 수녀님들은 나에게 많은 생각을 하게 만든다.

나는 돌이켜 우리나라의 교회들을 떠올려 보았다. 교회 건물들은 크게 짓기도 하고 교인들이 많이 모이는 대형 교회도 있는데, 교인이 없어지게 되면 용도가 어떻게 바뀔까?

아침 햇살이 포근하게 내려앉기 시작한 수도원 정원을 뒤돌아보았다. 그리고 출입문에서 기다리고 있는 아들에게 다가갔다.

우리는 기차역으로 가기 위해 택시를 탔다. 아들이 조금은 심각한 표정으로 말했다. 아들에게서 자주 볼 수 없는 표정이다.

"엄마, 지금까지 제일 좋았던 것은 뭐예요?"

아들이 로마를 떠날 때와 같은 질문을 또 하리라고는 생각해본 적이 없다. 아들이 기뻐할, 그리고 보람을 느낄 만한 답을 준비해놓을 수도 있었을 텐데. 준비해둔 말이 없었다. 여기서 또 저기서 그리고 순간순간마다 색다른 느낌으로 다가왔던 것 중에, 하나를 골라서 내놓는다는 것은 어렵다. 일단은 내 입에서 빠져나가는 말에 나도 놀랐다.

"로마 수도원에서 그 하얀 이콘을 선물 받았을 때."

내 말은 아들의 예상을 빗나갔을 것이다. 아들이 기대했던 대답도 아니었을 것이다. 아들은 입을 다물었다. 나의 머릿속에서 좋았던 순간들이 '똑똑똑' 노크하며 지나갔다.

"엄마, 손!"

하며 내 손에 로션을 잔뜩 바르고는 비벼주던 아들의 웃는 모습과 따사한 손의 촉감.

"엄마, 맛이 어때요?"

"아주 맛있어, 진짜 맛있네"라고 하면 자기가 먹는 것보다도 더 좋다는 표정으로 웃어주는 아들.

"엄마, 힘들어요?"

하면서 내 컨디션을 살펴주던 아들.

그럴 때마다 나는 상상했다. 만약에 아들이 나한테 하듯이 다른 사람을 대한다면 그분이 '참 좋구나' 하고 아들을 바라보며 웃어주실 거라고. 그러니까 언제가 제일 좋았냐고 정답을 말하라고 한다면, '아들하고 같이 있어서 좋았다'고 말해야 했다. 결론으로는 나를 보살펴주는 자상한 아들이 제일 좋았다. 결혼한 후로는 항상 보살펴야 하는 사람이 있어서 좋았는데, 나도 보살핌받는 것을 좋아한다는 걸 확인하고 있다.[21]

4. 볼로냐

우리는 기차역으로 갔다. 아들이 전광판을 열심히 올려다보았다. 아들이 무엇을 찾는지도 모르면서 이 전광판, 저 전광판을 구경삼아 보았다. 모두 같은 글자의 전광판이다. 사람이 원체 많으니까 여기저기 붙여놓았나 보다. 나를 바라본 아들이 웃으며 말한다.

"엄마, 기차가 딜레이되는 경우가 많아서요. 그래서 확인하느라고. 우리 기차는 8956번이에요."

나도 열심히 눈을 돌려가면서 8956이라는 숫자가 어디에 뜨는지 찾아보았다. 아들이 시간을 확인했는지 역내의 상점들이 있는 곳으로 나를 데리고 갔다. 상점의 쇼윈도 안에는 피렌체의 관광명소들이 큰 접시 안에 색채도 찬란하게 담겨 있었다. 일본말, 영어로 쓰인 관광 접시들이 있었다. 나는 우리나라도 강국이 되어서, 우리말로 된 접시가 여기에 같이 진열되어 있는 상상을 하다가, 머리를 양옆으로 저었다. 경제 강국이 되어서 더 빨리 부패하게 되면 좋을 것이 하나도 없을 것이라는 결론 때문이다. 우리는 사람들이 즐비하게 늘어서 있는 플랫폼으로 갔다. 아들은 번호를 확인해 가며, 우리가 타야 할 기차가 있는 통로로 가방을 끌고 메고 들고 갔다.

너무나 신기하다. 얼굴 한 번 구기지 않고, 나를 데리고 다녀주는 아들이 꼭 천사 같다. 그분께서 자식들을 통해서 나에게 멋있는 휴가를 주신 것이 분명하다. 하나님의 또 다른 세계로 나를 보내심이 확실하다. 그러시면서도 나에게 요구하는 것은 아무것도 없으시다. 아무 걱정도 말고, 신경도 쓰지 말고, 좋은 것 구경하고 좋은 것만 생각하라고 보내주셨나 보다.

아들이 올라타는 기차를, 나도 따라서 탔다. 이상한 기차도 있다. 바닥이 평평하지 않고 올라갔다 내려갔다 하는 기차도 있다. 이층 기차도 있다. 어릴 적 서울역 앞에 살아서, 기차에 대해서는 잘 안다고 생각했었다. 그런데 여기 와서 보니까, 기차 안의 모습도 아주 다르다. 지난번 여행 때는 바르셀로나에서 마드리드까지 기차로 갔는데, 거기 기차는 우리나라 기차와 비슷했었다. '유럽도 제각기네' 하면서, 좁은 내 머릿속 방황을 끝냈다.

우리는 볼로냐로 가고 있다. 기차가 가는 길이 우리나라 경춘선같이 터널도 참 많고, 길기도 해서 정겨웠다. 우리는 북동쪽으로 가고 있을 테다. 40분 정도의 기차여행은 잠시였다.

우리는 볼로냐 중앙역으로 나왔다. 여기는 지난번 여행 때도 왔었다. 어린이책 도서전에 들렸다가 다음 여행지로 간 기억이 있다. 행사장으로 가던 길에 봤던 집과 나무, 지붕 위의 예쁜 이끼들은 아직 내 머릿속에서 자라고 있다. 그 기억을 떠올릴 때마다 나도 모르는 사이에 잔잔한 미소가 빙긋이 가득 차고 있는 것을 보곤 했다. 그렇다 해도 지금 나의 눈앞에 펼쳐진 경치가 낯설기는 마찬가지이다. 볼로냐의 하늘은, 하늘 안에 있는 것이 비쳐 보일 듯이 맑았다. 하얘지려고 하는 말간 구름을 헤집고 나오는 푸르른 하늘이, 땅을 내려다보는 모습도 재밌어 보였다.

아들이 호텔 로비에서 체크인하는 동안, 나는 정원과 승강기가 있는 구석까지 살펴보고 소파에 앉았다. 이상하게 엉덩이를 의자에 붙이고 앉으면 피곤이 밀려온다. 놀기만 했는데도 피곤하다니, 말이 안 된다. 사람들이 부르던 노래가 떠오른다.

'노세. 노세. 젊어서 노세. 늙어지면 못 노나니…' 바쁘게 일하며 살 때는 이런 노래가 퇴폐적이라고 여겼었다. 그런데 막상 내가 늙어서 아들딸 덕분에 놀러 다녀보니, 노는 것도 구경하는 것도 힘이 없으면 할 수 없다는 것을 알게 되었다. 직접 겪어봐야 알게 되다니, 이처럼 미련할 수가 있을까? 하면서도, 자기 비하는 나를 만드신 그분을 모독하는 것 같아서 입이 다물어졌다. 내 입으로 밀고 나오는 하품을, 손바닥으로 눌러서 밀어 넣었다.

아들은 나를 데리고, 배정된 우리 방으로 올라가서 가방들을 정리했다. 서랍에 옷을 챙겨 넣기도 하고 셔츠를 하나 꺼내 스프레이로 물을 뿌리고 걸어놓기도 했다. 숙소가 바뀔 때마다 하는 아들의 행동이 재미있게 느껴졌다. 저런 꼼꼼함이 어디서 왔을까?

"엄마, 왜요?"

"그냥, 네가 하는 행동이 재미있어서."

아들이 특유의 미소를 나에게 보냈다. 아들은 나에게 절대로 말을 함부로 하지 않는다. 나는 또 아들을 따라다니는 일과를 시작했다.

"엄마, 슬슬 걸어가요."

"어디로?"

"페트로니오 성당이요."

"나 여기다 그 성당 이름 써주라, 아들."

아들이 핸드폰을 들여다보고, 성당 이름을 확인하나 보다. 그리고 나의 수첩과 볼펜을 받아서, 조금은 불편한 자세로 써주었다. 나는 그사이에 주변을 둘러보았다. 아주 육중하게 생긴 개선문 같은 것이 보였다. 또 아들에게 물었다.

"아들, 저게 뭐야?"

아들은 글 쓰던 일을 멈추고는, 나의 눈이 머무르고 있는 쪽을 바라보았다.

"아아, 저거요. 성문일 거예요. 엄마."

"그럼, 저기 크고 둔탁하게 늘어져 있는 것은 성곽이고?"

아들이 머리를 끄덕여서 그렇다는 표시를 해주고는, 수첩에 성당 이름 쓰는 것을 마쳤는지 수첩을 나에게 내밀었다.

Basilica di San Petronio (페트로니오 성당)
Monastero di Santa Caterina (성 카테리나 수도원)

필기하기에 불편하기 그지없는 곳에서 염치없이 아들에게 나의 필요를 채워주라고 요구했다는 사실을 늦게서야 알았다. 왜 이 나이에도 항상 후회해야 할 일을 저지르고 사는지 모르겠다. 붉어지려는 얼굴을 바람에게 맡겼다. 그리고 아들에게 말했다.
"아들, 고마워. 미안해."
아마도 아들은 엄마가 고마워하는 말은 이해했을 테지만, '미안해'는 왜 덧붙이는지 몰랐을 것이다. 그냥 엄마니까 미소로 화답했을 것이다.
성경 말씀 중에서 제일 지키기 힘든 것이 '사랑은 무례히 행치 아니하고'이다. 아주 어렸을 때부터 많이 들어서 외우고는 있다. 나이가 들면서 자식을 키우면서, 무엇보다 지키기 어려운 '말씀'이 '사랑은 무례히 행치 아니하고'라는 것을 수시로 느꼈다. '무례'함은 상대방을 노엽게 만드는데, 엄마에게 약자일 수밖에 없는 '어린 자식'이니까 더욱 예의를 갖추어야만 했다. 이웃을 배려하는 것도 상대방 입장에서 기분이 상하지 않게 마음 써야 한다. 자식은 가장 가까운 이웃이니까, 더더욱이. 그런데 이번 여행을 하면서, 내 뻔뻔함이 지나치다는 것을 깨닫곤 한다. 무엇이 나를 이렇게 무뢰한이 되게 할까? 내게 난청이 있다 해도 말을 알아듣지 못하는 것은 핑계가 될 수는 없다. 귀는 망가졌어도 아직 눈치, 코치는 있으니까.
'그분은 나에게 항상 잘해주시는데, 내가 수시로 종알대고 투정 부려도 귀 기울여주시는데. 나도 아들에게도 잘해주고 싶은 것을 그분은 아실 테지'라고 위로하기로 했다. 지금의 다짐이 계속되라고 나 자신한테 강요해 보았다.

3월 초의 햇살은 적당히 눈부시고 따사로웠다. 우리는 건물 아래로 인도가 이어진 곳을 인파에 섞여서 걷기 시작했다.[22] 차도까지도 사람들이 왁자지껄하는 말소리로 가득 찼다. 나는 인도에 천장이 있는 것이 재밌기도 하고, 해님이 안 들어와서 좋기도 했다.

'뭐야? 이건 실내도 아니고 바깥도 아니잖아.' 특별히 스펙터클하지는 않았지만, 특이한 기분을 나에게 실어다 안겨주었다. 이런 풍경을 빈티지하다고 해야 할까? 빈티지하다는 말은 내가 좋아하는 말이다. 나에게 적용하고 싶은 단어이기도 하다. 내 꿍꿍이속을 아는 듯 모르는 듯, 가끔은 바람이 내게로 달려들어서 비비고 갔다. 이런 감상을 느끼면서 걷기는 이번이 처음인가 보다.

많은 인파로 가득한 차도에 나가서 올려다보니, 인도 위에도 건물이 올라앉아 있었다. 아하! 땅 주인들은 인도만 만들어주고 인도만큼의 건물을 지을 수 있었으니까 일거양득인 셈이다. 나의 계산으로는 일종의 캐노피를 만든 셈이었다. 그렇다고 도시에서 쉽게 만날 수 있는 아케이드도 아니고, 건물 안의 실내도 아니었다. 인도의 바닥 색깔이 바뀌었다. 이상한 느낌에 차도로 또 내려가서 위를 올려다보았다. 다른 건물로 이어져 있는데도 인도의 천장은 빈틈없이 이어져 있다. 인도의 바닥 재료도 색깔도 다른 것이, 나의 관심과 흥미를 데리고 자유여행을 하고 있었다. 매끈한 바닥이 여러 모양이다. 여러 모양과 제각기의 크기로 패여나간 대리석 바닥이 풍기는 분위기가 묘했다.

수도원도, 성당도, 궁궐도 아닌 건물들 옆 인도에 어떻게 지붕을 씌울 생각을 했을까? 하여튼 나는 하늘이 보이지 않는 인도를 아들과 같이 즐겁게 걸었다. 아들이 쇼윈도에 진열된 운동화를 보더니 말했다.

"무슨 운동화가 저렇게 비싸요?"

나는 속으로만 말했다. '유명 메이커인가 보다. 그러니까 비싸겠지. 이번 여행 콘셉트가 순례만 아니면 아들에게 하나 사주고 싶은데….'

아들의 눈을 따라서 늘씬하게 모양을 내면서 빛을 발하는 운동화를 바라보다가, 눈을 거두어서 지붕을 받친 기둥을 쳐다보았다. 사각기둥도 있고, 원기둥꼴도 있다. 건물의 색은 옅은 주홍색 계통이 주종이고, 달걀 풀어놓은 것 같은 색도 있다. 이런 색들은 나도 좋아하는 색들인데, 참으로 서로 티 내지 않고 부드럽게 잘 어울려서 마음도 편하고 눈도 즐겁다. 복도라고 말해야 하는 인도의 천장을 보았다. 두께 2cm 정도의 철근이 일정한 간격으로 건물과 인도의 끝을 연결하여, 고정하고 있는 듯했다. 아치형으로 마감된 곳도 있고, 그냥 직선으로 마감된 곳도 있었다. 건물주가 여럿이니 인도의 천장도 여러 형태이거니 하면서, 보는 즐거움을 누리며 걸었다.

오늘은 햇빛도 쨍쨍한데 이렇게 시원한 그늘 아래 인파에 섞여 걷다니, 참으로 재미있는 일이다. 그런데 갑자기 인도의 지붕이 없어졌다. 왜 그럴까 하는 순간에, 익숙한 느낌의 건물이 나에게로 걸어왔다. 아들을 바라보았다. 그리고 시계를 쳐다보았다. 11시 42분.

"엄마, 들어가고 싶으세요?"

"응, 들어가고 싶어."

아들이 나의 손을 이끌고서, 성당 안으로 들어갔다. 안에는 사람들이 미사 중이었다. 오늘은 주일이니까 주일 미사인가 보다. 성찬식을 하고 있었다. 나는 의자로 가서 무릎을 가져다 댔다. '하나님, 제가 여기에, 주님 앞에 무릎을 꿇었습니다. 불쌍히 여기셔서 이 인생을 보살펴주세요. 오늘이 주일이라 예배당에서 또 뵙고 싶었는데…'

나의 기도는 대부분 다 짧다. 하루 종일 그분께 종알거리면서 사니까. 옆에는 접의자도 있고, 거기에 아저씨도 앉아있었다. 제대(祭臺)로 가는 통로에는 휠체어에 앉은 분도 있다. 이 세상이 끝나는 날에는, 저분도 휠체어에서 벗어나시겠지. '나다운 생각만 하고 있네.'

헌금하는 시간이 되었나 보다. 아들이 묻는다.

"엄마, 헌금하실래요?"

"으응, 아들."

아들은 나에게 10유로짜리 지폐를 주었다. 나는 웃으며 진심으로, 진실을 담아 말했다.

"아들, 고마워."

그리고 속말로는 그분께 말씀드렸다. '헌금도 챙겨주는 아들을 주셔서 고맙습니다.' 그분의 음성이 들리는 것 같았다. '나도 좋아, 보기에 좋다.' 나는 그 말씀에 대답했다. '그렇게 말씀해주셔서 고맙습니다.'

그분의 굵고 부드러운 음성과 구수하게 웃으시는 모습이 보이는 것 같아서 아주 좋았다. 하루 종일, 평생 동안, 그 웃음 속에서 지내면 참 행복하겠지 하며 미사하는 자리에 계속 앉아 있었다. 아들 덕분에 나는 주일 미사에 두 번 참석하는 복을 누렸다.

이탈리아는 참 좋다. 도로변에 성당이 자주자주 나타나서 지나가다가 들어가 무릎을 꿇을 수 있으니 참 좋다. 그분의 나라가 내려와 있는 듯한 분위기의 느낌이 참 좋다. 하긴 여기가 다 그분의 나라이기는 하지만.

성당 밖으로 나가니 맑고 파란 하늘이 우리를 기다려주고 있었다. 또다시 이어지는 주랑(柱廊, colonnade)에 들어섰다. 사람들이 점점 더 많아지고 있었다. 나는 여전히 주랑 안의 모습과 변하는 주변의 색깔과 상점이나 건물로 들어가는 높은 문들의 매력에 끌려서 지루한지도 힘든지도 모르고 걸었다. 우리 앞쪽으로 하늘이 보이기 시작했다. 그리고 여러 방법으로 막아놓은 광장이 나타났다.

광장 건너편에는 '여기는 이탈리아'라고 외치듯이 커다란 성당이 듬직하게, 튼튼하게, 웅장하게 많은 사람들을 품어주고 있었다. 드디어 주랑을 벗어나서 광장 안으로 발을 디뎠다. 거기에는 늙음과 젊음과 앳됨이 모두 섞여서 따뜻한 웅성거림을 만들어내고 있었다. 여기가 '마조레 광장'인가 보다. 아들을 바라보았다. 아들은 성당을 바라보고 있었다. 아들이 나의 수첩에 써준 성당

이름을 찾아 읽어보았다. '성 페트로니오'

혼자서 성당 이름을 되새겨 보았다. 그러면서 성당을 무심히 훑어보았다. 성당의 아랫부분은 대리석, 위는 벽돌로 조적한 상태 그대로 노출되어 있었다. 일부러 그렇게 했을까? 그것도 내 눈에는 좋아 보였다. 출입문은 열려 있었고, 사람들이 나오는 모습도 보였다.

나는 광장의 안쪽을 바라보았다. 마라톤을 완주한 사람들이 골인 지점을 향하여, 자신들의 쾌거를 자축하면서 달려오고 있었다. 모여서 구경하던 사람들이 힘껏 박수를 쳐주었다. 나도 손바닥이 뜨거워질 정도로 세게 박수를 쳐주었다.

나의 상상력의 세계가 다른 곳으로 소리 없이 달려갔다. 내가 그분의 나라로 갔을 때, 내 모습을 그리고 있었다. 내 나이 50대의 희망사항은, '에녹'처럼 그분과 동행하다가 데려감을 당하는 것이었다. 참으로 야무진 꿈이었다. 아들이나 딸이 기억하고 있는지는 몰라도, 종종 아이들에게 말했었다.

"내가 어느 날 갑자기 없어지면, 하나님께서 데려가셨는 줄 알아…."

애들은 엄마가 무슨 말을 하는지 모르겠다는 표정으로 나를 바라보았었다. 그런데 아직 때가 안 되었는지 지금도 여기에 살고 있으니, 내가 알 수 있는 일은 아무것도 없음이 확실하다.

현실로 돌아온 나는 완주자들의 힘들어하는 몸과, 승리의 기쁨을 같이 느껴보았다. 중학교 3학년 때 학교대표 마라톤선수를 해보아서 그 느낌을 대충은 알 수 있다. 그들의 흥분의 몸놀림을 같이 누려보면서, 다른 구경꾼들과도 느낌을 공유해보았다. 많은 사람이 함께 소리 높여 응원하고 기뻐하고 즐거워하는 곳에 있다는, 행복감이 온몸에 전율을 일으키며 하늘 높이 올라가는 느낌도 가져보았다. **[그림28]**

물 마시는 아들의 모습이 옆으로 보였다. 나는 아들을 옆에 두고도, 다른 쪽에 있는 어린 소년과 눈맞춤을 하면서 웃었다. 나는 가끔 잠깐씩 낯선 사람들과 온몸으로 감정 소통을 한다. 아들은 그런 나를 물끄러미 바라보면서 웃어주었다. 나는 창피해하지도 않고, 얼굴의 표정과 손놀림으로 몸을 굽혀서 대화했다. 나는 왜 말할 생각을 안 할까? 듣지 못하니까 말을 못 한다? 맞는 말이다. 이렇게 말이 안 통하는 엄마를 데리고 다니는 아들이 가끔 아니, 자주 민망한 경우도 만났으리라.

점심을 먹고 다시 페트로니오 성당으로 돌아왔다, 층계를 올라가서 성당문을 열어보았다. 모두 닫혀 있었다. 아들의 난감해하는 표정이 나를 아프게 했다. '뭐 그 성당이 그 성당일 테지. 아들, 미안해하지 마.' 나중에 알았는데, 그 성당은 12:30~15:00까지 문을 닫는단다. 아들과 나는 성당을 오른쪽으로 남겨두고 계속 걸어서 올라갔다. 광장에서 조금 멀어졌을 뿐인데 도심 시가지의 모습이 사라졌다. 아주 평화스러워 보이는 주택가가 이어졌다. 그때까지는 나무를 만나지 못했는데 담 너머로 보이는 초록색이 신선함을 실어다 주었다. 이상한 각도의 로터리를 건넜다. 옛날 도로들은 그렇게 반듯하지 않다는 것도 발견했다.

길 저편에 기다랗게 뻗은 오래된 붉은 벽돌이 우리의 눈앞을

그림28 마조레광장 공사장 벽화를 그린 그림 ┃ 원작자 및 원제목 미상

가로막았다. 하늘은 아무 생각도 안 하는지 파랗게 눈부시기만 한데, 긴 벽돌벽에 네모난 창문들이 나의 눈을 거칠게 만들었다. [그림29] 내가 다녀본 거리의 건물 유리창은 창문 주변을 장식하거나 부드럽게 아치형으로 이루어져 있었다. 그런데 이 거대한 건물의 벽은 꾸밈새가 전혀 없고 창도 그냥 네모났다. 직사각형이거나 정방형이다. 그 건물은 '나는 모양을 안 내도 좋아. 이대로 만족해'라며 자신만만하게 뻐기는 듯했다.

아들이 길을 건너기에 나도 엉거주춤한 자세로 뒤따라갔다. 아들이 아주 높은 문 앞에 서더니 안내문을 읽었다. 나도 이 문, 저 문에 다가가서 벨처럼 보이는 것들을 눌렀다. 아무런 반응이 없는 것도 신기했다. 진짜 폐쇄 수도원이다. 이렇게 높은 담으로 막아놓고 어떤 생활을 했을까?

지금까지 읽고 보았던 수녀원의 수녀들을 떠올리니, 빠알간 벽

그림29 성 카테리나 수녀원

돌도 정감 있는 표정으로 다가왔다. 벽돌에 방수 처리를 한 번도 하지 않았는지, 손에 벽돌가루가 묻어났다. 어려서 소꿉놀이할 때, 벽돌을 차돌멩이로 부수어서 고춧가루를 만들던 사촌 언니가 다가왔다. 머리를 흔들어 그 언니를 돌려보내고 아들을 바라보았다.

아들은 핸드폰을 들여다보고 있었다. 아들이 불편해하는 표정이 내 마음에 걸렸다. 나는 조금도 힘들지 않은데 아들은 내가 피곤해할까봐, 실망할까봐 속이 타들어 가는 모양이었다. 내가 설혹 좀 힘들다 하더라도 힘든 티를 낼 수는 없다. 나잇값 못하는 행동이라는 것 정도는 알고 있으니까.

"아들, 뭐 하게?"

"우보를 부를까 해서요. 그런데 잡히지 않아요."

아들의 얼굴에 검은 구름이 퍼지려고 했다. 나는 괜찮은 척하는 것이 아니고 실제로 괜찮았다. 오늘 이 지역에 교통편이 없는 것도, 성당 문이 닫힌 것도, 수녀원이 닫혀 있는 것도 어쩌면 나에게 더 좋은 것일 수 있다. 나의 마음속에는 수많은 수도원이 들어앉아 있으니까, 그 마음속의 수도원에 들어가 있으면, 더 풍성한 결과를 얻을 수 있을 것이다.

"아들, 우리 걸어가자. 순례를 제대로 하는 거야. 내가 호텔가는 길은 알고 있는 것 같아."

나는 '같다'란 말을 의도적으로 잘 안 쓴다. 내가 배운 '같다'는 확실하지 않은, 그러니까 자신 없는 말을 할 때 쓰는 말이라고 초등학교 때에 배웠으니까, 잘 사용하지 않게 되었다. 그렇지만 지금은 100% 자신이 있는 것이 아니니까, '알 것 같다'라고 말했다. 사실 내 머릿속에서 우리가 같이 걸어온 길이 그려졌다.

나는 속으로 내게 말했다. '웬일이야? 길에 관심도 없이 구경만 하면서 왔는데, 생생하게 가는 길을 보여주다니. 땡큐다. 땡큐.' 한쪽 구석에서 또 말을 걸어왔다. '직선으로 왔으니까. 당연히 알아야지.' 내 속에서 나에게 말을 하며 웃어주고 있는 것이 보였다.

봉쇄 수녀원 수녀님들이 떠올랐다. 얼굴만 노출하고, 몸은 밤색 천으로 가운을 만들어 입거나 머릿수건을 한 수녀님들. 내가 밥을 먹고 난 후라 그런지, 어두운 배경 속 기도하는 모습과 씩씩하게 일하는 모습으로 크게 다가왔다. 단아하면서도 여유로워 보이고, 기쁨이 넘치는 듯한 수녀님들을 바라보았다. 그러면서도 보폭을 크게, 70cm도 넘게 발을 들어 멀리멀리 내디뎠다.

　마조레 광장까지 다시 왔다. 광장을 한번 휙 둘러보는 순간, 수녀님들이 사라졌다. 대신 마라톤 행사 이후 상가에서 테이블을 내놓는 광경을 그려보았다. 아들에게 젤라토를 사달라고 조르는 내 모습도 떠올려 보았다.
　나는 아주 신나게 웃었다. 내가 나에게 주는 선물, 맑게 깨끗하게 밝은 목소리로 웃는 나를 보았다. 이래서 이 세상에서는 온전히 그분하고만 살기 힘든가 보다. 관심사가 많아지니까. 그런데 이럴 때는 '나를 불쌍히 여겨주세요'가 안 나온다. 힘든 일이 내 속에서 바글바글거릴 때만 나오는가 보다. 아니면 성당에서 무릎을 꿇을 때만. 아들이 '씩~' 웃으면서
　"엄마, 괜찮아요?"라고 물었다.
　"응, 괜찮아. 아무렇지 않아. 왜 진실이가 엄마 피곤하시냐고 물어보라고 하니?"
　아들과 나는 웃고 있는 얼굴을 서로 비껴가게 치워주었다. 나는 상상 속에서 먹던 젤라토를 잊어버렸다.
　주랑 복도라고 해야 할까? 아니면 회랑 길이라 해야 할까? 나보고 이름을 지으라고 한다면 '주랑 사람 길'이라고 하고 싶다. 왜냐하면 내 생각에는 회랑은 회전할 수 있는 길이어야 하는데 이 길은 그렇지 않으니까. 기둥들이 쭉 서 있는, 사람이 다니는 길이니까 주랑(柱廊) 길이 맞다. [그림30]
　아저씨도 제치고, 아줌마도 뒤로 보내고, 청년들 사이도 빠져나와 앞으로 전진했다. 오늘 주일 오후 순례길은 조금 이상해졌지만, 마음속에 카타리나 수녀원의 폐쇄양식을 상상하면서 걸었던 길은, 나의 믿음에도 보탬이 되었다. 조금 전에 다녀온 수녀원으로 맘을 돌렸다. 그리고 여고시절에 서양사 선생님이 수도원에

대한 이야기를 하실 때의 모습도 같이 모시고 걸어갔다.

'그런데 중세의 수녀원에서도 수녀님들이 피구를 하셨을까?' 영화 〈기도의 숨결〉에 나오는 수녀님들이 피구를 하면서 마냥 거리낌 없이, 맑고 크게 웃던 모습을 떠올리다가, 나도 따라 웃었다. 내가 즐겁게 기쁘게 살아서 안 될 이유가 없으니까, 그것이 내 복일 게다. 수녀님들은 주님만 의지하면서 동료들끼리 공동체 생활을 하면서 신과 교류하지만, 나는 이 복잡한 세상에서 그분과 소통해야 하니까 방법이 다를 수밖에 없다. 나는 그냥 수시로 그분께 종알거리기도 하고, 넋두리를 늘어놓기도 하고, 때로는 눈물을 줄줄 흘리기도 한다. 항상 다독여주시지는 않지만, 인내하며 얻을 수 있는 것은, 그분이 보고 계신다는 믿음이었다.

그분이 나와 이야기하기를 원하신다는 것을, 항상 염두에 두고 살아간다. 밥을 먹다가도 '하나님, 참 맛있어요'라고 고백하기도 하고, 바람이 시원하면 '바람이 참 좋아요. 고맙습니다'라고 아뢰기를 즐긴다. 내가 하나님이라도 그리하면 좋아할 테니까. 지금은 이렇게 아뢴다. '하나님, 참으로 고맙습니다. 이렇게 잘 걸을

그림30 주랑 길 차도에서 순례 행군 중

수 있게 해주셔서.'

　아들이 자주 내 상태를 살피느라고, 씩씩하게 신바람 나게 걸어가는 내 앞으로 와서 표정을 뜯어보고 잽싸게 물러나곤 했다. 나 혼자가 아니라는 것을 증명이라도 하듯이 해주어서 마냥 좋았다. 누가 나에게 이런 기특한 아들을 주셨는지, 이렇게 멋있게 성장시켜서 나를 행복하게 해주시는지, 그분을 향해 찬양을 높은 음조로 올려야 마땅할 것이다.

　내가 너무 세게 발걸음을 내디뎠나 보다. 갑자기 발바닥이 갈라지는 느낌이 왔다. 발바닥 하면 떠오르는 사람이 있다. 내 며느리. 걸핏하면 나한테 '나는 어머니의 발바닥도 못 쫓아간다'라는 말을 한다. 나에게 발바닥이 없으면 나는 식물인간이 되고 말 것이다. 왜냐하면 발바닥으로 바닥을 딛고 일어나야만 뭐든지 할 수 있음을 알기 때문이다. 발바닥이 있어도 일어서지 못하는 사람에게는 발바닥이 있다는 것이 아무런 의미가 없다. 화장실에 가는 일부터, 건강을 위해 걷는 일도 발바닥이 제구실 못 하면 커다란 문제가 생긴다.

　그렇다. 누워서 예배해 보았지만 누워서 드리는 예배는 나를 슬프게 했었다. 내가 죽도록 충성하며 일할 수 있었던 것도, 발바닥이 나를 받쳐주었기 때문이다. 나는 진실이에게 이런 이야기를 해주고 싶었는데 아직 그런 시간을 마련하지 못했다. 며느리는 나에게 발바닥이 얼마나 중요하고 꼭 필요한 것인지를 모르고 말했을 거다. 며느리의 의도는 알지만, 실제로 며느리는 나에게 발바닥만큼이나 중요하고 고마운 존재이다. 이 말은 며느리가 그 이상한 말을 할 때마다 해주고 싶었던 말이다.

　사람들로 꽉 차 있는 차도 위에서, 나는 오른쪽 발을 올려 구두를 벗었다. 오늘 이렇게 많이 걸을 예정이 아니었으므로 구두를 신고 나왔나보다. 그 구두는 2013년 미국에 사는 딸 집에 갔을 때 딸이 사준 것이다. 내가 국민학교 때부터 신던 중화구두[23] 모양과 같아서, 향수를 느끼며 즐겨 신던 단화이다. 구두 밑바닥을 들여다보았다. 오호! 구두 바닥이 갈라져 있었다. 가뭄에 진흙 바닥이 갈라져서 틈새가 보이듯이, 거북이 등같이 갈라져 있다. 아마도 울퉁불퉁한 이탈리아 도로에 내 구두가 눌려서, 놀라고 아팠던 모양이다. 어쩌면 내가 너무 씩씩하게 걸어서, 내가 걷던 차도(車道) 바닥도 놀랐을지 모르겠다. 구두를 내려놓다가 옆이 이상해서 보니, 아들도 내 구두를 바라보고 있었다.

"엄마, 어떡해요? 운동화 사러 가요."

나는 개구쟁이가 된 듯한 웃음을 지어보였다. '뭐 이까짓 것 가지고' 하면서 말이다.

"어, 아들. 괜찮아. 호텔에 운동화 있잖아. 그거 신으면 돼."

호텔이 있는 쪽을 바라보았다. 바람도 괜찮다고, 내 모자를 먼저 데리고 가려 했다. 나는 빨리 구두를 발에 끼어주고, 모자도 나하고 같이 가자고 붙잡아서 날아가지 못하게 머리에 꾹 눌러주었다. 나는 금이 간 구두를 신고도 잘 걸어갔다. 호텔까지만 가면 운동화가 있으니까. 그러니까 '고맙습니다'라고 말씀드려야 한다.

내 모자는 딸내미가 대학 시절에 사준 모자다. 족히 30년은 나와 함께 지낸 모자다. 일할 때는 이 모자가 너무 고급이고 예뻐서 못 쓰고, 농사지을 때는 얼굴이 까맣게 타서 어울리지 않아서 안 쓰던 모자다. 복지 일도 농사도 졸업하고 나니 얼굴이 조금은 하얘져서, 쓰기 시작한 지 얼마 안 된 모자다. 나는 내가 생각해도 나이에 어울리지 않는 장난스러운 표정으로 말을 했다.

"아들, 나 혼자서도 호텔에 찾아갈 수 있어. 저기잖아. 거의 다 왔네."

나는 엉뚱한 말로 분위기를 바꾸었다. 호텔이 있을 방향을 가리키면서, 다시 사람들 속으로 끼어들어 걷기 시작했다. 내가 인도로 올라섰을 때는 아들도 내 옆에 와서 같이 걸었다. 이제부터는 아들이 운동화 상점을 지날 때마다 나에게 말할 테지. '엄마, 운동화 사요.' 그때마다 나는 싱긋이 웃으며 말할 테지. '집에도

새 운동화가 두 켤레나 있어. 네 동생이 가져다놓은 것. 다른 신발들도 많고.'

　아들 따라 여행할 때마다 그 파란 운동화를 신었으니, 이제는 그만 파란 운동화도 내다놓아야겠다. 오늘은 좀 많이 걸었다 싶어서, 핸드폰을 열어 걸음 수를 보았다. 우와! '16,597'라고 뜬다. 이렇게 많이 걸을 수 있음에, 그분께 고마운 마음에, 부드러운 연두색을 칠해서 올려드렸다.

이렛날, 볼로냐 어린이 도서전

2023년 3월 6일, 쾌청

　우리는 9시가 조금 지나서 아들과 호텔을 나섰다. 날씨가 얼마나 맑던지! 그리고 하늘 저편에서 올라오고 있는 햇살은 부드러운 노랑과 맑고 짙은 살구색을 밀고 올라오면서 퍼트리고 있었다. 밝고 빛나는 노란색으로 감싸인 해님은 샛눈을 뜨고서야 바라볼 수 있는 눈부심이었다. 해님에 밀려오는 붉으스레하면서 노란색은 한번 기대보고 싶을 정도로 얼마나 부드러워 보이던지, 뺨을 비벼대고 싶었다.
　와아! 호텔 앞 인도에는 웬 사람들이 이리 와글와글 많을까? 다 어디로 가는 걸까? 게다가 거의 다 -나만 빼놓고- 젊은이들이 웅성웅성, 왁자지껄 서 있었다. 하늘도 흰빛을 조금 섞은 푸르른 빛으로 변하면서 꽉 차오르고, 인도는 사람들로 빼곡히 차 있었다.
　얼굴을 오른쪽으로 조금 돌려보니, 우리나라 버스 정거장의 전광판 같은 것이 있었다. 우리나라가 여기서 배워왔나? 무슨 상관이람. 하여튼 우리나라가 이 나라와 같은 수준이라는 자부심이 가득 올라와서 아주 기뻤다. 버스가 우리 앞에 와서 섰다. 사람들이 모두 버스에 올라탔다.
　"엄마, 우리도 이 버스 탈 거예요."
　"으응, 알았어."

　버스에 사람이 꽉 찼다. 서로 움직일 수도 없이 빼곡했다. 그래도 난 이 사람들이 우리가 가고 있는 '어린이 북페어'에 간다고 생각하지는 않았었다. 나는 추억의 세상으로 날아갔다. 그러니까 2017년에 아들을 따라서 처음 유럽 여행을 왔을 때의 일이다. 나는 입을 다물기가 어려울 정도로 감탄을 하면서 아들을 따라다녔다. 로마의 유적지도 나를 놀라게 했다.

웃으면서 튀어나오는 노래가 있었다. '한 촌사람 하루는 성내 와서 구경을 하는데, 이 골목 저 골목 다니면서 별별 것 보았네. 맛좋은 냉면이 여기 있소. 값싸고 달콤한 냉면이요, 냉면국물 더 주시오, 아이구나, 맛좋다. 냉면국….' 노래를 부를 수밖에 없었던, 그 촌부의 놀란 심경을 알만도 했다.

그러다가 여행 초반부 콜로세움에서 진짜로 경악할 일을 만났다. 로마 건축에 놀라 머리와 가슴이 터지려고 했었다. 콜로세움의 망가진 지하를 보면서, 거기에서 일어났었던 끔찍한 사건들도 그려보면서, 경악을 금치 못하기도 했었다. 콜로세움이 겪어온 고통의 역사를 그대로 간직하고 밖으로 나와 인파 속에 밀리는 와중에, 아들이 나를 바라보며 말했었다.

"엄마, 화장실 다녀오세요. 여기가 무료 화장실 마지막이에요."

아들이 가리키는 쪽을 바라보니 거기에는 이미 기다란 사람 줄이 늘어져 있었다. 콜로세움의 간이 화장실, 아니 그것은 화장실이 아니라 변소였다. 변기에는 앉을 시트도 없어서 영화 〈맹룡과강〉에서 이소룡처럼 변기에 올라앉아서, 엉덩이를 들고 배수 작업을 하던 일이 제일 먼저 떠올랐다. 남자들처럼 서서 사용할 수도 없으니까, 그런 방법밖에는 떠오르는 것이 없었나 보다. 생각만 해도 온 얼굴이 찡그러지려고 했었다. 인상을 우거지상으로 만들고 나오는 나를 향해, 아들이 멋쩍은 웃음을 보였다. 왜 고약한 생각이 재미있다는 듯이, 익살스러운 표정을 지어 보이는지 모르겠다.

그다음으로 간 곳이 피렌체. 피렌체에서는 미켈란젤로 광장에 갔었다. 광장 끝에 있는 성당 같은 건물이 있었는데, 문이 닫혀 있었다. 우리는 마당에 즐비하게 줄지어 있는 무덤들을 눈여겨보았었다. 건물 안 - 조금 낮은 지하 - 에는 납골당도 있었다. 우리나라의 납골당과 비슷했다. 나는 또 놀랐다. '여기에도 이런 장례 절차가 있구나.' 우리보다 납골당 역사가 꽤 오래되었음이 놀라왔다. 몇백 년이나 먼저.

　피렌체가 내려다보이는 피에솔레 언덕에서, 아들과 해 저무는 광경을 바라보던 때가 새롭게 그려졌다. 아들과 주택가를 걸어 내려오면서 골목마다 그려진 벽화들을 감상하며 노을 속의 한 장면으로 우리도 같이 끼어들었던 기억이 새롭게 다가왔다.

　그다음에 갔던 곳이 볼로냐, 지금 내가 버스를 타고 가고 있는 북페어다. 그러니까 어린이 도서전에 두 번째 가고 있는 셈이다. 와아! 내가 두 번씩이나 세계 어린이 도서전에 가고 있다니, 내가 생각해도 대단한 할머니이다. 내 속에서 '그래, 너 잘났다'라고 말하는 소리가 들렸다. 나도 대답했다. '그래, 나 잘났어. 하나님의 유일한 명품이니까.'

　우리는 모두 다 제각기, 이 세상에 하나뿐인 명품임이 확실하다. 실은 내가 대단한 것이 아니고, 나를 데리고 다니는 아들이 장한 것이지만.

　2017년 봄에, 그러니까 그해 4월 초에 이 버스를 타고 갔었다. 그때는 버스에 사람이 많지 않아서 우리 둘은 앉아서 갔었다. 버스에서 내다보이는 정겨운 건물들을 바라보다가 아들에게 했던 말이 나의 입에서 오물거리면서 나오고 싶어하는 것을 느꼈다. '아들, 저 지붕에 이끼들 좀 봐. 어쩌면 이끼가 저렇게도 예쁘게 자랐을까? 어떻게 저런 초록색을 만들어낼 수도 있을까? 예쁘다 예뻐.'

　아들의 표정에 긴장이 풀어지는 듯했다. 그러고는 다시 지긋이 나를 바라보았다. '엄마는 별것이 다 신기하다고 하시네'라고 하는 듯한 얼굴이, 나를 또 웃게 해주던 장면이 보였다. 나의 눈에 그때, 그 이끼의 초록색이 가득 차게 들어왔다. 순간에 '여기네' 하는 말이 내 속에서 들려왔다.

　"아들, 다 왔나 봐."

　내 말이 끝나는 것과 동시에 버스가 섰다. 그리고 사람들이 내리기 시작했다. 우리도 그 사람들 속에 끼여서, 힘들이지 않고 버스에서 내렸다. 그때 알았다. 호텔 앞에서 같이 탄 사람들이 모두, 이 북페어에 오는 사람들이었다는 것을.

아들이 나에게 말했다.

"엄마, 엄마를 여기에 일러스트레이터로 등록했어요. 20유로를 내고요."

"그래서 명함을 만든 거야? 아들?"

"예. 엄마. 나는 40유로를 냈고요."

나는 또 상상을 시작했다. 내가 좀 젊었을 때였다면, 여기 벽보에[24] 내 그림을 붙이고 나를 불러서 일을 주라고 명함도 꽂았을 것이다. [사진16] 아니야. 머리를 저었다. 어느 순간도 헛되게 보낸 시간이 없으니 그동안 잘 살아온 것이라고, 나 자신을 다독여주었다.

사진16 내 명함 ▮ 알맹4U에서 내가 그린 그림들을 모아서 『도널드 밀러는 인생 편집 중』(천 년 동안 백만 마일 일러스트레이션판) 한정판을 출간했는데, 그 책 표지의 한 부분으로 만든 명함이다.

아들은 느린 걸음을 하는 엄마와 같이, 무리의 끝나는 즈음에 서서 전시관을 향해 걸어갔다. 건물의 입구를 바라보았다. 60주년이라고 나이 자랑을 하는 현수막도 보였다. 아들은 목줄이 달린, 행사용 비닐 케이스에 내 이름이 적힌 종이를 넣었다. 아들은 '히이' 하고 싱겁게 웃어주더니, 하얀 천에 까망, 빨강, 파랑으로 뭐라고 적혀 있는 목걸이를 나의 목에 걸어주었다.

우리 둘은 드디어 행사장 안으로 발을 디뎠다. 그전에 왔을 때와는 분위기가 완전히 달랐다. 17년도에 왔을 때는 목걸이 이름표를 건 다음에, 전시장 안을 들여다보니 10개도 더 되는 해먹이 걸려 있어서 편안함을 그려넣고 있었다. 이번에도 그럴 테지 하고 상상하며 안쪽을 보았는데 전시판들이 앞을 막고 있었다. 전시를 위해 만들어놓은 임시 벽들에는 알록달록 크고 작은 그림과 글자들이 줄 서는 것은 싫다는 표정으로 위와 아래, 오른쪽과 왼쪽을 구분할 필요가 없다는 듯이, 꽉 차게 옹기종기, 사이좋게, 서로 비벼대면서 붙어 있었다. 아니, 다닥다닥 붙어 있었다.

아들과 입구에서 직선으로 20m쯤 걸어 들어가서, 승강기 앞에 동시에 섰다. 미리 약속한 일이 아닌데도, 우리는 승강기를 바라보고 복도 끝에 놓인 의자를 발견했다. 아들이 말했다.

"엄마, 이따가 여기서 만나요. 괜찮죠?"
"아암, 괜찮지. 몇 시에 올 거야?"
"5시 반, 으음~ 아니요. 5시."

아들은 지갑을 주머니에서 끄집어내더니, 돈을 꺼냈다.

"엄마, 이거, 100유로. 비상금이에요. 그리고 점심 식사하세요."
"웬걸? 이렇게 많이 주니?"
"맛있는 거로 잡수시라고요."

지난번에 왔을 때, 피자를 사던 일이 생각나서 혼자서 '피식' 웃었다. 그때, 피자 파는 아저씨는 영어를 못하고, 나는 이탈리아 말을 모르고. 내 차례가 되자 벽보에 붙어 있는 피자 그림을 가리켰다. 그 아저씨는 오른손을 좌우로 저으며 아니라고 하고, 왼쪽에 있는 사람을 가리키고는 티켓을 들어 보여주었다. '으응, 티켓부터 사오란 말이구나.' 나는 지레짐작으로, 그러니까 완벽한 보디랭귀지를 알아차리고는 소리내 웃고 싶었던 기억이 떠올랐다. 지금도 그때 일이 생각나면 어디에서나 웃을 수 있어서 참 좋다.

나는 아들에게서 거창한 점심값을 받아, 잠바 안주머니에 넣으면서 또 웃었다. 점심값을 주는 아들이, 그것도 넉넉하게 주는 아들이 있으니, 안 좋을 수가 있을까? 하나님, 그분도 나에게 이렇게 보살펴주고 싶으실 테지. 그런데 나는 그분을 보살펴 드릴 일이 없어서, 가끔은 당혹스럽다. 그래서 그분이 기뻐하시니 함께 해주시는 것이라고 믿고, 진심으로 죽도록 사랑하며 일하기도 했었다. 다른 것으로는 고마움을 표시할 줄을 모르니까. 온종일 그분께 '보고 계시죠? 좋으셔요?'와 같은 말로 감사함을 속삭임으로 대체하곤 했었다.

아들은 너무 늦게 만나자고 하면, 내가 힘들어할까 봐서 마음이 쓰이는 듯했다. 그러니까 만날 시간을 조금이라도 당기고 싶었을 것이다. 실은 나는 괜찮은데. 나는 어떻게 된 할머니가 어디에 있어도 지루한 것을 안 느낀다. 그림이 있는 곳이면, 그림 속으로 들어가서 재미있게 산다. 사람들이 있는 곳이라면, 그들과 함께 인생 이야기를 들어주면서 산다. 나무들이 있으면, 나무를 만드신 분을 만날 수 있어서 좋다. 아들은 나를 떠나면서 미안한 표정을 감추지 못했다. 아들의 그런 마음을 알아볼 수 있어서 좋다. 그래도 불안해하는 모습은 보이지 않아서 다행이었다. 이탈리아 말을 하나도 못하고, 귀도 난청인 엄마를 7시간이나 혼자 두는 것이 불안할 수도 있었을 텐데.

나를 믿고 가면서도 한마디 말을 한다.

"엄마, 5시에 D 승강장 앞에서 만나요. 5시에 D 승강장 앞이요."

아들은 가려질 벽을 돌아가기 전에, 뒤돌아서서 웃었다. 그리고 오른손을 흔들어 보이며 사라져갔다. 아들은 오랜만에 출근을 한 것이다.[25]

아들은 어려서도 나에게는 항상 살가우면서도, 골목에서는 짓궂게 놀 때가 많았다. 그런 손자를 우리 엄마는 야단치지 않으셨다. '애들은 그렇게 커야 돼. 너무 샌님으로 자라면 쓸데가 없는 인간이 되는 거다'라고 하셨다.

아들이 깨뜨린 이웃집 장독도 새로 사주시고, 냇가에 버려진 소금값도 소금장수에게 갚아주셨다. 동네를 돌아다니면서 이상한 돌이나 유리 조각들을 죄다 주워서 마당에 쌓아놓으면, '잘 모아왔네' 하면서 그저 대견해하셨다. 손자한테 허락받고 내다 버리시면서도 즐거워하셨다. 옷도 밝은색으로 사다 입히시고는 '이렇게 입혀야 애가 성격이 좋아지는 거란다'라고 하시었다. 내 엄마는 손자 사랑하는 방법이, 다른 할머니들과는 많이 달랐다.

즐거운 어린이 도서전

드디어 혼자가 되었다. 잠시 긴 의자에 앉아서 주변을 살펴보았다. 아니, 눈은 주변을 바라보았지만, 마음은 속을 헤아려보고 있었다. 지금부터 무엇을 하면서, 시간을 보내고 싶은지 알고 싶었다. 우선 그전에 왔을 때를 떠올리며, 1층으로 올라가는 승강기를 탔다. 그때는 1층에서 아래층을 내려다보면 아들이 어디서 무엇을 하고 있는지 보였었다. 하지만 승강기에서 1층 복도로 발을 내딛는 순간, '아하! 이건 아닌데'란 말이 튀어나오려 했다. 그곳은 북페어 장소가 아니라 칸칸이 막힌 사무실 공간으로 바뀌어 있었다.

그래도 내 머리에서는 시간여행이 계속되었다. 내가 바닥 쿠션에 앉아서 공짜 책을 가지고 와서 읽고 있다가 일어나려고 할 때였다. 앉아 있는 동안 무릎이 굳었는지 한 번에 일어나지 못했다. 도로 주저앉았는데, 느닷없이 내 위에서 커다란 손 하나가 내려왔다. 무의식중에 위를 바라본 나는, 당황하기보다는 재미있다는 생각이 들었다. 누군가가 내 아들 대신에 나를 바라보고 있다가, 내가 힘들까봐 도와주려고 손을 내밀어주는 것이 고맙고 좋았다. 그러면서도 내 입에서 나간 말은, "괜찮아요. 혼자 일어날게요. 혼자 할 수 있어요." 내 엉터리 영어를 알아들었는지, 그 아저씨도 말했다. "안다고 그래도 내 손을 잡고 일어나라"라고. 나는 다시 "고맙다"라고 말하고, 따사롭지만 낯선 아들 같은 아저씨의 손을 잡고 일어나서, 다시 고맙다고 인사했었다. 나는 1층의 이 코너, 저 코너를 돌아다니며 책들을 구경도 하고 헝겊 백도 몇 개 챙겼었다. 다시 추억을 주워 담고 아래층으로 내려왔다. 어째

서인지 그전보다 많이 삭막해지고 규모가 준 것 같았다. 코로나 팬데믹 때문일까? 혼자서 끄덕이며 걸음을 옮겼다. 그때도 한국 출판사들이 와 있었는데 조금은 초라해 보였다. 이번에는 그때보다 좀 발전한 듯해서 좋았다.

　아들을 만나기로 한 장소를 잘 찾아갈 수 있는지 확인해보고 싶은 충동이 일었다. 왜일까? 자신이 없어서일까? 그만큼 내가 늙었다는 것을 인정하는 것이 제일 현명하리라. 동시에 다가오는 질문이 있었다. '지금, 너 순례하는 거야? 관광하는 거야? 도대체 뭐 하고 있는 거야?' 둘러대서 말하는 것은 잘하지 못하지만, 솔직하게 말하는 것은 잘한다. 나는 지금 아들이 사업을 하는 코스의 하나인, 도서전에 와 있다. 아들이 하는 일의 한 부분을 구경하는 것은 즐거울 수밖에 없다.
　그러면 아들이 왜 나를 여기에 데려왔을까? 아들 생각에는, 자기 엄마가 이런 일에 흥미를 느낄 거라고, 그래서 관심의 폭을 더 넓히면 엄마에게 좋을 것이라고 여겼을 것이다. 그러면 이제부터는 그렇게 행동하기로 하자. 내 스타일대로 이것저것 이 사람 저 사람을 바라보면서, 시간을 즐기기로 했다. 관광은 아니고 학습을 하기로 했다.[26]
　먼저 화장실부터 확인하기로 했다. 어디에 가서나 내가 하는 작업 중의 하나이다. 몸이 불편한 사람들하고 다니니까, 그들의 필요를 따라 몸에 박힌 습관 중의 하나가 되었다. 전시장의 사이드를 돌면서 화장실 표시를 찾았다.
　한 바퀴를 다 돌아 입구 쪽으로 오니, 오른쪽으로 화장실 표시가 있었다. 그때와는 완전히 다른 곳에 화장실이 있었다. 여행자들을 위해 가방을 맡기는 곳을 지나서, 화장실이 아주 넓게 자리를 잡고 있었다. 내가 사용한 화장실에는 변기 하나와 작고 귀여운 세면대 하나가, 정갈한 모습으로 벽에 붙어 있었다. 남녀 화장실 구분 없이. 내가 일곱 번째 줄의 일곱 번째 화장실을 사용했으니까, 화장실이 몇 개나 되는지 궁금해졌다.

뭐야? 화장실이 70개도 더 되나 보다. 화장실을 100개도 더 만들어놓았구나 하고 놀랄 수밖에. 큰 행사를 얼마나 많이 치르는 걸까? 화장실 수를 세는 것을 체념하고 돌아 나왔다.

전시 벽에 붙여놓은 그림들과 전시물을 만나러 가기로 했다. 어떤 사람은 이제 왔는가 보다. 자기네 작품이나 홍보물을 붙일 곳이 마뜩잖아 고민하는 모습이 애처로웠다. 그런데 어떤 작품은, 소품인데도 전시 벽마다 가장 좋은 눈높이의 자리를 차지해서, 사람들의 시선과 쉽게 만날 수 있도록 붙어 있는 것을 볼 수 있었다. 으음! 부지런한 사람이 좋은 곳을 차지하는 것은 당연한 일이겠지.

막 걸음마를 시작한 듯한 아이가 엄마 손을 잡고, 귀여운 동물 사진을 가느다란 손가락으로 꾹꾹 찌르면서 웃고 있다. 나도 아기를 따라서 그림 속의 나뭇잎을 손가락으로 비벼보았다. 아기가 나를 바라보며 웃어주었다. 나도, 그 아이의 엄마도 서로 웃음을 바꾸었다. 아이 엄마가 아기의 이름을 가르쳐주었다. '레이철'이라고. 나는 "레이철, 넌 참 귀엽구나"라고 인사를 했다. 레이철의 엄마가 나에게 고맙다고 했다. 고마운 것은 나인데.

이 벽 저 벽을 돌고 또 돌았나 보다. 틀림없이 본 그림인데 또 있다. 마스크를 쓴 아저씨 그림이 여전히 침묵한 채 날 바라보고 있다. 침묵에도 색이 있다면 회색일 거다. 아니다, 아니다. 침묵에도 종류가 있을 것이다. 무엇을 위해서 침묵하느냐가 침묵의 색을 바꿀 수 있겠지. 나는 침묵하더라도 화사하고 찬란한 침묵을 하고 싶다. 수도원의 침묵에, 숲속의 침묵, 하나님의 미소를 보탠 침묵을 누리고 싶다. 나는 그림 속에 있는 아저씨를 보고, 웃지 않을 수가 없어서 웃으면서 말을 걸었다. '아저씨, 마스크를 쓰고 침묵하더라도 웃어보세요. 즐거울 거예요.'

층계 앞에서 무릎을 꿇고 심각한 표정으로 무언가 바라보고 있는 —물론 벽보 그림 속에— 아저씨가 있기에 나도 엎드려서 들여다보았다. 층계 위에는 개미 두 마리가 자기들보다도 큰 이파리를 물고 가고 있다. 나하고 취미가 비슷한 아저씨를 만나는 것도 참으로 즐거운 일이다. 잠깐이지만 그 아저씨와 함께였다는 것은 오랫동안 나를 웃음 짓게 할 일임이 뻔했다.

연주하는 사람들도 만나고, 각종의 예쁜 집들도 보면서, 시간이 날아가고 있음을 잊었다. 지붕에 올라가 있는 사람들을 따라서, 나도 지붕에 올라가 앉아서 도로를 내려다보는 스릴도 느껴보았다. 이렇게 자신들의 상상력을 발휘하는 일러스트레이터들의 재주가 전시 벽을 도배하고 있었다. 자전거에 그림 도구들을 싣고 가는 토끼 화가가 'Let's work together!'라고 외치면서 자기에게 일거리를 달라는 그림도 눈길을 끌었다. 아직도 어떤 젊은이들은 자기들이 알려야 할 그림들을, 벽의 빈틈을 찾아 붙이고 바닥에 늘어놓기도 했다.

나는 시계를 보았다. 12시 20분. 이제는 점심밥을 먹으러 가야겠다. 전시장에서 나가기 전에 해야 할 일이 있을까? 손도 씻고 싶고, 물도 마시고 싶다. 먼저 물병을 꺼내 입술 위에 거꾸로 세워서 300cc쯤 마셨다. 물병을 가방에 꾹 밀어넣고 화장실로 가는데, 나를 바라보는 아저씨가 있었다. 조금 전에도 눈인사한, 마스크를 쓰고 이어폰도 낀 아저씨였다. 벽보에 붙어 있어서 못 움직이는 아저씨니까, 내가 다가가서 만났다. 유독 그 아저씨만 불편해하는 것처럼 느껴지는 것은 웬일일까?

자세히 들여다보니, 나하고 비슷한 점이 있었다. 커다란 이어폰으로 귀를 막고 있으니, 다른 사람들의 말을 못 듣는 것이 나와 비슷했다. 하지만 그 정도만 나와 달랐다. 나는 소리는 크게 듣는데 정확한 말의 뜻을 못 알아듣는 것이니, 분명히 나와는 다르다. 마스크를 쓰고 이어폰을 낀 아저씨는, 자신이 원하는 소리만 골라서 듣고 있으니까 답답함을 내비치고 있는지도 모른다. 그 아저씨는 이 벽에도, 저 벽에도, 그리고 또 다른 벽에도 있었다. 그렇다고 내가 아저씨의 이어폰을 빼줄 수도 없으니, '아저씨 미안해요' 하면서 작별 인사를 하고 화장실로 갔다.

나는 전시장 밖으로 나왔다. 젊은 사람들이 화단 경계석에 걸터앉아서, 종이봉투에서 샌드위치를 꺼내 먹고 있는 것이 보였었다. 또 다른 사람들은 피자 조각을 들고 서서 환담을 나누는 모습도 자연스럽게 다가왔다. 정원의 오른쪽을 바라보니 거기에는 욕조만큼씩이나 큰 화분에 나무들이 심겨 있었다. 석 줄, 넉 줄씩 늘어서 있는 큰 화분들 사이로 걸어 들어갔다. 화분에는 올리브 나무, 동백나무 같은 것들이 심겨 있었다. 누군가에게 보호를 잘 받고 있는 듯이 보였지만, 안쓰럽다는 마음을 피해 가기는 어려웠다. 어쩌다가 뿌리들이 고무 벽에 닿을 때의 답답함이, 내 마음 안으로 뻗어왔다. '내가 그렇게 생각한다 해도 나무에게 아무 도움도 안 되잖아'까지 생각이 닿으면, 다른 곳으로 마음을 데리고 가야만 한다.

가방에서 먹거리를 꺼냈다. 화분 코너의 남은 자리에 단백질 에너지바 두 개, 고구마 스틱을 꺼내놓았다. 이 정도면 점심 식사로는 충분하고 훌륭하다. 게다가 며느리가 정성껏 준비하는 모습을 떠올리며 먹으면, 둘이 함께 먹는 셈이니까 즐거운 식사가 될 수 있다.

그리고 아이패드도 꺼냈다. 덩치가 좋은 화분 사이에 나의 크고 부드러운 엉덩이를 얌전히 들이밀고 앉았다. 내 엉덩이를 부드러운 살들로 만들어주셔서 고맙다고 그분께 말씀드렸다. 그분도 나를 바라보면서 '재밌는 얘기네' 하며 웃으셨다. 엉덩이에 살이 두툼하고 말랑하게 있는 것이 얼마나 대단한 일인지 경험하지 못한 사람은 모를 수밖에 없다.

일단은 아이패드를 들어올려서 무릎에 놓고 스케치를 하려고 했다. 앞에 보이는 정경을 그려넣고 싶었다. 그런데 붓이 아니라 내 손이 굳어 있음을 느꼈다. '안 되는 일은 제쳐놓고 잘 되는 일부터 하자.' 항상 잘 되는 먹는 일부터 시작했다. 단백질 바 두 개의 구수함을 입안 가득히 묻혀가며, 감사를 올려드리며 맛있게 먹었다. '이렇게 먹는 것도 재미있어요. 바람도 좋고, 사람들 구경하는 것도 즐겁고요.' '나도 좋다.' 그분은 항상 잘 들어주신다.

핸드폰을 꺼내서 찍은 사진들을 살펴보기 시작했다. 대다수의 사진은 한마디로 말해서 긍정적인 것들의 표현이었다. 예를 들면 사람과 자연이 소통하는 그림, 개구쟁이들의 노는 장면, 연주하며 나들이 가는 그림, 편히 쉬고 있는 힐링 표현, 노래하는 모습, 맛있게 먹는 사람들, 열심히 일하며 사는 사람들, 광장에 와글와글 시끌벅적 모인 공동체의 행복한 대열, 다정하게 포옹하는 그림, 푸근한 산천과 시원한 바다 배경, 문을 가만히 열고 짓궂게 살며시 들여다보는 모습, 조금은 외로워 보여서 쓸쓸한 느낌을 주는 그림까지.

제일 답답한 그림은 역시 마스크를 쓰고 이어폰을 양쪽 귀에 대고 스스로 격리시킨 아저씨 ─ 게다가 아저씨의 얼굴은 점투성이로 만들어놓았다. [그림31] 삽화가가 코로나 때문에 심술이 난 건가? ─ 그림이었다. 심술궂게 보이는 그림은 없었다. 눈앞에 제일 시원하게 다가오는 것은 기다란 줄에 매달려 있는 그네를 여러 사람이 제각기 이리저리 날아다니며 타는 그림인데, 보기만 해도 시원하고 생각만 해도 바람이 나에게로 불어오는 것 같아

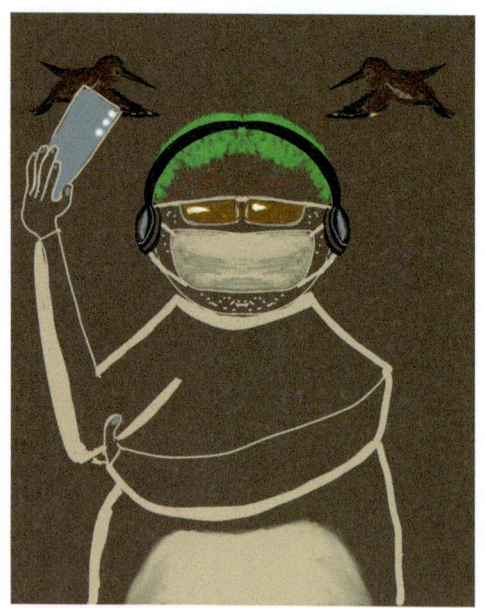

그림31 자기 안에 홀로 사는 사람

서 좋았다.

그러고 보니 우리네 일상생활에서 볼 수 있는 것들이 모두 벽보에 붙어 있었는데, 소외된 장면이 있다는 것이 문득 떠올랐다. 동물도 사람도 화난 표정을 짓고 있는 그림은 없었다. 전쟁 그림도 없었다. 어른들 책이라면 당연하게 있을 만한 불안을 나타내는 것도 없었다. 아하! 여기는 어린이 도서전이니까, 어린이가 보면 보탬이 될 소재만 그렸겠구나. 이런 세상이라면 얼마나 좋을까? 어른들이 잘못 만들어 놓아서, 어린이들이 그 길로 걸어가야 한다는 것은 참으로 불행한 일이다.

남의 것을 탐내서 생기는 전쟁도 없는 세상, 아이들에게 가해지는 폭행이나 폭언이 없는 세상, 자연에 가해지는 파괴와 남용 행위가 사라진 세상을 그려보았다. 이런 평화로운 세상을 어린이들에게 물려주어야 한다. 어느 인디언의 속담처럼 우리는 어린이들에게 이 자연을 잠깐 빌려 쓰고 있으니까, 빌릴 때의 상태를 잘 유지해서 쓰다가 돌려줄 의무가 있는 것이다. 자연을 보람찬 일로 사용하고, 더 풍성하고 아름답게 만들어서 돌려준다면, 참 좋은 세상으로 변할 것이다. 이런 마음이 그분이 우리에게 맡기신 관리인으로서의 도리일 것이다. 진실로 이곳 전시판에 붙어 있는 그림들 같은, 아름다운 세상이 되면 참 좋겠다. 아름다움에 동참할 수 없다면, 마스크를 쓰고 이어폰을 낀 아저씨처럼 혼자만의 세상에서 스스로 감옥살이하면 좋으리라.

나는 주변이 조용해진 것을 알아차렸다. 시계를 보니 1시 50분. 많은 시간을 보낸 셈이다. 영의 양식에 기름을 조금 바르고, 그 위에 그림도 그리느라 시간이 오래 걸렸다. 확 트여 있는 하늘을 올려다보았다. 나에게는 그분이 생각날 때마다 하늘을 올려다보는 습관이 있다. 그것도 어려서부터 들은 '하늘에 계신 하나님'이라고 기도하시던 어른들 때문일 것이다. 그러나 어른이 되면서부터는 '하늘에, 높은 곳에' 계시는 하나님보다는 '여기에, 나와 함께 계시는 하나님'을 좋아하고, 모시고 함께 다닌다. 대부분은 그분 안에서 산다. 그것이 제일 편한 방법이다. 때론 그분이 내 안에서 직접 속삭여주시는 것을 들을 때가 많으니까, 그분이 내 안에 계신다고도 할 수 있다.

　내가 이렇게 자유롭게 걸을 수 있는 것에 대한 감사를 위로 올려드리면서 전시장 안으로 다시 들어갔다. 이번에는 부스를 돌아보고, 다시 아기자기한 삽화들이 빼곡히 도배되어 있는 곳으로 가기로 했다. 이야기들이 숨바꼭질하듯이 들쑥날쑥 붙여져 있는 전시 벽들을 꼼꼼히 구경하면서 그림 속의 사람, 나무, 집, 동물들과의 이야기하는 시간을 즐겼다.
　시간이 참 빨리도 흘러가는데, 그렇다고 아쉬울 것 없는 내 나이가 좋다. 어디에도 매여 있지 않은 이 여유로움을 만끽하면서 사람 구경을 하는데, 들어오는 사람들보다는 나가는 사람이 더 많아졌다는 것을 알 수 있었다. 벌써 4시 반이 지나고 있었다. 어쩌면 마지막일지도 모르는 이곳의 순간들을 눈 속에, 그리고 머리와 마음에서 꺼내어 보자니, 갑자기 뭉클하는 그 무엇이 속에서 비집고 올라왔다.
　많은 일러스트레이터가 자신을 알리기 위하여 붙여놓은 그림. 그들 모두에게 희망의 연락이 닿기 바라면서 발걸음을 옮기다가 동물 그림 앞에 멈추었다. 여우도 있고 토끼도 있고. 산속 어느 구석진 곳을 표현하였나 보다. 갑자기 머릿속에서 노랫소리가 흘러나왔다.

'산속 호걸이라 하는 호랑이의 생일날이래요.
각색 짐승 남산에 모여 무도회를 열었대.
토끼는 춤추고 여우는 바이올린
호랑이 궁뎅이 흔들흔들 거린대요.'

　노래를 따라 부르며 웃으면서 몸을 흔들어보았다. 어릴 적, 집안 어른들 앞에서 온몸을 흔들며 노래 부르던 재신이가 어디에 있다가 튀어나왔는지 모르겠다. 어른들이 웃으시며 손뼉을 쳐주시던 모습도 함께.

혼자서 빙긋이 웃었다. 아무도 나에게 '왜 그러냐?'라고 하는 사람은 없었다. 그냥 즐거운 시간을 만드는 것이 나에게는 좋고, 내가 기뻐하는 것 때문에 불편해할 사람이 없으니 좋았다. 내가 즐겁게 살기를 원하시는 분이 저 위에도 계시고 내 속에도 계시니 참 좋다.

내가 전시장의 중앙복도로 나왔더니 사람들이 다 없어졌다. 놀라서 시계를 보니 4시 55분. 나는 나에게 '놀라지 않아도 돼요. 아직 5분이나 남았는데, 그리고 승강기까지는 20m도 안 되거든'이라고 긍정의 표시를 해주었다. 나를 안정시켜주는 나에게 '참 고맙네'라고 인사하고 걸음을 옮기는데, 핸드폰이 예쁜 소리를 내보냈다. 다급한 듯한 소리가 내 귀에 들렸다.

"엄마, 의자가 없어졌어요. 아아! 있네요."

아들이 엄마가 고생할까봐 가슴을 쓸어내리는 모습이 보이다가 사라졌다. 조금은 피곤해 보이는 아들의 모습을 쳐다보면서, 나는 그분께 고맙다는 말씀을 올려드렸다. 다시 반갑게 아들을 만날 수 있음을.

오늘 정말 많은 전화번호를 보았다. 작가들이 벽에 붙여놓은 그림에는 하나도 빠짐없이 자신들이 사용하는 휴대전화의 번호가 적혀 있었다. 나도 바로 전에는 다급해진 아들의 목소리를 핸드폰을 통해서 들었다. 장애인 시설의 봉사를 쉬었다가 다시 시작한 때였다. 그때 무허가 시설이었던 곳에는 '근디스트로피'라는 퇴행성 근육병으로 힘들게 살아가는 '문어' 아저씨가 있었다. 문어 아저씨는 말수가 적으면서도 같이 사는 장애인들의 대변인이자 보호자 역할을 아주 잘하고 있었다. 하루는 문어 아저씨가 휠체어에 앉은 채로, 식탁 옆을 지나가고 있는 나를 불러세웠다.

"사모님, 나 좀 보고 가세요."

나는 고개를 돌려 문어 아저씨를 보았다. 그의 얼굴이 불그스름했다. 본래 창백하였기에 얼굴의 홍조는 더 뚜렷해 보였다.
"네? 저요?"

내가 발걸음을 멈추고 옆으로 돌아서자, 그는 말했다.

"잠깐만 앉아보세요. 드릴 말씀이 있어서요."

그는 잠깐 머리를 숙이고 생각을 정리하며 뜸을 들였다. 머리를 들 힘이 없어서 그렇게 하고 있었는지도 모를 일이다.

"사모님, 제가 핸드폰을 사드릴게요. 가지고 다니세요."

나는 생각해 보지도 않았던 말을 들어서, 놀랄 수밖에 없었다.

"아저씨가 왜 나에게 그걸 사주는데요?"

문어 아저씨는 내가 핸드폰을 왜 가져야 하는지를 자세하게 설명하기 시작했다.

"사모님! －그때는 다들 나를 사모님이란 호칭으로 부르곤 했다.－ 사모님이 여기에 와서 계실 때는, 봉사자들이 우리한테 모두 친절하게 잘해요. 그런데 사모님이 안 계시면 우리 장애인들을 함부로 대해요. 또 후원품이 좋은 것도 들어오는데 그것이 우리한테 오지 않아요. 자기네들끼리 다 가지나 봐요. 그러니까 사모님이 전화기를 가지고 계시면, 우리가 필요할 때 사모님께 연락할게요. 내가 전화하는 것만 봐도 봉사자들은 우리한테 조심할 거예요. 그러니까 우리 장애인들을 위해서 내가 사모님께 전화기를 사드리려고 하는 거예요. 또 저는 장애인이라 싸게 살 수도 있고 전화요금도 싸대요. 다 알아봤으니까, 받는다고만 하세요."

나는 그의 말이 다 끝난 것을 알면서도 한참 묵묵히 있을 수밖에 없었다. 많은 장면이 줄줄이 지나가고 있었기 때문이었다. 아저씨는 또 말을 이었다.

"전화요금도 내가 낼 거예요. 제발 부탁을 들어주세요."

그날 잠실에 있는 집으로 오면서, 많은 상념으로 온몸이 부풀어 올랐다. 그 시설에서 우리 집까지는 53km였다. 보통 1시간 20분이 걸렸다. 나는 그 장애인 시설에서 어떤 존재인가? 내가 계속 일한다면, 어디에 목적을 두어야 하는가? 그러다가 그 아저씨가 나에게 가지고 다니기를 원하는 휴대전화의 기능은 무엇인가를 세밀하게, 그 의미를 따지기 시작했었다. 다른 것들은 다 정리되지 않았지만, 휴대전화의 기능이 무엇인지에 대한 결론은 내려졌다.

휴대전화의 기능은 내가 하나님께 아뢰는 '기도의 기능'이라고 결정지었다. 내가 일마다 때마다 그분께 종알대듯이, 문어 아저씨가 지적 장애인들을 대신해서 나한테 말하겠다는 것일 테다. 그러면 전화하는 모습을 보면 봉사자들이 나에게 연락하는 줄로 알고, 행동에 조심할 것이라는 것이 문어 아저씨의 생각이라고. 이러한 과정을 거쳐서 내 손에 핸드폰이 들리게 되었다.

그래서 내가 처음으로 핸드폰을 사용하기 시작한 것은 1996년이었다. 그동안 휴대전화도 많이 변했다. 하지만 같은 핸드폰이라 하더라도 사용하는 사람에 따라 기능이 천차만별이다. 나같이 잘 사용하지 않는 사람에게는 많은 용도가 필요하지는 않지만, 없으면 어려움에 부닥칠 수 있다.

나는 엄청 자주, 나와 휴대전화의 관계, 사람들과 하나님과의 관계를 휴대전화에 대입시켜 보게 되었다. 나에게 핸드폰이 있지만, 항상 가지고 다니지는 않는다. 내가 필요할 때만 꺼내서 사용한다. 휴대전화에서 기능에 따라 다른 소리가 난다. 메시지 소리는 클래식 소리로 해놓고, 알람소리는 물방울 소리로 해놓는다든지 하여 구분해 놓고, 반응하고 싶을 때만 알아들은 척한다.

나를 포함해서 많은 사람이 그분을 휴대전화처럼 이용하는 것 같다. 사람들이 모두 하나님을 알기는 하는 것과 핸드폰이 누구에게나 있는 것이 공통점일까봐 겁이 난다. 핸드폰이 필요할 때면 꺼내서 사용하듯이, 하나님도 필요할 때면 꺼내서 이용할 수 있다고 할까봐 두렵다.

교인들이, 도움이 필요할 때 '주여'를 하면 찾아오시는 그분을 믿는 것일까, 하고 깊이 생각하게 된다. 주일이면 교회에 가서 예배하고 나오고, 자신들에게 필요할 때만 그분을 부르짖어 찾는 것은 아닐지 겁이 난다. 그때 그 시절의 봉사자들처럼, 그분이 보고 계신다고 믿지 못하고, 자기보다 약자인 사람들에게 함부로 대하는 교인들이 얼마나 많을까? 나에게 핸드폰을 사주었던 문어 아저씨와 같은 마음으로, 우리를 살펴보시는 그분이 계시다는 것을 우리는 자주 잊어버리는 듯하다. 오랜만에 아들의 목소리를, 핸드폰을 통해 들으면서, 20년도 더 전에, 이 세상을 떠나간 옛 식구를 그 동역자를 떠올렸다.

    우리는 버스를 탔다. 갈 때와는 다르게 버스에는 사람들이 별로 없었다. 해는 저 너머 넘어가려고 준비하고, 사람들은 제각기 자기 집으로 가는 편안을 기대하는 시간이 퇴근 시간이다. 버스에서 아들과 나란히 앉아서 어느 출판사로부터 그날 초대받은 이야기를 나누었다.
    "아들, 나 저녁 먹으러 같이 안 가도 돼? 가기 싫은데."
    "그 출판사가 엄마한테 꼭 대접해 드리고 싶다고 했는데."
    "지난번 런던에선가? 그때도 불편했어. 이번에는 귀도 안 좋고. 난 안 갈래. 그냥 호텔에 있을게. 치킨 샐러드만 하나 사주고 가. 그거면 아주 만족해."
    "알았어요. 엄마, 출판사에 그렇게 말할게요."
    나는 진심을 담아 미안하고 고마웠다.
    "아들, 고맙습니다."
    아들이 그만의 독특한 웃는 모습을 내게 보내주었다. 아들은 버스에서 내려 나를 호텔 방까지 데려다주고는 내 저녁 식사 거리를 사러 나갔다. 얼마나 거창하게 사오려는지 3, 40분은 지나서야 들어왔다. 아들의 마음 씀씀이는 참 여전하다.

여드렛날, 볼로냐에서 제노바로

2023년 3월 7일, 맑음

볼로냐에서의 주요 행사가 북페어인 것이 맞나 보다. 어젯밤 11시가 다 되어서야 들어온 아들이 신기하게도 일찍부터 일어나서 나를 챙긴다. 우리는 이동하기 위하여 가방을 챙겼다. 아들은 옷들을 구김살이 안 가도록 잘 접는 방법을 알고 있다. 살림 50년 차가 넘은 나도 잘 못하는 일을 아들은 꼼꼼히 잘도 한다. 내 바바리도 이동할 때마다 무슨 묘기를 부리는 양, 쭉 펴놓고 양쪽 소매를 접고 아래를 끌어다 접어놓고, 네모나게 만들어서 가방에 넣는 모습이 접기 작품을 만드는 자세다.

그런데 나는 참 이상하다. 왜 아들처럼 옷 정리하는 방법을 배울 생각도 않는지 모르겠다. 대충 개켜서 넣어두었다가 물 스프레이를 해서 입곤 한다. 고칠 점은 고쳐가며 살아야 하는데 말이다. 내가 하는 일의 대부분은 머릿속에서 이루어지는 생각들이다.

우리 둘이 여행하는데 실제로 내가 하는 일은 아들의 5%도 안 된다. 그 5%도 먹는 일과 화장실 가는 일이 전부이다. 나이가 많다고 배짱을 부리는 걸까? 나는 자신에게 '아서라, 마서라' 하고 싶지만, 행동으로 옮기지 못하는 이유는 모르겠다. 내 능력의 한계를 스스로 줄이고 있는지도 모르겠다.

하여튼 아들과의 여행이 중반부를 잘 넘어가고 있다. 우산을 한 번도 꺼내지 않고 여행을 하리라고는 기대도 하지 않았는데, 가는 곳마다 날씨가 쾌청이다. 여전히 자신이 잘났다고 자신하는 바보 할머니는 자기의 이름을 불러가며 통쾌하게 말하곤 한다.

"볼로냐가 말하네. 웰컴, 김재신."

아들도 바보 같은 엄마의 말에 긍정표를 붙여주며 웃어주었다.

"엄마, 그러게요."

그러다가도 종종 나의 긍정적인 생각에 쓴웃음을 덮고 있는 자신을 본다. 참 세월이란 것이 사람을 이렇게 변하게도 한다는 것을 글이나 말로만 만났었다. 성경 말씀을 따라서 순종하느라고 애써서 변하는 것이 아니고, 몸의 기능이 떨어져서 바뀌는 것이 슬픈 일이 되지 않도록, 잘 적응해 나가는 것이 쉬운 일은 아닌 것이 분명하다.

나에게 적합한 사고와 행동반경을 정해서, 늘어지지 않게 탄력 있게 생활하고 싶은데, 그것도 쉽지 않다. 그래도 생명이 주어지는 한, 팽팽하게 유지하며 유쾌하게 살고 싶다. 누군들 그렇지 않을까? 걸음걸이가 어려운 어른들을 바라보며, '아 참, 힘드시겠다'라고 생각하다가도, 그런 모습이 내 모습이 될지도 모른다는 생각이 머릿속에 스멀스멀 기어오르면 '어찌하오리까'를 되뇔 수밖에 없다.

이래저래 '저를 불쌍히 여겨주시옵소서'를 되뇔 수밖에 없다. '육체가 너무 힘들어지기 전에 저를 데리고 가시옵소서.' 그분께 부탁드린다. 이것이 팔순 기념여행을 하는, 나의 모습임을 숨기고 싶지도 않다.

아들과 기차역으로 갔다. 아들은 가방을 끌고, 메고, 들고 갔다. 나는 여전히 내 몸만 데리고 갔다. 10시 36분 기차, 좌석도 아들이 알려주었다. 나는 따라만 다니면 되는 데도, 아들은 자세하게도 일러준다.

11시 50분에 밀라노 중앙역에서 기차를 바꾸어 탔다. 밀라노에는 2019년에 아들과 왔었다. 아들이 나에게 레오나르도 다 빈치의 〈최후의 만찬〉을 보여주고 싶었던 것이 분명했다. 왜냐하면 밀라노에서의 추억은, 레오나르도의 그림을 본 기억 외에는 남은 것이 없어서다.

2019년 그날은 하루 종일 비가 주룩주룩 내렸다. 그림이 있는 산타 마리아 델레 그라치에 성당에서 멀리 보이는 성곽에도 데리고 가고 싶어했지만, 비가 와서 포기하는 아들을 보았었다. 아들은 내가 속한 그룹의 가이드에게 바우처를 보여주었고, 나는 20

명이 넘는 사람들과 같이 그림을 보러 들어갔었다. 15분 동안 그림에 관해 설명한다고 했다. 어처구니가 없었다. 아들이, 며느리가 얼마를 주고 예약했는지 모르지만, 그 큰 그림을 보기에는 턱없이 짧은 시간임은 분명했다.

  그림 앞에 서는 순간, 그림이 많이 망가져 있음을 알아차렸다. 그림의 중간쯤 맨 아래에는 아예 공백인 부분도 있었다. 어차피 덧칠하려면, 상상을 동원해서라도 전체 화면과 어울리게 덧칠로 완성하든지.

  영어로 말하는 가이드의 말은 10%도 알아듣지 못했다. 가이드의 말에서 단어 몇 개를 주워담아 연상하며 그림을 보려면 시간이 더 필요했다. 전쟁에서 망가졌고, 마구간으로도 사용했고, 그림이 있는 벽에 문도 만들었다가 복원했다나.

  화법에 대해서 말할 때는 더 알아듣기 힘들었다. 그림이 저만큼이라도 남은 것이 신기했다. 가이드의 설명이 끝나고 나갈 즈음에 〈최후의 만찬〉 그림과 마주 보고 있는 조반니 도나토의 〈십자가 처형〉 그림을 바라보았다. 화가들의 대단한 끈기와 집중력을 새삼 느꼈다. 십자가 세 개와 저 많은 군중을 그리려면 얼마나 버티고 서서 그려야 할까?

  나는 왜 이럴까? 하고 그때도 생각했었다. 밖으로 나와서 회랑을 바라본 순간에 그림에서 느낄 수 없는 신성함이 나에게 말을 걸어올 듯한 느낌을 받았다. 그분이 만들고 계신, 수시로 변하는 대작품이 정원에 펼쳐져 있었다.[27]

  그런데 이번에는 그냥 밀라노역만 거쳐서 지나가게 되었다. 기차역의 모양이 조금 더 시골에 온 듯한 느낌을 주었다. 나는 본래 시골을 좋아하지만, 내가 생각했던 그런 풍경은 아직 만나지 못했다.

5. 제노바

    13시 44분에 제노바역에 도착했다. 나는 힘들이지 않고 나왔지만, 아들은 여전히 여행 캐리어들 때문에 힘겨운 시간을 끌고 다녔다. 역사(驛舍)를 빠져나와서 내가 나온 역을 바라보니 정동진역보다 훨씬 작다. 나는 나와 그분만이 알아볼 수 있는 미소를 지어 하늘로 올려보내 드렸다.
    역의 마당 왼쪽에는 택시 석 대가 있었다. 한담(閑談, small talk)을 나누고 있던 기사 중의 한 사람이 아들에게로 다가왔다. 아들과 기사가 흥정하는 모습을 남의 일 보듯이 바라보는 내가 한심한 걸까? 팔자가 늘어진 걸까? 혼자서 따지면서 또 웃었다.
    지금 가는 곳은 몬테 피고냐(Monte Figogna)라고 내 수첩에 적어주는 아들의 자상함을 보고, 나는 그냥 흡족한 미소를 짓는 것이 내가 할 일의 전부임을 안다. 그 산에 있는 수도원 이름도 적어주었다.

Casa Del Pellegrino Santuario Nostra Signora Della Guardia
아들은 꼬부랑글씨 아래에, 우리말로 적어주었다.
'순례자, 성소(예배당), 우리의, 아줌마, 수호.'
그리고 줄을 바꿔서 전부를 번역해서 써 놓았다.
'우리의 수호 아줌마 순례자의 집, 교회.'[28]

    그리고 말로 설명해준다. 1490년에 마리아가 현현해서 세워진 수도원이란다. 그곳의 높이가 해발 800m라고 아들이 말했다. 나는 높은 곳에 오르면 귀가 많이 아팠던 경험을 한 적 있다. 장흥 고개를 넘어가려고 운전할 때도 귀가 아팠다. 우리는 지금 그곳을 향해 가기 위해 택시를 탔다.

나는 택시요금이 얼마인지도 모른 채 택시를 탔다. 아들이 알아서 다하니까, 나와는 상관없는 일들이 많이 이루어지고 있다. 기사님은 우리를 태우고, 해변인 것도 같고 공장지대인 듯한 곳을 지나서, 작은 집들이 아담하게 있는 동네를 끼고, 산등성이를 오르기 시작했다. 산을 나사 모양으로 빙빙 돌려서 만든 산길을 오르기 시작했다.

나의 속이 뒤집히기 시작했다. 이럴 때는 운전대를 잡고 직접 운전하면 메스꺼움이 사라지던데 하고, 가당치도 않은 옛날 일을 떠올렸다. 아들이 염려스러운 표정으로 나를 바라보고 있음을 나중에야 알았다. 왜 이렇게 둔탁한 노인이 되어버렸을까? 아들에게도 재치 있는 엄마이고 싶은데, 잘 안된다. 여행 중에는 똑똑하게 행동할 수가 없다. 알아들을 수도 없고 질문할 수도 없으니까.

"엄마, 많이 힘드세요?"

"응, 메스꺼워서."

아들은 나에게 지극정성으로 대해준다. 나는 속이 울렁거리고, 토할 것 같아서 이를 악물고, 나의 생각을 아주 멀지 않은 깊은 감정의 연못으로 데리고 갔다.

15년 전쯤엔가, 아들이 나에게 건네준 아름다운 책의 잔잔한 연못으로 갔다. 책의 이름은 『소풍』. 책의 제목 앞에 서술형으로 붙어 있는 글은 '어머니와 함께한 900일간의' 소풍이었다. 책의 표지 맨 위에는 '세상 구경이 소원인 어머니를 위해 자전거수레로 함께 세상나들이를 떠난 100세 노모와 70대 아들의 아름다운 동행'이라고 주홍색 글자로 적혀 있었다.

나는 피렌체 아르노강가의 식당에서 저녁 식사를 하면서, 아들에게 물어본 일이 떠올랐다.

"아들, 나한테 그 책 줬잖아. 노모와 자전거 여행한 소풍 이야기. 그 이야기 읽고서 나를 데리고 여행하고 싶어졌어?"

"그렇기도 했지만…."

아들은 말끝을 흐리고 깊은 생각에 잠겨들었었다. 하기는 처음 아들과 여행을 떠날 때도 물어봤었다.

"아들, 어떻게 나를 데리고 여행 다닐 생각을 했어? 고맙게시리."

아들은 말했었다.

"엄마는…."

민망한 듯한 표정을 보이던 아들이 말을 이었다.

"애들하고 진실이하고 여행을 몇 번 하다 보니까, 엄마만 여행을 못 다니셨더라고요. 그래서 엄마를 모시고 여행하기로 진실이하고 결정했어요. 아빠가 전 세계 다 다니실 때도 같이 못 다니셨잖아요."

그때 내 속에서 고마움의 격정이 올라오던 느낌을, 무엇이라고 표현해야 하는지 지금까지도 그 낱말을 찾을 수가 없다. 그 여행으로 끝날 줄 알았는데, 지금 3차 여행 중에 이 낯선 산으로 올라가면서 토하지 않으려고 애를 쓰고 있다.

아들이 아름다운 것을 볼 때 내 생각을 했다는 것은, 나를 사랑하고 있다는 말임이 분명하다. 맛있는 음식을 먹을 때도 사랑하는 사람에게 그 음식을 먹이고 싶으니까. 그 마음 바닥에는 사랑이 깔려 있으니까. 아들과의 대화와 『소풍』 속의 풍경을 끌어내어, 화려한 여행에 오색 수를 놓아갔다. 그렇지만 속에서는 메스꺼움이 절정에 다다랐다. 나는 힘을 주어 눈꺼풀을 누르고 있는데, 기사가 하는 말이 들렸다. 아들이 꼭 잡고 있던 내 손을 놓아주면서 말했다.

"엄마, 다 왔어요. 다 왔대요."

나는 습관대로 시계를 보았다. 14시 35분. 13시 55분부터 택시를 탔으니까 40분이나 올라온 셈이다. 나는 내가 하늘 속에 있는 줄 알았다. 하늘에도 건물이 있었다. 뿌옇게 보이는 건물이 있었다. 눈이 정상적인 기능을 되찾아 두리번거려 사실을 확인했다. 기사의 말이 들렸다. 영어로 말하는 것 같았다.

"저쪽으로 가세요."

기사의 손가락을 따라 눈길을 돌리니, 그쪽에 낮은 건물이 쭈그리고 있었다. 아들과 기사는 가방을 트렁크에서 끄집어냈다. 아들은 또 짐들을 끌고 메고, 아무것도 없는 빈 뜨락을 가로질러 거북이처럼 웅크리고 있는 건물로 걸어갔다. 아들이 문기둥에 있는 벨을 누르고, 또 누르고 눌러도 아무런 반응이 없었다. 아들은 그래도 또 벨을 눌렀다. 그렇게 하는 것만이 나를 데리고 들어갈 수 있는 유일한 방법인 듯이 보였나보다. 아들의 얼굴에는 '엄마를 빨리 쉬게 해드려야 해'라고 쓰여 있었다.

그렇게 아들이 애쓰고 있는데 웬 아줌마가 우리 곁으로 다가왔다. 서로 잘 통하지 않는 말로 애타게 대화를 나누더니, 말로는 안 되겠다고 결정했는지, 우리를 데리고 큰 건물로 갔다.

가까이 가서 보니, 성당 건물이었다. 아줌마가 우리를 데리고 들어간 곳은 상점 같았다. 왜냐하면 여러 책과 그림과 이콘과 사진, 그러니까 많은 물건이 놓여 있으니까, 가게처럼 보였다. 안쪽에는 회색 수녀복에 흰 머릿수건을 두른 수녀가 있었다. 아들과 수녀 직원과의 대화를 듣고 있자니, 오랜만에 나의 신경이 곤두섰다.

아들은 핸드폰을 열어서 예약된 것을 보여주었다. 그래도 수녀는 안 된다고 딱 잡아뗀다. 어디가 막힌 수녀임이 틀림없는데 아들은 또 사정한다. 예약을 안 하고 왔더라도 수녀라면 지나가는 나그네라도 쉬어 갈 수 있게 배려해주어야 하는 것이 아닐까? 얘네들은 예수님의 말씀도 안 읽고 수녀가 되었나? 이 꼭대기까지 올라온 나그네에게 이렇게 모질게 해도 된단 말인가? 내 생각과는 관계없다는 듯이 수녀는 여기서 머무를 수 없다고 계속해서 완강하게 표현하고 있는 모양새였다.

갑자기 아들의 말하는 것이 내 귀에 들렸다.
"그럼 교회 안에서 잠만 잘 수 있게 해주세요. 아침밥하고요."
아들이 갑자기 불쌍한 사람으로 보였다. 사무원 수녀가 말했다.

"그건 안 돼요."

두 사람의 이야기를 들으면서 나는 잠깐 사무엘의 어린 시절로 돌아갔다. 성당 안에서 잠을 잔다? 장의자를 두 개 붙여놓고? 발 받침대 때문에 붙일 수 있을까? 성당 안에서 자다가 그분께서 오셔서 '재신아, 재신아'라고 부르시면, '네, 주님. 제가 여기 있어요'라고 대답하는 장면까지. 그런데 빨리 현실로 돌아왔다. 아들이 춥게 자면 알레르기가 심해질 테고, 끼니를 놓치면 금방 안색이 변하고 건강이 악화되는 모습이 내 앞을 가로막고 섰다. 상상과 현실을 바쁘게 드나들다가, 현실에 정신을 박았다. 나는 아들에게 말했다.

"아들, 내려가자. 그냥 내려가."

아들은 예약하고 예약금도 낸 증거가 되는 핸드폰을 들고 계속 보여주고 있었다. 그 수녀 사무원은 미안하다고 말했다. 미안하다는 말로 되는 일이 있고, 안 되는 일도 있다는 것을 모르는 것 같았다. 누군가 실수를 했더라도 예약한 것을 지켜야 하는 것인데. 잠시 후, 한 남자가 와서 수녀와 대화했다. 마냥 그냥 듣고만 있자니, 그것은 나의 도리가 아니었다. 아들을 이 곤경에서 건져내야만 했다.

"아들 내려가자. 그만 가자. 아들 아프겠다."

아들은 끈기 있게, 계속해서 수녀에게 사정사정했다. 성당 안에서 자게만 해달라고. 아저씨가 다시 수녀와 대화하더니, 수녀가 아들에게 숙박을 제공하겠다고 한다. 나는 그래도 내 주장을 굽힐 마음의 여유가 생기지 않았다. 아들은 안도의 숨을 들이키는 모습이 역력히 보였다. 나 자신도 모르는 불쾌감이 나를 억누르고 있어서 힘들었다. 그들과 아들이 하는 영어는 나도 충분히 이해할 수 있는 수준이었다. 수녀가 말했다.

"저녁도, 아침 식사도 돼요."

아들이 수녀의 말에 답했다.

"고맙습니다."

내 나이에 어울리지도 않고, 순례자의 예의에도 적합하지 않은 불만이 가슴 속에서 꿈틀거리며 힘차게 움직이고 있었다.
"아들, 내려가자."
이제는 아들보다는 수녀가 더 난처한 표정을 얼굴에 지으며 말했다.
"숙소를 보고 결정하세요."
수녀의 말에, 아들의 얼굴이 나를 향했다. 아들의 피곤한 모습을 이길 방법은 없었다. 나는 무표정한 얼굴로 머리만 까닥여서, 수녀의 말대로 해보겠다는 의사 표현을 보냈다.

그 아저씨가 민망한 표정으로, 고개를 숙이고 내 앞을 지나가며 손짓을 했다. 따라오라는 말 대신에. 그 아저씨는 영어는 한마디도 못 하시는가 보다. 아들은 가방들을 그곳에 그냥 놔두고는, 내 손을 꼭 잡고서 아저씨의 뒤를 따라가기 시작했다. 아들의 보호본능이 강하게 발동하고 있음을 느꼈다. 사무실도 아니고 가게도 아닌 그곳에서 나오니, 신선의 세계로 온 듯한 착각에 빠질 수밖에 없었다. 앞으로 '확' 트인 공간에 구름인지 안개인지, 하여튼 이 세상이 아닌 곳에 내가 발을 딛고 서 있었다. 아들이 나의 손을 이끌지 않았더라면, 아마 한참 서 있는 채로 굳어버렸을지도 모른다.
왼쪽으로 돌아서서 성당을 지나 커다란 성전 문 같은 큰 문을 지나서, 건물 코너 어디엔가 있는 작은 문으로 아저씨가 들어가더니 기다리고 있었다. 아저씨가 열쇠로 내 몸체보다 조금 큰 문에 키를 꽂고 문을 열었다. 얼마나 더 신비경으로 나를 데리고 갈지, 궁금증이 생겨났다. 아마 그제야 내가 현실로 돌아온 모양이었다. 아저씨가 열고 들어간 곳은 승강기 안이었다. 옛날에 만들어진 건물에 현대인이 살자니, 승강기를 궁여지책으로 적당한 자리에 쑤셔넣은 형식이거니.
나는 아들을 따라다니면서, 이민 가방 세 개 넣으면 꽉 차는 호텔 승강기를 장난스러운 눈길로 봐주곤 했었다. 그런데 이번 순례에서는 수도원에서 이런 귀엽고 작은 승강기를 만나고 있다.

세월의 변화는 산골 수도원이라고 한들 막을 수 없다는 것이 새삼스러웠다.

1층(한국식 2층)으로 올라가 문을 연 곳은 102호실. 지금까지 묵었던 수녀원 숙소와 비슷했다. 조금 다른 것이 있다면, 침대 길이가 약간 길어 보였다. 아마도 남자 수도원이어서 그런가 싶다. 나는 오래간만에 아들을 바라보며 웃었다. 아들은 내가 웃어주는 모습에 마음이 놓이는 듯했다.
내가 아들에게 얼마나 고약하게 굴었는지, 새삼 미안한 마음이 올라와 겸연쩍어졌다. 아들을 위한다는 것이 아들을 더 힘들게 했나 보다. 긴장한 모습의 아들에게서 드디어 소리가 굴러나왔다.
"엄마, 괜찮아요?"
"으응, 좋아. 아들."
우리를 안내한 아저씨는 우리에게 친절하게 대하느라고 애쓰는 모습이어서, 애처로워 보이면서도 고맙게 느껴졌다.

내 아들이 예약하고 왔음에도, 나 몰라라 한 이곳 담당자가 이해되지 않았다. 아들의 깊은 뜻도 모르고 나는 아들을 속 썩이는 이곳을 빨리 빠져나가고 싶어했다. 나는 가끔가다가 어떤 그 무엇이 내 속에 못된 것을 싹 틔우고 빨리 자라나서, 흉측한 나로 변하게 하는 느낌을 갖곤 한다. 분명히 내 속에는 거의 항상, 나쁜 놈과 좋은 영이 함께 있음을 안다. 보통은 나를 인도하고 가르치시는 분이 계시는데, 호시탐탐 나를 나쁜 방향으로 끌고 가려고 기회를 엿보는 놈도 있음을 안다. 아직도 내가 이 세상에 살고 있으니까, 그놈은 이 세상 마지막 날까지 나를 자기편으로 끌고 가서, 나를 구렁텅이에 빠트리려고 애쓸 것이다. [그림33] [사진17]
내가 마음속 여행을 하는 동안에도, 아저씨는 난방 라디에이터를 만져보다가 방이 따뜻해지려면 시간이 좀 걸릴 거라고 하면서 전기 난방 스토브를 가지고 들어왔다. '진즉 그럴 것이지. 괜히 아들 속을 태웠으니'란 생각이 고개를 들고 빨리 지나갔다. 나는 좋지 않은 마음을 가진 나를 볼 때마다 마음이 불편해지면서도, 아주 없애지 못하고 있다.

우리는 성당 사무실로 다시 갔다. 수녀가 앉아있다가 일어서더니 말했다.

"방을 보셨나요? 어때요?"

아들이 말했다.

"엄마가 괜찮대요. 계시기로 했어요."

수녀가 고맙다고 웃으면서 말해주었다.

아들은 내가 궁금해할 것들을 질문하기 시작했다. 나는 생각한다. 수녀들을 시스터라고 한다나? 어디에선가 들어봤는데 까마득히 잊고 있었다. 호칭이 성경적이어서 사랑스럽다. 그러니까 아들은 시스터에게 물어보았다.

"미사는 몇 시에 있나요?"

수녀는 4시에 있다고 알려주었다. 아침 미사는 7시에 있다고도 알려준다. 아들은 엄마인 내가 하고 싶은 일을 미리 챙겨서 알아봐 주었다.

그림33 수도원 숙소에 들어오자마자 일하는 아들

이번에는 아저씨가 끼어들었다. 손짓으로 먹는 시늉을 하며 7시가 어떻겠냐는 제스처를 한다. 아들이 나를 바라보며, 괜찮다고 답해주었다. 이렇게 해서 오늘의 일정이 정해졌다. 아들은 짐 보따리들을 챙겨서 다시 아저씨를 따라서 숙소로 갔다. 아들과 함께 숙소에 들어가니 3시 45분이었다. 그러니까 실랑이를 벌인 시간이, 한 시간하고도 10분이나 걸렸다는 말이다. 교회만 시대에 뒤떨어진 것이 아니고, 수도원도 성당도 뒤떨어지다니, 둘 다 좋지 않은 발맞춤이다.

나는 아들에게 말했다.
"아들, 나 미사에 참여하고 올래."
"네, 엄마. 그러세요."
나는 아들을 마음 쓰게 하던 일은 잊은 듯이, 아니면 언제 그랬냐는 듯이 또 뻔뻔스럽게, 부끄러워하지도 않으면서, 미사에 참여하러 간다고 말했다.

사진17 수도원 숙소

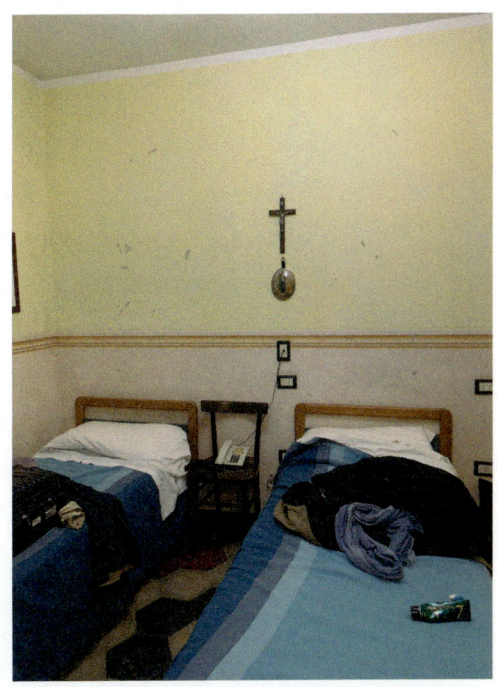

커다란 성당 문을 열었다. 이렇게 거대한 문을 열 때마다, 사람의 출입을 위해 만든 문이 아닐 거란 생각이 들어서, 그분께서 같이 들어가시는 느낌을 안고 들어간다. 그분은 나보다 앞질러 가시기도 하고, 내 손을 잡고 같이 걷기도 하신다. 때로는 그 느낌이 아들 같기도 하고, 딸이기도 하고, 며느리이기도 하고, 같이 살던 장애인이기도 하다.

이 성당에는 중앙제단 아래 오른쪽에 예수님이 서 계셨다. 그런데 다른 곳과는 모습이 달라 내 눈이 커졌다. 거기 계시는 예수님은 '흑인 예수님'이시다. 여기 오기 전 숙소에 흑인 수녀님들이 있었기에 놀랄 일은 아니지만, 하여튼 나에게는 생소했다. 우리나라에서 황인 예수님을 만난 기억이 없는 것은 나의 활동 반경이 좁아서였을까?

그곳을 지나, 미사를 드릴 만한 곳으로 깊숙이 들어갔다. 작은 미사실에는 성도들이 모여 있었다. 또 색다른 모습이 나를 의아하게 만들었다. 나는 태어나면서부터 예배당에 다녔는데, 강아지들이 예배당에 들어와 있는 것은 못 보았다. 가운데 앉은 아줌마 둘이 강아지 한 마리씩 안고 앉아 있었다. 계속 거기에만 마음을 쓸 수 없는 사태(事態, situation)가 앞으로 걸어 들어가고 있었다.

덩치가 아주 좋은 남자 청년이 들어오더니 앞으로 가서 섰다. 아마도 성호를 긋고 있나 보다. 그러더니 옆 벽에 붙어 있는 이콘들을 웃으면서 심각하게 그리고 정중하게 바라보았다. 나도 저절로 마음이 가다듬어졌다. 다른 사람들은 청년에게 관심을 두지 않는 듯했다. 항상 같이하는 예배 가족인가 보다.

그 외에도 수녀가 한 분 있고, 아저씨가 두 분, 강아지를 안고 있는 아줌마들 외에도 다섯 분이 더 계셨다. 성경은 아저씨가 읽고 집례는 신부님이 하셨다. 여기는 헌금도 했다. 헌금 걷는 것도 아저씨가 했다. 내 눈과 마음이 사람들을 대강 파악하고 나니, 새삼스럽게 건장한 청년이 무엇을 하는지 궁금해졌다.

처음에 들어와서 섰던 그 자리에서 오른쪽 벽을 향하여, 높은 곳에 걸어놓은 그림 이콘을 심각하게 바라보고 있었다. 의미심장한 표정에다가, 굳어 있어서 뭐라고 웅얼거릴 것만 같았다. 꽤 오랜 시간을 그림에 구멍이라도 뚫을 듯이 바라보더니 제단을 향하여 바로 섰다.

내 머리에서 언뜻 '식이 아저씨'가 지나갔다. 옛날 내 식구였던 아저씨. 마냥 천진해서 다른 사람의 눈치 같은 것은 볼 필요 없이, 구김살 없이 살던 아저씨의 얼굴이 지금 저기 서 있는 청년과 하나로 겹쳐졌다. 마지막으로 식이 아저씨를 본 것이 벌써 20년이나 되었다. 그 아저씨를 마지막 보았을 때는 힘이 다 빠져서 앉아 있기도 힘들어했다. 생활재활 교사에게 우리 아저씨가 왜 저렇게 앉아 있냐고 물어보니까 약을 먹여서 그렇다고 했다.
"약을 먹여요? 왜?"
"폭력이 심해서…."
어처구니가 없어서 더 이상 말을 이을 수 없었다. 다운증후군 증세가 있는 식이 아저씨는 그냥 '천사'인데, 누군가가 귀찮게 건드리면 그 사람의 뺨을 치는 버릇이 있었다. 그러니까 건드린 사람이 빨리 비키면 엉뚱한 사람이 맞는 것이다. 건드리지만 않으면 폭력은커녕 움직이지도 않는 아저씨를.
사람들은 가끔 착각한다. 복지 시설에 채용된 사람들은 시설에서 살고 있는 사람들을 잘 섬기라고 있는 것인데, 직원들은 자기네가 편하려고 장애인에게 함부로 약을 먹인다. 장애인이 직원을 위해서 있는 줄로 착각하고, 장애인을 자기 편한 대로 무례하게 대한다. 쓰레기를 다루듯이. 그런 일이 얼마나 큰 범죄인데, 죄의식이라곤 하나도 없다. 기독교 시설이라고 다를 바가 없는 것이 슬픈 일이다.
레이첼 에반스가 쓴 『헤아려 본 믿음』을 읽다 보면 동감하는 부분이 많았는데, 그중에 특히 '예수님 닮은 사람'이 없다는 말에 심각하게 슬퍼짐을 느꼈다. 기독교인은 많은데 예수님 닮은 사람이 없다는 말이다. 내가 좋아하는 말인 '무소부재'하신 하나님을 안 믿는 사람들의 행동이다. 하나님이 여기에 계신다고 믿는다면

―최소한 알기라도 하면― 약자들을 함부로 대하지는 못할 것이다. 어떻게 그렇게 순한 사람을 폭력이 심하다고 신경안정제를 먹일까? 약을 먹인 사람들의 입을 벌려, 신경안정제를 통째로 쏟아넣고 싶었었던 때가 떠올랐다. 그렇게까지는 아니더라도…. 나도 못됐다. 이런 나쁜 생각을 미사 중에 떠오르게 하다니, 얼굴이 더 붉어지기 전에 검은 그림자를 내 속에서 내몰았다.

신부님이 하시는 말씀이나 아저씨가 읽는 성경이나 무슨 말인지 모르니까, 혼자서 속으로 말씀을 묵상하고 그분 앞에서 나의 못됨을 회개하기 시작했다.

"자기 형제자매를 미워하는 사람은 누구나 살인하는 사람입니다. 살인하는 사람은 누구나 그 속에 영원한 생명이 머물러 있지 않다는 것을 나는 압니다" (요한1서 3:15, 새번역).

내가 좋아하는 요한 사도가 나에게 하신 말씀이다. 우리는 모두가 하나님의 피조물이니까, 형제자매인데… 더 이상 나쁜 생각하지 않게 해주십사고 부탁드릴 수밖에. **[그림34]**

그림34 순례하는 팔순 엄마와 아들

여럿이 함께하는 미사 중에 혼자서 예배한 후, 성당 문을 열고 나왔다. 묵상은 나를 하나님께 묶어놓는다. 한 시간 전보다 바람이 훨씬 세게 불고 있었다. 해발 800m 산꼭대기여서 바람이 더 차게 느껴지는 것일까? 하여튼 특이한 곳에 내가 와 있다. 숙소에 올라갔다가, 아들과 같이 '순례자의 집' 마당으로 갔다. 모래색의 흙으로 덮인 마당이다. 800m 저 아래는 지중해라는데, 그 지중해가 날 보기가 부끄러운가? 여기에 뿌옇게 드리워진 것이 구름일 리는 없고 아지랑이도 아닐 테고 그러면 이런 현상을 물안개라고 하나 보다. 하여튼 이름 모를 것이, 내 주변 공간을 희끄무레하게 만들고 있다. 내 몸을 아무리 휘둘러도 물러설 마음이 없는가 보다. 유쾌함을 주지는 않는 이름 모르는 것이, 지중해의 그 넓은 얼굴을 가리고서 나를 피하고 있다. 수평선이 있는지 아니면 지평선이라도 보이는지 요리조리 살펴보아도 어느 곳쯤이 바다인지 산인지 짐작조차 할 수 없다. 내가 못 보았다고 지중해가 지중해가 아닌 것도 아니니, 내가 위에서 보았노라 하고 물러날 수밖에 없었다.

나의 기억에 자국을 남기느라고 거센 바람은 향방을 잡지 못하면서 공기를 흔들어 댔다. 아들과 나는 잠바 깃을 붙잡아 쥐고, 지중해를 등지고 돌아서서 ㄷ자 모양으로 우리를 향해 가슴을 열어, 두 팔을 벌린 듯한 순례자의 집을 향해 걸었다. 우리가 가는 곳마다 환영하는 방법이 이렇게 다를 수가! 지금까지는 맑고 밝은 하늘로 게다가 해님까지 반짝이며 "유어 웰컴, 김재신" 하더니, 여기는 해발 800m라 하늘과 더 가까이 올라왔는데도 해님은 숨어서 어디론가 자취를 감추고 있었다.

우리가 들어가기를 기다리고 있었다는 듯이, 이탈리아의 이른 봄 날씨답게 하늘에서 물방울이 환영사를 읊어대며 살살 얼굴을 간지럽혀 왔다. 회색 공간에서 우리 둘만이 온천지를 누리며 깊은숨을 들이켰다. 여기저기 눈을 돌려 순례자의 남은 흔적이 있는지 살펴보았다. 아니면 수도승의 자취를 엿볼 수 있을지도 모른다는 희망에 눈을 살살 돌려보았다. 하지만 자전거 탄 아저씨한 분만 보았을 뿐 다른 사람은 구경도 할 수 없다. 사람뿐이 아니고 새들도 어디에 갔는지, 자기 보금자리로 가서 쉬고 있는 모양이다. 바람 소리만 '색색~' 울려오고, 누가 회색 차일을 더 넓게 펼치는지 경쟁하고 있다. 이곳의 이름 때문에 스산하다는 표현을 삼가고 있을 뿐이다.

아들과 같이 있음이 얼마나 다행이라고 느껴지던지, 아들의 팔에 내 손을 밀어넣어 팔짱을 꼈다. 이런 거칠고도 사나운 풍광이 좋지 않아서, 여행객도 순례객도 이 계절에는 없다고 해도 이해가 될 법했다. 이 높은 곳에 자전거를 타고 오르다니, 대단한 열심이 있는 분인 것만은 확실했다. 아저씨가 들어갔다 나온 곳을 나도 들어가 보았다. 그곳은 방문자 휴게실인 듯했다. 음료수 자판기와 화장실이 있다. '우와! 이 높은 곳에도 자판기가!' 놀라는 나에게, 또 다른 내가 '너도 올라왔잖아' 한다.

그런데 미사할 때 모였던 사람들은 어디에서 왔을까? 미사에 참여했던 수녀님은 어디에서 살고 있을까? 신부님은 어디서? 하긴 건물이 이렇게 큰데 어디에 산들 내가 알 수 없는 일이다. 오랜 침묵을 깨고 드디어 내가 말했다.
"아들! 수도사들은 다 어디 계실까?"
"엄마를 보면 수도하는 데 방해가 되어서…."
아들의 짓궂은 장난기가 나오려다가 숨어버렸다.
나는 집에서도 수도원처럼 사는데, 그래서 수도승들과 동료의식이 있는가 보다. 수도원에서 하는 일이 침묵하면서 노동하고 독서로 '올바름'을 심고 키우고 묵상하고, 그 내용으로 기도하고 생활에서 실행하는 것이라면, 나의 일상도 비슷하다. 내가 가끔은 그림을 바라보고 찬탄하기도 하고, 작은 화분에다 길거리 화단에서 입양해온 버려졌던 식물을 정성으로 살려내면 되살아난 생명의 신기함에 감탄하기도 한다. 화분의 식물과 웃어주기도 한다.
아직 살아 있으니까, 식사 준비도 하고 아들과 며느리가 가져다준 책으로 나의 세상을 넓히기도 한다. 수도사들이 필사한다면, 나는 내 생각과 믿음을 옮겨 찍는다. 나도 말씀을 읽고 생활에 적용한다. 그들이 농사해서 먹거리를 만든다면, 나는 마트에 가서 사오거나 홈쇼핑하는 것만 다르다.

이번 여행의 첫 숙소인 수도원 호텔의 미사 시간에 휠체어에 앉아계신 수녀님을 뵈었는데 나도 그 정도의 나이가 되었다. 그 수녀님이 선해 보이는 것이 수녀님 마음속의 주인이신 분 때문이듯이, 내가 어쩌다 착하게 보이는 것은 주님이 나와 함께하심이다. 그러니 그것도 내가 행한 것이 아니고 내 것이 아니다.

일하시는 하나님이시니, 일하는 사람들과 더 적극적으로 함께하신다는 것을 나는 알고 있다. 내가 지금도 시간을 알뜰하게 나누어서 사용하는 것도, 그분의 도우심이 함께하기를 바라서이다. 그분이 기뻐하실 일을 하고 싶어서, 이 나이에도 열심히 살고 있다.

아들이 사무실로 가기에 나도 따라서 들어갔다. 오른쪽 진열대에서 리플릿을 집어들었다. 이곳이 어떤 곳인지 설명이 되어 있을 듯한 것을 집었다. 이럴 때면 나의 외국어 실력이 부족한 정도가 아니라 아예 없으니 매우 불편했다. 여섯 장으로 접히는 안내지에는, 이곳이 생겨난 유래가 적혀 있고 현재 바실리카에 관한 내용 설명도 있었다.

우리나라의 전설과 비슷한 이야기가 나와 있었다. 내가 리플릿을 훑어보는 동안에, 아들은 수녀님과 이야기를 나누었다. 수녀님은 수녀가 되기 전에는 간호사였다는 말이 나의 귓속으로 들어왔다. 고향은 인도라고 했다. 수녀님은 아들에게 자기 이름을 적어주었고, 아들은 나의 수첩에 써주었다. 'Sr. Lina Kanjiri.' 처음에 보았을 때부터 흑인도 아니고 중동 사람도 아니라는 것은 지레짐작으로 알아차릴 수 있었는데, '인도' 출생 수녀가 이탈리아 산꼭대기에 와 있다는 것이 글로벌 시대란 것을 실감나게 했다.

여행하면서 숙소에서 만난 수녀님들은 거의 다 살이 통통했다.

내가 수녀였다면 같이 운동했을 거라는 상상을 하면서, 남몰래 비밀스러운 미소를 지어내곤 했다. 영화 〈리틀 러너〉에 나온 수사의 말에 의하면, 뛰기를 못하게 하는 수도원에 들어갔기 때문에 달리기를 못 한다고 했다. 하지만 또 다른 영화에서 수녀님들이 족구를 하면서 웃던 장면이 떠올랐다. 그런 운동 말고도 살을 빼는 운동은 할 수 있을 텐데 그런 운동도 금지되어 있는지 모르겠다.

나는 쓸데없는 생각을 하는 나를 끌어다가 다시 리플릿에 집중시켰다. '역사'라고 시작한 글에는 전설 같은 말이 이어졌다. 베네데토 파레토라는 농부가 어땠는지 설명한 이야기로 시작되었다. 1490년 8월 29일 피고냐 산(Monte Figogna)에서 일어난 일이다. 파레토가 평상시처럼 가축들에게 풀을 먹이려고 산 위 풀밭으로 가는데, 황홀함에 싸인 여인이 파레토에게 나타났다. 그녀는 말하기를 "베네데토, 겁내지말고 가까이 오라" 하면서 이어서 말했다.
"내가 원하는 것을 알지? 이곳에 내 이름으로 성당을 지어라."
"당신이 내게 명령하는 모든 것을 하겠습니다. 그러나 나는 매우 가난해서 당신의 희망을 들어드릴 수가 없습니다. 일도 많을 테고, 또 돈도 많이 있어야 하고, 사람들도 근처에는 없습니다. 이곳은 인적이 드문 곳이니까요."
그러자 그녀가 대답했단다.
"겁내지 마라. 당신이 사방에서 도움받는 것을 볼 테니까. 일단 기초를 즉시 시작하라. 건축하는 데 필요한 모든 것이 제공될 것이다."
파레토는 나타난 사람이 동정녀라는 것을 알아보고는, "작업을 즉시 시작하겠습니다!" 하고 약속했단다. 파레토는 집에 돌아와서 자기에게 나타났던 일을 말하니까, 그런 일은 있을 수 없는 일이니까 꿈에서 깨라고 했단다.
며칠 뒤 그는 나무에서 떨어져서 크게 다쳤다. 의사가 두 명이나 왔다 갔고, 상태가 심각하다고 판단했단다. 거의 죽을 지경일 때, 주님의 어머니가 다시 찾아와서 말했다.

"너는 나와 약속한 성당을 짓겠다고 한 것을 지켰다고 생각하느냐?" 딱한 처지의 파레토는 "가장 거룩한 성모님이시여, 나에게 은총을 베풀어주소서. 내가 다 나으면 약속을 꼭 지키겠습니다"라고 말했다. 그 즉시 다 나아서 일어날 수 있게 되었나 보다. 그는 즉시로 성모가 나타났던 곳에 성당을 건축하기 시작했다. 성모가 약속했던 대로 많은 사람의 도움이 뒤따랐다. 역사를 대충 훑어보니, 이곳의 이름이 이해되었다. 아들이 적어준 대로 '우리의 수호 아줌마'로 번역해 놓은 아들의 마음을 이해할 수 있었다.

여기에는 수도원이 있고 순례자를 위한 방도 있는데 그 방의 숫자가 엄청나다. 48개의 방이 있단다. 피렌체의 마르코 수도원에는 독방이 44개가 있었는데. 우리 방은 아주 단란한 느낌을 주는 작은 방이지만 단체 방도 있다고 했다. 내가 개신교 분위기에서 자라서 성모 마리아나 동정녀란 말을 쓰는 것이 불편한 것은 사실이다. 반면 천주교인에게는 성인이나 수호라는 단어가 자연스러울 테다. 그리고 'Santuario Basilica'라고 전제를 한 것도 좋았다. 뜻이 여럿 있는 것 같지만, '성역' 혹은 '큰 성당'이라고 이름을 붙여주고 싶어졌다.

아들과 건물을 바라보는 동안에 ― 그 짧은 시간 동안에 ― 이상하게도 이곳이 나의 일부가 된 것처럼, 친근감이 여기저기서 묻어났다. 웬일일까? 그 가난하고 불쌍한 파레토가 당황했던 모습도 보이고, 나무에서 떨어져 사경을 헤매던 괴로운 시간도 느껴졌다. 직접 체험한 기적을 통하여 자신에게만 주어지는 능력과 마주하면서 계속 놀라며 성전을 짓는 과정에 참여하고 있는 자신을 발견함은 또 다른 기적이었을 것이다.

우리는 7시 식사 시간보다 조금 일찍 방문을 나섰다. 그런데 이게 웬일? 아까 우리를 방으로 안내해준 아저씨가 진짜 안내원처럼 차렷 자세로 우리를 향해 웃으며 서서 기다리고 있었다. 이렇게 황공할 수가. 나는 민망스러웠고 고마움을 표한다고 해보

앉자 짧은 영어 몇 마디가 다였다. 우리 둘은 아저씨를 따라 3층으로 올라갔다.

　3층 복도에 열려 있는 문이 있어서 들여다보니 듬직한 몸매의 남자가 오븐 레인지 위에 프라이팬을 얹고, 무엇인가를 열심히 볶고 있었다. 다른 레인지 위에는, 끓고 있는 기름 팬 안에 넓적한 것을 튀기고 있었다.

　내가 부엌으로 들어가면서 '하이' 하고 소리를 내니까 요리하던 아저씨가 뒤돌아봐 주셨다. **[그림35]** 나는 두 무릎을 약간 굽히고 웃으면서 고마움을 표했다. 내가 프라이팬을 들여다보니까 요리사 아저씨가 말했다.

"이거, 파스타."

내가 말을 받았다.

그림35 저녁 식사를 준비해 주시는 다니엘 아저씨

"나도 아들도 파스타 좋아해요. 아주 좋아해요."
요리사는 말을 이었다.
"우리 모두 좋아하죠. 우리 모두의 파스타."
"내가 마저 볶을 수 있는데 내가 해도 될까요?"
"이제 다 되었어요. 잠깐만 기다리세요, 마담!"
이 동네에 오면, 마담으로 통하는 것이 재밌다.

요리사 아저씨에게서 한 발짝 떨어져서 기다렸다. 파스타를 담아주면 가져갈 태세로. 아니나 다를까. 아저씨는 미리 준비해둔 예쁜 접시에 파스타를 담았다. 아저씨는 파스타 옆에 튀긴 것을 하나씩 올려놓더니 당연하다는 듯이 나의 손에 접시를 옮겨 놓았다. 잠깐 사이에 우리 둘은 팀워크를 잘하고 있었다. 나는 또 두 무릎을 살짝 굽히면서 접시를 받아서 왼쪽에 있는 식당의 식탁 위로 옮겨다 놓았다.

식당은 아주 기다란 직사각형 모양이었고 왼쪽 벽에는 고풍스러운 장식장이 있었다. 그 안에 있는 그릇들도 꽤 품격이 높아 보였다. 방에서부터 우리를 안내한 아저씨가 포도주를 준비하고 요리사 아저씨가 샐러드를 푸짐하게 담아와 식탁 가운데 놓으니, 우리는 단번에 식구가 되었다. 이방인이 아니고 식객도 아니고 그냥 식구가 된 식탁에 우리는 앉아 있었다.

유별나게 아들과 나의 접시만 두 개씩 겹쳐 있었다. 아래쪽 접시는 음식이 담긴 접시보다 조금 더 큰 접시가 받침 접시로 사용되고 있었다. 피렌체의 강가 식당에서도 접시가 두 개였다. 2017년 베네치아에서도 접시가 겹쳐 나왔었다. '당신을 귀한 손님으로' 대접한다는 표시인 듯했다.

이렇게 잠시 잠깐이면 마음이 통하고 하나가 될 수 있다는 것, 그 자체가 신비한 조화가 아닐까? 이런 분위기가, 서로 말없이도 통하는 세계가 좋다. 우리를 안내한 아저씨는 나에게 와인을 할 거냐고 물어왔다. 오늘 같은 날이면 당연히 마셔야 한다. 나의 얼굴이 빨개지거나 하얘지거나 상관없다. 그냥 분위기상 먹어주는 것이 좋으면 먹는 것이다. 아들이 '웬일로? 엄마?' 하는 눈빛으로 바라보았다. 나는 눈을 크게 떴다가 내리면서 '염려하지 마, 괜찮을 거야'라고 표시해주었다.

　아들과 요리사 아저씨가 영어로 말을 주거니 받거니 하기 시작하였다. 그 요리사 아저씨는 의사였다고 하였다. 마지막 수술이 심장 수술이었다고 했던가? 서너 번 대화가 오가더니 요리사 아저씨가 일어나서 나가셨다. 몇 분 후에 돌아온 아저씨의 손에는, 스마트폰이 들려 있었다. 그때부터 본격적인 대화가 스마트폰을 사이에 두고 시작되었다. 의사 아저씨가 핸드폰에 이탈리아 말로 하면 구글이 영어로 통역을 했다. 아들이 영어로 말하면 구글이 이탈리아 말로 중간에서 바꾸어주었다. 핸드폰은 일을 아주 잘해 주었다. 이런 모습을 바라보면서 참으로 신기한, 그리고 이상한 세상에 살고 있음을 다시 실감하며, 두 시간 －7시부터 8시 35분까지－ 가까이 식사를 했다. 이야기 중에 아들이 요리사 아저씨에게 물었다.

　"내 엄마가 수도승들은 어디에 있냐?" 궁금해한다고 하자, 내일 아침 9시에 보여주겠다고 말했다.

　드디어 수도승을 만나볼 수 있겠다는 생각에 마음이 들뜨려고 했다. 내일 아침이 기다려졌다. 수도승들에게서 무엇을 느끼기를 바라며, 어떤 것을 얻을 수 있기에, 이렇게 궁금해하는지 나 자신도 알 수가 없다. 과거에 의사였다던 아저씨의 이름은 'Daniel Michelini Guarolia Maurizio'라고 했다. 하여튼 요리사 아저씨는 여기 직원도 아니고 숙박인이면서 우리에게 식사를 제공해 주었다는 것도 참으로 고마웠다.

　2017년에는 베네딕토 교황도 여기에 와서 식사했단다. 그 사진이 식당에 걸려 있었다. 이 큰 식당에서 우리 네 사람이 식사하다니 이 또한 특별한 경험이다. 처음 여기에 도착했을 때는 잠도 못 자고 고생할 줄 알았는데 특별한 체험이 계속 이어지니 좋았다. 내일 아침 식사는 8시 30분에 하기로 했다. 이상한 동네에서의 하루가 지나가고 밤이 되어가고 있었다. 나는 아들에게 잠시 밖에 나갔다 오겠다고 말하고 나왔다.

으스스한 분위기가 나를 덮쳐왔다. '나는 김재신인데 두려워하지 말기'를 자신에게 되뇌면서 계단을 조심스레 밟아가며 내려와 바깥으로 나가는 문을 열었다. 나는 특별한 곳, 회색 공기로 드리워진 산꼭대기의 수도원을 혼자서 바라보았다. 오른쪽으로 돌아서 예배당 그러니까 바실리카 문을 열려고 했다. 아아! 문이 열리지 않았다. 밤이면 성당 문이 잠긴다는 것을 몰랐다. 이 높은 곳에도 누가 와서 문제를 일으킬 수 있나 보다. 내일 아침에 보기로 마음을 고쳐먹을 수밖에 없었다.

하늘을 올려다보았다. 하늘이 아주 까맣지도 않고 짙고 검푸르다. 회색을 많이 섞어놓은 검정이랄까. 하여튼 형용하기가 난처한 색이 모든 공간을 그득 채우고는 나만 바라보는 것 같았다. 나 외에는 쳐다볼 곳이 없다는 듯이. 내가 보고 싶어하는 은은하면서도 빛나는 색으로 내리비추는 반짝이는 별들은 고사하고, 단 하나의 별도 얼굴을 내밀지 않고 있다. 지중해의 파도 소리가 들리는 것도 아니고 이런 분위기를 뭐라고 표현해야 하는지 생각해본 적이 없다. 스산하고 소름 끼치려는 것을 밀어내면서 건물 안으로 들어갔다.

숙소 문을 여니 침대 헤드 보드에 등을 대고 아들이 잠들어 있다. 그 모습을 바라보는 데 찾아오는 이 포근함은 무엇을 뜻하는 것일까? 나에게 붙어 있었던 으스스한 느낌을, 온몸을 가볍게 한 번 흔들어 털어냈다. 하여튼 아들이 있어서 평온하고 편안한 밤을 보낼 수 있겠다. 나를 보호하려고 애쓰는 사람이, 곁에 있다는 것이 가져다주는 안락함이 마음까지 뿌듯하게 해주었다.

오늘 하루는 아들에게 더 특별한 하루였을 터였다. 차멀미가 심한 팔순 엄마를 데리고 올라왔는데 숙식이 안 된다고 하니 얼마나 당황스럽고 곤욕스러웠을까? 인내심을 가지고 지혜롭게 잘 처리한 아들이 대견스럽고 그냥 고마울 뿐이었다.[29]

아흐렛날, 제노바에서 니스로

2023년 3월 8일, 흐리다가 맑음

마돈나 델라 과르디아

나는 6시 45분에 아침 7시 미사에 동참하려고 내려갔다. 아직은 여명도 뚫고 나오지 못하고 있나보다. 고도 800m라 하니까 해님도 더 빨리 만나서 인사할 수 있을 줄 알았다. 하지만 나는 누군가가 초자연적인 능력으로, 촘촘하게 회색 가루를 물에 섞어서 뿌려놓은 듯한 공간에 나 홀로 서 있다는 느낌이었다. 7시 3분 전인데도 사람은 보이지 않았다. 우뚝 솟아 있는 이 넓은 공간에 혼자만이 누리는 이런 시간을 처음으로 경험하고 있다는 것 자체가 마음을 움츠러들게 했다.

'수도원에서도 미사를 드리고 있을까?' 하고 상상할 즈음에 갑자기 웅장한 저음의 베이스 목소리가 온 하늘에서 울려 나와 자연과 온 건물을 통째로 감쌌다. [그림36] 그 음성은 나를 품었다. 아니다. 자연과 함께 나를 데리고 어디론가 갔다. 나 자신도 모르는 사이에 놀라서 기침이 나왔다. 조금 전 소리에 비하면, 나의 기침소리는 모기 소리보다 작다고 느껴졌다. 나의 기침소리가 하늘과 산 사이의 그 큰 공간을 흔들고, 성당에 울리고, 건물에 부딪혀 메아리쳐 돌아왔다. 모든 소리가 새로이 탈바꿈하여 새로운 역사를 이루어내는 듯했다. 나는 무의식중에 소리가 난 곳을 향하여 몸을 돌려보았다. 소리가 난 방향을 찾을 수가 없었다. 혹시 그분의 음성이었을까? 뭐라고 하시는 말씀일까? 잘 알아듣지 못해서

살아남아 있는 것인지도 모르겠다.

  내가 아직 정신을 다 차리지도 못했는데, 사무실 쪽에서 수녀님이 걸어오는 모습이 보였다. **[그림37]** 어찌나 반갑던지 사람을 본다는 것만으로도 이렇게 안정감을 누릴 수 있다는 것도 새삼스러웠다. 나는 두 무릎을 약간 굽혀 정중하게 아침인사를 하고 수녀님의 뒤를 졸졸 따라갔다. 선생님의 뒤를 따르는 학생처럼. 수녀님은 오른쪽 치마 주머니에서 열쇠 다발을 꺼냈다. 수녀님은 문 앞에 설 때마다 열쇠 꾸러미에서 하나를 골라 문을 열었다. 열쇠 꾸러미가 크기도 했다. 나는 이런 찰랑거리는 소리를 들을 때

그림36 수도원 성당 입구에서 울려오는 소리에 놀란 내 모습
그분이 나를 부르시는 소리였나 보다

마다 『스크루지』를 읽던 국민학교 시절이 떠오르곤 한다. 수녀님의 열쇠를 볼 때는 스크루지 같다고 생각하면 안 되는데도 그런 내가 이상하긴 하다.

  어제 오후에 미사를 드린 방은 윈터 채플(Winter Chapel)이라고 리플릿에 적혀 있었다. 나는 수녀님이 열어놓은 그 채플로 들어가서 무릎 받침대에 무릎을 고이고 앉았다. 무릎 꿇고 허리를 쭉 펴고 두 손을 모으면, 그분과 더 가까이 있는 것 같고, 영혼이 맑아지는 느낌이 들어서 좋아한다. '나의 하나님, 나를 너그럽게 봐주세요. 내 마음이 내 마음대로 잘 안 되니 하나님 마음대로 만드시고 하나님의 원하시는 말과 행동을 하게 해주세요'라고 옹알댄다. 한창 젊었을 때의 일기를 보면 '사랑과 지혜'를 주십사 끈질기게 기도한 흔적을 볼 수 있는데 요즘은 그런 기도는 잘 안 하게 된다. 기도도 내 마음대로 되는 것이 아님을 나는 알고 있다.

  요즈음은 내 품행이 이해가 안 될 때도 있다. 그런데 성경을 읽

그림37 순례자의 집 노수녀님

다가, 성경 말씀에 맞는 내 행동의 결과에 스스로 놀라기도 한다. 그분이 말씀하시는 듯도 하다. '네가 원하는 대로, 내가 해주었다. 됐지?' 나는 다른 성격을 달라고 말할 수가 없어서 성경책을 쓰다듬으며 웃을 수밖에 없다. 혼자 생각하고 나의 언행을 더듬어 찾아갔다가 지금으로 돌아와서 그분께 '고맙습니다'라고 인사드리고 그분을 모시고 또 현실 세계로 나갔다.

미사가 끝나고 숙소로 가서 아들에게 이상한 소리를 들었다고 말했더니 아들도 들었다고 한다. 내 기침소리도. 오호! 그러면 그 소리가 환청이 아니라 현실이었단 말인가?

아들과 함께 성당 앞을 지나가는데 두 남자도 성당으로 들어가려고 하고 있었다. 풍채 좋은 아저씨는 아들에게 악수를 청했다. 그래도 웬만큼 영어로 말하는 사람을 아들이 만난 것은 참 좋은 일이다. 우리도 그들과 함께 윈터 채플이라는 작은 예배실로 들어갔다. 조금 전에 아들과 말하던 아저씨가 신부님의 옷을 입고 집례를 한다. '그렇구나. 신부님도 평상시에는 목사님처럼 그냥 양복을 입을 수도 있지'라고 혼잣말하면서 웃었다.

어제 성경을 읽은 아저씨가 성경 봉독을 하시고 신부님이 짧게 말씀하시고 헌금도 접시 같은 것을 든, 아저씨가 한 바퀴 돌면서 받아 가셨다. 예배든 미사든 하여튼 끝났다. 신부님은 예배 후 성도들과 인사를 나누고 아들과 또 악수했다. 나는 아들의 손을 잡고 성당 밖으로 나왔다.

아들이 나에게 웃으며 말했다.

"엄마, 신부님이 말씀 중에 우리 이야기를 두 번이나 했어요. 한국에서 온 순례자라고."

나는 무슨 소리를 하느냐는 표시로 양어깨를 번쩍 들어올렸다가 내리고는 그것으로는 표현이 부족했던지 머리를 설레설레 저으면서 말했다.

"어떻게 알아들었어, 아들?"

"엄마, 코레아란 말과 펠레그리노란 말을 들었거든요."

엄마란 본래 자기 자식은 다 잘나 보이는 병을 지니고 있을 테지만 나 역시 그렇다. 내 아들과 내 딸 아니, 며느리와 사위까지 아주 잘나 보여서 '나 잘난 멋'에 사는 중이다. 그러니 이탈리아 신부가 하는 말을 알아들었다는 아들의 이야기에 '내 아들 뭐든지 참 잘하네' 하면서 어깨가 춤추는 것은 아주 상식적이고 당연한 일이다.
 나는 내가 이상하다는 것을 계속해서 발견하고 있는 중이다. 같은 예배 시간에 같은 장소에 아들과 같이 있었는데, 나는 신부님의 말씀이 시작되자 나만의 여행으로 빠져들었고, 아들은 이탈리아 신부님의 이야기를 신경 써서 경청했으니까.[30]

 의사 요리사와 약속한 시간이 되어서 사무실 앞으로 갔다. 시간에 맞추어 아저씨는 우리를 데리고 마당 끝 층계를 내려가서 지중해를 내려다볼 수 있는 공간으로 갔다. 거기서 마당 밑으로 보이는 동굴과 같은 곳으로 아저씨는 우리를 데려가더니 열쇠를 하나 골라서 문을 여셨다. 내 가슴이 마음과 합하여 같이 콩당콩당 뛰기 시작했다. '아~ 수도원이 지하에 있나 보구나.' 내 표정을 어떻게 관리해야 예의바른 모습이 될지 가늠할 수가 없었다.
 그런데 문 안으로 들어선 순간, 내 기대와는 완전히 다른 곳으로 안내되고 있다는 사실에 어처구니가 없어서 입이 다물어지지 않았다. 옛날 농촌의 모습과 이곳을 다녀간 사람들의 각양각색 전시품들이 진열장 안에 있었다. 그 아저씨는 내 마음을 아는지 모르는지 열심히 설명했다. 수도사들이 있는 곳이 아니라는 실망감에 친절하게 안내하는 사람의 말은 내 귀로 들어오지 못했다. 어제 구글 통역이 일을 잘못했다고 생각하기로 했다. 우리 둘은 아저씨에게 고맙다고 인사하고 그곳을 나왔다.
 나는 다시 본 성당으로 들어갔다. 두 무릎을 많이 굽혀서 경의를 표했다. 어디에 경배했냐고 묻는다면 나도 무엇이라고 정확히 꼬집어 말할 수 없는 대상에게 했다고 인정할 수밖에 없다. 아마도 그곳에 충만하게 가득 계신 분께라고 하면 맞을 것이다. 성당에 들어서면 그 무엇인가가 나의 온 감각을 이끌고 다닌다고 고백할 수밖에 없다. 대다수 성당의 분위기는 그곳에 들어가는 순간부터 나의 심령에 경건과 무엇인가 묵직한 성스러움을 얹어놓는 느낌을 가지게 하는 것은 사실이다. 건축설계자나 건축한 사람들의 원래 목적과는 상관없이, 성당을 건축한 목적이 온전히 나에게서는 효력을 발휘한다.

성당 안으로 똑바로 걸어 들어가서 왼쪽으로 조금 옮겨가서 섰다. 리플릿에 있는 글을 그대로 인용한다면 'Black Christ' 동상과 마주 섰다. 어제도 만나뵈었던 그분 앞에 섰다. 시대가 변해서 예수님도 까만 피부로 변한 모습으로 매달려 계셨다. 예수님의 얼굴은 꽃잎인지 나뭇잎인지 하는 것으로 가려놓았다. 이곳의 신부님은 백인이고 수녀님들은 흑인도 백인도 아닌 전통적인 인도 사람이다. 검은 그리스도를 만들어 세울 때는 이곳에 흑인 수녀님들이 있었을까? 내 앞에 고통의 흔적도 —얼굴을 가려놓았으니까— 없이 매달려 계신 분께 여쭈어봐도 묵묵부답이시다.
'그런 것이 나와 무슨 상관이니?'라고 오히려 되물으시는 듯하다. 구약성경을 읽다보면 하나님께서 여러 번 어떤 형상도 만들지 말라, 사람 손으로 만든 것을 섬기지 말라고 하셨다. 그렇다. 사람이 만들어놓은, 십자가에 매달려 계신 형상이 그분과 아무런 관계가 없다면 그분을 보내신 그분이 말씀하시는 '사람이 손으로 만들어놓은 것'에 절하지 말라고 하는 것을 되새겨볼 수밖에 없다. 그런데도 이런 형상을 볼 때면 숙연해지고 '고맙습니다'라고 말씀드리고 싶어지는 것은 어떻게 해야 할까? 나는 Black Christ 앞에서 뒤로 물러서면서 무슨 말로든 인사하고 싶은 마음을 억누르는 것이 더 불편했다. 이어서 떠오르는 형상들이 나의 앞을 흐리게 만들었다.
2019년 바르셀로나에 갔을 때 보았던 일이었다. 바르셀로나 대성당에 아들과 같이 들어갔었다. 성당으로 들어서자 경건이 나의 앞으로 밀려왔다. 눈을 한 바퀴 돌리는데 오른쪽에는 예배하고 있는 듯했다. 나는 침묵 가운데 예수님을 만나고 있는데, 한 노파가 불편한 걸음걸이로 걸어와 십자가에 달려계신 예수상 앞으로 가기 위해 두 계단을 어렵게 올라가 가슴높이에 놓인 예수의 판화에 묶여 있는 리본을 두 손으로 잡아올려 입에 대었다. 그리고 판화에 있는 예수님을 손으로 쓰다듬었다. 아주 귀한 것을 어루만지듯….

  거동이 불편한 또 다른 노인도 불편한 다리로 층계를 올라가서 십자가의 예수님을 쳐다보더니 판화에 있는 리본 두 가닥을 양손에 겸손히 잡고는 입에 대고 두 무릎을 굽혔다 펴서 경의를 표했다. 나도 모르게 그들의 행동을 따라 하면서 같은 마음을 하나님께 올렸다. 남이야 우상이라 하든 말든, 나에게 이런 경건함을 일으키는 성당 분위기가 참 좋다. 진심은 통한다니 그분이 알아서 결정하실 것이라고 위안하며 타임머신에서 내려왔다.

그림38 성당 갤러리에 있던 어느 무명 화가의 그림을 보고 그린 그림 ▎원제목 미상

나는 성당의 왼쪽 익랑으로 발을 옮겼다. 리플릿에는 그곳을 'Gallery of the ex-voto'라고 했다. 봉헌물을 전시한 곳인가 보다 하면서 둘러보기 시작했다. 천장까지 꽉 차 있는 액자 안에는 많은 그림이 있었다. [그림38] 그런데 놀라운 것은 그림 속의 사정이 대부분 비슷해 보였다. 한쪽에는 침대에 환자인 듯한 사람이 누워 있고 공중에는 천주교인이 말하는 성모 마리아가 아기 예수를 안고 있든지 아니면 마리아가 홀로 인자하고 사랑스러운 모습으로 기다리고 있는 듯한 그림들이었다.

어려서 어른들이 하시던 말씀이, 어렵지 않게 머릿속 깊은 곳에서부터 들려왔다. '사람이 죽을 때가 되면 죽음의 사자가 온다더라.' '잘 믿은 사람은 죽음의 사자가 아니라 천사가 온다더라.' 지옥으로 가는 사람은 검정 옷을 입은 사자가 와서 무서워 안 가려고 바둥거린다던 이야기와 액자 틀 속의 마리아가 겹쳐 보였다. [그림39] 이곳 사람들은 어려서부터 마리아와 친근한 관계 속에서 살았으니까 죽음을 앞두고 마리아가 와서 자신을 하늘나라로 데리고 가주기를 기대하고 그렇게 믿었을 것이다.

이런 상황을 놓고도 교리를 앞세워 왈가왈부하는 것은 신학자들이나 할 일이라고 제쳐 놓았다. 누구나 육체의 아픔이 계속되어 죽음을 느끼게 된다면 의지할 절대자를 찾게 될 것이다. 그래

그림39 기억에 남아 있는 동서양의 저승 사자

서 어른들은 말씀하셨다. '복 중에 죽는 복이 있어야 좋은데.' 고통 없이 죽을 수 있기를 바라는 사람의 소원을, 누가 마음대로 이룰 수 있을까? 나 역시 기도할 때면 '하나님, 저를 고통 없이 데려가 주시면 고맙겠습니다'를 자주 읊조린다.

사무실로 가는데, 아들이 저쪽에서 걸어오는 것이 보였다. 아들을 보는 것 자체가, 마음을 안정되게 해주었다.
"아들, 어디 갔다 와?"
"네, 엄마, 저기 저 가게에요. 가서 어제 고마웠다고 말했어요. 그리고 이거 두 개 샀어요."
아들은 말하면서 엄지손톱 두 배 크기의 은색 동상을 보여주었다. 그리고 그것을 나에게 주었다.
"아들, 이거 바울 성당에서도 샀잖아?"
"네, 이거 사면서 내 목에 걸려 있는 목걸이를 보여줬더니 웃으시더라고요."
아들은 크리스토포로스 목걸이를 내게 보여준 적이 있었다.
"응, 그랬구나. 고맙다고 말했다니, 참 잘했네."
아들이 고마움을 표현할 줄 아는 사람으로 살고 있다는 것이, 마음 뿌듯했다. 그래서 또 하늘을 올려다보며 파란 고마움을 올려드렸다.

로마에서 바울 성당에서 아들이 그 크리스토포로스 기념품을 살 때는 생각나지 않았던 일이 떠올랐다. 아들과 두 번째 여행할 때는 베네치아 공항에서 내렸었다. 내가 베네치아에 두 번이나 왔다고 베네치아가 반갑다고 인사하는데 그 정도가 좀 쎘었다. 바닷바람이 반갑다고 달려와 우리 몸을 통째로 끌어안으려고 했다.
베네치아에 도착한 다음 날, 아들과 그곳 운하를 옆에 끼고 산책했다. 운하가 거의 끝나는 지점까지, 우리 앞으로 아름다운 주택들이 이어지고 있었다. 아들이 이야기를 시작했다. 내가 처음 듣는 훌륭한 사람의 이야기였다. 얼마나 신선한 충격이었던지, 그러면서도 내 상상 속에서는 우리나라의 선녀와 두레박 등을 떠

올리며 이야기에 빠져들었었다. [그림40]

"엄마… 그 덩치가 큰 남자의 욕망은 세상에서 제일 큰 통치자 밑에서 봉사하는 것이었대요. 그래서 왕한테 가서 일을 했는데, 그 왕이 악마 이야기만 하면 덜덜 떠는 것을 보았대요. 왕보다는 악마가 더 큰 통치자라고 생각해서 악마한테로 가서 봉사하는데, 이번에는 악마가 십자가를 보더니 무서워하는 것을 보고는, 왜 십자가를 보고 무서워하는지 궁금했는데, 한 은수자(수도자)를 만나 예수에 대해 들었대요. 그 은수자가 야망이 큰 남자의 말을 듣고, 당신이 사람들을 안전하게 강을 건너게 해준다면 그리스도가 기쁘게 여기실 거라고 말해주었대요. 그래서 운하 옆에 오두막을 하나 짓고 거기에 살면서, 사람들을 어깨에 태우고 강을 건너게 해주었대요. 나무의 몸통으로 지팡이를 삼아서. 그러던 어느 날 어린아이가 강을 건너고 싶어해서, 어깨에 아기를 앉혀 건너는데 점점 무거워졌대요. 온 세상만큼이나 무거워졌다고. 남자가 운하

그림40 그리스도를 강 건너로 옮기는 크리스토포로스

를 건너게 도와준 아기가 바로 예수님이었대요. 크리스토포로스라는 이름은 그 남자가 세례받은 후에 받은 이름이래요."[31]

    천주교에서 성인으로 인정받은 크리스토포로스에 대한 전설은 제노바의 어느 수도승에 의해 전래되었다고 했다. 어어! 신기하다. 지금 내가 제노바에 있는데, 이 이야기를 전한 사람이 제노바에 있던 수도승이었다니, 감동이 배가되었다. 나는 성인이라고 해도 별로 대수롭게 여기지 않았었다. 여행하면서 성인에 관한 이야기를 들으면서는 '나도 닮아야지' 하는 욕구가 아닌 욕심이 튕겨 올랐었다. 지금 명색이 순례 중인데 순례를 돕던 크리스토포로스에 대한 생각을 하고 있다니, 제법 격에 맞는 분위기를 만들어준 아들에게 고맙다는 말을 해야 하는데 아들에게는 많은 말을 생략하고 있는 결례를 범하고 있다. 이 또한 '사랑은 무례히 행치 아니하고'를 범하고 있는 일임이 확실하다. 아들은 나를 통해서 이 세상에 보내졌으니까, 나에게 가장 가까운 이웃인데.

    11시 10분에 오기로 한 택시가 시간을 맞추어 와주었다. 이곳, '우리의 수호 아줌마 순례자의 집'에서는 하루가 채 안 되는 시간을 머물렀는데도, 아주 많은 그리고 특별한 잔영들이 온몸과 마음과 가슴에 드리워져 있음이 느껴졌다. '앗! 잠깐. 지금 이 날씨면 지중해가 보일지도 모르는데!'라고 속에서 외쳤지만, 큰 아쉬움을 땅에 내려놓고 택시에 올라탔다. 800m 산에서 내려다보던 지중해를 상상의 바다로 바꾸어놓았다.

    산으로 올라갈 때는 메스꺼움이 심해서 눈을 거의 뜨지 못하고 갔었다. 하지만 다행히 내려오는 것은 그다지 힘들지 않았다. 내가 즐기기 좋아하는 산의 풍경이, 자연을 만드신 분을 찬양하게 했다. 중간중간 그림처럼 앉아 있는 주택의 정겨운 모습이 푸근하게 다가왔다가 물러갔다. 이름 모를 나무와 풀들까지도 나를 신비경으로 몰아갔다가 놓아주었다. 즐거운 마음으로 끌려다니며 구경하는 호강을 누렸다. 피고냐산에게 만나서 반가웠다고, 그리고 잘 있으라고 인사도 할 수 있었다.

11시 50분에 제노바역에 우리는 도착했다. 아들은 역사(驛舍) 안에서 니스로 가는 기차표 문제로 애쓰다가 밖으로 나갔다. 여기는 이탈리아이고, 다음 행선지는 프랑스이고, 기차도 프랑스 기차인데, 파업 중이라 문제가 생긴 것이었다. 나는 내가 할 수 있는 일이 없음을 탓하지도 않았다. 애타게 이리 갔다가 저리 갔다가 하는 아들의 모습을 무덤덤한 듯한 표정으로 바라보며, 기다리는 것만이 나의 일이라는 것을 알고 있다. 이런 상황은 내가 좋아하는 바보 역할이 아니다. 귀여운 바보와 멍청한 바보는 하늘과 땅 차이라는 것쯤은 나도 알고 있으니 말이다. 아들이 드디어 웃으면서 다가왔다.
　"엄마, 표 샀어요. 저 밖에 있는 사무실에서요. 기차표 샀어요. 이제 밥 먹으러 가요."
　아들의 말에서 기차표를 사는 데 많이 힘들었다는 냄새가 풍겨 나왔다. 아들이 말했다. 벤티밀리아(Ventimiglia)가 프랑스 국경으로 넘어가기 전 마지막 이탈리아 정거장이라고 말해주었다. 내가 할 수 있는 말은 오직 이런 것뿐.
　"아들, 수고했네."
　'내가 아무것도 해줄 수 없어서 미안해'라는 말은 내 목 밑으로 눌러두었다.
　아들의 뒤를 따라서, 역 앞 'PAOLO'(바울의 이탈리아어)라고 간판이 붙은 간이 레스토랑에 들어갔다. 아들이 가져온 내 먹거리는 'Wrap con Pollo'(닭쌈)이었다. 나는 그것을 손에 들고 맛있게 먹었다. 우리나라의 김밥과 같이 편하면서도 맛을 즐길 수 있는 간편식이다. 나는 왜 이렇게 아무 음식이나 잘 먹는지 모르겠다. 아주 맵거나 짜지만 않다면 뭐든지 잘 먹는다. 신기하게 김치 생각도 안 나고 쌀밥이 먹고 싶다는 느낌도 없다.
　아들이 골라주는 것은 무엇이든 맛나게 잘 먹었다. 이런 나에게 '잘 한다'라고 칭찬하기를 아끼지도 않았다. 먹성 좋게 만들어주신 나의 어머님께 그리고 그런 좋은 엄마를 허락해주신 하나님께도, 예쁜 음식 색으로 고마움을 올려드렸다. 아들이 이를 닦는 대신 입에 넣고 씹는 것(고체 치약)을 또 내밀었다.

　미처 생각을 못해서 아쉬운 일이 생겼다. 아들이 그렇게도 가지고 싶어하는 PAOLO 식당의 까만 쟁반을 하나 가져오지 못했다. 식당 종업원은 고객이 달라고 해도 줄 수 없겠지만 손님이 하나 집어 간다면 손실 처리하면 될 것이 아닌가? 왜 기회가 지나간 다음에야 생각이 났는지 이해가 안 된다. 내가 아들에게 그 이야기를 했더니, 아들이 크게 웃으며 말했다.
　"엄마, 왜 진실이는 그런 생각을 못했을까요?"
　내가 능청스럽게, 아무 표정도 없이 대답해주었다.
　"진실이는 나만큼 늙지 않아서, 배짱이 없는 거겠지."
　아들이 엄마는 싱겁다는 듯이, 그러면서도 웃음으로 대꾸를 해주었다. 나도 아들을 마주 바라보며 웃어주었다.[32]

　기차는 나와 아들을 데리고 벤티밀리아를 향해 떠났다. 아들은 많은 여행 짐을 가지고 기차 안의 층계로 오르락내리락해서 나의 미안함을 가중시켰다. 하는 일 없이 구경꾼처럼 따라만 다녔는데도 입천장이 헐어서 아팠다. 아들에게 이 말은 안 하기로 마음먹었다. 아들을 조금이라도 덜 힘들게 해야 하니까. ─나는 아들이 힘들 것이라는 말을 반복해서 말하면서, 아들이 국민학교 3학년 때 일기 쓰는 방법을 가르칠 때의 일이 떠올랐다. '일기를 쓸 때는, 아침에 일어나서 세수하고 밥을 먹고 이 닦고 학교에 갔다는 식으로 쓰지 말렴. 그날 있었던 일 중에 하나를 골라서, 그 이야기를 쓰는 거야. 그리고 너의 생각을 쓰고, 좋았던 점과 나빴던 점을 쓰고, 앞으로는 어떻게 하는 것이 좋겠다는 등등의 말을 쓰면 좋은 일기가 되는 거야.' 아들에게는 이렇게 가르쳐놓고는 몇 번이나 되풀이해서 아들에게 '고맙다' '미안하다'라고 말하고 있다. 아들은 전교에서 일기 1등 상을 받기도 했었다.─

　벤티밀리아에서 기차를 갈아타고 좀 더 가니, 국경을 넘어왔다고 프랑스 경찰 세 명이 검색을 했다. 여기는 이탈리아가 아니고 프랑스라고, 좌석도 지정석이 아니니 빈자리를 골라 마음대로 앉으면 된다고 했다. 나는 유치원 다니는 꼬마가 선생님이 하는 대로 따라 하듯이 아들이 지정해주는 좌석에 얌전히 앉았다. 하긴 나에게 얌전이란 말은 어울리지 않지만, 아들과 여행하는 동안은 조금은 맞는 낱말이다. 우리가 좌석을 골라서 앉자, 코로 비비대면서 기어들어 오는 역한 냄새가 나를 다시 메스껍게 만들었다. 우리가 앉은 곳이 열차 1호칸이라 그런가 보다. 작년에 딸과 사위를 따라, 바다열차를 탔을 때도 그랬었다.

   열차 안에 기름 냄새라니, 옛날 증기 기관차일 때의 석탄이 아니라 기름으로 가고 있다는 것을 알고 있는데, 이렇게 꼭꼭 알려준다.

   나는 눈이 가는 대로 계속 여행하기로 했다. 가끔씩 산과 건물로 인해서 바다가 숨기는 해도 상상으로 바다를 이어갈 수 있었다. 가정집들에 심긴 레몬 나무는 내 속에서 예쁜 함성을 내보냈다. 여고 시절에 자주 불렀던 '레몬 트리' 노래를 속으로 불렀다. [그림41] 여고 시절의 친구들이 함께 모여들었다. 자연스레 그들의 모습이 창가로 왔다가 밀려갔다.

   집에서 레몬을 짜던 생각을 하는데, 상큼한 새콤함이 입안을 싱그럽게 감싸왔다. 나무에 달린 레몬을 아저씨가 하나 따 가지고 들어가는 모습을 상상하는데, 그 아저씨의 얼굴에 환한 미소가 보이는 듯해서 나도 같이 웃게 되는 조화는 웬일인지. 하여튼 레몬은 기분 좋게 만드는 묘한 재주가 있다. 울퉁불퉁한 것 같으면서도 매끈한, 평화로워 보이는 노란색으로 단장한 레몬.

   레몬을 먹고 씨를 몇 개 심어보았는데, 5개월 만에 싹이 나서 두 개만 화분에 키우고 있다. 지중해 해안에서 자라는 레몬을 바라보면서 나의 화분에서 살고 있는 레몬 트리에 미안한 마음이 들기도 하지만 레몬이 매달리는 꿈을 꾸어보는 것은 지나친 욕심일까? 욕심을 부리고 노력을 해서 바랄 수 있는 결과라면 마음껏 욕심을 키워보아야겠다.

우리 좌석 반대쪽으로 눈길을 돌리니, 낮은 언덕에 용설란이 있다. 기후가 자기에게 잘 맞는다는 듯이 아주 큰 몸체에 팔다리를 맘껏 뻗고 머리를 힘껏 들어올린 모양새다. 그 모양새가 나도 만족스럽게 풍만하게 기쁘게 그리고 즐겁게 해주었다. 날씨는 어쩌자고 이렇게 좋은지.

여기저기 뿌리내리고 하늘로 곧바로 높이 뻗어 올라간 야자수들을 땅과 바다와 하늘이 같이 키우고 있는 것을 볼 수 있었다. 다큐멘터리 〈걸어서 세계 속으로〉에서 대추야자 열매를 거둬들이는 여인네들을 본 기억이 났다. 한 나무에 어쩌면 그렇게 많은 열매를 매달고 있는지 사람의 힘으로는 가능하지 않은 일을, 창조주께서는 온 우주공간에서 만들어가고 계심에 경탄할 수밖에. 저렇게 큰 식물이 나무가 아니고 풀이라고 하니 신기하다.

이럴 때 어울리는 말은 '전지전능'이다. 어려서부터 내 귀로 흘러 들어온 말들이 아름다운 말임에 '하늘만큼, 땅만큼'의 큰 고마움을 올려드렸다. 나를 길러주신 어머님께, 그 어머니를 나에게 허락하신 나의 하나님께. 이것이 나에게 가장 큰 복임을 알고 있다.

그림41 레몬트리가 있는 집

6. 니스

국경을 자유롭게 넘어가다

　우리나라도 기차를 타고 북한 땅을 지나서 중국이든 러시아든 몽고든 거쳐서 유럽까지 갈 수 있으면 좋겠다는 생각을 잠깐 했다. 기차의 파노라마 창을 통해 하늘을 바라보면서, 우리나라에도 이런 평화로움을 선물로 주시기를 기원했다. 이번은 지중해를 끼고서 서쪽으로 이동했다. 우리를 데려다준 기차는 18시 10분에 니스에 도착했다. [그림42]

　아들과 도착한 곳은 바닷가에 있는 호텔. 지금까지 여행하면서 묵었던 숙소는 볼로냐에서의 하룻밤만 빼면 모두 수도원이었다. 볼로냐에서는 기차역과 북페어에 가기 편리한 곳에 숙소를 정했었다.
　수도원과 별이 많이 붙은 호텔. 갑자기 별천지에 온 듯한 느낌이 정상이라고, 나 자신을 달래주었다. 승강기도 아주 커 보였다. '복도도 뭐 하러 이렇게 넓지'라고 혼잣말하며 웃었다. 하지만 넓고 화려해진 환경의 변화가 마음까지 화려하게 만들어주지는 않았다. 지금까지 빡빡한 일정이었으니까, 잠깐이라도 그 틈에서 끄집어내어 숨통을 터주고 싶었나 보다. 아들의 마음을 고맙게 받아들여, 있는 그대로 즐기기로 했다.[33]
　처음으로 호텔에 투숙했으니, 아들이 조금은 편히 쉴 수 있게 협조할 수 있는 만큼은 해야 할 것이다. 나는 '김재신'이니까 충분히 그럴 수 있다고 나에게 자신감을 심어서 꾹꾹 눌러두었다.

아주 널찍한 방이 우리를 기다리고 있었다. 침대도 수도원 침대의 세 배만큼이나 되게 큼직했다. 수도원 침대에 비하면 네 사람이 자도 될 것 같았다. 내 눈이 내 몸이 벌써 수도원에 익숙해진 듯해서 좋았다.

"와아! 크다. 방도 크고 침대도 크고 화장실은 왜 이렇게 넓냐? 아들! 저기 좀 봐. 바다다! 저것이 지중해?"

아들이 나의 놀라며 감탄하는 모양을 보고는 명쾌한 웃음을 보냈다.

"어허! 아들, 이것 좀 봐. 물통이 종이네. 우리나라 우유 팩처럼 종이 팩에 물을 담았네. 역시….'

그림42 니스역 플랫홈

나는 하던 말을 삼키고 싶었다. 프랑스가 더 좋은 통에 물을 넣은 것은 좋은데, 우리나라와 비교하는 것이 왠지 좀 불편하게 느껴졌다. 역시 나는 대한민국 사람임이, 그것도 자존심이 강한 사람임이 증명되었다.

가방을 밀어넣은 아들이 의자에 앉더니 컴퓨터를 꺼낸다. 또 사무실로 출근하는 모양새다. 잠시 후에 아들이 창가에 서서 눈을 멀리 보내고 있던 나를 불렀다.

"엄마, 바람 쐬러 가요. 꼭대기에요."

"아들, 그러자."

옥상 라운지에 들어서자, 직원이 7시에 문을 닫는다고 말해주었다. 7시까지는 10분도 안 남았다. 아들과 나는 서로의 얼굴을 마주 바라보고 웃었다. 둘은 동시에 직원에게 고맙다고 인사하고 나왔다.

우리는 바다를 향해서 차렷 자세로 바라보며 정식으로 우리가 여기에 왔노라고 신고식을 했다. 바닷바람이 밀려왔다. 그리고 바다도 우리를 반기며 인사해 주었다. 차갑지도 않고 뜨겁지도 않은, 그렇다고 냄새도 특별할 것 없이 그냥 일상인 것처럼 바다는 친숙하게 비벼대고는 물러가고 또 다가오기를 반복했다. 나는 바닷바람이 내게로 와서 얼굴에 비벼대는 느낌이 매끄럽다고 느낄 수 있어서 좋았다.

아들이 날아갈 듯한 얼굴을 나에게로 돌리며 손을 뻗어 바다를 가리키며 말했다.

"엄마, 우리 저기 바다로 가요. 지금요."

"아들, 그러자. 가자. 지금. 바다를 만나러. 바람도 보고."

우리는 지중해로 나갔다. 우리가 걸어가는 동안, 바다도 우리를 향해 왔는지 길만 건너면 되는 곳에 지중해의 발바닥이 와 있었다. 바다가 넓적하게 온몸을 펼쳐 누워서 쉬고 있었다. 바닥에는 작은 자갈과 굵은 모래알이 사이좋게 모여서 놀고 있었다. 해초들이 여기저기 검은 무늬를 만들어놓아서 해변도 심심하지 않아 보였다.

　나의 바지 주머니에 있는 핸드폰에서 계속 삐삐 소리를 내보냈다. 지중해가 소음에 시달리게 될까봐, 핸드폰의 소리를 없애주고 싶어서 핸드폰을 꺼내는데 무슨 희한한 소리가 찍혀 있는 것이 보였다. '원목 이층침대. 1,200,000원 결재하였음….' '무슨 뚱딴지같은 소리야.' 다시 핸드폰을 들여다보았다. 아들이 가까이 다가왔다.

　"엄마, 무슨 일?"

　"아니야, 됐어. 괜찮아."

　"엄마, 말해 보세요."

　내 표정이 예사롭지 않았나 보다.

　"내가 여기 있는데, 한국에서 원목 침대를 샀을 리가 없잖아. 그러니까 걱정하지 않기로 했어."

　아들이 내 핸드폰을 가져다 들여다 보더니 말했다.

　"엄마, 카드 줘보세요."

　아들은 카드에 있는 번호로 전화하더니 확인을 했다. 그런 일이 자주 있지만 염려하지 말라고 했다고 전한다. 나도 잠깐 놀랐던 것은 사실이지만 아들까지 마음을 쓰게 해서 미안했다. 더구나 이 장엄한 장관에 싸여 있을 때에 이런 상황을 벌인 내가 자연에게도 송구스러워졌다. 내가 아직도 이 세상에 속해 있다는 사실을 증명하듯이 가끔씩 나의 평안을 흔드는 사건들이 벌어진다.

　걸어다니는 사람, 뛰어다니는 사람, 물속에 들어갔다 나오는 강아지, 송아지만큼이나 큰 개를 데리고 다니는 여인네, 각가지 생물 중에 나도 자연의 하나로 같이 섞이면서 노닐고 있으니 참 좋다. 그것도 나를 보살펴주는 아들과 함께라서 참 좋다. 내가 언제부터 현재 속한 환경 외의 것에는 신경을 안 쓰고 살게 되었는지, 그런 나의 처사가 제일 고맙고도 신기하다. 그분께서 나에게 은혜로 주시는 평안에 감사를 또다시.

　가끔 지난날의 일기장에 적어둔 나의 기도문들을 본다. 젊었을 때는 '사랑과 지혜'를 주로 구했고, 중년의 문턱에서는 생사를 가르기 위해 '그분을 만나기'를 열심히 원했다. 그분이 만나주신 후로는 나의 성격을 위해 구체적으로 기도한 흔적을 읽을 수 있다. '거짓말하지 않게 해주시기를' 간절히 구하면서, 나쁜 말이나 거짓말을 하면 어떤 방법으로든지 혼내시고 이유를 말씀해주시기를 구한 기도문을 보면서, 스스로 어처구니없어 웃음을 참을 수 없었다. 왜냐하면 나의 기도를 정확하게 들어주시는 분께서 내가 잘못 말했을 때는 벽에라도 내 얼굴을 부딪치게 하셨기 때문이다. 그후로는 성실을 구했고, 하나님과 사람 앞에서 동일하게 행동할 수 있는 성품을 주십사 기도하기도 했다.

나는 대자연 앞에서 살아온 여정을 훑어보는 나를 발견하면서, 내 옆에 중년의 남자로 나의 보호자로 걷고 있는 아들을 보며 흐뭇함 또한 만끽하고 있었다. 아들은 또 며느리에게 전화를 했다. 이번에는 '자고 있을 텐데'라고 말해주지 않았다.

"아아, 자고 있었구나. 미안. 계속 자."

깨워놓고는 자라고 인심 쓰는 아들이 밉지 않은 것은 웬일까? 어른에게 예쁘다고 하면 안 되는데 사이좋게 사는 사람들을 보면 그냥 다 예쁘다. ─내가 사람을 분류하는 방식은 단순하다. 예쁜 사람과 불쌍한 사람. 나쁜 성격이나 나쁜 행동을 하는 사람을 보게 되면 너무나 불쌍해 보인다. 애처로워서 마음이 아프다. 언행이 좋은 사람은 그냥 예쁘다.─ 아들은 멋쩍은 표정으로 나를 바라보았다. 아들이 자기 부인에게 미안해하는 마음과는 상관없이 아들이 며느리와 사이좋게 사는 모습을 구경하는 것이 참 좋다.

"엄마, 저녁 식사는 호텔에서 해요. 본래 호텔 요리는 맛이 없다지만 오늘은 그냥…."

아들이 말끝을 흐린다.

"그러자. 아들이 하자는 대로."

우리는 어스름이 내려앉는 지중해의 수평선을 향해 섰다. 기다랗게 펼쳐진 수평선은 직선이 아니라 약간의 포물선으로 부드럽게 그려놓고 있었다. 약간의 주홍색과 푸른색을 섞어서 드리우며.

저녁 식사를 마친 우리는 방으로 올라왔다. 아들이 기차역으로 같이 가자고 했다. 나는 이번 여행 중에 아들이 하자는 일에 안 하겠다고 말한 적이 없었다. -아, 한 번은 있다. 볼로냐에서 아들과 같은 업에 종사하는 사람의 저녁 식사 초대를 거절했다.- 아들의 얼굴이 조금은 벌게져 있었다. 디저트 와인까지 다 마셨으니 넉 잔을 마신 셈이다.

"아들, 난 가기 싫어. 혼자 가~."
"에이~ 엄마 같이 가요."
"난 안 간다니까."
"엄마, 같이 가요…."
"알았다, 알았어. 가자."

'자식 이기는 엄마 없다'라는 말도 있던가? 아들의 끈질긴 청에 아들을 따라서 나갔다. 호텔 밖은 이미 어두워지고 있었다. 건물마다 밝은 불빛을 환하게 길거리로 쏟아내고 있었다. 나는 세상에 태어나서 처음이자 마지막일 길을 또 걸어갔다. 아들과 함께라고 하지만 낯설기는 마찬가지였다. 아들이 조금은 내 아들이 아닌 것 같기도 하고 생소하게 보였다. 나는 쓰레기가 있는 밤거리는 싫었다. 술에 취한 사람들의 곁을 지나는 것도 싫다. 담배 연기 날리는 사람 옆은 더 싫다. 아들은 구글 지도를 따라가는 모양이고 나는 아들을 따라가고 있었다. 점점 언덕으로 올라갔다. 아들은 오른쪽 언덕길로 가자고 하고, 나는 왼쪽 언덕길로 가고 싶었다. 우리는, 엄마인 내가 가고 싶은 쪽으로 올라갔다.

드디어 우리 앞에 역 광장이 나타났다. 역 광장은 텅텅 비어 있어서 살벌하게 느껴졌다. 니스의 기차역은 우리나라의 시골역 만큼이나 작아 보였다. 어두워서 작게 보였는지도 모르겠다. 광장 끄트머리에 나지막한 역사가 어두침침한 분위기를 내뿜으며 엎

그림43 노숙자의 숙소가 된 니스역

드려 있었다. 내가 보기에는 역 안에서도 빛이 비쳐 나오지 않는 것이 유령이라도 튀어나올 것 같았다. 아들이 내 손을 꼭 잡고 역사 앞까지 갔다. 역의 출입문이 있는 곳에는 노숙자들이 궁색한 잠자리를 만들고 깊이 잠들어 있었다. **[그림43]**

　아들이 나를 데리고 다른 출입문이 있는 곳으로 갔다. 그곳에도 대리석 맨바닥에 두 사람이 꼭 붙어서 잠들어 있었다. '저렇게 붙어 자면 조금은 덜 춥겠지.' 상대방에게 조금도 도움이 못 되는, 아린 가슴을 내려놓고 우리는 발길을 돌렸다.

아들의 입에서 아픈 소리가 흘러나오기 시작했다.

"엄마, 샘(Sam)이 그러는데 노숙하니까 밤에 잠을 제대로 잘 수가 없대요."

"엄마, 샘이 나한테 가르쳐준 게 얼마나 많은 줄 아세요?"

"엄마, 샘이 '다음에 그 식당에 가면 내가 가르쳐줄게'라고 하더니 '다음이 있으려나 모르겠다' 하더라고요."[34]

"엄마, 옛날에 샘이 노숙한다고 해서 호텔 방을 하룻밤 잡아줬더니, 그것도 아주 좋은 호텔도 아닌데 '호텔에서 자보는 것이 얼마만이냐?'라고 하더라고요. 그날은 샤워도 하고 포근한 침대에서 자서 좋았을 거예요."

아들이 말하는 아픈 이야기는 호텔로 돌아오는 20분 넘게 이어졌다.

아들은 이야기하면서 밀려드는 걱정에 힘겨워했다. 어미 된 자로서 그냥 지나치기가 힘들었다. 아들의 강권에 의해 동행한 길이기는 하지만, 같이 오게 마음을 돌리게 해주신 분께 어찌 고마움을 표하지 않을 수 있을까. 샘의 이야기를 하면서도 쓰레기통이 있는 곳은 길을 건너서라도 내가 피하게 애쓰면서 말했다. 아들의 따뜻한 마음은 취중에도 어김없이 튀어나왔다.

"엄마가 쓰레기통은 싫어하니까 피해 가야 해."

"'샘은 자기 엄마가요, 너는 안 태어나는 게 좋았을 뻔했어!'라고 했다는데요, 그런 엄마가 어딨어요? 자기는 이혼하고 남편하고 헤어지면 되지만, 아들은 어떻게 하라고요? 의지할 사람이 세상에 하나쯤은 있어야 살지요."

아들은 자기가 자기의 '엄마'를 부르는 순간에 샘의 엄마가 떠올랐나 보다.

'와인 넉 잔은 조금은 과하지 않을까'라고 잠깐 생각했었지만, 여행을 떠나와서 처음으로 맞는 느긋한 시간에 편안한 호텔이니 이 정도의 자신에게 베푼은 아들에게 주어도 좋다고 여겼다. 그런데 계획에 없던 노숙자와의 만남은 아들에게서 아픈 과거를 끄집어냈다. 아들의 푸념은 계속되었다.

"엄마! 샘하고 밥 먹으면서 와인을 시켰는데, 안 먹더라고요. 그렇게 즐겨 먹던 와인을. 마약을 하면서부터는 와인은 안 먹게 되더라고 하더라고요. 식사를 보면서는 '이게 얼마만이냐? 이렇게 제대로 된 식사를 하는 것이…'라고 하더라고요."

나는 아들의 말 속에 피가 섞인 듯한 고통을 느꼈고, 그 통증은 곧 나에게도 전달되어 내 것이 되었다. 어쩌자고 그런 아버지를 만났는지 모르겠다. 자기 아들의 나이보다도 어린 여자와 결혼하는 남자의 속성은 대체 무엇일까? 모든 재산을 두 번째 부인에게만 주면 어쩌자는 걸까? 그렇다고 자기 인생을 내팽개치듯이 포기하고 버리면 어쩌자는 걸까? 보살펴주는 사람 하나 없다는 것이 얼마나 가슴 에이게 아픈 것이면, 그렇게 변할까? 내가 누군가를 보살피는 따뜻함을 발휘할 수도 있지 않았을까? 어느 것 하나 쉽지 않다. 그러나 이야기를 듣고 있는 나는 왜 이리 가슴이 아픈지.

그런데, 엄마라는 사람이 자기가 낳은 자식을 모른다고 하면 어쩌자는 것인가? 세상사람 모두가 몰라라 해도 엄마만은 그러면 안 되는 것이지 않는가? 하나님께서는 당신 대신에 엄마에게 그 생명을 맡기신 것이 아닐까? 하나님께서는 왜 그런 사람들도 그냥 내버려두고 계실까?

나는 기차역의 닫힌 출입문 앞에 그대로 잠들어 있는 노숙자들을 본 순간부터 터져 나오는 아들의 이야기를 들으며, 나의 과거로 돌아가고 있었다. 1984년, 그러니까 내 나이 40살이 되던 때, 길동 구역의 파송 구역장으로 봉사하고 있을 때의 일이었다. 멋쟁이 노 집사님이 계셨다. 하루는 구역 예배가 끝난 다음에, 유난히 기운이 없어보이는 집사님께 여쭈어보았다.

"집사님, 왜 어디 편치 않으세요?"
"응, 괜히 힘이 없어. 아픈 데도 없는데."
"병원에는 가보셨어요?"

"아니, 가기 싫어. 병원에는."

"집사님, 그러면 다음 주에 저랑 같이 병원에 가실래요? 제가 같이 가드릴게요."

이렇게 해서 우리 둘은 내가 다니는 박문갑 의원에 같이 갔었다. 박 장로님은 영락교회 장로님이자 한 목사님의 주치의셨다. 의원에 가서 진료받는데, 장로님이 오른손의 네 손가락 끝으로 물렁물렁해 보이는 노 집사님의 하얀 배를 꾹꾹 눌러보시더니 말씀하셨다.

"술도 드시나요?"

"가끔, 맥주는 먹어요."

나는 놀랐다. 집사님이 맥주를 마신다고 하는 데 놀랄 정도로 나는 세상 사람들의 삶을 모르고 있었다. 장로님은 옷을 입고 있는 집사님과 나를 번갈아 바라보면서 이야기하셨다.

"큰 병원으로 가보시죠. 제가 해드릴 수 있는 것이 아닌 것 같아서."

나보다 노 집사님이 더 놀라셨을 테고 무서웠을 것이니까 나는 표정을 잘 관리해야만 했었다.

"집사님, 우리 성모병원으로 가봐요."

집사님은 굳은 얼굴로 머리만 아래위로, 까딱했다. 나는 본의 아니게 집사님의 보호자가 되어 병원 출입을 하게 되었다. 집사님에게는 아들과 딸이 있었지만, 집사님이 알리기를 원치 않으셔서 구역장인 내가 병원에 동행했다. 채혈해서 검사한 결과가 췌장암이라고. 당시 병명도 익숙하지 않은 췌장암이라고 했다. 내가 의사에게 물어봤다.

"그러면 수술은요?"

"죄송합니다. 늦었어요."

의사는 묻지도 않은 말을 계속했다.

"6개월 정도 남았습니다. 아니면 더 짧을 수도."

집사님은 갑자기 더 기운이 없는 것처럼 보였다. 지금처럼 인터넷으로 모르는 것을 찾아볼 수도 없던 시절이라, 나는 내가 다니는 의원의 장로님께 궁금한 것을 물어보았다. 모든 이야기가 희망적인 말은 하나도 없었다. 이런 구역 식구를 어떻게 돌보아야 하는지, 젊었던 나는 방법을 몰랐다. 그냥 하나님께 '사랑과 지혜'를 구했다. 구체적인 기도를 하는 방법을 몰랐다. 그냥 내 입을 지켜주셔서 사랑의 언어를 주시고 집사님의 마음을 쓰라리게 하는 말은 하지 않게 도와주시기를 구했었다. 이것은 다른 사람들에게도 베풀 수 있는 내가 할 수 있는 일이었다. 각각 다른 형태의 가정을 이루고 사는 구역 식구들을 하나로 묶는 방법도 내 입을 통해서 나온다고 믿으니, 그분께 내 입을 부탁드릴 수밖에 없었다.

집사님은 입퇴원을 계속 반복하며 통증과의 전쟁을 치렀다. 통증이 집사님을 괴롭히기 시작하면 병원 침대에 못 계시고 바닥으로 내려와 데굴데굴 구르셨다. 통증과 싸우면서 아파하는 모습을 보는 것만도 힘에 겨웠다. 왜 그때는 병원에서 진통제를 안 썼는지 모르겠다. 몇십 분씩의 통증과의 전투가 끝나면, 침대에 올라와 죽은 사람처럼 잠이 드시곤 했다. 그 멋쟁이 집사님이 괴로워하시던 모습이 샘이 힘들어하는 모습과 겹쳐 지나갔다. 아들의 동료인 샘도 췌장암으로 갔다니 혼자서 그 통증을 어떻게 견뎌냈을까?[35]

하루는 집사님이 내게 부탁이 있다고 하셨다. 물끄러미 바라보는 나에게 심각한 표정으로 입을 여셨다. 무슨 말씀을 하시려고 저렇게 뜸을 들이시는지 궁금했지만 나보다 스무 살도 나이가 많은 분이니까 말씀하실 때까지 기다렸다.

"구역장, 나 혼자 있으면 무서워."

"집사님, 그럴 때는 우리 집으로 오세요. 저하고 같이 계시면 괜찮죠?"

"응, 그래도 돼?"

"그럼요. 빈 방도 있어요."

"그리고 나 소원이 있어. 나 죽을 때까지 내 힘으로 화장실 다닐 수 있도록 구역장의 하나님한테 기도해줘."

집사님은 나를 부를 때 꼭 '구역장'이란 호칭을 쓰셨다. 구역장이란 호칭은 나에게 많은 책임감을 불어넣곤 했다. 나는 집사님의 얼굴을 바라보며 대답했다. 그냥 말이 아니고 집사님의 부탁에 대한 답을 해야 했기 때문이다.

"집사님, 하나님이 들으셨을 테니까 그대로 될 거예요."

집사님의 눈가로 안심의 미소가 파르르 지나가는 것이 보였다. 그 미소가 지나간 다음에 말을 이으셨다.

"그리고 애들한테 내 장례식은 구역장이 시키는 대로 하면 된다고 말했어. 애들이 어려서 아무것도 모르거든. 그러니까 구역장이 도와주라."

나는 속으로만 말했다. '집사님, 나도 어려서 아무것도 모르거든요.' 집사님은 젊은 구역장이 하나님 시중드는 천사의 능력이라도 가진 줄 알고 계신 듯했다. 할 수 없이 고개를 끄덕여 '그러겠노라'고 약속했다. 하나님은 보이지 않는 영이시라고 하니, 나를 통해서 역사하시기를 바랄 수밖에 없었다.

겨울이 끝나가는 2월, 간병인에게서 전화가 왔다. 그 간병인도 나를 구역장이라고 불렀다.

"구역장님, 빨리 와보세요. 이번에는 진짜 빨리 오셔야 해요."

"왜요?"

다급한 목소리가 떨려왔다.

"집사님이 화장실로 가시기에 나오시면 드리려고 죽을 데웠는데 눈을 안 뜨세요. 화장실에만 갔다 오셨어요. 그러고는 아무것도 안 하고 누우셨는데…."

말을 잇지 못하는 간병인에게 집사님의 아들에게 전화하라고 하고, 나도 서둘러 갔다.

아들은 여전히 내 옆에서 걸어가면서, 샘이 가르쳐준 일을 말하면서, 샘의 고통과 자기의 슬픔을 섞어가며 아로새기고 있었다. 우리 둘은 지나간 지인들 때문에 같은 병을 앓고 있었다. 그래도 집사님은 누워계실 집도 있었고 돈도 있었고 부족하지만

'나'라는 시원치 않은 구역장이라도 있었는데.

  샘은 이 넓은 천지에 가까이 있는 사람도 돈도 없었다. 다행히도 정원 일을 봐주던 집에서 마지막 갈 때까지 지낼 거처는 주었다니 얼마나 고마운지, 내가 잘 알지 못하는 샘에게 거처를 제공해준 분에게도 감사한 마음이 밀려 올라왔다. 하나님께서도 감동하지 않으셨을까? '내가 병들었을 때 찾아봐주고, 거할 곳을 제공해주었고, 배고팠을 때에 먹을 것을 주었고, 헐벗었을 때에 입을 옷을 주었고. 이것이 너희 믿는 자들의 열매인 것이야'라고 지금도 우리에게 말씀하시고 계실 게다.

  나는 니스에서의 첫날 밤을 아들과 떠나간 아들의 친구였던 샘과, 이렇게 셋이 함께 힘겹게 보냈다. 어차피 누구나 한번은 겪어야 하는 죽음도 아름다운 여정 속에 넣을 수 있다면 얼마나 다행한 일일까? 죽어야만 갈 수 있는 하나님 나라가 아니고 이곳에서도 하나님 나라에 살면서 거기에 잇대어 사는 지혜를 주시기를.

  늙은 엄마인 나를 데리고 많은 여행가방을 끌고 메고, 로마를 거쳐 니스까지 와서, 노숙자를 보는 순간에 노숙자로 변했다가 저세상으로 간 친구에 대한 애통함이 짙게 물든 상태로 잠이 든 아들을 바라보았다. 아들의 아픔을 조금이라도 느낄 수 있는 어미이기에 내 마음에도 슬픈 그림자들이 이리저리 뻗쳐나가 머리까지 통째로 점령하려고 했다. 아들의 코고는 소리가 아들의 몸 밖으로 나와서 나에게도 들렸듯이, 아픈 마음도 모두 쏟어내기를 바라면서 나도 또 다른 오늘을 마감했다.

열흘날, 니스에서 아비뇽으로

2023년 3월 9일, 쾌청

니스에서의 이튿날

　아들이 일찍부터 일어나서 일을 하고 있다. 하긴 일을 하는지 놀고 있는지 늙은 부모는 모른다. 젊은 사람들은 항상 전자기기를 들여다보고 있으니까. 그러나 내 아들은 그럴 나이는 지났으리라고 믿으니까 무엇인가 유익한 일을 하고 있겠지. 아들에게 아침인사를 했다.
　"아들, 굿~모닝."
　"엄마, 안녕히 주무셨어요?"
　"오냐, 잘 잤다. 아들."
　나는 의도적으로 샘의 이야기를 하지 않았다. 그냥 아들과 이 아침에 처음으로 얼굴을 마주하며 웃을 수 있는 복을 주심에 감사하며, 새 하루를 열었다. 물론 눈뜨자마자 그분께 아뢰는 고마운 이야기는 끝낸 터이니.
　아들이 오늘의 일출시간을 알려주었다. 나는 방 안에서 바다를 바라보다가 무거운 전망창을 열고 베란다로 나갔다. 나는 여전히 밖에서 찰랑거리며 즐겁게 놀고 있는 지중해를 가슴으로 받아들였다. 하늘만큼 넓어졌다가 간장 종지만큼 작아졌다 하는 나를 여전히 받아주는 큰 바다의 한 부분을 지중해라 부르는 나는, 내가 지중해가 된 것 같은 착각을 하고 있었다.
　밤사이에 바닷물이 월파해서 도로까지 촉촉이 적셔 놓았나 보다. 젖어 있는 도로는 뽀얗게 말라 있던 차도와는 다른 느낌으로 다가왔다. 윤기도 있어 보이고 뭔가 조금 부드러워진 것 같았다. 차도의 용도는 변함없을 텐데도 무엇인가 더 잘될 것이라는 기대를 하게 해주었다.

　나의 왼쪽 저편에 낮은 산이 보이고 그 뒤로 하늘색이 변하고 있었다. 그러니까 그쪽이 동쪽인가 보다. 시간은 7시 15분. 아들을 불렀다. 의자에 앉아서 열심히 일하고 있는 아들에게 떠오르는 해님을 같이 만나보자고 불렀다. 나는 내 여든 평생에 일출을 보러 어디에도 가본 적이 없다. 농사를 지을 때는 근처 산 위로 솟아오르는 해도 만나보았고 먼 산 위로 떠오르는 찬란한 해님도 만나기는 했지만, 이렇게 의도적으로 정중한 태도로 기다린 적은 없었다.

　해님이 우리를 보러 오는 모습을 핸드폰에 담았다. 부드러운 주황색으로 느긋하게 차분히 떠오르는 해님의 여명을 휴대전화에 담았다. 아들은 카메라에 해님이 나타나는 모습을 담았고, 갈매기들은 나에게 말하고 싶어서 내 앞 창공에서 맴돌았다. 해님에서 눈길을 거두니 파란 바다가 내 앞으로 다가와 있었다. 수평선 쪽은 짙푸르고 나에게로 가까이 올수록 부드러운 푸른 색으로 하늘색과 거의 같은 색으로 바뀌면서 살짝 넘실거렸다. 더 가까이 다가온 바닷물은 아예 블렌더로 달걀흰자를 휘저어놓은 것처럼 부드러운 하얀 거품을 잔뜩 머금고 있었다. 아주 높이 올라와, 나와 거의 마주 올려다보고 있는 듯한 야자수는 밝아오는 빛을 기쁨으로 맞이하며 반짝이고 있었다. [그림44]

　해변에는 여전히 달리는 사람이 부지런함을 보여주고, 선선함

그림44 니스 지중해 해맞이

과 신성함도 함께 보내주었다. 자전거로 달리는 사람, 웃옷은 아예 입지 않고 핫팬츠만 입고 시원하게 달리는 사람, 땀복을 입고 달리는 사람, 맨발로 달리는 사람도 있다. 각종 색깔의 사람들이 인생의 승리자가 누리는 즐거움으로, 아니면 그런 것을 결승점으로 삼고 달리고 있었다. 우리나라나 이탈리아나 프랑스나 견공들은 사람들의 짝꿍이 되어 같이 살고 같이 달리고. 차도에는 우리나라와는 다른 차종들이 아침 공기를 불러들이고 있다.

 나는 무슨 잡념이 이렇게 무르익어 가는지 일을 끝낸 듯한 아들이 옆에 와서 서 있는 것도 몰랐다. 무릉도원이 아니라 니스의 지중해에 내 생각을 담가두고, 크게 키우고 있었나 보다. 내가 서 있는 오른쪽 바닷가에는 '여기는 프랑스'라고 외치는 듯이 프랑스 국기 두 개가 바닷바람에 휘날리는데, 깃대 있는 쪽에서부터 진파랑, 하양, 빨강이 파도의 흰색과 옅은 푸른 색을 배경으로 조화를 잘 이루고 있어서 보기 좋았다. 프랑스 국기 두 개 사이에 있는 깃발은 두 국기에 휘감겨서 잘 보이지 않았다.

 아들이 말하는 소리가 들려왔다.

 "엄마, 화가들이 바다의 색을 왜 그렇게 그런 파란색으로 칠하는지 이제야 알겠어요."

 아들은 바다 색깔에 감동했나 보다. 저 멀리 수평선 있는 곳은 검은 것 같은 짙푸른 색. 너울너울 춤추고 오면서 점점 옅어지다가 우리 앞에 와서는 하얀 거품을 일구어, 자기는 무섭지 않고 부드러운 물일 뿐이니 같이 놀자고 속삭이는 소리를 보았나 보다.

 아들은 나를 데리고 동네로 갔다. 사람들이 사는 모습은 나를 돌아보게 한다. 사람 냄새가 제일 많이 나는 곳은 어느 나라에서나 시장인가 보다. 그 지역 사람들이 생산하는 것들을 진열해놓은 것은 더 보기에 좋았다. 로컬푸드를 직접 구매할 수 있는 많은 이점이 소비자의 욕구를 채워줄 뿐만 아니라 생산자에게도 도움이 될 것이다. 시장에서도 인간관계가 잘 맺어지면 물건만 주고받는 것이 아니다. 물질로는 표현할 수 없는 따끈따끈한 감정이 입을 누릴 수도 있다. 인정까지 덤으로 왔다 갔다 하는 보이지 않는 풍요로움을 나누어 가질 수 있다.

여행을 하면서도, 순례를 하면서도 쉽게 만날 수 있는 곳은 광장인데 이번에는 아들이 광장에 시장을 차려놓은 곳에 데리고 가주었다. 멀리서 장이 열린 곳이 보일 때부터 마음이 설렜다. 그전 여행에서도 재래시장에 갔었지만, 이런 장터 같은 곳은 안 갔었다. 갤러리에는 정말 많이 갔었는데 이번에는 아들이 그동안 못 보여준 것을 골라 보여주기로 했나 보다.

하늘은 더 이상 맑아질 수 없을 정도로 맑게 푸르고 하얗고 조그만 솜사탕 같은 조각구름은 엄마 구름이 있는 곳으로 끌려가고 있기도 했다. 어느 골목을 지나서 오는 미풍인지, 살살 나의 감각을 간질여주었다. 노천시장에서 어떤 색의 물건들이 나를 기다리고 있을지 상상을 자극했다. 강한 색깔의 농산물들이 머릿속에서 빠른 속도로 퍼레이드했다. 내 발도 머릿속의 속도에 맞추어 걸어갔다.

아들은 뒤처지고 나는 아들의 존재를 잠깐 잊어버리고 각양각색의 과일에 눈을 두었다. 그분께서는 내게로 오실 때 셀 수도 없는 많은, 표현하기 어려운 색깔로 오셔서 나의 감탄사를 끌어내시곤 했다. 농부처럼 보이는 판매대의 과일 주인이 내가 무엇을 사려는가 하는 기대가 보여서 잠시 난감해졌다. 빨리 시선을 거두어서 감추고 아들을 바라보았다. 과일들이 나신으로 있는 것이 좋다. 과일들이 홀랑 벗고 종이 그릇 위에 쌓여 있는 것을 보니, 마음까지도 시원해졌다.

오랜만에 조그맣고 동글동글한 홍당무도 보았다. 홍당무를 보니 그것으로 물김치를 담았을 때의 국물 색깔이 마음에 담겼다. 입에서는 무가 씹히는 질감이 살아났다. 양파도 가지도 파프리카도 모양이 우리 것과는 조금씩 다르게 생겨서 신기한 마음으로 살펴보았다. 내가 모르는 과일이나 채소도 있다. 시장 바닥을 직사각형으로 생긴 대리석으로 깔아놓은 것 또한 내 눈에는 인상적이었다.

조금 걷다 보니 꽃시장이 내 앞으로 달려왔다. 나는 반갑다는 표시로 환하게 웃으며 바라보았다. 꽃의 종류도 많기도 하다. 봄이라 그런지 과수들도 작은 화분에 심겨서 묘목으로 나들이 나와 있었다. 어떤 주인을 만나서 자라날지 걔네들이 가서 땅에 심기는 모습을 상상해보았다.

우리집에는, 이제 나에게는 마당이 없다. 마당이 없는 사람이 어디 나 하나뿐인가. 우리나라는 아파트 인구가 전체 국민의 70%가 넘은 지 오래라고 한다. 나는 발코니에서 로즈메리와 레몬, 올리브, 국화, 라일락, 장미, 다육식물들과 같이 살고 있지만 항상 그네들에게 미안해서 자주 들여다보면서 말을 건넨다. 고맙고 미안하다고 말하면서, 같이 살아간다. 화분의 식물들을 바라볼 때마다, 미소가 지어진다. 무엇 때문에? 나도 잘 모른다. '잘 자라줘서 고맙고, 이런 데서 살게 해서 미안하다'라고. 나는 그분이 내려주시는 비 대신으로 손으로 스프레이해서 식물들에게 물을 뿌려주기도 한다.

해님은 점점 내 머리 꼭대기로 올라오고, 햇살은 점점 널리 펴져서 나의 잠바를 벗기고 싶어 했다. 아들은 내 그림자처럼 나의 뒤를 아무 말도 없이, 무슨 명상에 잠긴 사람처럼, 입을 다물고 따라다니고 있었나 보다.

내가 주택가 골목으로 들어가자, 아들이 드디어 내 옆에 와서 같이 걷기 시작했다.

"엄마가 이런 데를 좋아하실 것 같아서 왔는데 정말 좋아하시네요."

"응, 아들. 고마워. 구경 잘했네. 그런데 물건 주인들에게 미안했어. 사주지 않아서."

아들이 그랬을 거라는 뜻의 표정을 만들며, 머리를 끄덕거렸다.

주택들로 둘러싸인 곳에서 한 면을 차지하고 있는 성당(니스 대성당)이 앞을 가로막았다. 들어왔다가 가라고 큰 문도 열어놓고 있었다. 아들을 바라보았다. 아들은 내 마음을 잘 읽는다.

"엄마, 들어갔다 가실래요?"

"그래도 돼?"

"그럼요, 엄마."

그분은 왜 나에게 이렇게 품성이 부드러운 아들을 선물로 주셨을까? 하나님 마음을 기쁘게 해드린 것이 있어서 상으로 주셨을까? 착각하지 말라고, 교만이라고 타일렀다. 그냥 은혜로 선물로 받은 것이라고.

우리는 호텔로 돌아오면서, 다시 바다를 만나러 갔다. 해변의 자잘한 검은 빛을 띤 조약돌들이 신발 아래서 바스락 소리를 내며 내 귀로 들어왔다. 길기도 하고 둥글기도 하고 우리는 제각기 다른 모양이라고 말하면서, 자기 멋대로 생긴 이런저런 돌들이 사이좋게 모여서 끝을 보여주지 않는다. 바다는 여전히 어제의 그 바다이지만 또 다른 물결을 실어 나르고 같은 색일 텐데도 다른 느낌으로 나에게 다가와 '안녕'이라고 말해준다. 내가 빨리 발을 돌리지 못하는 것을 눈치챈 바다는 파도에 은은한 소리를 섞어서 아름다운 노래로 나를 감싸주면서 곱게 밀어내주었다.

우리는 니스 바다에도 작별을 고하고 기차역으로 갔다. 니스역도 어제 노숙자들이 자던 그 역이 아니다. 어젯밤에 못 산 기차표는 아마 아들이 인터넷으로 구했겠지. 니스에서는 또 다른 내용의 하루를 산 셈이다. 그저께 밤과는 아주 다른 하루를 산 셈이다. 인생살이 자체가 나그넷길이고 그 길이 순례라면 어떤 환경에서도 그분과 동행하게 될 것이다. 하긴 그럴 수밖에 없는 것이 온 우주에 가득 찬 그분의 손길과 숨결을 느끼지 않기가 더 힘들 테니까.

이제 우리는 아비뇽으로 간다. 나는 '아비뇽' 하면 생각나는 것은 여고 시절, 세계사 시간에 배운 '아비뇽 유수'가 유일하다. 니스에서 아비뇽까지 직접 가는 기차가 없단다. 그래서 마르세유에서 갈아타고 간단다. 갈아타든 말든 내가 알아야 할 일은 아니다. 내가 베짱이인 것이 아니고, 알려고 노력해봤자 아들에게 도움이 안 되니까 그냥 아들이 하자는 대로 하면 된다. 내가 자식들 키울 때 애들이 내 말을 잘 들어주었듯이, 자식이 내 보호자가 됐으니까 거꾸로 살면 좋은 엄마가 될 테지 하는 것이 내 생각이다.

하지만 나는 쓸데없는 생각은 잘한다. 예를 들면, 해님은 무슨 색으로 칠해야 맞을까? 해님의 그림자는? 그 빛의 그림자는 어떻게 그릴까? 아니면 바다색은 왜 다 다를까? 파도는 어떻게 그려야 제대로 그리는 걸까? 등등 아무짝에도 필요 없는 공상은 잘한다. 그런 생각으로 피난을 가는 나는, 다시 철없는 아이로 변한 것임이 틀림없다.

내가 어린아이처럼 구는 것을 그분은 좋아하실 것이 분명하다. 손주들이 어릴 때 나에게 즐거움과 기쁨을 주던 일을 떠올려본다. 손녀, 손자들이 어렸을 때는 '우리 할머니가 최고야. 할머니! 하늘만큼 땅만큼 사랑해요. 할머니가 만든 반찬은 참 맛있어요. 우리 할머니는 천사 할머니야.' 끊임없이 할머니 찬가를 불러주던 손녀, 손자가 모두 커서 자기 일로 바빠졌다. 그 대신에 내가 하나님께 애들이 나에게 하던 언행들을 내 주인께 해드리는 재미로 살아가고 있다. 나는 그분께 계속 고마움의 찬사를 올려드리며 산다. 내 나이가 80이라도 여전히 하나님의 어린아이임에는 변함이 없으니까.

13시 28분에 니스에서 기차를 탔다. 2시간 30분을 타고 간다고 했다. 아들은 나에게 기차가 어디에 정거하고 타게 되는지 정성껏 알려주지만, 기차를 타고 나면 신통하게도 기억에 하나도 남지 않고 다 날아가 버린다. 내가 기억하지 못해도 기차는 예정대로 잘 가니까 문제될 것이 없다.[36] 그래서 내게 두통이 없는가 보다. 나에게 필요 없는 것은 담아놓지 않는 내 머리가 신통하기만 하다.

우리는 마르세유에서 내려 역사 밖으로 나왔다. 아들이 역사 앞 대학가 건물들을 가리키며 말한다.

"둘째 손녀가 교환 학생으로 온다면…."

무슨 말을 하는지 내용이 귀에 잘 담아지지 않는다. 내 몸이 아주 힘든가 보다. 아들이 손녀의 미래에 관하여 이야기해 준다. 내가 그때까지 여기에 머물고 있을까? 아니기를 기원하면서도 귀 기울여 들었다. 아무리 열심히 노력해도 안 되는 것은 안 되는 것이니, 그런 것들로 인해 기죽지 않기로 다시 다짐한다. 그리고 엉뚱한 소리를 한다.

"저 산꼭대기에 있는 것은 뭐야? 아들."

나는 우리가 서 있는 맞은 편, 높은 산 위에 있는 것이 무엇인지 알고 싶어졌다. 아들이 나를 바라보면서 말했다.

"아, 저거요. 성당인데요. 노트르담 드 라 가르드 성당이에요."[37]

'성당이면 교회란 이야기일 텐데 뭔 놈의 매일같이 노트르담이래.' 속으로 구시렁거렸다. 마리아에게 예배하는 것도 아닐 텐데. 예배당이면 당연히 예수님의 이름이든지, 하나님이 거론되어야 하는 것이 아닐까? 그것도 아기 예수님을 안고 있는 마리아를 왜 그리 높이 치켜세우는지 이해가 안 되고 괜한 심술보가 터지려고 했다. 나는 덜 익은 할머니임이 분명하다.

이탈리아에서 '돔' 하면 대성당을 표현한다고 떠오를 때와는 완전히 다른 느낌이었다. 태어나면서부터 개신교의 물이 발바닥부터 머리 꼭대기까지 꽉꽉 들어찬 나에게는 아마도 당연한 생각일 것이다.

내가 서 있는 마르세유역의 저 산꼭대기에 있는 성당의 이름을 들으면서 예술가나 건축가들의 표현은 그들의 환경에서 나온다고 결론지은 때가 떠올랐다. 아들과의 첫 번째 여행 때, 파리의 루브르 박물관에 갔었다. 그곳에서 파울로 베로네제의 〈가나의 혼인 잔치〉를 보면서 예술성은 잘 모르지만, 어처구니가 없었다. 누가 그 그림을 바라보면서 갈릴리의 시골 마을인 가나를 상상할 수 있을까? 그렇게 화려한 배경으로 보아서 그리스나 로마의 건축양식을 떠올릴 수밖에 없지 않을까? 아마도 그 화가는 '건물에 어울리는 그림을 그리느라고 베네치아와 비슷한 곳을 배경으로 삼았나 보다'라고 생각하며, 머리를 좌우로 흔들며 아들을 바라보았던 기억이 지금도 생생하다. 그러니 인간이 만드는 성당의 이름에 성경이나 예수님과는 관계없는 것을 붙여놓는다고 해도 크게 문제 삼지 않기로 했다.

나의 눈을 앞으로 끌어다 우리가 서 있는 건너편의 건물로 보냈다. 어쩌면 손녀가 와서 다닐지도 모른다는 학교라 그런지 성당보다 정감있게 보였다. 아들이 이끄는 대로 역 안으로 다시 들어갔다.[38]

아들에게 갑자기 미안한 마음이 생겼다. 이동하지 않고 있으니, 마음과 정신이 한가해진 모양이다. 아무리 내가 엄마이기는 하지만 나와 이렇게 긴 시간을 보내는 건 심심할 텐데. 괜스레 미안했다. 다시는 이런 여행은 하지 말아야겠다고 마음으로 다짐할 수밖에.

하여튼 이제는 아비뇽으로 간다. 하늘의 해님도 옆으로 누웠고, 뭉개구름도 우리를 따라 북쪽으로 옮겨갈 준비를 하고 있다. 날씨가 맑고 밝아서 마음속의 찌꺼기들을 밀어내었다. 아들은 여전히 나에게 기차 이름과 좌석 번호를 가르쳐주었다. 대단한 끈기가 아들의 행동에서 보였다.

이번에는 순행으로 앉았다. 기차나 버스나 순행 좌석을 좋아한다. 차창에서 보이는 바깥 풍경이 먼 곳에서부터 나에게로 다가왔다가 뒷걸음질 쳐서 빠르게도 숨는 것을 바라보는 것이 재미있기 때문이다.

들판의 한 귀퉁이에 양 떼가 모여 놀고 있다. 누런 양들이다. 어허! 저런 색깔의 양들도 있었구나. 나는 양들에게 이야기를 건네보았다. '내 마음도 거기에 너희와 잠깐이나마 함께 있었다'라고. 목자의 음성을 잘 알아듣고 잘 따라다닌다는 양들을 생각하는 잠깐 사이에, 벌판은 사라지고 숲이 눈앞으로 초록색을 흩뿌리면서 날아갔다.

나는 초록색이 좋다. 이른 봄의 연두색도 좋다. 한여름의 잘 여문 초록색도 좋다. 잘 정리해놓은 너른 밭을 보면서, 내가 농사

지을 때에 바빴던 일을 지나가는 밭에 심어도 보았다. 나는 이래 저래 몸도 마음도 바쁘게 움직인다. 나는 이름도 모르는 작은 역에 내리는 할머니를 보았다. 아들도 그 할머니를 보고 있었나 보다.

"엄마, 저 할머니 어디 가실까?"

이상하다. 나도 그런 생각을 하고 있었는데.

거창하게 이심전심이란 말을 쓰지 않더라도 사람의 생각은 거의 같은가 보다. '저 어른은 고향에 가시나? 저 연세쯤 되면 부모님은 안 계실 텐데.' '갈 고향이 있는 사람은 참 좋겠다. 그리고 엄마가, 언니가 있는 사람도 좋겠다.' 이어서 붙어 나오는 상상은 '혹시 언니하고 같이 지내려고 고향 동네에 가시나?'였다. 왜냐하면 영화에서 두 늙은 자매가 다정하게 발코니 의자에서 햇볕을 즐기고 있는 모습을 보면서 '아~, 따사롭네'라는 느낌이 들어서 내 맘도 훈훈해지는 것을 느낀 적이 있기 때문이다.

연이어 나온 것은 '혹시 시설로 들어가시나' 하는 슬픈 생각이었다. 아마도 이런 상상은, 내가 노인 시설에서 일한 경험 때문일 수도 있다. 아들의 상상은 어땠을까? 아들이 뭐라고 말했는데 내 귀에 들어오지를 못했다. 내가 꽤 깊은 상념에 빠져 있었나 보다.

사진18 아비뇽역 통로

7. 아비뇽

　6시면 아비뇽에 도착한다고 아들이 말해주었다. 내 생각과는 상관없이 기차는 사람을 내려놓고 또 몇 사람을 태우고 떠나갔다. 큰 여행 가방을 끌고 가는 할머니도 눈에서 멀어지셨다.
　아비뇽은 기차역이 두 개다. 본래 있던 것은 중앙역이고, 우리가 내린 역은 TGV 전용역이라나. 아비뇽에 대한 것들을 머리에 심기 시작해야겠다. 그래야 더 의미 있는 아비뇽을 내 마음에서 키울 수 있을 테니까. 아들이 말해주는 대로 적은 것을 보면, 아비뇽 TGV라고 쓰여 있다. 이것이 기차 종류인가 보다. 아마 프랑스 고속철도일 테지.
　아들과 나는 플랫폼에서 나와서 공항 같기도 하고 우주선처럼 보이기도 하는, 역 통로를 계속 걸었다. [사진18] 통로 한쪽에는 쉴 수 있는 의자도 보였다. 이런 역사(驛舍)는 처음이다. 하기는 여행하면서 내 생애 처음으로 만나는 것들이 태반이 넘는 듯했다. 깔끔하게 정리되어 복잡하지도 않고 한가로워 보이는 역 구내를 걸어, 터널처럼 생긴 출구로 가는 통로를 걸어 나오면서 아비뇽의 하늘을 올려다보았다.
　한가로워 보이는 것은 나, 엄마의 감상이고, 아들은 복잡하고 무거운 가방들을 여전히 끌고 메고 들고 나왔다. 아들은 두리번거리더니 테슬라 차가 있는 곳으로 가서는 고개를 끄덕이며 나에게 오라는 몸짓을 해보였다. 여기저기 보고 있던 눈을 거두어 아들에게로 옮겼다.
　'앗!' 그런데 모자가 안 보였다. 내가 수십 년을 모시고 살았던 모자가 보이지 않았다. 기차를 타고서 어디다 놓았더라? 생각이 나지 않았다. 갑자기 목이 타는 듯했다. 아들이 준 물병을 찾아보았다. 색 옆구리 주머니에 꽂혀 있어야 하는데, 페트병도 사라지고 없다. 그러면 그 옆에 같이 둔 선크림은? 선크림도 보이지 않는다. 뭐야? 한꺼번에 세 가지가 단체로 자취를 감추다니? 내가 뭘 잘못했나 보다. 조심했어야 했다. 물병은 아들이 챙겨준 것, 선크림은 며느리가 사준 것, 모자는 딸이 오랜 옛날에 준 것. 모두가 나를 잘 돌봐주는 사람들이 준 것인데.

내가 얌전하지 않다는 것은 인정하지만, 털털하다고는 생각지 않았었다. 아니다. 나는 털털하기도 하다. 한 번에 세 가지를 어디선가 놓쳤다는 것은 이를 확실히 증명하고 있었다. 그렇다고 없어진 데 연연해서 나를 격하하거나 나무랄 생각은 없다. 없어진 것들이 나를 불편하게는 해도 기가 죽을 나도 아니고 그래서 이득될 것도 없다는 것을 잘 알고 있으니 그만 잊어버리기로 했다.

아들이 물건을 잃어버린 엄마의 표정을 세밀하게 살피는 모습이 재밌어 보여서, 하던 생각이 한 번에 날아가버렸다. 그래서 아들을 바라보면서 '씨익' 웃으면서 말했다.

"아들, 괜찮아. 음, 괜찮아."

억지로 한 말이 아니고 실제로 내 마음에 불편한 구석이 하나도 없어서 괜찮았다. 잃어버린 물건은 이미 내 것이 아니니까 털어내고, 나는 아들과 아비뇽에 와 있다는 것을 확인했다.

프로방스라는 지역 이름도 고등학교 세계사 시간에 들어서 알고 있다. 미술 시간에는 '아를'이라는 곳도 소개받았었다. 택시를 타고 가면서 눈으로는 아비뇽을 바라보고, 머리로는 미술 시간에 들은 이야기와 그림이 오갔다. '아를'은 여기서 멀지 않은 곳으로, 많은 사람이 사랑하는 〈고흐의 침실〉(아를의 방)을 그린 곳이다. '고흐가 오랜만에 자신이 갖게 된 안정된 침실에 감격하고 만족스러운, 그리고 안정되는 자신의 마음을 그려내고 싶었구나'라고 생각하며 보았었다. 크롬 옐로가 평화롭게 펼쳐진 그 소박한 그림을 나 또한 좋아한다. 엽서에서도 볼 수 있는 이 대중적인 그림이 난 참 좋다.

나는 머릿속 고흐의 침실에 앉아서, 차창을 통해서 다가왔다가 물러가는 도로를 구경했다. 그림 속의 가구는 고흐의 동생 테오가 사주었다는 이야기가 그때에도 마음속에 예쁜 씨를 심었었다. 눈앞으로 전개되는 도로가, 건물이, 풍경이 나를 중세 영화 세트장으로 안내하는 듯했다. 생각을 아를에서 거두어다가 현장으로 데려왔다. 아들은 기사와 이야기하고 있다. 모레는 비행장으로 갈 것인데 우보 기사가 자기가 오겠다고 하는 것 같다. 차가 드디어 주택가로 보이는 기다란 골목길로 들어갔다. 이번 아비뇽 숙소도 수도원이었던 곳이란다.[39] 우보 기사는 날씬하게 매끄러운 차에서 우리를 내려놓고 갔다. 아직 어둡지는 않지만, 주위 건물의 무게에 따라 해님도 하루의 일과를 내리우고 다른 곳을 밝히러 가고 있었다.

아들이 큰 문에 붙어 있는 벨을 눌렀다. 로마의 수도원 호텔은 피렌체의 수도원 호텔보다 규모가 컸었다. 여기 아비뇽의 수도원 문은 개인 주택의 대문 같은 분위기를 풍겼다. 문이 '끼익' 소리를 내며 열렸다. 이어서 아들보다 덩치가 크고 나이도 아들보다도 많아 보이는 아저씨가 나타났다. 아들과 인사를 나눈 아저씨는 '제일 무거운 짐'은 자기가 들어준다며 큰 가방을 번쩍 들고는 현관문을 열고 넓은 층계로 올라가기 시작했다. 아들이 그 뒤를 따라 기내 백과 나머지 가방을 들고 갔고, 나는 소풍 가는 어린이처럼 맨손으로 가볍게 층계를 올라갔다.

여기는 집안도 중세에 머물러 있었다. 중세에 살다 보니 승강기도 없구나. 사람은 지금을 살고 있는데, 거리도 건물도 가구도 아직 중세인 것 같았다. 옆에 붙어 있는 건물은 성당이었는데 극장이 되었다고 했다. 그러면 이 건물은 수도원이라기보다는 성당의 신부 아니면 주교 — 모르겠다, 내가 천주교 성직자의 직분을, 아니면 직제를 모르니까 — 의 집이었다고 치면 딱 맞는 추론일 것 같다. 수도원이 이런 구조라면 몇 명의 수도사가 있었을지? 이런 꿍꿍이를 벌이면서도 자신이 틀린 생각을 하고 있다고 느꼈다. 왜냐하면 지금 내 눈에 보이는 것이 다가 아닐 수도 있으니까. 섣불리 자신의 생각을, 머릿속에 고정하는 것도 무리일 수 있겠다.

 아들이 옷과 비상식량을 꺼내 놓았다. 나도 어제부터 가지고 다니던 오렌지를 색에서 꺼내서 침대 옆 테이블에 놓으며 말했다. '욕심스럽게 가지고 다니면서 애쓴다. 이렇게 먹지도 못하고 가지고 다니기만 할 거면….' 아들이 워낙 잘 챙겨 먹이니까, 먹거리를 가지고 다닐 필요가 없는 줄 알면서도, 왜 과일 욕심은 떨어지지 않을까? 나에게 물어봐도 대답해 주는 나는 없었다.

 나에게 시간상 여유가 생기면, 아들에게 미안한 생각이 자꾸 밀려와서 괴롭기 시작했다. 틈만 생기면 일하는 아들을 바라보면서 지금 내가 잘하고 있는 여행인지 질문을 했다. 하긴 이제 여행은 중반부를 훨씬 넘기고 있으니 다행이지만 100% 의존형 여행을 계속 뻔뻔하게 즐기기에는 무리라는 무게가 나를 또 죄어오기 시작했다. 내가 나를 이해하기 힘든데 아들이 어떻게 나를 통째로 이해해줄 수 있을까? 나는 그냥 아들의 마음만 그대로 받아두는 것이 정답이라고 결론을 내렸다.

 나는 톨스토이의 〈두 노인〉을 내 삶에 적용하는 일을 잘해 왔다. 한 동네의 두 노인 이야기이다. 순례를 계획대로 잘 끝낸 할아버지와, 순례의 시작은 같이했으나 어려움을 당한 사람들의 필요를 채워주느라고 순례를 중단하고 돌아온 할아버지의 이야기이다. 이 이야기에서 신이 원하는 일을 한 할아버지의 이야기와, 순례만 하고 온 할아버지의 이야기가 구수하게 날카롭지 않게 전개된다.

 순례하는 방법은 여러 가지일 것이다. 평상시에 하는 대로 삶 전체를 순례라고 여기고 그래서 순간순간을 그분께 맞추고 살면, 순례가 되는 것이다. 눈을 감고 마지막 숨을 들이마시고 내쉴 때까지.

분위기를 바꿔보기 위해 방을 나가 집 구경을 하기로 했다. 길 건너편에 보이는 기다란 큰 건물이 내 앞을 막고 서는 것을 느꼈다. 다시 방으로 들어가니 아들이 외출 준비를 하고 있었다.
"아들, 지금 나가요?"
"예, 엄마. 저녁밥 먹으러 가야죠."
아아! 우리는 밥을 먹으려면 외출해야 하는 여행 중이다.

우리는 조금 넓은 도로로 나갔다. 술렁이지 않고 모든 것이 안정적이다. 단풍이 어우러진 해맑은 가을 날씨를 연상케 했다. 높지 않은 건물들이 기다랗게 늘어져 있고 인도에도 테이블들이 놓여 있다. 관광 성수기가 아니어서 그런지, 아니면 아직 식사 시간이 안 되어서인지는 몰라도 사람이 많지는 않았다. 아들에게 선택받은 식당은 복이 있다는 장난스러운 생각이 스쳐갔다.
아들이 이끄는 대로 들어갔다. 아들과 식당 주인인 듯한 청년이 인사를 나눈다. 여전히 무슨 말인지 한 마디도 못 알아들었다. 난청이 더 심해졌나 보다. 몸이 조금은 힘들다고 소리를 지르려고 해서 눌러놓고 다니는 중이다. 아들은 '엄마, 힘들어요?'라고 묻지 않는다. 아마도 엄마가 힘들어하지 않고 즐겁게 구경한다고 믿기로 한 모양이다. 그렇게 생각해주는 것이 나에게도 좋다. 피곤하면 귀가 더 먹먹해지고 말수도 줄어든다. 하긴 하고 싶은 말이 있어도 여기 말을 모르니, 말할 수도 없고 수다를 못 떨어서 덜 바쁘겠거니 하니, 웃음이 나왔다. 아들은 여전히 생생해 보여서 좋다. 어쩌면 아들도 버티고 있는 것인지 모른다. 서로를 위해 힘들다는 것을 밀어내면서 다니고 있는지도 모르겠다. 아들은 이번 식사에도 나에게 목테일을 주문해주었다. 청량감이 목으로 흘러내리는 느낌이 좋았다.

100살이 된 엄마를 데리고, 900일 동안 자전거를 개조한 인력거로 중국의 북쪽 탑하에서 남쪽까지 여행한 『소풍』이라는 책을 또 떠올렸다. 그 엄마는 구경하느라 감탄사를 연발하는데 아들은 계속 페달을 밟아야만 조금이라도 갈 수 있는 상황을 그려보았다. 그 엄마는 아들에게 '배고프다. 밥 먹자' 하면 되는데 나는 그런 말은 하기 싫다. 하긴 내 아들은 내가 배고플 때까지 식사 시간을 늦춘 적도 없다. 아들은 계속 찾아야 하고 결정해야 하고 짐을 챙겨 움직이는 동력도 들여야 한다. 아들은 무엇 때문에 이런 일을 자청했단 말인가? '황홀해하고 고마워해야 한다'라는 생각에까지 마음이 와 닿으면 정신이 빠짝 든다. 아프면 안 된다. 아들에게 더 무거운 짐을 만들어줄 수는 없으니까.

숙소로 돌아가는 길에는 어느 누가 높은 지붕 위에서 우는 것처럼 조금씩 빗물이 흩뿌려지려고 했다. 그래도 나는 서두르는 느낌 없이, 이 낯선 곳의 밤바람을 즐기면서, 어두움에 싸인 도시의 분위기를 살펴보았다. 나, 팔순이 된 백발 할머니는 흰 머리카락이 희끗희끗 보이기 시작한 56살 된 아들의 손을 꼭 잡고, 아비뇽 성곽 안에 있는 거리를 거닐고 있었다. 고즈넉한 분위기에 맞추어서 내 발걸음도 늦추어보았다. 아들은 여전히 말없이 주변을 살피면서 가주었다. 어쩌면 건물들이 이렇게 차분하게 만들어져 있을까?

우리는 숙소 근처의 기다란 건물을 또 지나게 되었다. 건물 2층(한국식 3층)에 불이 켜져 있었다. 궁금증이 생겼다. 아들에게 말했다.

"아들, 이 집에 불이 켜 있어. 사람이 살긴 사나 봐. 벨을 눌러볼까?"

아들의 놀란 표정이 내 앞을 막아섰다.

"어쩌시려고요?"

"뭐 하는 곳인가 알고 싶으니까."

하긴 이 동네 집들의 지상층 창문은 모두 쇠창살로 막아두었으니까 특별난 일은 아니지. 단지 주택치고는 너무 기다래서, 교도소 같은 느낌이 드니까. 내 속에서 '재신아, 그냥 좀 넘어가 버릇해라'라고 속삭여준다. 그래, 그냥 넘어가자.

  나는 아들의 팔에 손을 껴서 팔짱을 꼈다. 내 마음대로 팔짱을 낄 수 있는 아들이 있다는 건 얼마나 좋은가. 이런 생각만 몇 번 더하면 몸살 오려던 것도 쌩하니 날아가 버릴 테지. 아들이 사 준 '목테일'의 청량감을 그대로 가지고 잠들었다.

열하룻날, 아비뇽

2023년 3월 10일, 맑음

아비뇽 이튿날

   세계사 공부시간에서 처음 만났던 아비뇽에서 아침을 맞이했다. 어젯밤에 숙소로 들어올 때는 비가 슬금슬금 오려고 폼잡는 것 같았는데 밤사이에 날씨가 좋아졌나 보다. 창으로 비비고 들어온 햇살이 눈부셨다. 나는 아침 운동을 마치고 숙소 밖으로 나가 다른 건물 옥상으로 넘어가 아침 공기를 만났다.
   아들은 직장으로 출근하는 듯해서 살짝 나왔는데 아들도 따라 나와주었다. 아들에게 '고맙습니다'라고 하는 말의 횟수가 줄어드는 걸 보니 여행이 만성이 되어가는가 보다. 나에게 스스로 '그러면 안 되지'라고 스스로 경고장을 보냈다. 속에서 하는 말이 들렸다. '피곤해서 그래. 내가 몇 살인지 알아?' 하긴 나이가 많기는 좀 많다. 그래도 여행을 따라온 것은 내 결정이니까 끝까지 잘할 책임이 있다. 옆집의 커다란 나무가 아주 싱그러운 빛을 품으며 아침 인사를 했다.
   온통 내가 모르는 것들만 있다. 새 이름도 모르겠고, 화분의 식물 이름도 모르겠다. 그래도 아들 덕분에 이등변 삼각형처럼 뾰족이 자란 나무 이름은 배웠다. 숙소 옆집에도 그 나무 여럿이 '나 여기 있어요' 하듯이 큰 키를 뻗쳐 보이며 나를 향해 있어서 반가웠다. 이름을 아니까 더 친근감이 생겼다. 그 이름은 '사이프러스'. 인터넷에서 찾아보니까 측백나무과 침엽수. 가까이 가서 보니까 향내가 좋은 향나무 이파리였다. '나는 너는 몰랐어도 네 친구는 알고 있었어'라고 말해주며 친근감을 드러내주었다.

아들과 아침 일찍 나들이를 시작했다. 기다란 골목길을 벗어나서 조금 걸어가니까 아주 튼튼하게 멋지게 생긴 성곽이 우리의 왼쪽으로 기다랗게 늘어져 있었다. 유네스코 등재에 기록되어 있던 문구가 떠올랐다. '아비뇽 교황청은 난공불락의 요새로 아비뇽과 시를 둘러싼 성벽과 12세기에 만든 론강의 유적을 내려다보고 있다.' 내가 필요해서 외우던 말들이어서 쉽게 내 머릿속에 자리 잡은 문구다. 그 성벽이 지금 내 앞에 펼쳐져 있는 것이다.

왜냐하면 내가 얼마 전에 볼로냐에서 본 성벽이 대단한 느낌으로 남아있기는 하지만 아름답게 느껴지지는 않고 웅장하게 보였었다. 그런데 여기에 보이는 성벽은 건물도 아니면서도 건물 같은 느낌이 든다. 지나가면서 보니 망루도 아주 멋있게 만들어졌

사진19 아비뇽 교황청을 향하여

고, 말들이 드나들어서 그렇기도 했겠지만, 통로도 사람이 다닐 수 있는 출입구도 목적보다는 건축물의 아름다움을 더 나타내려고 했던 여유가 보였다. 더구나 우리나라의 여장 — 성벽 위에 낮게 쌓아서 숨을 수 있게 하는 목적이 있음 — 보다 훨씬 높아서 실용적으로 보였다. 얼마나 외부 침입을 막느라고 애썼는지를 여실히 보여주고 있었다.

아들과 층계도 오르고 성당도 지나고 아주 흥미로운 건물들을 지나서, 커다랗고 비스듬히 누워 있는 광장이 보이는 곳까지 갔다. 중세 영화를 찍는 세트장을 거니는 기분으로 두리번거리면서 걸어갔다. [사진19] 성수기가 아니라고 하는데도 적잖은 사람들이 줄지어 들어가고 있었다. 입장권 사는 일은 으레 아들 몫이지만 이제는 이런 뻔뻔함이 낯설어지려고 했다. 여기서는 하는 수 없이 그렇게 살아야만 하는 것도 진력이 나려고 했다.

누가 들으면 배부른 소리 한다고 할 테지만, 내 평생에 애들한테 말고는 이렇게 살아본 경험이 없다. 그러기로 하고 떠나온 여행이니까 계속 즐기자고 다시 마음먹고, 나를 붙잡고 늘어지려고 하는 권태와 나를 정복하려고 하는 피로를 내쫓았다.

나도 아들의 뒤를 따라 교황과 추기경들이 주축이 되어 살았을 큰 괴물 같은 집으로 들어갔다. 얼마나 죽는 것이 두려웠으면 벽을 이렇게 두껍게 만들었을까? 교황이라고 하면 누구보다도 하나님을 믿는 믿음이 좋았을 텐데 실제로는 믿음이 없었나 보다. 이런 집을 짓고 잘 먹고 잘 살다 보면 죽기 싫어졌을 수도 있었겠고, 값진 것을 두고 떠나기가 아주 아쉬울 수도 있었겠다.

이 건물이 아비뇽시의 소속이라니까 안내데스크에 있는 사람들은 공무원일 것이다. 아들이 나에게 물어보았다.

"엄마도 안내하는 것 빌려드릴까요?"

"아니, 아들. 알아듣지도 못하는데…."

아들은 내 대답을 예상했다는 듯이 나의 손을 잡고 아주 넓고 든든한 벽으로 만들어진 문을 지났다. 그런데 눈앞에 드러난 커다란 공간, 무슨 건물이 폐허 덩어리뿐인데 왜 관광객을 받는지 이해가 안 되었다. 백년전쟁의 여파로 치안이 악화되어 약탈자들의 위협을 피하고자 성벽을 대대적으로 수리했다던데 어쩌다가 이렇게 빈 곳이 되었을까?

　얼마나 호화롭고 사치스럽게 공간을 꾸몄기에 프랑스 혁명 때 약탈을 당했을까? 나는 약탈당했다는 글이나 말을 만나게 되면 예루살렘 성전에 금으로 된 곳이 많아서 모두 뜯어갔다는 말이 떠오르곤 했다. 로마제국의 플라비우스 원형 경기장(콜로세움)을 만들 때 경비가 부족해서, 네로황제의 황금 궁전을 다 털어 쓰고도 모자라 예루살렘 성전의 금박을 모두 벗겨갔다는 이야기가 떠올라 소름이 끼쳤었다. 지금 보고 있는 이 폐허가 된 교황청도 예루살렘이 당했던 것처럼 당했을까? 그럼 그전에는 어떠했을까? 아무리 상상하려고 해도 끄집어낼 수 있는 잔영이 없었다. 아무리 보려고 해도 보이는 것이 없었다.

　나는 다른 사람들은 무엇을 그리 열심히 들여다보나 궁금해졌다. 사람들의 손에 들린 태블릿 가이드가 눈에 들어왔다. 사람마다 손에 하나씩 들고 있는 태블릿에는 제각기 다른 색깔로 다른 모양을 만들어서 보여주고 있었다. 이상하다. 내 눈에 보이는 건물은 못 쓰게 된 희끄무레한 괴물로 변할 것 같은 폐허뿐인데, 저 태블릿 가이드는 현란한 색이다. 나의 궁금증이 아들을 불러세웠다.

　"아들, 미안해. 저 사람들은 컬러로 뭐 보나 봐. 이상하지?"

　"엄마도 빌려다 드릴까요?"

　"응, 아들. 보고 싶어."

　나는 아들한테 무엇을 부탁할 때마다 『소풍』에 나오는 엄마가 80살이 다된 아들에게 '배고파'라든지 '칼국수가 먹고 싶어'라고 말하는 장면을 떠올렸다. 힘들다는 말 한마디 없이 즐겁게 응대해주던 늙은 아들도 동시에 그려지곤 했다. 그러면서 나는 속으로 '그래도 내 아들은, 그 정도로는 늙지 않아서 다행'이라고 자신을 위로하고 격려했다.[40]

　"응, 엄마. 갔다올게요."

나는 역사의 무게를 그대로 드러내고 있는 건물 안에서 얼떨떨한 표정으로 말 그대로 바보처럼 서 있었다. '바보처럼'이 아니라 '바보로 서 있는' 나를 보았다.

아들이 방금 전에 나갔던 문에 나타났다. 반가운 얼굴에, 웃음을 담뿍 담고서 두 손에 태블릿을 하나씩 들고 흔들면서 다가왔다. 아들과 헤어진 지 얼마나 되었다고 이렇게 반가운 마음이 솟아나는지 나는 내 유치한 감정에 또 놀라면서도 어린아이 같은 것이 좋다고 하신 예수님의 말씀을 나에게 적용하면서 스스로 위로했다.

"엄마, 이거 빌리는데 무료래요. 자, 받으세요."

아들은 태블릿이 알아서 가이드를 잘해줄 거라고 믿었을 테고, 자기 엄마는 그런 것쯤 잘 사용할 것으로 생각하는가 보다. 늙으면서 늘어나는 것 중 하나가 '배짱'이라는 무기이다. 이 말은 용기와는 또 다른 의미로 나에게 적용된다. 이 배짱이란 것 때문에 자손들은 편하기도 하고, 황당하기도 하고, 당황스럽기도 할 것이다.

아들과 나는 한 공간에서, 다른 세상을 구경하기 시작했다. 태블릿으로 보고 싶은 곳의 QR코드를 찍으면, 자기가 알아서 보여주고 설명해준다. 갑자기 내가 중세로 돌아가 휘황찬란한 교황청의 대식당에도 가보고 예배당에도 들어가게 되었다. 본의 아니게 교황의 침실에도 가보았다. 높은 사람이 자는 곳은 침실이라고 하지 않고 침소라고 하던가? 그 말이 그 말인데도 말 자체에 신분을 두고 차별하는 것은 못된 방법이다. 누가 죽으면 자살이라도 서거, 입적, 타계 등 복잡하다. 기독교인이 죽으면 '소천'이라고 하던가?

어차피 이 세상은 불공평한데 표현하는 말이 좀 다르다고 대수는 아닐 것이다. 하긴 우리는 제노바 숙소에서 교황이 식사했다던 식당에서 두 끼의 식사를 하기도 했으니까 '이 정도는 아무것도 아니다'라고 속으로 웃었다. 이렇게 잘 꾸며진 데서 자면, 잠의 질이 더 좋을까? 내 나무 침대를 떠올리다가 하나님께 아뢰었다. '하나님, 저는요. 그 침대에서도 매일 단잠을 자요. 고맙습니다.

매일 단잠을 누릴 수 있게 해주셔서요.' 그분은 내가 옹알거릴 때마다, 웃으시면서 응대해주신다. 그래서 나는 그분이 참 좋다. 그리고 내 기분도 좋다.

계속해서 새 궁전도 가보고 법정에도 가보았다. 그래도 내가 지금껏 보아온 곳 중에서는 '로마의 바울 성당과 그 수도원의 주랑'이 기억에서 빛을 발하고 있음을 본다. 집에서 텔레비전을 볼 때 가끔 방송의 안내에 따라 영화를 3D로 보았지만, 이렇게 증강현실 기술을 활용한 현장은 처음 만났다. 어쩐지 나하고는 어울리지 않는 힘든 세상임에 틀림없다. 그냥 책으로 설명해 놓은 중세의 이야기가 나에게 맞는 세상이니까. 그 세상을 사랑하기로 하고 여전히 책과 친하게 지낼 것이라고 나에게 말해주었다. 내 속의 나도 좋을 대로 하라고 동의해 주었다.

나는 아들과 옛날 교황청이라는 건물의 꼭대기까지 올라갔다. 지붕의 기와까지 꼼꼼히 흥미롭게 살펴보면서 우리나라의 기와와 다른 점을 발견하기도 했다. 하늘이 보이는 세상으로 나온 안도감에 나도 모르는 사이, 나를 새로운 평안 속으로 눕혔다. 아하! 참 좋다. 파란 하늘이 있어서 좋다. 까만 구름이 아니고 하얀 구름에 약간의 파란색을 밖으로 밀어내고 있는 모양새가 참 예뻤다. 똑같은 파란색이 아니어서 좋다.

구름이 천천히 오른쪽으로 밀려가는 모습도 재미있었다. 막힘없는 하늘에서 떠다니는 구름은 어떤 느낌일까? 구름도 나를 바라보고 있을까? 하늘의 변화를 보고 있노라면 나는 다시 국민학생 시절로 되돌아가고 있음을 본다. '재신아, 철 좀 들어라.' 나를 깨워야 했다. 하늘의 그림이 천천히 모양을 바꾸는 것을 보는 것도 재밌다.

아비뇽은 바람의 도시라는 말을 증명이라도 하듯이, 거칠지 않은 바람이 얼굴에 와서 부딪히고 살살 도망가는 느낌도 좋다. 바람은 얼굴에만 부딪히는 것이 아쉬운지 내 머플러를 흔들어주고 갔다.

저쪽에 강이 보였다. 아들이 말했다.
"엄마, 밥 먹고 론강으로 가요."
"또 표를 사야 돼?"
"엄마, 아니요. 교황청하고 묶어서 팔던데요."
"으응, 그렇구나. 다행이다."

'다행이다'라고 하는 말 속에 돈을 계산하고 있음을 알아챘다. 나한테도 이렇게 돈을 계산하는 버릇이 있다는 것을 지금까지 모르고 살았으랴? 살림할 때는 돈 계산을 잘한다. 많은 식구와 후원금으로 살 때는 돈 계산을 더 확실하게 하곤 했다. 그렇지만 자식들과 여행할 때는 내가 돈 계산을 안 해도 되는 유일한, 그러니까 전무후무한 세상이다.

우리는 출구를 향해 걷다가 사진이 전시되어 있는 곳으로 움직였다. 무엇을 늘어놓았는지 궁금해지니까 마음 따라 몸이 움직인 것이다. 이 웅장한 요새 같은 건물이 아비뇽시에 넘어온 뒤에, 10년간 병영으로 사용되었던 기록이 사진으로 남아 있었다. 그 이야기도 이 건물이 유네스코에 등재될 때 제출된 문서에서 읽어보았다. 한때는 감옥으로도 사용되었다고 한다.

관광객들이 가이드의 설명을 듣느라고 출구로 가는 길을 막고 있어서, 우리는 한참 동안 본의 아니게 교황청의 뜨락에서 햇볕을 받으며 서 있었다. 건물과 어울리지 않는 생명이 거기에서도 자라고, 봄이라고 꽃을 피워서 우리에게 생명 주심을 같이 찬양하자고 손을 흔들고 있었다. 다른 화초들은 땅에 바짝 엎드려서 우리를 올려다보는데, 상대적으로 커 보이는 어리고 흰 목련 한 그루가 꽃봉오리들을 펼치고 하늘을 향해 노래하듯이 밝게 빛나고 있었다. 혼자여서 그런지 쓸쓸해 보이는 것은 내 착각이겠지. 식물이나 동물도 끼리끼리 어우러져 있으면 포근하고 평화로워 보이던데.

이제 나의 시야에는 교황청과 비교하면 너무나도 평온한 집들과 사람들이 다가왔다 비껴가곤 했다. 노천카페에서 맛있게 먹고 있는 사람들, 그림에서 보았던 노천카페가 여기저기 늘어져 있다. 골목을 지나 또 다른 골목으로 이어졌다. 그 앞에 어엿이 서서 내려다보는 예쁜 성당도 있다. 왼쪽으로 가파른 언덕이 보였다. 각도가 45도쯤 되어 보였다. 아들이 올라가기 시작하며 나에게 말했다. "엄마, 올라오지 말고 거기 계세요. 제가 가보고 올게요." 나는 "으응" 하고 대답하고는 아들을 따라 올라가기 시작했다. 나한테 와서 말해주려면 더 힘들 테니까. 올라가면서 좌우로 눈과 마음을 여행시켰다. 오른쪽은 담장이 쭈욱 길게 있고 왼쪽 벼랑 밑에 있는 비탈진 땅, 그리고 그 흙 위에는 관목과 잡초들이 얼기설기 얽혀 있었다. 아직 이른 봄이라 식물들이 왕성하지 않았지만, 겨울을 그렇게 노천에서 날 수 있었다는 감격만큼은 간직하고 있어 보였다.

로즈메리가 여기저기 많았다. 내가 화분에서 키우고 있는 로즈메리를 이렇게 밖에서 만나게 되리라는 상상을 해본 적이 없었다. 바람이 불면 내가 여기 있노라 하면서 향기를 날려 보내주는 로즈메리가 관목으로 자라고 있다니 놀랍고도 반가웠다. 아들의 목소리가 나를 깨웠다.

"엄마, 없어요. 그냥 내려갈게요."

아들의 조금은 피곤해 보이는 얼굴이 나의 가슴에 와닿았다. 다음에는 내가 식당을 고를 수 있는 곳으로 여행을 하면 좋겠다. 아들이 어렸을 때처럼 내가 뭐든지 다 해줄 수 있는 날이 또 있으면 좋겠다. 먼저 로즈메리와 못다 한 속삭임을 끝내야 했다. '너 거기서는 봄마다 샛별 같은 조그마한 하얀 꽃들을 내보내니?' 나는 로즈메리의 대답을 기다리지 못하고 아들을 따라 언덕 아래로 내려갔다. 나에게는 아들이 훨씬 더 소중했으니까. 그래도 로즈메리에게 그냥 떠나가는 아쉬움은 전했다.

끼니때마다 식당을 찾아다녀야 한다는 것은, 참으로 힘든 일이다 못해 너무나 까다로운 일이다. 내가 찾는 것도 아니고 아들이 하는 일을 보는 것만도 조금씩 불편해지고 있었다. 그러나 나는 여행 도중에 아들에게 그런 속마음을 드러내지 않기로 했다. 힘들어지려는 내 마음을 밀어 발바닥 밑으로 내쫓았다.

점심 식사를 잘 먹고 나서, 새로운 마음으로 아들에게 말했다.
"아들, 아주 맛있게 잘 먹었네. 점심을 이렇게 배부르게 먹으면 안 되는데 … 살찌면 어떡하냐?"
사실이다. 매번 배부르게 먹으면 틀림없이 체중이 늘어날 것이다. 두 번째 여행을 다녀왔을 때, 여전도회 회원들이 나한테 한 말이 있다. '아들 밥이 얼마나 좋았기에 권사님 얼굴이 이렇게 동그랗게 살이 붙었나.' 그 말을 듣고 나서 거울을 보니 내 얼굴에서 모난 부분이 모두 살로 채워져 있었다. 아들은 시원한 바람에 말을 실어 보냈다.
"엄마는 살이 좀 쪄도 괜찮아요. 그냥 귀여우니까."
내 자식들은 그냥 나보고 귀엽다고 뭉뚱그려서 표현하곤 한다. 내가 보기에는 불편할 때가 더 많은데. 두루뭉술한 몸매부터 답답할 때가 있다.

나는 귀여운 엄마인 척하고 아들의 손을 잡고 따라갔다. 아들의 가이드는 핸드폰이고 나의 가이드는 아들이다. 아치문에 다다르자, 아들이 "여기네요. 엄마"라고 말한다. 아들의 얼굴에서 눈을 돌려 앞을 보니 오른쪽으로는 층계가 있고 층계를 지나서는 사이프러스가 얌전한 모습으로 우리를 반기는 듯하다. 앞에는 안내판이 널찍하게 있고, 그 뒤로는 올리브 나무가 넉넉한 품을 펼치고 편안한 자세로 모든 것을 아우를 듯이 서 있었다. 나는 소리 내지 않고 인사를 했다.
나무들에 말을 건네려다가 승강기 안내 글을 보았다.
"아들, 저기 엘리베이터가 있네."
"엄마, 다리 아파요?"
"응, 조금."
아들한테 어리광을 부리고 있는 모습을 보았다. 좀 그러면 어떻니? 다리 아픈 것이 흉도 아니고, 너무 열심히 따라다녀서 그런 거지. 아들은 안내하는 아저씨에게로 갔다. 뭐라고 말했을지는 뻔하다. 아들은 걸핏하면 '마이 맘 새드….'로 시작하는 말을 잘

한다. 그러면 나는 아들의 말을 듣고 있는 사람에게 웃어주면 된다. 아들 말이 사실이라고. 나는 키를 건네주는 아저씨를 향해서 '까딱' 머리 숙여 인사를 하며 웃어주었다.

　아들은 작은 키 하나를 손에 들고 나에게 왔다. 우리는 층계와 벽 사이에 설치되어 있는 승강기를 타고 올라갔다. 그까짓 한층 높이도 안 되는 높이를 힘들다고 떼쓰는 엄마의 억지를 들어주는 아들이 있어서 좋을 수밖에 없다. 우리는 성(城)의 문처럼 생긴 다리 입구를 지났다. 폭이 4m이고, 무려 12세기에 만들어진 다리 위로 걸어서 다리가 끊어진 곳까지 갔다.

　남아 있는 다리의 마지막 부분에 걸쳐놓은, 튼튼해 보이지 않는 난간에 아들과 같이 서서 하늘을 바라보고 구름도 바라보았다. 강물을 내려다보았다. 초록색을 닮으려다가 회색한테 침범당한 듯한 표정으로 올려다보고 있는 강물을 내려다보았다. 구름의 틈바구니로 보이는 푸르른 하늘이 부드러움을 자아내고 있었다. 하늘의 흰 구름이 맑지 않은 강물에 희미하게 그림자를 내리우고 물결 따라 살살 조심스럽게 흘러가고 있었다.

　물은 남아 있는 다리를 끌고 가지 않으려고 조심조심 내려가고 있는 것 같았다. 나는 속으로 말했다. '너네 위력이 얼마나 대단하기에 이 다리를 수난의 역사 속에 남게 했니?'라고 하니, 준비라도 했다는 듯이 말했다. '지금의 나는 그때의 그 물이 아니라 나도 몰라요. 조심해서 얌전히 내려가고 있잖아요. 내가 그 물을 만나면 물어보고 올게요.' 나도 대답했다. '네가 답해주려고 올 때 그때는 나도 여기 없을 거야.'

　아비뇽에 살던 한 목동이 1177년 어느 날 신의 계시를 받고서 계시받은 말을 마을의 사람들에게 전했으나 사람들은 믿지 않았단다. 그뿐 아니고 강에 다리를 만든다는 것은 상상도 할 수 없었을 것이다. 제노바에서 마리아가 농부에게 나타나서 성전을 지으라고 할 때와 같은 형식의 이야기이다. 그 당시에는 물살이 세지 않은 시간에, 작은 배들을 이용해서 강을 건너는 것이 강을 건너는 유일한 방법이었단다. 우리나라 조선시대의 정조도 수원에 있는 능으로 갈 때는 한강에 나룻배들을 연결해 뗏목을 깔아 부교(浮橋)를 만들어 건넜다고 했다.

 하지만 목동은 신의 계시에 순종하여 커다란 바위를 굴려다가 강에 넣기 시작했는데 혼자 힘으로 할 수 없는 바위도 거뜬히 강으로 가져다 넣는 것을 본 주민들은 진짜로 신의 계시가 있었다고 믿게 되었단다. 그래서 한 명씩 한 명씩 같이 다리를 만들기 시작했다고 한다. 많은 주민이 뜻을 같이하여 다리를 만들었는데 기적적으로 8년 만인 1185년에 완공하게 되었단다.

 이때 아비뇽 남쪽에 있던 로마 시절에 만든 다리는 유실된 상태여서 론강의 다리는 생 베네제 다리뿐이었다고 한다. 이 다리가 생기면서 스페인이나 이탈리아로 오가는 순례자나 상인들, 제조업자들이 많이 사용하여 수입이 많아졌다고 한다. 다리가 허물어지기도 하고 쓸려나가기도 하고 또다시 만들기를 반복하면서 1633년까지 사용했다고 전해진다. 여기까지 정리를 하다가 '그래서 다리 이용세를 받기 위해 중세(中世)를 나타내는 문이 세워졌겠구나'를 짐작할 수 있었다. 교황청이 이곳에 생기게 된 이유 중에는 이 다리의 역할도 있다고 한다. 역시 예나 지금이나 사람들은 돈을 따라 움직이는데 종교인이라고 다를 것은 없었을 게다. 그래서 이 다리와 교황궁이었던 곳을 관광 패키지로 티켓을 팔고 있나? 말이 될 것도 같다가 어처구니가 없다는 생각이 들기도 했다.

 교황청이었던 곳을 나오면서는 마음이 가볍지 않았다. 하지만 이 다리를 보는 순간에 하나님의 말씀에 순종하느라고 애쓴 목동의 모습이 다가와서 반가웠다. 나는 15세기부터 불렀다는 '아비뇽 다리 위에서'라는 동요를 좋아한다. 가사가 좋다기보다는 곡이 익숙해서 흥얼거리며 노래하기를 좋아한다. 다리의 오디오 가이드를 빌리면 계속 노랫소리가 들린다고 한다. 내가 국민학교 저학년 때 주일학교에서 배운 노래와 같다. 내가 배운 노래 가사

는 이렇다. [그림45]

우리는 꽃이다. 노래하는 꽃이란다.
우리는 꽃이다. 노래하는 꽃이다.
파랑 꽃도 피고, 노랑 꽃도 피고,
우리는 꽃이다. 하나님의 꽃이란다.
우리는 꽃이다. 노래하는 꽃이다.

우리는 꽃이다. 노래하는 꽃이란다.
이 하늘 이 땅에 꽃이 가득 찼구나….

이 노래는 언제나 어디서나 흥얼거려도 나를 명랑하게 만들어준다. 그런데 이 곡이 여기 있는 '아비뇽 다리 위에서'라는 것은 이번 여행을 준비하면서 알게 되었다. 유튜브를 통해서 프랑스 민요를 어린이들에게 가르치는 것을 보았다. 내가 익숙하게 부르는 곡조에 여기 가사를 넣어보았다.

그림45 '우리는 꽃이다' 노래하기

아비뇽 다리 위에서 우리는 춤을 추네. 춤을 춰, 둥글게.
아비뇽 다리 위에서 우리는 춤을 춘다. 우리는 둥글게.
잘생긴 아저씨들이 이렇게 인~사, 또 한 번 더 이렇게 인사.
예쁜 숙녀들이 그렇게 인~사, 또 한 번 더 그렇게 인사.

노래는 끝도 없이 이어졌을 것이다. '잘생긴 아저씨들'이라는 가사 대신에 '군인들'이나 '농부들', '정원사들' 등 각종 직업을 넣어 부르는 광경이 눈앞에서 그려졌다.

내가 국민학교 다닐 때의 선생님들은 음악 시간에 노래를 가르치시면서 슬픈 표정을 지어 보이시곤 했었다. 실제로 힘들어하시는 모습이었다. 떠올리기만 해도 아픈 지난 날이었나 보다. '울 밑에선 봉선화야'를 배울 때나 '해는 져서 어두운데'(고향 생각)나 '낮에 나온 반달' 같은 동요를 가르치시면서 일본 강점기의 슬프고 아픈 환경 때문에 노래도 슬프게 만들어졌다고 하셨다. 우리보고 나라의 튼튼한 일꾼이 되어 다시는 나라를 빼앗기는 일이 생기지 않도록 공부를 열심히 해야 한다고 가르치셨다. 나는 그런 이야기를 들을 때마다 '찌릿' 하고 무엇인가가 내 몸을 뚫고 지나가는 것을 느꼈었다.

하지만 예배당에 가면 '나는 귀한 존재'라는 것을 느낄 수가 있었다. 또한 우리집에서도 6.25 이후에 월남한 고향 사람들을 모두 품어 자립의 길을 열어주는 '사람 사랑'을 보았다. 그렇게 자연스럽게 나의 환경이 나를 만들어갔다.

내가 자랄 때에 학교에서의 동요는 슬픔이었는데, 교회의 캠프에서는 명쾌하고 발랄하고 부르면서 저절로 춤을 추게 하는 그런 곡들이었다. 가사 내용이 뭔지도 모르면서 흥겹게 불렀던 노래들이 이 나이에도 입에서 새록새록 솟아나는 것이 신기했다.

사라스폰다 사라스폰다 사라스폰다 렛셋셋.
사라스폰다 사라스폰다 사라스폰다 렛셋셋.
아~도라이 봄~다이오 아아. 즐거운 노래.

사실은 인형의 옷을 만드는 이 네덜란드 민요보다는 '우리는 꽃이다 노래하는 꽃이란다. 우리는 꽃이다. 노래하는 꽃이다…. 하나님의 꽃이다'라는 가사의 노래가 훨씬 더 친근감이 있어서 좋다.

그룹으로 모여 노래에 맞추어 춤을 익히는 어린이들의 모습을 유튜브에서 보면서 다리 위에서 춤추는 모습을 상상했다. 내가 이 다리 위에서 아들과 같이 서 있으면서 느껴지는 것은, 율동감보다는 다리가 물의 위력에 쓸려 내려가는 소리를 들으면서 다리를 만드느라 애쓰던 주민들의 무너지는 마음의 소리다.

아들이 의도적으로 여행을 계획했는지는 모르지만 '순례'라는 콘셉트에 적절하다는 결론에 이르렀다. 어차피 인생이 '나그넷길'이라면 아비뇽 교황청을 거쳐서 아비뇽 다리에까지 —그러고 보니 다리 입구에도 베네제 다리라고 적혀 있지 않고 아비뇽 다리라고 써 있었나 보다.— 와서 보니, 나의 노을 지는 인생길에서 생각해야 할 것들을 정리해주고 있음이 분명했다. 니스의 호텔에서 보낸 시간도 있었지만, 그날 밤도 아들의 동료인 샘이 노숙자들을 통해서 나에게로 와서 말해주는 것들이 있었다.

호텔에서 바라보던 일출과 아들이 제공해주는 맛있고 멋있는 음식들과 빈틈없이 관리해주는 아들의 서비스에 푹 빠져서 잊을 뻔한, 내 인생의 마지막을 들여다보게 해준 역사적인 유물들이 나를 깨우고 있었다. 이 편안함과 자연의 장엄함과 찬란함을 다 노래하기도 전에, 아비뇽의 얼룩진 역사가 나의 심중을 흔들고 지나가고 있으니 말이다. 결국 아비뇽 교황청이나 베네제 다리도 모두 제기능을 상실한 채 관광의 대상으로 남았으니 그 무상함을 뭐라고 해야 할까? 그 둘에게 입이 있다면, 생각을 할 수 있다면, 우리에게 무엇을 말하고 싶을까?

강바람이, 다시 나를, 현재로 데리고 왔다. 강변을 바라보았다. 우리나라의 한강보다 작은 강변도로가 눈앞으로 길게 연결돼 있었다. 달리는 차도 옆으로 인도가 있나 보다. 우리나라 한강 옆 도로를 올림픽대로라고 하던가? 처음 그 도로가 개통되었을 때는 다니는 차가 많지 않았다. 넓은 도로에 혼자 달리고 있는 것 같아서 약간 두려웠더랬다.

눈을 강 건너 멀리 보내니 중세 시대의 집들과 낮게 지은 아파트처럼 보이는 집들이 다정하게 모여 있다. 가정집들을 바라보는 마음은 건물의 형태와는 상관없이 따스함을 전해주어서 좋다. 아들은 '우리도 인증샷 하나'라고 해서 나도 아들과 한 장면을 핸드폰 속에 '꾸욱' 눌러넣었다. 아들과 되돌아 나오면서 다리에게 인사하고 싶은 마음이 생겼다.

다리 아래로 내려가서 비디오 설명을 들었다. 앉아 있고 싶은 마음에 더 오래 앉아 있었다. 가끔 두 가지 목적을 가지고 한 자리에 머무는 나를 본다. 아들은 내가 앉아 있는 이유를 알지 못한 채 같이 앉아 있을 것이다. 구태여 아들에게 '나 다리가 아파'라고 말할 필요는 없다. 핑계 삼아 아들도 좀 쉬어 가면 좋아질 테니까.

우리는 걸어 나가다가 왼쪽으로 난 길을 보았다. 길처럼 보이는 성곽의 꼭대기인가 보다. 우리나라의 성벽은 돌과 흙으로 만들어져 있던 것으로 기억되는데 여기는 잘 다듬은 돌들로 성곽을 만들어놓았다. 나는 아들과 같이 걸어가다가 오른쪽으로 보이는 큰 바위 위에 세워진 집을 보았다.

"아들, 왜 이렇게 성벽을 튼튼하게 짓고 저렇게 바위에다 집을 지을 생각을 했을까?"

우리 둘은 튼튼하게 만들어진, 성벽 위의 돌로 된 도로를 씩씩하게 꾹꾹 눌러주며 걸어 나왔다. 우리는 강바람을 뒤에 두고서, 아니 강바람에 밀려서 진짜 지상으로 내려왔다.

아비뇽 교황청과 이 다리는 유네스코 유산에 등재되어 있는데, 그 등재 기준에는 이렇게 기록되어 있다.

"아비뇽 교황청은 건축과 내부 장식 면에서 모두 장 프루아사

르가 표현한 것처럼 '세상에서 가장 아름답고 튼튼하면서 쓸모없는' 14세기 요새 궁전의 대표적인 예이다. 기술 발전 덕에 생 베네제(Saint-Bénézet) 다리는 유럽에서 가장 중요한 중세 시대의 다리 중 하나로 꼽히며 노래에 남아 영구히 전해지고 있다." 우리는 '세상에서 가장 튼튼하면서도 쓸모없는 곳'을 뒤로 하고, 고풍스러운 성안으로 다시 들어왔다. 그리고 또다시 생각에 잠겼다. 종교 지도자들의 사랑을 독차지하던 건물이 남은 모습과, 아비뇽 사람들의 사랑으로 지켜온 끊어진 다리의 모습. 끊어진 다리와 함께 영원히 남을 노래가 있다니 묘한 조화이다.

낮은 건물과 성당과 붐비지 않는 카페 앞을 지나왔다. 내가 성당 앞을 그냥 지나는 것은 참새가 방앗간을 모르는 척하고 지나가는 것 같다고, 아들은 생각하나 보다. 오래된 성당 중에도 정말로 오래된 성당 분위기가 물씬 풍기는 건물이 왼쪽에 나타났다. 아들이 나를 바라보았다. 아들이 말하는 것은 들으나 마나 뻔하다. 나는 빙긋이 웃으며 말했다.

"아들, 들어갈까?"

"네, 엄마."

아들은 대답과 동시에 몸을 돌렸다. 그런데 왜 나는 계속해서 성당이라고 말할까? 그냥 교회라고 말해야 할 텐데 내가 봐도 이상한 부분이 많다.

층계 몇 개를 밟고 올라가, 크지 않은 예배당 안으로 들어갔다. 측랑이 없는 아담한 분위기의 마을 성당은 이 성당을 건축할 때의 마을 모습을 상상하기에 족하였다. 성당 문을 열고 들어가자 특이한 것이 눈에 걸렸다. 성당 안에서 하면 안 되는 일이 교통 안내판처럼 세워져 있었다. 나는 재미난 표정으로 관심 있게 훑어보았다. 큰 소리를 내는 모양, 소매 없는 웃옷과 핫팬츠, 햄버거와 음료수, 강아지, 소리를 내는 휴대전화, 사진 촬영이 금지사항이다. 글로 써 놓은 것보다 훨씬 효과적이리라.

그러면 우리나라에서 목사님들이 예배를 인도하면서 물을 마시는 것도 금지사항이어야 하지 않을까? 담임목사가 예배 인도 중에 물을 마시면 더욱이 설교 도중에 물을 마시면 다른 교역자들도 모두 따라서 한다. 옛날의 목사님들은 생각해서도 안 되는 일들을 지금의 어떤 목사님들은 당연하게 한다. 지금의 예배당에는 전광판이 목사님의 위에나 뒤에나 옆에도 있어서 목사님들이 더 힘들어지셨을까? 하여튼 옛날 목사님들은 건강해서 예배 도중에 물을 마시지 않아도 되었을까? 아니면 예배 중간에 물을 마시는 목사님들은 건강을 잘 챙기느라 그러실까? 목사님만 예배 때 물을 마시는 것이 아니다. 다른 예배자들도 스스럼없이 물을 마신다. 이상하게 변하는 것은 교회 안에서만의 일은 아니긴 하지만…. 예배당 안에서 하면 안 될 것을 보면서, 하나님을 믿으면서 하지 말아야 할 것과 꼭 하게 될 것을 그려보았다. 나의 얼굴에 미소가 흐르는 것을 느끼면서 발을 옮겨 성당 안으로 들어갔다. 그분께 '말씀 잘 들을게요'라고 말하면서, '도와주세요'라고 부탁드리는 나를 보았다. 나는 성당 입구의 표지판에 그려 있는 하지 말아야 할 것을 안 할 테니까 안으로 발을 들여놓았다.

측량이 없는 성당이다. 신랑만 있고 앞에 제단이 있다. ─공식명칭이 제단이라고 하니까 그렇게 적는다.─ 의자는 최근에 만들었나 보다. 개인용 의자이고, 두 개가 붙어 있는 것도 있고 다섯 개가 한 줄로 붙어 있는 것도 있다. 무릎 받침대는 따로 만들어져 있었다. 나는 몸을 낮추어 무릎 꿇고 앉았다. 하나님께 예배드리는 자세를 의자에서 찾아볼 수도 있고 느낄 수도 있어서 참 좋다. 주님 앞에 무릎을 꿇을 수 있음이 좋다. 이렇게 앉으면 마음속에 있는 어떤 좋지 않은 그림자도 모두 지워주실 것 같아서 편해진다.

내 속에는 항상 주님을 닮고 싶은 것을 깨부수려고 하는 악한 그림자가 있음을 본다. 그래서 나는 주님께 나와 항상 같이 계셔서 말씀해주시기를 부탁드리면서 산다. 내 속에서 나에게 지시하시는 분을 나는 알고 있다. 아들도 앉았다가 앞으로 가서 그림을 보고 있었다. 우리는 제단 오른쪽에 있는 옆문으로 나와서 다시 하늘을 만났다. 흰 구름이 서로 밀어주며, 퍼지기도 펴지기도 하면서 파란 하늘에 그림을 그리고 있었다.

　아들과 나는 옷가게, 신발가게, 화장품 가게들이 있는 도로로 접어들었다. 관광 시즌이 아니라서 그런지 가게 안도 한산해 보였다. 그때였다. 아들과 나의 입에서 똑같은 말이 튀어나왔다.
　"아~ 모자네."
　"엄마, 저기 모자 있네요. 저건 엄마 거네요."
　내 입에서도 같은 내용의 말이 나와버렸다. 나는 내 모자를 여기 아비뇽으로 오는 도중에 잃어버렸다. 딸이 사준 모자를 잃어버렸다. 아들은 엄마가 모자를 잃어버린 것을 마음에 담아놓고 다녔나 보다.
　우리를 보고 있는 모자는 딱 내가 좋아하는 스타일이었다. 아들은 한 서점에서 짙은 진달래색의 성경책을 보는 순간 '아, 저거는 우리 엄마 색이다'라고 하면서 샀다고 며늘애가 말한 적이 있었다. 지금 그 성경책은 표지가 낡아서 책꽂이에 올라가 있다. 연두색을 입고 있는 내 성경책도 책꽂이에 올라가 있다.
　아들이 먼저 상가 문을 밀고 들어갔다. 중년의 귀티 나는 여인이 우리를 반겼다. 나를 안 보는 것같이 하면서 보는 것이 느껴졌다. 그날은 잠바가 아니라 딸내미가 사준 바바리를 입고 있었다. 걸친 머플러도 우연히 좋은 것이었고. 아들이 가격을 물어보았다. 사백 얼마라고 말하는 소리가 들렸다. 좋기는 하다만 이제는 그렇게 비싼 것은 사지 않는 나였다. 아들의 소리가 들려왔다.
　"엄마, 사요. 이건 엄마 스타일이잖아요."
　"안 산다. 그거 안 살 거야. 아들, 가자."
　나는 말하면서 문을 열고 인도로 발을 내밀었다.
　나는 뒤돌아볼 필요도 없었다. 예쁜 모자에 미련이 1% 남아 있지 않았다. 내가 장애인 시설에서 일하면서 아주 많이 변했다. 본래도 사치하고는 어울리지 않는 사람이지만. 아들이 뒤따라 나왔다.

"엄마, 그 금줄만 아니면 강제로라도 사드릴 텐데."
"아들, 아서라. 비행기 푯값만큼이나 비싼 걸 사서 몇 번이나 쓴다고. 그런 걸 쓰고 갈 곳도 없고. 고맙다만 그런 데는 돈 안 쓰기로 했어. 난 돈 쓸데가 아주 많거든."

나에게 모자를 사주고 싶어하는 아들이 있는 것만으로도 흘러넘치도록 고맙고 행복했다. 그래서 나는 속으로 흥얼거리며 노래를 불러보았다. '우리는 꽃이다. 노래하는 꽃이란다. 나는 꽃이다. 하나님의 꽃이다.' 맞아. 나는 꽃이다. 꽃에 무슨 장식품을 걸칠 필요가 있겠니?

나는 늙었으면서도, 그것도 팔순 여행을 아들 따라다니면서도 '하나님의 꽃이다'라고 노래할 수 있는 내가 좋다. 가는 곳마다 향기로운 것들로 채워서 데리고 갈 생각을 해주니 더 기쁘다. 나를 위해 힘든 일을 자청한 아들을 위해서도 그렇게 해야 한다. 내가 더 좋은 인생을 살기 바라서 아들이 나를 데리고 다니는 고생을 감수하는 것이니까. '생 베네제 다리'를 갔다온 다음에 마음속에서 잊혔던 또 다른 노래가 다시 살아나왔음을 알았다. '아비뇽 다리'라고 하지 않고 '생 베네제 다리'라고 부르는 것이 정감이, 믿음의 움직임이 묻어나서 더 좋다.

그런데 성당이 박물관이 되고 극장이 되고, 수도원이 호텔로 바뀌는 것은 마음에 영 보기 안 좋은 찌꺼기가 내려앉는 기분이다. 아들이 나에게 그런 정보를 말할 때마다 달갑지 않다.

"아들, 여기 성당이 있네."
"엄마, 아니에요. 박물관으로 바뀌었대요."

그런데 우리나라의 교회들은 교인이 줄어들면 뭐로 사용될까? 관광 명소가 되지는 못할 것이고, 그러면 강당? 노숙자 쉼터? 혼자 애꿎은 내 머리만 설레설레 흔들면서 걸어갔다. 하기는 우리나라 교회는 시(市, city)의 소유가 아니니까, 사용 목적을 바꾸는 것도 쉽지는 않으리라.

"엄마, 숙소 가서 잠시 쉬었다가 밥 먹으러 가요."

"그러자, 아들. 좀 쉬면 좋겠다. 샤워하고 싶으니까."

나는 저녁에 샤워하고 아들은 아침에 샤워한다. 그 차이가 무엇인지는 모르지만, 우리는 그런 차이점도 있다. 나는 낮에 주로 힘든 일을 하니까 낮 동안의 노폐물을 제거하면 몸도 마음도 개운해져서 좋다. 끈적거리지 않고 매끈한 피부를 만질 수 있는 것은 참 좋다. 하여튼 미지근한 물과 시원한 물로 몸을 닦을 수 있는 일은 참 좋다. 좋으니 고마움을 그분께 올려드리게 된다. 거짓말 하나도 안 보태고 나는 샤워하다가도 그분께 감사하다고 아뢴다. 홀랑 벗고도 그분께 말씀드린다. 어차피 나에 대해서는 나보다 더 잘 아시는 분이니까 부끄러워할 필요 없다는 것이 나의 마음 자세이다.

나는 열무김치를 담기 위해 열무와 얼갈이배추를 물속에서 건져 올리면서도 그분께 아뢰는 내 목소리를 듣는다. '하나님, 고맙습니다. 이렇게 맑은 물로 김칫거리를 씻을 수 있는 여유를 주셔서 고맙습니다. ―물을 사용할 때면 물 부족이나 가뭄으로 애타는 사람들의 모습이 떠올라서― 하나님 저들에게도 이런 은혜를….' 내가 이렇게 말하면 나보고 습관적으로 그러는 것 아니냐고 할 수도 있지만, 내가 억지로 하는 것이 아니라 자연스럽게 저절로 그렇게 말하는 것을 안다. 내가 나한테 거짓말할 필요가 없다는 것을 그분도 아시니까 신경 쓸 필요는 없을 것이다.

샤워를 하고 나오는데 아들이 옷을 들고서 화장실로 들어간다.

"아들, 뭐 하려고?"

"빨래하려고요. 원래는 코인 세탁소에 가려고 했는데 엄마가 안 가도 된다고 하셔서 팬티 몇 장만 빨려고요."

"아들, 내가 빨아줄까?"

"아니요, 많이 안 걷다가 걸어서 똥도 묻고 더러워요. 내가 빨아요."

진실이가 퇴근해서 7시에 집에 도착할 때는, 아들이 네 식구가 먹을 것을 준비해두었다가 먹곤 했다는 것을 들어서 알고 있다. 아들이 무얼 얼마나 맛있는 음식을 만들었겠냐마는, 그렇게 했다는 것만으로도 멋진 남편이고 아빠임에는 틀림없다. 다른 약점이 있어도 그 정도의 배려라면 어떤 실수도 감싸줄 수 있으리라고 생각했다.

이렇게 옛날을 들쑤시다 보니 나한테만 잘하는 것이 아니란 결론을 끄집어내게 되었다. 아들은 세면대 앞에 서서 두 손으로 팬티를 빡빡 문질러서 빨고 있었다.

"아들, 잘 한다. 나도 수도원에 있을 때 두 장 빨았는데. 그래도 아들, 이번에는 옷에 한 번도 안 쌌다. 화장실 사건이 있긴 했지만."

아들은 손에 비누 거품을 잔뜩 묻히고 이야기하는 나를 바라보며 크게 벙그레 웃었다.

비 오는 날이면 내 등에 업혀서 내 어깨에 머리를 기대고, '엄마, 내가 이다음에 엄마도 비싼 사줄게요' 하던 아들이 이렇게 중년의 멋진 사나이가 돼서 나에게 세상 구경을 시켜주고 있다. 내가 결혼한 다음에는 엄마와 언니 외에는 나를 돌봐주는 사람이 없었다. 그러다 자식들이 크면서 그들은 나를 보호해주기 시작했다. 내가 육십 살이 다 되어서 대학 공부할 때는 등록금도 주고 공부할 때 쓰라고 컴퓨터도 사주었다. 밭에 하던 장식을 ─ 내 밭의 가운데에 예쁜 꽃밭을 만들기를 좋아했고, 땅의 테두리에는 영산홍같이, 꽃피는 관목들로 장식하는 것을 즐겼다 ─ 종이 위에 하는 것을 보고는 그림 그릴 수 있는 기회를 만들어주기도 했다.

장엄하다 못해 나를 엄숙하게까지 만들어주는 성문을 지났다. 기다란 골목길을 따라서 걷다 보면 움직이지 않고 내 왼쪽에 버티고 있는 길쭉한 건물이 나를 기다리고 있었다. 나는 아들에게 세 번째로 같은 질문을 했다.

"아들, 이거 뭐 하는 집일까?"

아들은 웬만하면 나에게 우스갯말로라도 답변을 해주는데, 이번 질문에는 그냥 웃고 넘어갈 모양이다. 아침 식사는 숙소 주인이 주는 것을 먹었지만, 점심과 저녁은 아들이 먹는 곳, 먹을 것

골라서 나를 데리고 다녔으니 힘들었을 것이다. 내 입안도 헐어서 아프다고 나한테 타령하는데 아들인들 피곤하지 않을 리 없다.

그러니 이제 두통도 왔을 것이다.
"엄마, 진통제 있어요?"
자신 있게 답했다.
"응, 아들"이라고. 가져온 것은 확실하니까. 타이레놀을 넣은 플라스틱 약통도 분명히 기억났다. 확실한 기억인데 여행하면서 가방 안을 여기저기 쑤셔서 필요한 물건을 찾다보니 손가락 두 개만 한 하얀 통이 어디로 끼어들어 갔는지 찾아내기가 힘들었다. 나는 당황하는 일이 별로 없는데, 요 조그만 통이 나타나지를 않았다. 아들이 웬만큼 아프지 않으면 나한테 약 달라고 하지를 않았을 텐데 미안해지기 시작했다. 약을 찾기 시작한 것이 한 시간이나 된 듯이 길고 힘들게 느껴졌었다.

나의 짜임새 없고 덜렁거리는 습관은 이런 비상시의 틈을 타고 나타나곤 한다. 이런 나를 잘 알고 있기에 멋쩍지는 않다. 항상 그런 나이니까 그렇게 인정하고 살아간다. 아니다. 늙어서가 아니고 젊어서도 어려서도 덤벙거리며 살았다. 단지 내가 그런 사람이니까 다른 사람이 덜렁거릴 때도 그냥 넘어가주는 편이다. 약을 먹던 아들을 떠올리며 '오늘은 더 이상 물어보지 말아야지'라고 나를 타일렀다. 아들이 숙소 문의 벨을 누르자 주인 아저씨가 문을 열어주었다. 바로 대문 앞, 마당에 계셨던가 보다.

아들이 문 안으로 들어서서 서로 통상적인 인사를 하더니 근처 건물에 대해서 묻는다. 지금은 불이 켜있더라고도 했다.
"그 건물은 교도소가 아니고 수녀원이었어요. 지금껏 사람이 살지 않았는데 얼마 전에 교회에서 샀어요. 수리해서 어려운 사람들을 돕는 곳으로 운영한다고 하네요. 봉사자도 같이 살게 하고요."
아들의 말에 내가 궁금해하더라는 말 때문인지 나를 바라보면서 이야기해주었다. 아들은 나의 질문에 대답해주지 않은 대신 머리에 담아두고 있었나 보다. 나는 자세하게 설명해주는 주인 아저씨에게 고맙다고 인사했다. 그리고 내 말을 기억하고 있다가 해결해주는 아들에게도 고맙다고 말했다. 진심으로 고마웠다.

  이 동네 사람들은 자기네가 사는 동네에 복지시설이 들어온다고 해도, 데모는 하지 않겠지. 설마 여기도 님비 현상이 벌어지지는 않겠지. 누가 나보고 장애인 시설 사람 아니라고 할까봐 남의 나라에 와서까지 오지랖 넓게 염려하고 있는지 모르겠다.

열이튿날, 아비뇽에서 파리로

2023년 3월 11일, 맑음

파리로

　여행을 떠나기 전에는 아비뇽에서 파리로 가는 길은 기차여행인 줄 알았다. 기차의 창문 밖으로 벌판과 산과 평야와 강, 모든 산하를 만날 수 있으리라는 기대에 설렘 그 자체였다. 땅을 바라보면서 고마움을 건네는 것도 기쁜 일이다. 날마다 때마다 계절을 바꾸어가며, 예쁘고 귀하고 중한 결실을 주는 땅에 어찌 고마움을 보내지 않을 수 있을까! 그분, 나의 신, 나의 하나님. 우리를 만드신 신은 나무도 꽃도 만드시고 각종 채소도 만드셔서 우리에게 풍요로움을 주신다. 나의 신, 나의 하나님께서는 최상의 예술가이시다. 그러니까 파리까지 기차로 이동하면, 이방나라의 땅과 하늘과의 사이에 있는 그분의 모든 작품을 감상하며 시간을 보낼 수 있었을 것이다.

　그런데 정부의 연금 개혁 문제로 온 나라가 파업 중이란다. 우리나라 어르신들은 늙어서도 일할 수 있는 것이 복이라고 좋아하는 사람들이 많다. 프랑스 사람들은 빨리 일을 그만두고 놀고 싶단다. 동서양이 다르게 돌아가는 것을 바라보는 것도 묘미가 있다. 하여튼 세상만사 계획대로 되라는 법은, 여기에서도 적용되지 않았다.

　파업이 아들의 발목을 잡았다. 실제로 아들의 발목뿐만 아니라 정신을 잡아가지고 다녔다. 세상이 이상하게 발전해서 발로 뛰어다니는 것은 아닐지라도 핸드폰 속에서 헤매며 파리로 갈 수 있는 길을 찾아야 하는가 보다. 나는 어떻게 해야 하는지 알지도 못하고 알려고 애쓰지도 않았다. 내가 끼어들어봤자 방해만 될 테니까. 아들은 나를 비행기에 태워서 파리로 가기로 결정했다고 했다.

　아침 8시 30분에 서둘러서 나갔더니 그저께 우리를 태우고 온 테슬라가 우리에게로 미끄러져 왔다. 그제보다 기사가 부드러웠다. 실은 그저께 기차역에서 나와 차를 탈 때는 많이 불쾌했었다. 왜냐하면 아들이 혼자 트렁크에 짐을 싣는 데도 기사는 구경꾼처럼 뻗치고 서 있었기 때문이다. 그런데 오늘은 자진해서 짐을 번쩍 들어 차 안에 넣어주어서 기분도 좋고 고마웠다. 나는 내가 이런 속물인 것을 잘 안다. 내 아들한테 잘하면 내 기분도 좋아지는 것은 어쩔 수 없다.

　마르세유 비행장에 도착한 것은 오전 9시 30분. 차도를 건너 돌아다보니 우리가 타고 온 차에 기다리고 있던 손님이 타는 모습이 보였다. 나도 모르게 나온 말.
　"다행이다. 저 기사가 손님을 태우고 가게 돼서. 빈 차로 나가면 미안했을 텐데."
　아들이 손으로는 가방을 끌고 얼굴엔 웃음을 지으면서 눈으로는 차도 건너편을 바라보았다.
　"그럴 줄 알고 자기가 비행장에 데려다주겠다고 예약한 거겠지요."
　우리 둘은 짐을 맡기고 비행기를 타러 갔다.
　어? 공항 안으로 들어가서 층계를 올라가는데, 반가운 식당이 문을 열어놓고 나를 바라보고 있었다. 공항 안에 바울 식당이 있는 것이었다. 내가 식당 안으로 들어갔다. 쟁반 놓는 곳으로 가보았다. 아뿔싸! PAUL이라고 쓴 까만 쟁반이 아니고 그냥 하얀 플라스틱 쟁반만 몇 개가 겹쳐 있었다. 고개를 흔들면서 나오는 나에게 아들이 물었다.
　"엄마, 왜요?"
　"쟁반 하나 들고 나오려고 했더니, 그 쟁반이 아니네. 여긴 아무 로고도 안 새겨진, 그냥 하얀 쟁반이야. 기회를 놓친 거야."

아들의 입이 커다랗게 벌어지기는 했는데 소리 나지 않게 웃는다. 그러니까 입술을 크게 벌리고 빙긋이. 그 모습을 보니 저절로 웃음이 터져나왔다. 우리는 웃을 일을 기다리고 있었다는 듯이 그렇게 웃을 수 있었다. 세상에 무슨 엄마가 아들이 가지고 싶어 한다고, 남의 식당에 들어가서, 그것도 남의 나라에까지 와서 쟁반을 가지고 나올 계획을 할 수 있단 말인가. 더구나 어려서부터 착하다는 칭찬만 듣고 자란 내가 이런 생각을 하고 있다니.

하늘을 올려다보려고 하니 공항 지붕이 저 높이에서 가로막고 있었다. 공항의 지붕이 하나님의 손바닥인 듯이 느껴졌다. 그분이 '못 본 걸로 할게'라고 하시나 보다. 아니면 '내가 막았다'라고 하시나? 나는 혼자서 또 웃었다. 이럴 때는 하늘을 못 보게 하시면서도 말씀은 하신다. '내가 막은 거야.' '알았어요. 고맙습니다.' 역시 그분은 무소부재임을 수시로 증명하신다. 내 속에 계시면서, 또한 나를 그분 안에 담고 다니시면서.

나는 처음으로 에어 프랑스(Air France)를 탔다. 그것도 아들과 함께라니. 내 엄마를 모시고 독일 비행기를 탄 적은 있었는데 프랑스 비행기는 이번이 처음이다. 비행기가 대형 관광버스 두 배만큼만 크다고 할까? 제주도 가는 비행기보다 훨씬 작아보였다. 속에서, '그래, 너네 나라 잘났다' 한다. 맞다. 나는 내가 사는 나라가 잘났으면 좋겠다. 아들이 나에게 준 비행기 표에는

"AF 4146, Marseille → Paris, 11:30 → 13:00"라고 글씨가 찍혀 있었다. 나는 아들이 가리키는 자리에 가서 앉았다.

그런데 12시가 다 되어가는 데도 비행기는 움직일 기미가 느껴지지 않았다.

조그만 창으로 비행장 구경을 하려고 내다보았다. 우리 자리가 비행기 날개 위에 있나 보다. 사람들이 높은 차를 끌고 와서 날개에 가져다 밀어서 붙여놓았다. 날개에 무슨 문이 있었나 보다. 아저씨가 문을 열고 정비를 하는 모양이다. 기름도 넣는가보다. 비행기 출발시간이 늦어지자 점심 스낵부터 줄 모양이다. 아들이 스낵이 담긴 카트를 밀고 지나가는 승무원에게 무엇인가를 물어

보았다. 그 사람은 영어도 유창하게 잘했다.

  나는 사람들과 엇박자로 살면서도 불편해하지 않았다. 어차피 내 귀가 알아듣는 일을 해주지 않으니까 그냥 나만의 세상에서 살아간다.[41]

  어! 드디어 비행기가 구르기 시작하나 보다. 습관대로 시계를 보니 12시 50분. 비행기 아픈 데를 다 고쳤나보다. 비행기 바퀴 굴러가는 느낌과 소리가 온몸으로 전해져 왔다. 비행기는 널따랗고 황량해 보이는 들판을 작은 창문으로 들여보내며 달리고 있었다. 파리로 날아가려고 자기 몸을 워밍업하고 있는 것일 거다. 10분이나 달리더니 앞바퀴를 올리는 느낌이 나에게로 와서 닿았다. 드디어 허공으로 파드득거리며 날아갈 모양이다.

  창문 밖으로 펼쳐져 있는 우주공간이 상상외로 나를 반갑게 맞아주었다. 또 뒤로 물러난 공간에 이어서 다가와주는 지상 세계가 우리가 사는 지구의 한 모퉁이의 모습이라니 경이를 담아 찬사를 보내지 않을 수 없다. 13시, 내가 탄 비행기는 구름 속으로 들어가더니, 금방 구름 밖으로 빠져나왔다. 드디어 나는 구름 위로 날아가고 있었다. 저 멀리 오른쪽으로 끝길 줄 모르고 이어져 있는 기다랗게 푸르름으로 덮여 있는 바다. 우리는 그 기다란 선을 수평선이라고 부른다.

  내 눈과 충분히 만나기도 전에 흩어지는 바닷가, 넓은 광야, 연두색 밭, 구름의 그림자 속에 함께한 주택들, 짙은 회색으로 곧은 길을 만들다가 굽은 길도 만드는 도로, 도로 위에 점과 점으로 모습을 보이는 자동차, 세모진 밭과 포장되지 않은 하얀 시골길…. 여기도 비닐하우스가 있나보다. 비닐하우스가 많아지면 땅이 몸살을 앓게 될 텐데, 잠깐 걱정도 스친다. 낮은 언덕도, 조금 더 높은 구릉도 사이좋게 어우러지며 동네를 품고 있어 여유로움을 드러낸다. 기차를 타고 갔으면 못 보았을 풍경을 비행기 창문 샷(shot)으로 남겨보았다. 기차를 타지 못한 아쉬움은 이 샷으로.

  멀리 보이는 바다가 약간은 포물선으로 나타나서 우리가 사는 지구가 둥글다는 것을 말해준다. 나는 포물선으로 그려지는 수평선을 볼 때마다, 갈릴레오가 보이고 교황들의 야집이 들린다. 옛날 사람들은 지구가 우주의 중심이고 지구 위로는 천국이 있고 거기에 하나님이 계신다고 믿었다고 한다. 지구 아래쪽에는 지옥이 있다고 주장했었다는 교회 선생님 말씀이 떠올랐다. 뒤이어서 오는 각종 명화가 재미있게 줄을 지어 가며 흔들거린다. 특히 미켈란젤로의 〈최후의 심판〉 속 하데스의 입구가 여전히 나를 향해 입 벌리고 있음을 본다.

  13시 25분, 먹을 것을 실은 카트가 지나간다. 아마도 점심 대용인가 보다. 나도 크래커를 받았다. 작은 초콜릿 바도 받았다. 나는 용감하게 화이트 와인을 달라고 했다. 나의 앞자리에 앉아 있던 아들의 뒤돌아보는 얼굴엔 놀라움이 넓게 펴져 있었다. 아들이 교황궁에서 나와 점심 식사를 할 때, 주문 받는 남자에게 말하던 것이 생각났다.
  '노 와인 포 런치'(no wine for lunch).
  그런 아들의 말이 내 귀 밖으로 빠져나가지도 않았는데 나는 씩씩하게 와인을 달라고 했다. 승무원은 능글맞게 보였던 얼굴이 귀여워 보이는 얼굴로 변하면서, 밝은 미소를 담아서 손가락 두 개 넓이의 기다란 병을 나에게 건네주었다. 12.5%, 187ml라고 적혀 있는 플라스틱 귀여운 병이다. 크래커와 함께 와인을 다 마셨는데도 잠은 오지 않았다. 긴장하고 있었나 보다.
  손바닥 두엇만 한 창으로 지상을 내려다보며 많은 상상을 했다. 시간이 지나가는 것을 느낄 짬도 없이 현실과 비현실을 왔다갔다 했다. 길도 안 보이는 미래로 갔다가 정처 없이 멀리 가버린 과거로 갔다가 다른 사람의 시간 속으로도 자유롭게 드나들었다. 헤아릴 수 없이 많은 사람 속에서 살던 사건들이 내 속에서 훨훨 날아다니는 것을 붙잡아 이야기를 다시 만드는 것은 아주 즐거운 일이다. 나는 나의 과거를 사랑하고 나의 과거 속에 있는 사람들을 여전히 좋아하고 여전히 아낀다. 나는 나의 이야깃거리에 몰두하는 것을 좋아한다. 눈에 보이지 않는 그분과 사람들과 이야기하는 사이에 착륙 안내방송이 들려왔다.

8. 파리

14시 22분. 우리는 무사히 파리에 도착했다. 여기가 샤를 드골 공항인가? 기다란 공항 청사 벽이 공사 중인가 보다. 명품 옷을 입은 남녀가 벽에 붙어 우리를 마중하는 것을 보며 나도 그림을 향해 웃어주고는 출구로 향했다. 아들이 힘든 기색도 없이 밝게 웃음을 보내며 말한다.

"엄마, 저기 공사하나 봐요."

아들은 공항이 공사 중인 것이 자기 잘못인 양, 죄송하다는 표정이다. 나는 그저 그림 속 모델들을 바라보며 반갑게 인사하는 중인데.

파리 시내로 들어가는 전철도 부분 파업이라 중간에서 내리게 되었다. 아들의 표정이 아주 난색이다. 여행 중 아들에게서 이렇게 캄캄한 얼굴을 본 적은 한 번도 없었다.[42] 아들은 그 많은 가방을 끌고서 임시 편성된 버스가 온다는 곳으로 갔다. 사람들이 기다란 줄을 만들고 서 있는 풍경이 내 앞에 나타났다. 아들에게는 엄마라는 사람 말고도 가방이 몇 개씩이나 더덕더덕 붙어 있는데, 엄마란 사람은 할 수 있는 말도 없고 할 수 있는 행동도 없이 바라만 보는 꼴이 말이 아니었다. 우리도 사람들이 늘어서 있는 줄의 맨끝에 섰다.

버스 한 대가 오더니 사람들을 태울 수 있는 만큼 꽉 채우고는 떠나갔다. 나는 아들의 얼굴을 바라보았다. 사람만 버스에 타는 것도 힘겨울 텐데 아들은 저 큰 가방과 기내 가방과 배낭을 포함해서 세 개의 작은 가방을 어떻게 다 들고 탄단 말인가? 한다 하더라도 얼마나 힘이 들까? 몸살 날 것이 뻔했다. 벌써 집을 떠나온 지 2주나 되었으니 말이다. 엄마인 내가 해줄 수 있는 일은 여전히 하나도 없으니 참 딱한 노릇이다. 아들의 지혜로운 결단을 바라며, 고민하고 있는 아들을 올려다보았다.

"엄마, 안 되겠어요. 우보를 부를게요."

"그래, 아들, 잘 생각했네."

아들은 굴러가는 트렁크 위에다 큰 색을 얹혀놓고 하나는 등에 메고 줄에서 빠져나갔다. 아들이 가이드 노릇을 하는 것은 장난기도 섞어가며 그런대로 재미있어서 괜찮은데 짐꾼 노릇을 하는 것은 보기에도 힘들었다. 만들어진 지 오래된 도시들이 그렇듯이 도로 상황이 말도 안 되게 나쁘다. 아마도 전철로 갈 수 있었다면 파리의 교통수단에 대해 이렇게까지 나쁘게 말하지는 않았을지 모른다. 내 아들을 힘들게 했으니 나쁜 점수를 주는 것은 당연하다.

드디어, 파리에 있는 호텔에 들어왔다. 아들은 간단히 체크인. 나는 그냥 무사안일. 나는 아들을 잘 따라다니고 있다. 방에 들어와서 시계를 보니 17시 8분. 여기서 이틀을 지내고 나면 세 번째 여행은 끝이 난다. 아들이 가방을 들여다 놓자마자 창문을 열어놓았다. 나는 기다렸다는 듯이 창가로 갔다. 누가 유럽 아니랄까 봐 창밖에 펼쳐져 있는 것은 광장이다.

광장이면 으레 있는 동상이나 분수는 어디에 있을까? 나의 눈이 찾아 헤매는 것을 아들이 보았나 보다.

"엄마, 저기 보이는 것이 이노상 분수(La fontaine des Innocents)예요. 어허, 그런데 공사하나 봐요. 물이 안 보이네. 올림픽 한다고 사방에 모두 공사 중이네요."

나는 아들이 하는 말을 들으면서, 들리는 대로 머릿속의 그림과 눈 아래에 보이는 광경을 맞추어보았다. 아들의 손가락이 가리키는 곳을 보았다. 무엇인가가 우뚝 서 있기는 한데, 실체는 정확하지 않았다. 인터넷 그림에서 보았던 작은 집 같은 것이 보였다. 물도 없으니 분수 같은 느낌은 나지 않았다.

내가 내려다보고 있는 저곳은 오래전 묘지와 교회가 있었던 곳이었단다. 유럽 여행을 하다 보면 공동묘지가 있는 곳에 교회도 종종 보게 된다. 우리가 묵는 호텔 바로 옆 광장의 서쪽은 시장이었고, 다른 한쪽은 이노상 교회와 공동묘지가 있었단다. 20개의 성당에서 운영하는 공동묘지였다고 했다. 14세기에 페스트가 유행하면서 생기는 시체까지 이곳에 모두 수용하려니까, 장소가 모자라서, 있던 유골들을 파서 쌓아가며 매장할 수밖에 없었다고 한다. 민원도 발생하고 환경 문제도 생겨서 유골들을 더 이상 방치할 수 없게 되었다고 한다. 나는 죽은 사람들을 생각하고 있는데 아들의 말소리가 계속 들려왔다.

"엄마, 비가 많이 오면 저기에 시체들이 마구 떠다녀서 문제가 많았다네요. 가난한 사람들은 평토장(平土葬, unmarked grave)을 하니까…. 시장이 열리는 곳인데 얼마나 비위생적이었겠어요."

시신을 계속 묻으려니, 땅을 계속 팔 수밖에 없었을 것이다. 18세기까지 이노상 공동묘지의 지면은 주변보다 2m 이상 높았다고 한다. 그런데도 1779년에는 2천구를 더 묻을 수 있는 구덩이를 팠다고 한다. 1786년부터 세 차례에 걸쳐 이노상 공동묘지의 유골은 파리 시내의 다른 성당 묘지의 유골들과 함께 파리 지하에 있던 석회암 채석장(오늘날의 파리 카타콤베)으로 옮겨졌다고 한다.

문득 첫 번째 여행 때 로마에서 아들에게 가보고 싶다고 해서 갔던 '세바스티아노 카타콤베'가 떠올랐다. 여기 시립 납골당 입구에 있다는 말은 '멈추시오. 이곳이 죽음의 왕국이요'이지만, 세바스티아노 카타콤베의 입구에는 '하나님 나라로 가는 길이오'라도 적어야 할 것이라는 생각이 들었다.

파리에 온 첫날을 이노상 공동묘지와 함께 보냈다. 〈죄 없는 자들의 묘지〉(Cimetière des Innocents)였던 곳을 바라보며. 피렌체에서도 이노상이란 이름이 붙은 고아원을 방문했었던 일이 떠올랐다. 불과 열흘 전쯤인데 유럽에 와서 보니 이탈리아나 프랑스나 이 단어를 많이 쓰는구나 싶었다. 아기 예수가 태어났을 때 헤롯이 동방박사들이 약속을 어기고 그냥 가버린 것을 알았을 때의 헤롯의 심정이 이해된다. 이해된다고 동의한다는 것은 절대로 아니다. 그래서 두 살 미만의 남자아이는 모두 죽인 사건.

두 살이면 아무런 죄도 짓지 않았을까? 이렇게 죽은 아이들을 생각하며 만들어낸 단어가 '이노상'(Innocent)이란다. 고아원도 이노상 고아원이고, 이노상 교회도 있고, 하다못해 공동묘지 이름도 이노상이다. 사람이 마지막 가는 길에 소원이 있다면 아무런 죄도 가지지 않고 죽는 것인가 보다. 죽은 후의 심판은 무의식 중에도 인간의 심중에서 작동하나 보다.

불과 200여 년 전에는 이노상 공동묘지와 이노상 교회가 있었던 광장과 상가를 바라보았다. 해골과 시체가 치워진 땅 위에는 장 구종(Jean Goujon)이 만들었다는 작은 집 모양의 분수대가 들어와 앉아있다. 공동묘지만 이사한 것이 아니고 시장도 이사하고, 지금은 대형 상가와 지하철과 그 주변에는 많은 먹거리 가게들이 있다.

한식당이 의젓이 번화가에 있다. 메뉴를 훑어보았다. 다행히 먹고 싶은 것은 없었다. 나 아니라도 밥 먹는 사람들로 가득 차 있는 것을 보면서 만족의 미소가 떠올랐다.

아들이 내일 아침으로 먹을 바게트를 하나 사왔다.
"엄마, 바게트. 내일 아침에 다른 것들하고 먹으려고요."
나에게 기다란 빵을 보여주며 웃었다.
"엉, 내가 좋아하는 건데. 잘했네."
"엄마, 여기는 공휴일에도 빵집은 못 닫는대요. 사람들이 먹어야 하니까."
"아주 잘하는 처사네."
"엄마, 있잖아요. 가난한 유학생들은 이거 하나 사서 수돗물 먹으면서 하루를 살기도 한대요."

남편이 학생일 때 배불리 먹지 못하던 시절이 잠시 왔다가 스러져 갔다. 지난날 학생들에게 식권을 사주라고 부탁하시던 목사님들의 목소리가 귀를 스치고 지나갔다.

열사흘날, 파리

                                        2023년 3월 12일, 맑음
                                      여행 중에 맞는 두 번째 주일

    아들과의 세 번째 여행 중의 두 번째 맞이하는 주일이다. 하늘에 하얀 구름, 조금은 검은색을 흩트려 놓은 구름이 하늘에서 서로 비껴가며 파란 배경을 장식하고 있다. 해님은 한쪽 손으로 얼굴을 가리고 있는지 잘 보이지 않는다. 구름 사이로 빛줄기만 내려보내고 있다. 날씨가 조금은 춥다고 느껴졌다. 로마에서 시작해서 조금씩 북쪽으로 올라왔으니 당연한 일이다.
    딸이 준 터틀넥 셔츠만 매일 바꾸어 입고, 겉옷은 며느리가 준비해준 패딩 점퍼 아니면 딸이 30년 전에 사준 바바리가 전부다. 여행을 몇 번 하다 보니 꾀가 나서 간단하게 챙기게 되었다. 오늘은 주일이니까 바바리를 입을까? 아들과 세트로 까만 잠바를 입을까? 잠바를 입기로 했다. 아들이 그 모습을 바라보며 웃는다.
    "엄마, 우리 옷도 세트로 입었네요."
    "그러네. 아들."
    옷의 종류가 적어서 무엇을 입을까 고민할 필요가 없어서 좋기는 하지만, 두 주간 동안 외투 두 개만 입는 것은 조금 무리가 된다. 편한 대신 예의에 어긋날 때도 있다. 그래도 여행할 때는 짐을 적게 하는 것이 좋다. 이 세상살이도 마찬가지이다.

    며느리가 출발 전에 까만 잠바를 사왔었다. 방수 잠바란다. 나도 까만 잠바가 있긴 하다. 지난번에 여행 갈 때 준비한 것이다. 이탈리아나 파리에 가니 거의 모든 사람이 까만 옷을 입은 것을 보았기 때문이다.
    내가 국민학교 다닐 때 선생님은 우리는 백의민족이라고 말씀하셨다. 나라의 왕가에 초상이 많이 나니까 상복으로 흰옷을 입어서 그렇게 되었다고 하셨다. 여고 시절에 세계사 선생님이 하신 말씀도 떠올랐었다.

"유럽에서는 난방을 석탄으로 하니까 그을림이 많아서 까맣게 입고 산단다. 건물의 담벼락도 까맣지…."

아들은 여행 중에 색깔이 예쁜 옷을 입는 것을 꺼리는 듯이 보였다. 힘든 일도 아니니 나도 같이 깜장으로 동화되어볼 요량으로 까만 잠바를 샀다. 동대문 풍물시장에 중고로 나온 헌 잠바를 5,000원에 샀다. 그래도 유명 메이커 옷이다. 진실이는 내가 그 옷을 어디서 샀는지 알고 있었다.[43]

헌 옷을 사 입어도 괜찮게 된 것은 장애인 시설에서 일한 뒤부터이다. 동대문 근처를 지나가다가 손수레 위에 두 다리를 펼치고 누워있는 츄리닝 바지를 2,000원에 사서 3년 동안 건축 일하면서 입어도 나에게 뭐라고 하는 사람이 없었다. 내가 일하는 데 편하면 될 일이 아닌가? 하나님께서 나를 내려다보시며 "아주 편해 보이네. 하하하" 하시는 듯해서 아주 좋았다. 하나님께서 속상해하시지만 않으면 된다. 그런 내 인생이 아주 좋았다. 그런데 며느리가 안 좋았나 보다.

진실이가 잠바를 꺼내놓자마자 내가 말했다.

"나도 까만 잠바 있는데…."

며느리가 '씨익' 웃었다. 알고 있다는 표시일 거다.

"알았어. 고맙다. 네가 내 엄마 같다. 하나님께서 엄마 대신 너를 나에게 보내셨나 보다. 나를 보살피라고."

진실이는 또 '씨익' 입꼬리를 올리며 웃어주었다. 내 까만 잠바는 빨아서 아파트에 있는 헌옷 수거함에 주었다. 누군가가 나처럼 싸게 사다가 또 입기를 바라면서.

아들의 재주가 늘었다. 오랫동안 엄마를 데리고 다니다 보니, 재롱이 늘어났나 보다. 아니다 능력이 늘었다. 호텔 문을 장풍으로 여닫는다. [그림46] 둘이 같이 호텔 복도를 걷는데 어쩌다가 내가 아들의 앞에 서서 걸어갔다. 항상 모르는 곳을 다니니까 아들의 손에 의지해서 다니든지 아들의 뒤로만 다녔는데, 호텔 안이고 방 호실을 아니, 내가 앞장섰나 보다. 아들이 내 뒤에서 오른손을 쭉 펴더니 '얏' 하고 기합을 넣는다. '얏' 소리와 함께 앞의 문이 열렸다. 유리문에 아들의 모습이 비쳤다. 아들의 얼굴 전체가 함박웃음으로 꽉 찼다. 내 속으로는 아들이 피곤이 겹쳐서 몸살이 날까봐 마음 졸이고 있던 터였다.

아들의 쾌활한 모습에 근심이 없어지고 나도 같이 웃음으로 화답할 수 있어서 마음이 날아갈 것 같았다. 뒤돌아서서 아들의 얼굴을 마주 보며 말했다.

"아들! 언제 장풍을 배웠어? 장풍이 센가 보네. 큰 문이 저절로 열리네. 땡큐다."

아들이 나를 기쁘게 하려는, 웃게 하려는 마음에 내 마음도 실

그림46 장풍으로 문을 여는 아들

어서 그분께 올려드렸다. 우리를 항상 보고 계시는 그분께서도 우리의 모습을 보고 같이 웃으시기를 바라는 마음에서. 그분은 아들을 통해서 평생에 몇 번 안 되는 휴가를 나에게 주고 계시는 중이니까 중간중간에 -출장을 다녀오면 출장비를 준 곳에 보고서를 쓰는 것과 같이- 보고를 드림이 당연하고 즐거운 일이다.

우리는 같이 주일 예배를 하러 갔다. 광장 건너편에 있는 커다란 교회로. 그분께 정식으로 예배드리는 날이니까, 성당인지 교회인지 하여튼 공인된 장소로 갔다. 주일이 아닌 날은 집에서도 새벽마다 혼자서 찬송도 부르고 말씀도 읽는다. 그렇게 나의 첫 시간을 그분 앞에 앉아 있는 일이 즐겁다. 그러나 주일에는 다른 성도들과 어우러져서 같이 예배하는 일 또한 당연하고 기쁨을 준다. 특히 오늘 같은 날은 아들과 함께하니까 더욱 좋다.

그 성당이 유명한 곳인지도 모르고 아들이 가니까 따라서 갔다. 걸어가면서 예배당 겉모양을 본 나는 뒤로 넘어질 것 같았다. 얼핏 보아도 고딕 건축인 것은 맞는데 정신이 없어지려고 했다. 건물 외관으로 총포 같은 것도 불룩불룩 나와 있다. 얼핏 보기에 프랑스답지 않아 보였다. 프랑스 하면 말도 매끄럽고 부드럽고 간지럽기까지 하다. 내 생각에는 무조건 파리는 불어처럼 매끄럽고 이음새 없이 이어져야 하는, 세련미가 있어야 한다고 여겼다. 그런데 이 성당은….

나는 아들을 따라서 아주 넓으면서 높은 커다란 문 안으로 들어갔다. 들어가면서 소리 안 나게 말했다. '하나님, 제가 오늘은 이 예배당으로 왔어요.' 나는 몸을 이리저리 돌려가면서 주보를 찾아보았다. 아들이 먼저 찾아서 나에게 한 장을 주었다. 역시 아들은 나를 잘 알고 내 심정을 꿰뚫어보고 있었다. 의자가 있는 곳으로 걸어 들어가면서 종이 위에서 예배당의 이름을 찾아보았다.

내 눈에 먼저 들어온 것은 그 종이 위에 그려져 있는 악보였다. 피렌체 산 마르코 수도원 도서관에서 보았던 커다란 책에 있던 악보와 같다는 것을 알았다. 주보에서 그다음으로 보인 것은 세 번째라는 단어였다. 사순절 기간 중이니까 대충 두드려 맞추면 사순절 세 번째 주일이겠다. 지금 내가 참여하고자 하는 예배가 9시 30분 미사인가 보다. 글자들을 대충 맞추어보는 내가 우스꽝스럽지만은 않았다. 분홍색도 아니고 보라색도 아닌 아리송한 색의 종이. 주보의 색은 교회 절기를 나타내는 색일까?

내가 나를 봐도 진지한 모양새가 좋았다. 그 종이에 옛날 악보가 있는 부분에서는 신부님께서 혼자서 뭐라고 말씀하신다. 'Chant…'라고 적혀 있는 것을 보니 특이한 음정으로 하는 성가 차례인가 보다. 그레고리오 악보에 있는 참회송을 부른다. 아마도 회개 기도를 했나 보다.

나이 많은 여인이 독서대로 올라가더니 창세기를 읽는다. 시편 94편이 가사와 함께 현대판 악보로 되어 있는 것이 보인다. 글자를 따라 눈치껏 알아차리기 바쁜데, 미사는 물 흐르듯이 지나간다. 성경을 다 읽고 내려가는데도 '아멘'이라 말하는 사람이 없다.

맑은 목소리로 찬양한다. 종이를 들여다보니 현대판 악보가 보인다. 제목을 읽어보았다. 정확히는 몰라도 '복음을 환호한다?'라고 적혀 있다. 무슨 뜻인지는 알겠다. '말씀이신 하나님'과 '말씀을 이루시는 그리스도'를 기뻐하며 환영하고 좋아하며 찬양하자는 뜻이 아닐까? 하나님, 그분 안에 지혜가 있고 빛이 있으니, 그분을 향해 환호할 수밖에 없다. 그런데 이런 고백을 맑은 가성으로 저음에서 시작하고 고음으로 진행하다가 더 높은 고음으로 끝자락을 맺으니, 영혼이 맑아져서 우주공간으로 날아가는 것만 같다.

그리고 신도들끼리 인사를 한다. 어허! 성당에서도 우리 교회에서 하는 것처럼 예배 도중에 모인 사람들 간에 인사한다. 서로 복을 빌어주는지는 모르겠다. 그분이 어떻게 봐주실는지 그것이 궁금했었는데, 프랑스 교회에서도 우리나라 교회에서도 그런 예배 형식이 유행인가 보다. 나도 아들을 보고 또 뒤돌아보며 앞 좌석의 사람들과 눈을 맞춰가며 한국말로 "잘 오셨습니다. 복 받게

삽시다!"라고 말했다. 나는 '축복합니다'란 말은 인사할 때도 사용하지 않는다. 왜냐하면 그분이 나한테 '축복하지 말고 너한테 있는 것을 주렴' 하시는 것 같기 때문이다.

신부가 요한복음을 읽으시나 보다. 종이에 4장 5절에서 42절이라고 적혀 있다. 신부님이 하시는 말씀 중 몇 마디만 알아들었는데, 사마리아라는 말만 알아듣고도 웃음이 났다. 말씀을 읽을 때는 앉아 있던 사람 모두 다 같이 일어선다. 참 좋다. 우리나라에서도 말씀을 읽을 때면 일어나면 좋겠다고 항상 생각해왔다. 어떤 교단에서는 말씀을 읽을 때 일어서는 것을 본 적 있다. 당연히 하나님의, 예수님의 말씀을 들으려면 서서 들어야 하지 않을까?

신부님이 말씀하시는 시간인가 보다. 종이를 뒤적여 끝까지 가다 보니, 드디어 성당 이름이 나타났다. 아들이 추운가 보다. 휴지를 꺼내더니 작은 소리를 '킁' 내면서 코를 풀었다. 속으로 아들에게 말했다. '아들, 나 때문에 고생이 많네. 그래도 엄마의 순례를 이끌어야 하니까 같이 고생하는 거지. 미안하고 고맙네.'

이 성당의 이름은 '성 외스타슈'(St. Eustache)란다. 이름이 왜 이리 복잡한지 모르겠다. 내 속의 내가 말한다. '너네 말이 아니니까 어렵지. 여기 사람들한테는 하나도 어렵지 않을 거야.' '알았어. 알았다'라고 대답해주었다. '어떻게 발음하는 거야?'라는 질문이 나오는 것을 눌러서 밀어 넣었다.

찬양 소리가 은은한 파이프 오르간 소리와 어우러져서, 내가 그분의 나라로 가고 있는지 그 나라가 이곳으로 오고 있는지 구별하기가 어려웠다. 찬양대의 소리보다는 오르간의 소리가 나의 머리와 가슴과 심장, 아니 내 몸과 정신과 마음 속속들이 구석구석 전율을 보내었다.

나도 모르는 사이에 아들을 따라 의자에 앉아서 두 손을 모았다. 장의자가 아니고 개인용 의자였다. 알아듣지도 못하는 말을 열심히 들으려고 애써보았다. 무엇인가 하려고 하면 현실로 돌아오곤 했다. 그러면 안 되는데 내가 여행 중이어서 예배 중에도 가끔씩 관찰자로 바뀌는 나를 붙잡아놓느라고 애쓸 때가 있다.

예배당 안은 여전히 춥다. 몸을 '으스스' 한번 떨게 놓아두고 마음을 집중시키려고 하는데 잘 안 되었다. 반대쪽에는 젊은이들이 단체로 와 있는데 그들도 나처럼 안정되지 않나 보다. 예배 분위기가 공연 관람 분위기와 비슷해서 그분께 죄송하다고 고백할 수밖에 없었다. 속으로 '왜?' 하고 질문하자 다른 내가 대답해주는 소리를 들으며 웃었다. 물론 안 보이고 안 들리게.

인솔자 선생님이 말씀하신다. '오늘은 주일이야. 그러니까 다 같이 성당에 가서 예배하고 나서, 관광하기로 하자. 알았지?' 학생들 대부분은 찌그러진 얼굴로 대답한다. '네, 알겠습니다.' 저 건너편에 앉아 있는 젊은이들은 인솔자를 따라 이곳으로 들어온 것일 거다. 그런데 누가 알까? 혹시 이 분위기나 지금 졸면서 들었던 말이 이다음에 너희를 구원의 아름다운 나라로 이끌고 가게 될지. 그들에게도 나에게 있는 평안으로 세상을 살아가게 해달라고 기원했다.

헌금하는 차례인가 보다. 청바지에 잠바를 입은 아저씨가 우리가 앉아 있는 줄로 오고 있었다. 아저씨의 손에는 바구니가 두 개, 한 손에 하나씩 들려 있다. [그림47] '무슨 일이야? 왜 바구니가 두 개일까?' 대부분 사람은 오른쪽 바구니로 손이 갔다가 내려갔다. 헌금위원인 아저씨가 가까이 오니 바구니가 왜 두 개인지 알았다. 한 바구니는 카드로 헌금을 내는 바구니였다. 왼쪽 손에 있는 바구니는 위가 막혀 있고 그 위에 카드를 탭해서 결제하는 카드단말기가 놓여 있다.

아들의 넓적다리를 검지로 '쿡' 찔렀다. 아들의 '피식' 웃는 모습이 보였다. 예배 도중에 이런 행동을 하면 안 되는데, 믿음의 선배라고 자처하던 어미가 나사가 많이 풀렸다. 밥도 안 하고, 빨래도 안 하고, 일상생활에서 벗어나 매일 낯선 환경을 만나니까 내 마음도 편하게 놓고 있나 보다. 오른쪽 바구니에 아들이 준 지폐를 넣었다. 아들은 아저씨를 바라보며 오른쪽을 가리키니 헌금위원이 왼손에 힘을 주는 모습이 보였다. 그리고 말없이 표정을 만들어 카드로 결제하는 곳을 아들에게 가르쳐주었다. 아들은 아마도 처음으로 헌금을 카드로 냈을 것이다.[44]

아들이 자신이 번 돈으로 헌금을 하는 것을 바라보는 일은 즐겁다. 아들과 딸이 첫 번째 월급을 받았을 때의 기억이 새롭다. 자식들에게 받은 월급의 액수를 물어봐서 받아적고 '첫 열매 헌금'이라고, 헌금 봉투에 쓰고 자식들 이름을 쓰면서 드리던 기도가 다시금 떠오른다. '자식들이 평생 건강해서 자신이 수고해서 일할 수 있게 해주시고, 주님께 드릴 것은 드리고 여유롭게 더불어 사는 인생되게 도와주세요.' 나는 아들이나 딸의 급여 통장을 본 적이 없다. 내가 통장을 볼 필요 없이 사는 것도 내 복 중의 복이다.

찬양이 중간중간 자주 있다. 그레고리 성가라는 것만 눈치껏 알아차릴 뿐, 같이 부르지 못하는 것이 못내 아쉽지만 어쩔 수 없

그림47 헌금 시간
현금으로 내실 겁니까? 아니면 카드결제하시겠습니까?

다. 하기는 우리나라에서 예배할 때도 아는 찬송가인데 같이 못 부르는 찬송가가 더러 있다. '사철에 봄바람 불어 잇고'도 안 부르고, '내게 있는 모든 것을 아낌없이 드리네'도 못 부른다. 나에게 있는 것을 다 드리지 못하면서 다 드린다고 노래하지 못한다. 거짓말을 찬송가로까지 하고 싶지는 않기 때문이다. 그분이 내 속을 나보다 더 잘 아실 테니까, 찬송가를 하나님께 올려드리는 노래라면 거짓말을 섞어서 노래하고 싶지 않다.

성찬식을 한다. 성도들 한 명씩 신부님이 입에 넣어주든지, 아니면 성도 본인이 받아서 입에 넣든지 한다. 여전히 분잔은 안 한다. 신부님 혼자서 한다. 이런 모습을 볼 때마다 '신부님, 성경을 다시 읽으시지요'라고 말하고 싶다. 내가 참견할 수 없는 일이니까 그냥 넘어갈 수밖에. 하긴 성찬식 자체도 상징적이기는 마찬가지이다. 그러나저러나 미사 때마다 반쪽 성찬식이지만 한다. 우리는 여전히 우리의 생각으로 말씀에 어깃장을 넣으며, 우리 생각을 우선순위에 두고 살면서도 기독교인이라고 자처한다.

예배(미사)가 끝나고 아들과 같이 예배당(성당) 안을 거닐다가 따뜻한 바람을 느꼈다. 지금까지 다니며 난방하는 성당을 본 적은 없었다. 제노바 꼭대기에 있던 순례자의 집의 작은 예배당에서는 전기스토브를 벽에 설치해놓은 것은 보았다. 하지만 이렇게 본당에 난방 시설이 있는 곳은 처음 보았다. 내가 둘레둘레 무엇인가를 살피고 있으니까 아들이 금방 내 궁금증을 풀어주었다.

"엄마, 여기 이 바닥에서 난방을 하고 있어요."

대리석이 깔린 바닥을 내려다보니 거기에는 쇠망으로 덮인 작은 공간이 조금 깊게 파여 있었고, 그곳으로부터 열기가 훈훈하게 올라오고 있었다. 1970년도에 우리가 미국에 가서 잠시 살 때도 이런 난방 시스템이었던 것이 생각나서 정감이 지나갔다. 오늘같이 서늘한 날, 젊어서 살던 집을 떠올릴 수 있다는 것도 좋았고 따뜻한 바람이 우리를 맞아주는 것도 반가웠다.

아들과 예배당 안을 돌아다니며, 고개를 주억거리며 머리에 주워 담고 생각을 가다듬기도 했다. [그림48] 아들은 아들의 습관대로, 나는 나대로. 이 성당에는 다른 성당에는 없는 특이한 그림이 있다. 바로 시장 그림이다. 큰 건물을 뒷배경으로 한, 그림의 중앙에는 근대같이 생긴 푸른 채소를 들고 있는 아저씨도 있고 사과 바구니 같은 것을 가지고 있는 아줌마도 보인다. 아마도 옛날 레알 광장에 큰 식료품 시장이 있었던 것 같다.

여행이 끝난 다음에도 이 성당에 대해 이리저리 뒤져보았다. 이 성당은 처음에는 소박하게 지어졌다가, 파리의 인구가 증가하면서 성 외스타슈 성당으로 이름이 바뀌었다. 성 외스타슈는 2세기 로마의 장군이었는데, 기독교로 개종했다는 이유로 부인과 자식과 함께 화형당했다고 한다. '화형'이라는 글자만 보아도 존 폭스의 『위대한 순교자들』 내용이 생각나서 소름이 끼쳤다. 우리 가족이 미국에서 귀국한 후에 그 책을 번역해놓은 것을 원고지에 옮겨 쓰던 시절이 여기 이 광장과 겹쳐 보였다.

그 책을 정서하면서 충격에 못 이겨 매우 아팠던 감각이 그대로 살아났다. 어떻게 하면 사람이 그렇게 잔인해질 수 있는지 알 수가 없었다. 그냥 나무에 불을 붙이는 것도 아니고 더 고통스럽

그림48 외스타슈 성당 내 기도 처소

게 하려고 물을 뿌린 나무에 화형하는 장면을 옮겨 적을 때는 으슬으슬 오한으로 아파야 했다. 온 가족이 아버지와 엄마 그리고 손녀가 모두 같이 화형당한 위그노들은 평토장이 되었을 테니 비가 오면 제일 먼저 노면 위로 올라왔겠다는 상상이 나를 아프게 했다.

   이번 여행의 마지막 숙소를 레 알르(les Halles)에 있는 호텔로 정한 아들의 결정에 진심을 담아 감사를 표하지 않을 수가 없다. 어쩌면 이렇게 다양한 명상을 할 수 있는 곳으로 날 인도하고 있는지 놀랍다. 더 놀라운 것은 팔순의 내가 여기에 와서 그분을 생각하며 역사를 훑어보고 있다는 것이다. 내 속에서 '그래, 너 잘났다' 하는 소리가 또 들린다. 나는 여전히 하나님의 유일한 명품임이 맞다. [그림49]

   성당을 나와서 우리는 공원으로 갔다. 성당 건물 앞의 커다란 핑크빛 목련이 나의 복잡해지려는 정신을 가다듬고 매만져 주었다. 목련꽃 색이 어떻게 저럴지? 자목련도 아니고 흰 목련꽃도

그림49 수리 중인 외스타슈 성당과 목련화

아니고 하얀색에 약간의 핑크를 덧칠해놓은 것 같은. 아니면 약한 핑크 위에 옅은 흰색을 씌워놓은 듯도 하고. 처음 만나는 부드러운 느낌을 물씬 풍기는 신비를 품은 목련이 있어서 모든 것이 즐거워졌다. 갑자기 아비뇽 출구에서 외롭게 혼자 있던 작고 흰 목련꽃이 눈앞으로 다가왔다. '어쩌다가 너는 그런 곳에서 혼자 살게 되었니?' 혼자 중얼거리며 아픈 마음으로 옆으로 밀어놓았다.

잔디 위에는 까마귀 떼가 와글와글 모여 있었다. 딸이 미국 보스턴에서 병원 레지던트로 근무할 때는 몇 달씩 가서 있었다. 그때 손자가 다니는 학교의 잔디밭 위에도 까마귀가 떼를 지어 다니는 것을 본 이후 이렇게 많은 까마귀 떼는 처음이다.

내가 까마귀를 처음 만난 것은 교회학교에서다. 목사님의 말씀 중에 노아 홍수 이야기를 하실 때 까마귀와 비둘기가 등장했었다. 땅이 다 말랐는지 궁금하던 노아 할아버지가 창문을 열고 까마귀를 내보내셨다고 했다. 그런데 까마귀는 돌아오지 않고 하늘에서 돌아다니며 놀기만 했지만, 비둘기는 돌아와서 땅이 마르지 않았다고 전해주었다고 말씀하셨다. 그래서 내 머릿속에는 까마귀는 나쁜 새, 비둘기는 착한 새라고 각인되었다.

이렇게 머릿속에 있는 까마귀에 관한 내용을 정리하며 얘네들을 바라보고 있다가 '흐흐' 하고 웃음을 삼켰다. 까마귀 한 마리가 화단 위에 떨어져 있는, 영산홍 꽃잎을 부리로 무는 것이었다. 입에 연분홍 낙화를 물고는 경중경중 인도 쪽으로 뛰는 모습이 내 눈에는 너무 이상해서 관심을 끌어갔다.

"아들, 쟤 좀 봐. 저 까마귀 말이야. 입에 꽃잎을 물었잖아. 아마 애인한테 갖다주려나 보다."

아들도 신기한 눈으로 까마귀에게 총집중하는 모양새가 나에게는 아주 재미있게 다가왔다.

우리 둘의 시선을 사로잡은 까마귀는 또 다른 더 붉고 싱싱한 꽃잎을 무는 것이었다. '어허! 어떻게 하나를 물고 있으면서 또 다른 것을 물 수 있을까' 의아해하면서 아들을 쳐다보았다. 아들도 여전히 까마귀에서 눈을 떼지 못하고 있었다. 혼자 속으로 말했다. '저 꽃잎을 받는 새는 암놈이겠지. 되게 감격스럽겠네. 참 좋아하겠다.' 까마귀가 인도 건너편 화단 위로 저공 비행하여 날아갔다. 우리나라 비둘기처럼 여기 까마귀도 사람을 피해 도망가지 않고 사람들도 까마귀를 의식하지 않은 듯이 지나갔다. 괜히 나도 모르게 긴장하고 있었다. 그런데 이게 웬일이람. 까마귀는 내 생각과는 달리 화단에서 꽃잎 두 개를 한 번에 입안으로 흡입해 버리는 것이다. '흥! 너 뭐야? 너무하잖아. 그러면 어떡하니? 네가 먹어버렸어?' **[그림50]**

　어처구니가 없어서 아들을 바라보았다. 아들은 할 말이 없다는 듯이 입을 '허'라고 말하는 모습이다. 속으로 말했다. '그래, 너희 종족이 똑똑하다는 것은 인정해 줄게. 그래도 오늘 행동은 좀 고약했어. 내 생각도 조금은 알아봐 주지.'

그림50 외스타슈 성당 앞 공원의 까마귀들

해님이 내 머리 꼭대기쯤 와서 구름 사이로 가끔 얼굴을 내보이고 있었다. 여기저기 환하게 피어 있는 목련꽃들이 사람들의 사진 속으로 부지런히 들어가는 모습이 보였다. 저만치에 보이는 성당의 정면이 무슨 투사처럼 씩씩하게 서서 나를 바라보고 있었다. 웅장하고 거대해 보이고 많은 여행객의 찬사를 받아서 비대해질 대로 비대해진 성당이 여전히 대단한 몸집으로 서 있었다. 교회이건 성당이건 비만 환자는 되지 말고 튼튼해지기를 기원하며, 아들을 따라서 지하철을 타고 다음 목표인 버스 관광을 하러 갔다.

 전철에서 내려 층계를 걸어 올라가니 샤를 드골 광장이 내 앞으로 왔다. 처음 바라본 것은 개선문인데 오른쪽 길 한복판에 서 있었다. 개선문은 당당하게 서서, 오가는 사람들의 시선을 잡아가고 있었다. '저 개선문 아래 지하에는 무명용사의 무덤이 있다고 들었는데'라는 기억이 지나가고, 첫 여행에서 보았던 콜로세움 근처의 콘스탄티누스 개선문과 이 에투알 개선문을 비교하고 있는 나를 보았다. 이렇게 시간을 앞으로만 가게 놓아두지 않고 가끔 뒤로도 가는 것을 즐기고 있었다. 시간은 가끔은 뒤로 가기도 하고, 빙빙 돌기도 하고, 좌향좌와 우향우도 하면서 나를 데리고 다닌다. 나는 자유인이니까. 지난 역사에서 많은 사람이 누리고 싶어 했지만 누리지 못했던, 자유를 마음껏 누리고 있는 지금의 나는 더 바랄 것이 없다.

 아들은 무엇인가를 두리번거리며 찾더니, 나에게로 돌아서서 말해주었다.
 "엄마, 저기에 버스가 있네요."
 아들이 가리키는 곳을 보니 까만색으로 칠한 기다랗고 높은 버스가 자기의 존재를 높이느라 입을 크게 벌리고 있었다. 나는 어안이 벙벙해진 채로 아들이 말하는 관광버스에 올라탔다. 버스 안 왼쪽에는 인상 좋은 셰프가 하얀 앞치마를 입고 무엇인가를 끓이고 있었다. 웃는 모습의 셰프가 마음씨도 좋을 것 같았다. 안내하는 여인을 따라 층계를 몇 개 밟고 1층(한국식 2층)으로 올라갔다. 아들은 어느 식탁이 좋겠냐는 듯한 표정을 나에게 보내왔다. 나도 아들 마음대로 하라고 무언으로 표현했다. 아들은 고맙게도 나를 순방향으로 앉게 해주었다.

1층으로 안내한 여자가 아들에게로 와서 주문받았다. 이렇게 움직이는 차 안에서 서빙하려면 운동 신경이 아주 발달해야겠다. 아찔한 느낌이 드는 마음을 단단히 고정하고, 흔들거리며 걸어가는 직원을 조심스레 바라보았다.

우리가 탄 버스에는 만석일 정도로 사람들이 가득 찼다. 나 같은 할머니는 나 혼자다. 중년의 사람들과 어린이들도 있었다. 사람들은 언제 또다시 이렇게 만나서 이야기하겠냐는 듯이 말소리로 버스를 가득 채웠다. 나와 아들은 차창을 스치고 지나가는 풍물에 빠져서 입이 무거워졌다.

버스가 300m쯤 가다가 좁은 골목길로 좌회전한다. 나는 '이렇게 큰 버스를 어떻게 저 좁은 길로 데리고 가나?' 하고 시선을 집중시킬 수밖에 없었다. 세 번이나 후진했다가 전진했다 하면서 유턴한다. 설명해준다 해도 내가 못 알아들을 테니 궁금증을 꾹 눌러놓고 거리 구경을 하는 것이 나에게 가장 현명한 방법이리라. 다시 처음의 자리로 돌아간 버스는 한 사람을 태웠다. 아들의 말을 빌리면 늦게 온 사람이 있어서란다.

또다시 센강을 건넜다. 강을 건너자 금방 그리스 신전같이 생긴 국회의사당을 거쳐서, 아들과 두 번 가서 그림을 많이 본 'Musée d'Orsay'(오르세 미술관)를 지났다. 버스는 시테섬에 있는 노트르담 드 파리를 오른쪽 옆구리에 끼고 좌회전해서 센강을 다시 건넜다. 그리고 조금 더 지나니 루브르 박물관의 유리 피라미드가 눈에 띄었다. 버스가 완만한 속도로 움직이는 동안, 잠시 차창으로 나를 들여다보는 하늘과 눈을 마주쳐주었다. 하얀 구름이 시테섬 쪽으로 가늘게 엷게 퍼져가며 자태를 감추고 있었다. 그러고 보니 여행 중에 까만 먹구름을 본 기억이 없다. 그래서 이 동네는 강수량이 원래 이렇게 적은가? 계속 바뀌는 경치에 머릿속의 구름을 제쳐놓았다. 커다란 버스에 앉아 바깥에 펼쳐졌다가 지나가는 풍치를 머리에 담고 있느라 여념이 없었다.

　또 한 번 버스가 멈칫했다. 안내서를 보니 오른쪽으로 조금 멀리 보이는 건물이 'Opéra Garnier'(가르니에 오페라)인가 보다. 잘 살펴보기에는 좀 멀다. 건축과 예술에 무지한 나에게는 여기 건물들을 표현할 만한 적당한 어휘가 없다. 그냥 '멋있다, 아름답다, 굉장하다, 장엄하다, 화려하다, 사치스럽기까지 하다, 수려하다' 등등의 말로 표현할 수밖에 없다. 건물마다 천장에까지 빈틈없이 그려져 있는 프레스코화를 보면 입이 딱 벌어져서 입을 다물기가 어렵다. ― 천장에 그림은 안 그려봤지만, 도배해 본 적은 있는데 벽지에 풀칠해서 붙이는 것도 너무나 힘들었다. 그러니까 높은 천장에 그리려면 아주 많이 힘들었을 것이다. ― 그러니 감탄에, 감격에 찬사를 보내면서 감상할 뿐이다.
　아들이 데려가주는 대로 따라다니면서 보기만 했는데도 내 속에 여행의 흔적이 많이 쌓여 남아있는 것이 보였다. 나는 어느덧

사진20 버스에서 바라본 에펠탑
(사진과 그림 합성)

그 흔적들을 아끼며 즐기고 있다. 내 스스로 아름다움의 풍요를 느끼는 것은 내가 하나님의 피조물이기 때문에, 그분의 속성이 내게도 있기 때문일 테다. 내가 의지하는 그분은 지고의 예술가이시니까 자연도 사람도 그분답게 만들어두셨다. **[사진20]**[45]

내 생각까지도 싣고 버스는 계속 움직여서 아까 지나쳤던 콩코드 광장을 다시 지나갔다. '불운의 종말을 맞이했던 루이 16세와, 사치와 허영으로 삶을 채워야만 했던 여인 마리 앙투아네트도 불쌍히 여겨주시기를.' 내 마음속 동요와는 상관없이 여전히 높이 솟아 있는 오벨리스크가 우리를 제일 먼저 발견하고 반겨주는 것 같다.

건물마다 소개하는 공식 페이지를 보면 유명하지 않거나 특이하지 않은 건물은 없다. 내가 보기에도 모든 건물이 건축박람회에 전시하기 위해 세워진 건물이라는 듯이 제각기 특징을 뽐내며 서 있는 듯했다. 처음 이탈리아나 프랑스, 영국, 스페인 등을 여행했을 때 우리나라의 건축물과 비교하면서 너무 초라해져서 자존심이 상하고 기까지 꺾였었다. 그러다가 정신을 번쩍 차렸다. 내 나라가 있다는 것이 얼마나 고마운 일인지, 내가 내 조상을 알고 있다는 것이 얼마나 귀한 자산인지, 조국과 조상과 특히 어머님께 감사한 마음이 들었다. 그러면서 이러한 조건을 갖춰주시고 느끼게 해주시는 그분께 고마움을 올려드렸다. 그분께서, 빙그레 웃으며 하시는 말씀이 들려왔다. '으흠, 그래야 김재신이지.' '고맙습니다. 하나님. 깨닫게 해주셔서.'

식당 버스 여행이 끝났다. 멀지 않은 곳에 에투알 개선문이 보였다. 나는 지금 세계에서 가장 아름답다는 '**Champs-Élysées**'(샹젤리제 거리)를 지나고 있다. 두 시간이 훨씬 넘는 시간을 승객들의 감탄의 함성과, 맛있고 멋있는 음식이 담긴 접시와 예쁜 글라스와, 상냥한 서비스 속에서 보냈다. 버스가 움직이는 시간 내내 동행해준 하늘, 하늘을 늘 바라볼 수 있어서 참 좋았다. 내가 하늘을 바라보며 좋아하고 고맙다고 하니, 땅이 내 발을 간지럽히며 내려다보라고 한다. 아하! 땅. '내가 항상 밟고 있을 수 있게 해주어서 고마워.' 참으로 복된 땅이지. 아니다. 어떤 것을 지명하여 고맙다고 하기에는 너무 야박하다. 모든 창조된 것들에 고마움을 펼쳐놓고 싶다.

버스가 운행을 멈추자 나의 정신을 가다듬어야 했다. 내가 지금 어디서 무엇을 하고 있는 거지? 그래, 파리야. 여기는 파리. 아들과 여행 중이지. 맞아, 버스 투어가 지금 막 끝났어. 그다음은 무엇을 하고 어디로 가지? 아들한테 물어봐야겠네. 생각을 정신에 담고, 정신을 마음에 담았다. 아들은 빙그레 만족한 표정을 가득히 담아서 나한테 보내고 있었다.
"엄마, 엄마 덕분에 구경 잘했어요. 진짜 좋아요."
"아들, 나도 잘 봤네. 서울에도 이런 코스가 있는데. 식사는 안 하는 관광이지만. 아들 덕분에 파리 와서 잘 돌아다니며 구경하네. 많이많이 고마워요."
온 마음을 담아 아들에게 고마움을 표했다. 속으로는 딸과 며느리와 사위에게도 고마움을 날려서 보냈다.

"엄마, 우리 이제 식물원 가요. 괜찮죠?"
"어! 식물원, 그것 참 좋지."
나는, 그냥 아들을 따라서 전철을 타고 또 아들의 손을 잡고 올라가 보니 지상이었다. 사람들이 와글와글, 우글우글 많이 왔다 갔다 하는 복잡한 곳으로 와 있게 되었다. 커다란 정원이 보이는데 입구로 보이는 커다란 철제 창살문이 열려 있는 것도 보였다. 그 문으로 사람들이 드나들고 있었다.
내가 세상에서 처음으로 간 식물원은 1949년에 남대문 유치원 다닐 때, 창경궁(당시 명칭은 창경원) 안에 유리창으로 된 식물원이었다. 그곳에는 동물원도 있었다. 그때는 선생님과 나를 포함한 원생들이 같이 갔었는데, 지금은 내 나이가 많아져서 아들이 나를 데리고 식물원에 왔다.

아들은 어떻게 늙은 엄마를 데리고 식물원에 올 생각을 했을까? 물론 며느리랑 미리미리 세밀하게 내 취향을 따져가며 계획했을 테지만, 나로서는 그저 놀람과 황홀함을 느끼며 아들과 며느리에게 고마울 뿐이다. 고마움에 색을 칠할 수 있다면 어떤 색으로 채울 수 있을까. 각가지 꽃의 색으로 고마움을 칠해 아들에게 주고 싶어졌다.

나는 밭을 가지고 있을 때 작물보다 나무와 꽃을 먼저 심어 밭에 색을 입혔었다. 나는 '밭에 그림을 그린다'라고 표현했었다. 물론 내가 직접 그리는 그림은 아니지만, 과수를 심기는 했으니까, 그분의 동역자 아니면 조수로 그림을 그렸다고 말했다. 프레스코 화를 그리는 화가에게도 물을 섞어서 회칠해 줄 조수가 필요한 것처럼, '내 주인님의 조수로 일했지요'라고 하늘을 향해 말하곤 했다. 내가 심은 백일홍 씨가 거친 땅을 헤집고 나와서 얼마나 진기한 모습으로 밭의 입구를 꽃세상으로 만들었던지. 꽃씨를 뿌리고 가끔 물을 뿌려주었을 뿐인데도 생명은 거친 땅을 뚫고 솟아올라와 '나 여기 나왔노라'라고 예쁜 소리로 우리를 부르곤 했다.

내가 꽃을 좋아하는 것은 울 엄마를 닮아서일 것이다. 그리고 울 엄마는 하나님을 닮아서 꽃을 좋아하셨을 것이다. 그런 꽃에 사람들이 사랑을 담아 시선을 보내는 것을 바라보는 것만으로도 너무 즐거웠다. 나무와 꽃은 나에게 생명을 가르쳐주었다. 기다림도, 보살핌의 원리도, 그리고 열매가 맺히는 것을 바라시는 창조주의 마음도 가르쳐주었다. 각색각양의 과실이 달리는 것은 감동적이었다. 과수가 열매 맺히기를 기다리면서, 그분이 나에게서도 열매가 주렁주렁 매달리는 아름다움을 드러내기를 기다리신다는 것도 배웠다. 그래서 하루에도 몇 번씩 열매가 얼마나 컸는지, 어떤 색으로 변해갈지 궁금증을 휘날리며 밭을 돌아다니곤 했다.

내 속에서 나와 나무와의 지난 일을 그려보는 사이, 나와 아들은 기다랗게 늘어져 있는 화단으로 와 있었다. 제일 먼저 눈에 들어와 앉은 것은 히아신스였다. 연분홍 히아신스가 만개하여 빛을 발하고 있었다. 여행을 떠나기 전에 나의 아파트 발코니에 있는 화분의 히아신스도 말로는 자세히 표현할 수 없는 빛나는 투명한 보라색을 품고 있었다. 그래서 물었었다. '다음 올라올 색은 무엇이니?' 내가 떠나온 지 2주나 되었으니, 나에게 웃음을 짓게 하는 히아신스들이 여러 개 '스윽' 올라와 있겠거니, 상상하며 화단의 꽃들과 눈맞춤했다.

이름을 모르는 아기 같은 꽃들이 눈에 띄었다.

"아들, 이 꽃 이름은 뭐야?"

"엄마, 내가 그걸 어떻게 알아요?"

"그러니까 내가 식물 앱인가 하는 거, 하나 깔라고 했잖아. 해봐. 아들. 해봐."

내 목소리에 애타는 심정이 묻어나는 것을 나도 느꼈다. 나는 질문해서 아들을 바쁘게 해놓고 다시 꽃을 만나느라고 바빠졌다. 꽃들을 바라보며 애들에게 '예쁘다 예뻐! 곱다 고와! 어떻게 이렇게 예쁘니?'를 연발하며 들여다보았다. 연분홍 히아신스가 줄지어 모여 있으니까 더 우아하고 소담스럽고 예뻤다. 어떻게 저렇게 작은 초롱 같은 꽃송이가 많이 모여 피었을까? 작은 초롱의 덩어리들은 볼 때마다 감탄이 터져나왔다.

나는 꽃송이를 들여다보며 즐거워하는 동안 아들이 드디어 식물 앱을 핸드폰에 깔은 모양이다. 핸드폰을 식물 위에다 대니까 식물의 이름이 뜨는가 보다.

"엄마, 이 꽃은 히아신스. 저 하얀 꽃은 마거릿이 맞아요."

아들은 핸드폰을 이 나무 저 나무의 이파리에 가까이 맞대면서 말했다. 아들은 식물 앱과 꽃들과 소통하느라 서로를 소개해주느라 나보다 더 흥분하고 더 많이 바쁘다. 나는 잔디 위에 무릎을 가져다가 살짝 대고 꽃잎들을 살펴보면서 꽃들과 속삭이며 정감을 나누었다. '어쩌면 이렇게 예쁘니?' '이쁘다고 해주셔서 고마워요.'

갑자기 나의 머리 위쪽으로 검은 그림자가 드리워지는 것을 느꼈다. '뭐지?' '뭐가 지나가는 거지?' 굽혔던 허리를 펴고 무릎을 잔디 위에 댄 채, 그림자를 따라 눈을 올렸다. 나의 눈에 바퀴가 먼저 들어왔고, 그 바퀴가 휠체어 바퀴임을 알아차렸다. 그다음에 볼 수 있었던 것은 휠체어에 앉아 계신 여자 어르신과 휠체어를 밀고 가는 남자 어르신. 누가 보아도 부부였다. 휠체어에 앉은 분은 눈을 감고 계셨다. '주무시고 계시는가?' 휠체어를 밀고 가는 기다란 키의 노신사도 박력은 없어 보였다. [그림51]

연이어서 상상의 나래가 펴졌다. 무슨 이야기를 주고받다가 여기까지 오셨을까? 젊어서 부부가 되기 전에 왔던 이야기를 하셨을까? 아니면 부부가 된 다음에도 여기에 와서 꽃들의 단장한 모습을 보면서 즐기던 이야기를 하다가 '우리 다시 가볼까' 하면서 오셨을까? 부인이 꽃구경하고 싶다고 해서 오셨을까? 노신사가

그림51 식물원에서 만난 노부부

운전해서 오셨을까? 아니면 나같이 아들이, 아니면 딸이? 아니다. 손주들도 꽤 나이가 들었을 테니까, 천사형 손주가 운전하고 와서 주차장에서 기다리고 있을까? 할머니는 왜 눈을 감고 계실까? 옛날이 꿈속에 되살아나서 꿈을 꾸면서 행복해하고 계실까?
 생각을 계속하고 있는 동안 노신사가 밀고 가는 휠체어는 내 앞을 지나 식물원 정문 쪽으로 천천히 전진하고 있었다. 할아버지는 무슨 생각을 하면서 무슨 정신으로 저렇게 천천히 부인을 밀고 가실까? 두 분이 젊었을 때 웃으시면서 구경하던 일을 생각하고 계실까? 아니면 아내가 먼저 가면 다시는 같이 못 오겠거니 생각하고 계실까? 그래도 그런 아름다운 추억이 있는 부부는 행복하겠다. 그 노부부가 평안한 말년을 지내시기를 기원했다.

 잔디밭 사이에 꽃밭이 두 줄 기다랗게 이어져 있고, 하얀 비포장 흙 인도가 출입구부터 저 멀리 박물관처럼 보이는 건물까지 이어져 있다. 꽃밭에 마음과 정신이 빠져서 하얀 길도 건물도 보지 못했다. 노부부 덕분에 허리를 펴고 식물원 전체를 대강 훑어보았다. 노부부에게 가 있던 정신을 데려다가 아들을 바라보았다. 아들 역시도 노부부를 바라보고 있었다. 아들은 무슨 상상을 했을까?
 아들은 나를 데리고 꽃밭을 비껴 나무들이 있는 곳으로 갔다. 내가 이름을 아는 나무들을 만날 때는 왜 더 반가운지 모르겠다. 아들은 여전히 핸드폰을 나뭇잎에 대고 나무 이름들을 말해주며 가이드 노릇을 열심히 하고 있다.
 "엄마, 이것은 큰개불알꽃이래요. 히히. 엄마, 이건 아로니아. 엄마, 이건 데이지, 이건 후릴리스, 이건 광대나물과…."
 "아들, 바쁘네. 저건 유도화인데, 여기도 있네. 옛날에 사약을 만들 때도 저걸 사용했다던데."
 아들이 잎이 버드나무 잎처럼 길쭉길쭉한 곳에, 핸드폰을 대더니 말한다.
 "맞아요. 유도화래요."

나는 쓸데없는 욕심으로 나무 이름을 알려고 한다. 나의 머릿속으로 들어온 나무 이름은 오랫동안 내 안에 머무르지 않고 사라진다. 그런 줄 알면서도 쓸데없는 고집을 부려 아들을 바쁘고 피곤하게 하고 있다는 사실을 늦게나마 또 알게 되었다. 그래도 아들이 내가 하고 싶어하는 것을 해주는 고마운 아들임을 다시 느끼게 되었다. 내가 무엇인가를 해달라고 조를 수 있는 사람은 아들 외에는 없다. 늙은 엄마의 특권인 셈이다.

지금까지 본 것은 동네의 공원 같은 분위기였다. 아들이 유리로 지어진 식물원으로 나를 데리고 가주었다. 입구에 있는 양란 화단이 맵시를 한창 멋들어지게 드러내고 있다. 입장권도 아들이 사서 내 손에 올려놓았다. 식물원 입장표, 상단 오른쪽에 찍힌 글자는 7.00€. 뮤지엄이란 단어 아래에 있는 글자는 나에게서 많은 관심과 흥미를 끌어낸다. 'Grandes Serres'(대형 온실). 우리는 이 식물원에 16시 30분에 도착해서 입장권을 받았다고 적혀 있다. '여기는 에덴동산 같을까?' 하는 기대를 품고 안으로 들어섰다. 바깥 날씨는 아직 초봄인데 후끈한 바람이 우리를 맞아주었다.

아들과 동시에 "바나나 나무네"를 합창하면서, 눈을 두리번거리며 양쪽에 가득 차 있는 나무들을 만났다. 삼림 속에 만들어진 길로 걸었다. 여기저기 물이 흐르고 있다. 자연과 비슷한 모습으로 만들어놓은 노력이 보였다. 아들도 피곤할 테지만 이제 나무 숲 속으로 들어왔으니, 컨디션이 조금은 나아지겠거니 했다. 그런데 자연 바람이 아니라서 그런지 피곤이 사라지지 않고 묵직하게 내 몸을 누르고 있는 듯했다. 그렇다고 아들한테 나가자고 하고 싶지는 않았다.

다우림 지역으로 들어가니 진짜로 습한 냄새가 코와 피부에 와서 닿았다. 양치류들이 신기한 잎들을 늘어트리고 우리를 맞아주었다. 얇은 이끼와 두터운 이끼들도 보였다. 이끼의 모습이 작으면서도 분명한 모양새를 갖추고 있었다. 상상만 해도 깜찍스레 예쁜 것들이 곱살스레 퍼져 있다. 우단 같기도 하고 가는 실로 떠 놓은 카펫 같기도 하다. 나도 산속에 들어가서 뜯어다가 우리 밭 옆 개울가 그늘에 내려놓았던 일이 후다닥 지나갔다. 개울가 물이 고여있는 곳에 오물오물거리던 올챙이들도 꼬리를 흔들며 지나갔다.

아들이 문 하나를 또 통과하려고 했다. 더 보는 것을 포기하고 아들에게 말했다.

"아들아, 그만 내려가자."

아들은 의아하다는 눈빛을 보이며 말했다.

"그럴까요? 엄마."

속으로 되짚어보았다. 왜 힘들게 느껴지는 걸까? 아침에 그 우락부락하게 생긴 성당에 가서 예배하고, 버스를 타고 파리 시내를 구경하고, 그리고 지금 여기에 와 있는 것이다. 오늘 코스가 힘든 것이 아니라, 내 나이가 지금 힘들 때라고, 힘들어할 때가 한참 지났다고 말하는 듯했다. 아니면 사람이 억지로 만들어놓은 환경을 내 몸이 거절하는 걸까? 하긴 머릿속으로 과거까지 왔다 갔다를 몇 번도 더했으니 하루 종일 바쁘게 지나기는 했다고 나 자신을 치켜세워주었다. 내가 나 잘났다고 해줘도, 피곤한 것은 피할 수가 없었다.

나가는 길에는 열대기후 지역에서 자라는 다육식물들이 있었다. 나는 나이가 들면서 작은 다육식물들로 바꿔서 키우고 있는데, 얘네들은 대단한 식물이다. 하기는 생물들은 모두 신기하고, 식물들은 그 자체가 신비다. 스스로 모양을 창조해간다. 환경에 적응하면서 대체로 흙과 더불어 환경을 개척해 간다. 식물은 기특한 재주를 발휘하여 부러진 데서 오히려 여러 개로 번식하는 능력을 발휘하기도 한다. 복원할 뿐 아니라 개체수를 늘려나가는 것을 보면 감탄이 나온다.

자그마한 채송화만 하더라도 날씨가 좋으면 작고 예쁜 꽃봉오리를 벌려 방긋 얼굴을 펴서, 바라보는 이들이 미소를 짓도록 만든다. 아마도 세상 종말까지 남아있는 것은 여리고 작은 식물이 아닐까? 기찻길 옆의 언덕에서 보았던 커다란 용설란이 식물원에도 들어와 있다. 뜨거운 기후에도 살아가기 위해서 두터운 잎을 만들어 그 속에 물을 저장하는 지혜는 어디서 왔을까? 그분의 위대하심에 다시 감탄과 경이를 담아 경배를 드린다.

아들을 따라 나오면서, 내 키보다 더 큰 용설란에 인사했다. 식물원에 간다는 말을 아들에게 듣는 순간에 떠올랐던 것은 '에덴동산 같은 분위기일까?' 하는 궁금증이었다. 항상 내 꿈이 너무 야무져서, 때로는 현실이 더 멋지지 않다는 것을 안다. 그렇다고 나에게 허무맹랑하다고 무안을 주지는 않는다. 그것은 내가 사는 방법 중 하나이니까. 내가 꿈을 꾸고 뒤치락엎치락해도 다른 사람들에게 방해가 되지는 않을 것이니까.

아들은 나에게 손을 내밀었다. 나의 손을 잡아주는 사람이 있어서 진짜 좋다. 아들의 손이어서 더 좋다. 아들은 나와 가까이에 있으면서 내가 힘들 때는 큰 위로자가 되어준다. 신기하게도 아들은 내가 힘들 때를 잘 알아차린다. '내가 이렇게 하면 엄마에게 힘이 될 것 같아서요.' 이런 한마디가 나에게는 하나님이 대신해서 내려보내주시는 말씀 같아서 정말 큰 힘이 된다. 아들은 이민 간다고 준비하다가 동생이 이민간다고 하니까 '둘 다 갈 수는 없죠' 하고 눌러앉아서 내 곁에서 살아줘서 좋다. 같이 협조해주는 며느리는 더 좋다.

이제 여행이 하루 남았다. 아들과 숙소로 돌아왔는데 아들은 잊어버리지도 않고 호텔 문을 장풍으로 열었다. ―이 원고를 쓰느라 컴퓨터 자판을 두드리면서도 순간순간이 떠올라 혼자서 즐거이 웃었다. 그분께 고마움을 올려드린다.― '얏' 소리와 함께 호텔 문이 열리자, 나는 아들에게 말했다.

"아들, 장풍으로 또 문이 열렸네. 대단해요. 대단해."

아들이 숙소로 돌아오자마자 침대에 누웠다. 얼마나 힘들까? 2주 동안 서울에서 로마, 로마에서 피렌체, 피렌체에서 볼로냐, 볼로냐에서 밀라노 중앙역을 거쳐서 제노바, 제노바에서 니스, 니스에서 마르세유를 거쳐서 아비뇽. 큰 백과 작은 백 다 합하여 다섯 개나 되는 가방을 혼자서 처리하느라 매우 힘들었을 것이다. 그리고 파리로 왔다.

  『소풍』을 읽으면서 팔순이 다 된 아들이 힘들어서 밥맛도 잃고 끙끙대던 대목이 떠올랐다. 나는 속으로만 걱정했다. '아들이 아프면 어떡해?'라고. 아들은 눕자마자 잠이 들었다. 아들이 한숨 푹~ 자고 컨디션이 좋아지기를 기대할 수밖에….

열나흘날, 집으로

2023년 3월 13-14일

순례 마지막 날

아침에 비가 살짝 왔다. 부슬비. 오늘이 이번 3차 여행 마지막 날이다. 딸내미의 생일인 2월 28일에 출발해서 지금까지 아들의 인도에 따라 편안하고 평안한 여행을 하고 있다. 아들이 밖으로 나갈 채비를 한다.
"아들, 어디 가려고?"
"약국에요. 감기 기운이 좀 있어서요."
몸살 기운이겠지. 엄마한테 몸살이라고 하면 미안해할까봐 감기 기운이라고 하는 것일 거다. 아들이 몸살이 날까봐 제노바에서부터 신경 쓰이더니 드디어 아들 몸이 힘들다고 데모를 하나 보다. 그래도 아들이 자기의 몸을 챙겨서 약국에 가겠다고 하니 얼마나 고마운 일인가? 내가 대신해줄 수 있는 일이라고는 하나도 없는 이 땅에서 나라도 문제를 일으키지 말아야 하는데 나답지 않게 염려가 피어오르려고 했다.
아들이 약국에 갔다가 왔다. '쌔앵' 하니 갔다 왔다. 내가 짓궂게 물었다.
"약사하고 어떻게 대화했어?"
"예, 구글 번역기로 했죠. 나는 영어로 말하고, 핸드폰은 프랑스어로 말하고요."
여전히 재미나고 희한한 세상에서 살고 있다. 같은 곳에 살아도 우리는 세대에 따라 제각기 다른 방법으로 살아가고 있다.
아들이 아침 식사하러 가자고 한다. 옆 호텔에 예약해둔 모양이다. 우리는 승강기를 탔다. 승강기 안에는 할아버지 한 분이 서 계셨다. 하기는 내가 나이가 더 많을 수도 있다. 먼저 머리를 깊숙이 숙여 인사를 하고 얼굴을 바라보면서 나도 모르게 '굿 모닝'이라고 웃으면서 말했다. 무슨 인사법인지 나도 모르는 방법이지만. 할아버지도 '씨익' 입술 꼬리를 양쪽 뺨으로 많이 끌어올리며 말했다.

"봉쥬르~"

처음으로 알아들은 말이다. 의아심이 생겼다. 왜? 인사 정도도 외울 생각을 하지 않았을까? 그냥 마구잡이로 무턱대고 아들에게만 비벼대다가 여행이 끝나가고 있는 것이다. 생각해보니 이른 아침이라 덜 피곤해서 상대방의 말이 잘 들렸나 보다. 여전히 나는 내 편이 되어 변명을 잘해주고 있음을 깨닫고 웃었다.

아들을 따라서 우리 숙소 옆에 있는 호텔로 들어갔다. 아들과 나는 창가에 앉았다. 이 근처 어딘가가 앙리 4세가 암살당한 곳이라고 하지 않았나 하는 생각이 잠시 스치고 지나갔다. 음식이 차려져 있는 기다란 테이블 여기저기를 한 바퀴 정탐하였다. 원래 아침 식사를 거창하게 하는 편이다. 카페라테를 한 컵 내려받고, 샐러드와 과일을 한 접시, 크루아상 – 접시닭을 용도 – 하나, 스틱형 치즈와 햄 등 한 접시. 아들이 내가 먹는 모습을 신기하다는 듯이 바라보더니, "아침 밥값은 다 뽑았네요"라고 말한다. 나는 아주 맛있게 즐겁게 그리고 그분께 고마움을 올려드리며 아주 많이 먹었다.

집에서 먹던 것만큼 먹으면서도 중간중간에 그분께 아주 맛있다고 아뢰었다. 아들 귀에도 들릴 만큼의 큰 소리로 '아! 참! 맛있다!'를 연발하며 먹었다. 맛있는 음식을 먹을 때면 가끔 그분께 질문도 한다. '영은 먹지 않아도 사는 건가요? 영이라고 하셨으니까 궁금해서요.' 내가 음식을 만들 때도 너무 진짜 맛이 있으면 그분도 같이 드시게 하고 싶을 때가 있어서 말씀드리곤 한다. 그분이 잡숫지는 않아도 내가 맛있게 잘 먹는 것을 보시면 좋아하시리라 믿는다. 그래서 나는 쉬지 않고 수시로 종알거리며 아뢴다.

나는 내가 중3 때 친구 정임이와 영화 보러 갔던 이야기를 아들에게 했다. 물론 교복 아닌 사복으로. 영화 제목은 〈여사장〉이었다. 잘 나가던 여사장이 새로 들어온 남자 직원과 사랑에 빠졌다. 결혼했다. 그런데 결말이 그 시대성을 나타냈다. 여사장은 집안으로 들어앉고 남편이 된 남자 직원이 사장이 되었다. 정임이와 나는 둘이 함께 여사장이었던 사람을 '바보 천치'라고 흉을 보면서 헤어졌었다. 내가 불법으로 영화를 보았다고 하니까 아들도 뒤늦은 고백을 했다.

자기도 중3 때 친구들 여섯 명이랑 영화를 보러 갔었단다. 몰래 사복으로 갈아입고 갔단다. '네가 뭘 봤어?'라고 물었다. 여자가 옷도 벗고…. 아들이 싱겁게 웃으면서 영화 줄거리를 주워댔다.[46] 속으로 '그 나이에 그런 것이 궁금하지 않은 것도 정상은 아니지'라고. 나는 여전히 아들 편이다. '하하, 흐흐' 웃으면서 팔순이 된 엄마와 오십 중반을 넘어선 아들 각자의 중3 때 사건이 웃음 동산을 만들며 지나갔다.

내가 자식들이 잘 먹으면 보기 좋듯이 아들도 내가 세 접시째 잘 비우고 있는 모습을 평화롭고 신기한 표정으로 바라보고 있다.

"아들, 잘 먹었네요. 고맙습니다. 그런데 바지가 배꼽 아래로 내려가려고 하네."

"그거 잘됐네요."

"그건 아니지. 그러면 바지가 흘러내려가거든요."

아들은 더 이상 대꾸할 말을 못 찾았는지, 아니면 말하기가 민망해졌는지 그냥 웃음으로 때우고 걸어 나가기 시작했다. 왜 아들에게는 스스럼없이 대하는지 이해가 안 된다. 아들이 무슨 생각을 했는지 나를 바라보며 웃으며 말했다.

"바지도 사죠. 그런데 엄마, 어제 저 식당에서 뷔페식으로 하는 것 보셨어요?"

"아니, 아들만 따라다니느라고 못 보았는데."

"엄마, 왜 사람들은 왜 내 뒤만 보고 다니느라 길을 못 익힌다고 할까요?"

"응, 그건 아들이 길을 너무 익숙하게 잘 알아서 빨리 가니까 길을 외울 틈이 없는 거지. 지나가면서 여기는 어디고, 저기는 어디라고 설명하면서 가지는 않잖아. 생소한 길거리를 한 번 지나간다고 다 외우냐? 꿈도 야무지네. 자기는 생각하고 머릿속에서 익숙해졌으니까 쌔~앵 쌩 걸어가는 거지. 하여튼 나는 상관없다. 또 올 것도 아니고, 온다고 하더라도 날 버리고 갈 사람은 없으니까."

"그럼요. 우리 엄마를 두고는 못 가죠."

7시 50분부터 아침밥을 먹기 시작하여 9시가 넘도록 즐겼다. 아들은 '울 엄마 진짜 많이 잘 잡수시네' 하면서 바라봤겠지. 보통 40분 이상을 식사 시간에 주고 있다. 나도 바쁘게 일할 때는 접시를 들고 다니면서 10분 안에 후딱 먹어 치우곤 할 때도 있었다. 지금은 의사가 나에게 처방한 대로 사, 오십 분 동안 밥을 먹는다. 그렇게 천천히 먹어도 괜찮은 세월을 보내고 있음에 그분께 고마움을 표시하면서 그렇게 살고, 그렇게 살다가 갈 것이다. 그것도 내게 주신 복일 테지. 주신 복을 누릴 줄 아는 것도 지혜요, 은혜이리라.

아들은 나를 데리고 파리에서의 마지막 외출을 할 모양이다. 여행이 시작될 때 처음에 했던 대로 여전히 손바닥에 로션을 붓고 나에게 말한다.

"엄마, 손! 로션을 진짜 너무 많이 짰네."

내가 손을 내밀었다. 중년을 넘어가려고 하는 아들은 팔순의 울퉁불퉁한 엄마의 손에 로션을 싹싹 문질러주었다. 이번에는 선크림을 짜서 자기 얼굴에 바르던 아들이 또 나에게 다가와 나의 얼굴에도 발라줄 태세다. [사진21]

"엄마, 진실이는 나보고 왜 한 손으로 바르냐고 그래요. 그래서 두 손으로 바르면 더 많이 버려야 되잖아! 그랬지요. 그랬더니 아무 말도 안 하더라고요."

내 아들이 나의 얼굴에 선크림을 발라주는 매끈한 느낌을 마음에 간직하면서, 내가 크림 바르는 광경을 떠올려 보았다. 손가락 하나에 크림을 짜서 두 손가락으로 내 얼굴에 바른다. 참으로 사람이 살아가는 모습은 다 제각각이다. 하다못해 크림을 바르는 데도 이렇게 방법이 여러 가지니, 재미있고 다양한 세상임은 확실하다.

나는 가져온 마지막 터틀넥 티셔츠를 챙겨 입었다. 겉옷은 여전히 까만 잠바를 입었다. 아무리 짐을 간단히 하기 위해서라지만 외투로 입을 것을 두 개만 가져온 것은 너무 야박한 처사임을 느꼈다. 까만 패딩 잠바를 하도 많이 입어서 매끈거리려고 했다. 내가 나보고 '아이! 더러워 보여'라고 할 수도 없고, 에라 모르겠다. 오늘 하루만 더 뭉개면서 살아야지. 다른 재주가 없다. 그러

사진21 (사진과 그림 콜라주) 선크림을 엄마 얼굴에 발라 주는 아들

면서 속으로 하는 말은 더 한심하다. '돈이 없어서 못 사입는 것도 아니고, 순례니까 안 사는 거야.' 그렇게 말한다고 위로되는 것은 아니지만, 이런 모습도 그분께서 지켜보고 계실 테니 괜찮다. 어차피 내 속을 다 알고 계실 테니까, 아닌 척할 필요도 없다. 나는 혼자서 속으로 구시렁대면서 아들을 따라가는데 아들이 또 나를 부르는 소리가 들렸다.

"엄마, 어디로 갈까요? 루브르? 오르세? 오랑~~?"

내 귀에 정확하게 들리는 이름은 루브르밖에 없다. 오므라드는 소리가 내 귀로 오다가 무엇인가가 먹어 치운다. 누가 이해하랴. 나의 난청을 이해한들 나에게 도움이 되지도 않을 테지만.

"오랑주리? 그 연못에 연꽃을 사방 벽에 그려놓았던 곳?"

"예, 맞아요. 엄마."

"루브르로 가자. 오랑주리 연못 그림에 개구리가 한 마리도 없었잖아."

그동안 그림에 개구리가 알을 낳아서 올챙이가 되었다가 아기 개구리가 된 모습이 빨리 스쳐 지나갔다. 그렇지, 그림에다 알을 낳을 수도 없었을 테지.

솔직히 나도 내가 이해가 안 된다. 사람들이 모두 다 같이 '멋있다'라고 하는데, 동감할 수 없을 때가 있어서 난감하다. 연못 그림만 해도 그렇다. 계속 이어지는 초록의 향연 속에서 지루함을 느꼈다. 더구나 일본의 그림들을 좋아하다가 나온 산물일 것 같아서 별로다. 일본 사람은 나의 할아버지 등에 불에 달군 인두를 눌러서 자국을 낸 사람들이니까. 나는 왜 애매한 연못 그림을 보면서 일본이라는 나라를 떠올릴까? '원수도 사랑하라'가 여기까지는 못 미치는가 보다. 그러니까 일본식 연못 그림에는 살아 있는 개구리가 없는 것이다.

나의 두 평 남짓한 귀여운 우리 연못에서는 엄지손톱만 한 아기 개구리가 연잎 위에서 낮잠을 즐기는 모습을 쉽게 볼 수 있었다. **[그림52]** 연잎들 사이로 드러난 물에는 작은 소금쟁이가 헤엄쳐 다니며 자기보다 큰 포물선을 만들며 돌아다녔다. 그네들은 항상 나를 웃게 만들어주었다. 그래서 누가 그린 연못이든지 간에 나는 연잎 위에서 아기 개구리를 찾는 것이 습관이 되다시피 했다. 의도적으로 그러는 것은 아닌데도 말이다. 고추잠자리는 연못 위를 떠돌아다니다가 아무 데나 뾰족한 곳이 있으면 그 위에 앉아서 연못을 구경하는 모습도 우스웠다. 다른 나무들의 눈치를 볼 것도 없이 '까르륵' 웃곤 했었는데, '그 동그랗고 조그만 눈으로 뭘 본다고…'라고 말하면 잠자리는 못 들은 걸로 치겠다며 날아가버리곤 했다. 머릿속에서 아주 빨리 지나가는 나의 연못을 밀어버리고 아들의 질문에 대답하던 말을 끝내기로 했다.
"어차피 연못에서 개구리도 못 만날 텐데 루브르로 가요."

어떤 사람은 루브르가 정리가 안 돼서 피곤하다고 하는데, 그래도 루브르가 좋다. 그림과 마주 서서 얼굴을 대하고 이야기하는 것도 좋다. 전쟁터에서 내가 누구의 편에 설 것인가를 상상하며 편 가르기를 하는 것도 나에게는 큰 의미를 안겨주곤 한다. 성

그림52 나의 연못

경 이야기를 주제로 그린 그림은 화가들의 상상력이 나와 다를 때도 있고, 비슷할 때도 있어서 좋다. 다양해서 좋다. 일주일을 보아도 다 못 볼 것 같아서 좋다.

유리 피라미드가 보이는 곳까지 갔다. 멀리서 바라보면서 인증샷을 잘 안 남기는 나도 한 컷 담았다. 그 사진을 언제 삭제할지 모르지만 일단 보관하고 싶어서 휴대전화에 담았다.

아들을 따라서 루브르 박물관에 두 번 갔었다. 그때마다 아들은 무료입장이고 내 입장권을 사기 위해서 아들이 줄을 섰다. 아들은 국제박물관협의회 회원이라 입장이 무료라고 했다. 이번에도 아들은 내 입장권만 샀다. 연회비가 좀 비싸지만, 회원이라는 명예스러운 자부심 때문이라면 인생 한 번 살면서 가져볼 만한 회원권이기는 하다. 그리고 또 한 가지 좋은 점은 입장하기 위해서 긴 줄을 설 필요가 없으니, 시간이 절약되어 좋다.

우리 둘은 박물관 안으로 들어갔다. 이번에는 유리 피라미드

그림53 루브르 박물관에서 가이드하는 아들

안에서 한 컷을 눌렀다. 내 핸드폰이 사진이 꽉 찼다고 눈짓을 보낸다. 시간을 만들어서 아이패드에 들어가 있는 추억들은 정리해서 내보내야 하는데, 게으름이 내 손가락을 잡고 있어서 실행이 잘 안된다.

아들이 느닷없이 왼손에 손수건을 위로 들고 펄럭인다. **[그림53]** 갑자기 웃음이 터져 나왔다. 오랜만에 소리를 내서 웃었다. 웃음소리가 크면 안 되니까 웃음을 눌러서 얇게 만들어서 내보냈다. 웃음소리가 대리석 바닥으로 흐르는 것 같았다. 아마도 내가 보던 그림 앞에서 움직이지 않으니까, 그림과의 대화를 방해하고 싶지는 않았을 것이다. 나는 시야가 넓은 편이어서 200도 이상의 각도를 볼 수 있으니, 아들이 내 옆을 지나가면서 수건을 흔드는 것도 이상한 느낌이 들어서 쳐다보게 되었다.

나는 웃음을 삼키느라고 '크윽'거리며 나오는 소리를 눌렀다. 아들이 나를 바라보았다. 아들의 표정에 자기 목적의 성공보다는 자기 엄마가 웃는 모습이 더 재미있고 반가웠던 모양이다. 나는 보던 그림 앞을 서둘러서 떠났다. 아들 곁으로 가서 말했다.

"아들, 진짜 가이드네. 깃발도 흔들고. 그런데 그거 코 풀던 수건이잖아."

"아니에요. 엄마, 코 풀던 수건은 이쪽이고요. 이건 코 안 푸는 수건이에요."

아들은 코를 풀던 수건이 아니라고 정색하며 말했다. '흐흐' 웃음이 저절로 새어나왔다. 실은 코를 풀던 수건이든 아니든 무슨 상관이겠는가? 나는 그 모습이 너무나 이쁘고 재미있어서 허리를 굽혀서 소리를 죽여가며 또 웃었다.

아들은 엄마가 웃으니까 정말 좋은 모양이다. 아들은 그 뒤로 나와 거리가 조금만 떨어지면 수건을 꺼내 위로 쭉 뻗어서 전후좌우로 흔들었다. 다른 사람이야 보건 말건 자기 엄마만 즐거우면 좋다는 아들의 마음 표현일 것이다. 예배당에 들어가 십자가 앞에서 서커스 재주를 피웠다는 서커스맨의 이야기가 스쳐 지나갔다. 그분만을 위해서 재주를 부리는 서커스맨과 드릴 것은 없는데 뭔가 드리고 싶어서, 할 수 있는 것을 최선을 다하여 북을 연주한 리틀 드러머 보이를 보고 그분은 얼마나 감동하셨을까? '리틀 드러머 보이'는 나도 많이 노래했었다. [그림54] 남편이 학생일 때, 바치고 싶은데 바칠 것이 없어서, 이 노래로 대신해서 울면서 내 마음을 드렸던 노래이다. 당신을 기쁘게 해드리고 싶고, 너무 고마워서 무엇인가 바치고 싶은 가난한 사람들의 마음을 헤

그림54 리틀 드러머 보이와 서커스 맨

아리시고 안쓰러워하시면서 얼마나 기뻐하셨을까? 아들은 나를 데리고 여행할 정도로 마음이 부자인 데다가, 예순이 다 되어가는 나이에도 만인 앞에서 재롱을 부리고 있다.

　내가 아들을 잠깐 잊어버리면서까지 가슴 아프게 바라보고 있던 그림은 세바스티아노가 순교 당하는 그림이었다. 지나가면서 곁눈질로 볼 때는 '누가 예수님이 십자가에 못 박히시는 그림을 그리면서, 옆구리에 화살을 그려 넣었어? 상상이 너무 엉망이네'라고 웅얼거렸었다. 그런데 그림 앞에 정면으로 마주 보니, 그림 속의 주인공은 예수님이 아니고 세바스티아노였다. 화가에게 미안하다고 말하고, 화살을 몸에 많이 박히면서 고통도 감내한 대선배 세바스티아노에게도 고마움과 존경의 마음을 표현하고 있었다. [그림55] 첫 번째 여행할 때 아들에게서 세바스티아노를 소

그림55 세바스티아노의 순교

개받았다. 그는 믿음을 지키다가 화살을 많이 맞아서 순교했다. 처음 세바스티아노를 만났을 때는 '나에게도 저런 믿음과 용기를 주시옵소서'라고 기도했었는데….

 다음 그림에서는 그림 속의 수녀님과 지금까지 만난 수녀님을 비교하였다. 아들은 내가 부동자세로 마주 보고 있는 그림이 있는 곳으로 왔다. 아들은 어처구니가 없었을 것 같다. 검은 수녀복을 입은 뚱뚱한 몸체의 여인과 마주 서서 자기 엄마가 무엇을 하고 있는지 궁금했을지도 모른다. 노수녀님들은 왜 모두 통통할까? 수도원에서 운동을 못하게 하나? 거룩하게 살려면 운동은 경망스러워 보일까? 하여튼 나는 아직도 덜 자랐는지 궁금한 것이 많은데, 대체로 속에서 삭혀 없애는 편이다. 그림 속의 수녀와는 불어로 말하지 않아도 되니 이야기하기가 얼마나 편하던지 참 좋았다. 영혼끼리는 말이 모두 통할 테니까….

 아들이 시계를 자주 들여다보지 않도록 해야 한다. 아들이 말했다.

 "엄마는 이다음에는 파리에 아파트를 얻어서 한 달쯤 살면서 구경하시면 좋겠어요. 그렇게 해요."

 "다시는 안 올 건데! 한 달씩이나 와서 벙어리로 어떻게 사나? 안 올란다."

 그러면서 머릿속으로는 다른 생각을 했다. 아들은 하루에 5분씩 불어 공부를 하는데도 웬만큼 알아듣는 것을 보니까[47] 나는 10분씩 하면 영어 하던 것만큼은 못해도 마트 가는 것 정도, 인사하는 것 정도는 할 수 있지 않을까? 이런 상상을 하는 나를 보고 고개를 설레설레 저었다. 무슨 끔찍한 생각을. 아들이 표현을 안 해서 그렇지, 얼마나 답답했을까를 잠시 잊어버리고 있었다. 대리석 조각상들 앞에서는 오래 머물지 않기로 마음속으로 다짐했다.

 벌써 12시가 넘어가고 있나 보다. 아들이 그전에 와서 먹었던 멋있는 식당으로 갔다. 식당으로 가면서 식당의 천장화가 아름다워서 입을 딱 벌리고 보던 기억이 되살아났다. 그런데 그 식당은 예약도 찼고 줄도 길게 늘어져 있었다. 아들은 시계를 들여다보았다.

"엄마 저쪽에 있는 스낵바로 가요."

"그러자, 좋지요."

아들은 음식을 고르러 가고, 나는 비어 있는 적당한 식탁을 찾으러 갔다.

이번 여행을 하기로 하면서 지난 여행을 점검했었다. 점검하면서 매번 파리를 거쳐서 귀국했는데 센강의 다리 이름을 하나도 모른다는 것에 놀랐다. 어쩌면 그렇게도 무심하게 여행했을까? 이번 여행에는 다리 이름과 실물을 같이 만나기로 마음먹고 나니, 여행 때 보았던 다리의 모습들이 머릿속에 그려졌다. 그림에 이름을 붙여서 외웠더랬다. 조금만 노력하면 할 수 있는 것이 있는데, 아예 나하고는 상관없다는 듯이 대하니까 내 속으로 들어

그림56 퐁데자르에서 계속 가이드하는 아들

오지 못하는구나 싶어, 반성하기도 했었다.

우리는 루브르 뒷문으로 나와서 다리 상판이 나무 바닥으로 깔린 '퐁데자르' 위로 갔다. [그림56] 이 다리는 바닥을 바라보는 것도 참 재미있다. 이렇게 큰 다리 위에 마룻바닥 같은 것을 깔아 놓을 생각을 하다니, 그런 아이디어 자체가 너무 흥미롭다. 다리 한가운데 사람이 앉을 수 있는 벤치도 있다. 다리 위에 있는 벤치들이라! 공원에 있는 의자는 금방 떠오르지만, 다리 한가운데 벤치가 있는 것은 낭만보다는 귀엽다는 느낌이 들었다.

사람만 다니는 다리에 곳곳에 자물쇠를 걸어 잠그면서 사랑의 약속을 할 생각들은 어떻게 했을까? 사람의 마음이 흐르는 강물같이 흘러가는 것을 아니까 마음이 흘러가지 못하게 열쇠로 잠가놓고 싶었을까? 남녀 간의 사랑의 마음도, 쉬지 않고 가는 시간과 강물 같은 걸까? 아들 말로는 퐁데자르에 철사로 된 양쪽 난간에 열쇠더미가 가득 있었단다. 지금은 모두 거두어 가서 열쇠가 몇 개씩 기둥에 뭉쳐 있는 것만 보였다. '꽁꽁 뭉쳐서 죽을 때까지 같이 잘 살렴'이라고 응원해주고 싶었다. 조그만 틈만 있으면 열쇠들을 걸어놓은 것을 보면서 기원해주었다. 지금 그 마음 변치 말고 평생 같이하면서 서로 이해하고 돕고 살기를 진심으로 바랐다.

아들이 나에게 또 물어왔다. 아들은 자주 나에게 물어보고 코스를 정했다.

"엄마, 다리 위로 그냥 갈까요? 다리 아래로 가서 강변을 걸을까요?"

"아들, 우리 다리 아래로 가서 강변을 걸어도 돼?"

아들은 여전히 환하게 웃으면서 머리를 끄덕이며 말해주었다.

"그럼요. 엄마, 가요. 저쪽 층계로."

아들은 교각 밑으로 통과하여 걸어가면서 또 손수건을 들어 자기가 가이드임을 드러냈다.

아들과 나는 앙리 4세가 청동 기마상으로 있는 퐁네프 다리로 갔다. [그림57] 우리는 앙리 4세의 앞, 뒤, 옆을 바라다보며 각기 사색과 명상을 번갈아했다. 개신교를 평화롭게 가톨릭과 같이 인정해준 앙리 4세를 떠올리며 그에게 고맙다고 인사하고, 이어서 시테섬 쪽을 향하여 갔다. 화재로 손상을 입었던 노트르담 드 파리도 보이고 시청도 볼 수 있었다. 강물을 내려다보았다. 자동차 소리와 관광객과 시민들의 이야기 소리에 강물은 도망가느라고 바쁘다. 그래도 날씨는 '김재신 웰컴' 하는 듯이 쾌청하다. 바람이 '샤~아 샥~~' 부드러운 숨결로 나를 만지고 날아갔다. 다리 끝까지 가서 뒤돌아보는 나를, 아들은 여전히 웃으면서 바라보아 주었다. 아들은 내가 자기 곁에 오기를 기다렸다가 다시 발걸음을 옮겼다.

아들내미와 다리로 올라와서 강도 내려다보고 노트르담 드 파

그림57 앙리 4세의 기마상

리도 바라보고서 숙소를 향해 걸었다. '내가 중세도시'라고 외치는 듯한 건물들을 지나오자니 눈이 바빴다. 여기를 바라보고 걷다 보면 저쪽에 있는 건물은 그냥 지나쳐야 해서 아쉬웠다. 그러면 속으로 위로의 말을 던져주었다. '뭐, 어때? 어차피 다 기억하지 못할 텐데. 아쉬워할 것도 없잖아.' 나는 나에게 대답했다. '그래, 알았다. 알았어. 그냥 가자.' 계속 바쁘게 살아서, 아쉬움이 자리 잡을 틈도 없을 줄로 알고 있다.

어느새 우리는, 또다시 성 외스타슈 성당을 지나가고 있었다. 자꾸 보아서 그런지 우람차고 씩씩하게 보여서, 대단한 노력이 들어간 건물임은 확실하다고 인정해주고 싶어졌다. 노트르담 화재로 복구하는 동안 부활절 미사는 이 성당에서 집전했다고 하던 글이 떠올랐다. 그런데 이 성당에서는 고해소를 본 기억이 안 나는데, 고해가 없었을까? 찍어놓은 사진들을 살펴보았다. 고해소가 있는 사진들을 보면서, '그러면 그렇지'라고 말하게 되었다. 내 기억력이 엉망임을 확인하는 순간. 나도 나를 믿을 수가 없는 어처구니 없는 상황. 그래도 나는 슬퍼하지도 않았다. 본래 '나'라는 사람이 그러니까.

성당 앞의 커다란 목련이 나의 모든 잡념을 데리고 갔다. '어떻게 저렇게 부드러우면서도 귀티나는 예쁜 색을 만들어 내보냈을까?' 하는 감탄이 나를 둘러쌌다.

15시 20분에 우리는 우보로 호출한 차를 타고 한 시간 뒤 공항에 도착했다. 17시 50분에 라운지에 도착해서 각가지 예쁜 음식들을 즐기면서 재미를 담아 실컷 먹었다. 우리는 비행기 승강구로 갔다. 안내하는 사람이 지나가면서 말했다.

"모두 마스크를 쓰세요. 마스크 쓰세요."

여기서부터는 한국인가 보다. '아시아나 비행기가 한국 것이니까, 아시아나 비행기 안은 한국이라는 말이지.' 속으로 혼자 웃으며 '우리나라 참 대단한 나라네.' 혼자 칭찬하고 스스로 자랑스러워할 수 있는 나라가 있다니, 참 좋다. 안내하는 그 지시를 따라

가방에서 마스크를 꺼내서 썼다. 입에 마스크를 써도 내 상상의 날개에는 마스크를 못 씌우니까 아무 문제도 없다.

인천공항에서 출발할 때처럼 비행기에 들어가기 전에 내가 탈 비행기를 휴대전화에 넣었다. 아들이 비행기 사진을 찍고 있는 나를 보면서 말했다.

"엄마, 왜 나는 비행기 사진을 안 찍을까요?"

"내 집 드나들듯이 타는 비행기가 뭐가 새롭다고 사진을 찍겠니? 그렇잖아?"

아들이 씨익 웃음으로 대답했다.

이번에는 비행기 좌석이 이상해졌다. [사진22] '뭐야? 좌석이 왜 이렇게 생겼어. 이런 좌석은 처음 보는 건데?'라는 머릿속의 움직임이 다 끝나지도 않았는데 승무원이 와서 말했다. 좌석 세 개를 혼자서 다 쓰란다. 누워서 갈 수도 있단다. 아들은 맨 첫 줄의 의자 세 개, 나는 아들의 뒷줄에 있는 세 의자, 적응이 쉽게 안 되었다.[48]

사진22 비행기 좌석

아들과의 두 번째 여행 때는 아들이 나에게 비즈니스 좌석을 마련해주었다. 아마도 마일리지를 사용했겠지만 그래도 황공하게 고마웠다. 아들도 비즈니스 좌석이라 편하게 갈 수 있었지만, 문제는 돌아올 때 생겼다. 나는 여전히 비즈니스 좌석인데 아들은 이코노미 좌석이었다. 그때의 일을 상상만 해도 눈시울이 뜨거워지려고 한다. 같이 여행하는데 아들이 엄마인 나보다 불편한 자리에 앉아야 하는 것이 싫고 슬펐다. 둘이 같은 이코노미석에 있을 때는 하나도 힘들지 않았다. 참으로 이상한 심리상태이다. 나에게 더 잘해주려고 하는 것이니 무조건 고마워해야 하는 것은 아는데, 고맙기는 하면서도 불편해지는 마음은 왜일까?

당시 승무원에게 내 자리를 이코노미석 자리로 바꾸어 달라고 마음을 담아 사정하고 또 사정했다. 그녀도 아주 난처한 표정을 감추지 못하고 '안 돼요. 좌석이 매진되어서 바꾸어 드릴 자리가 없어요'라고 했다.

이코노미석에 자리한 아들에게로 가서 말했다. '아들, 어떻게 좀 해봐. 아들하고 같은 자리에 앉고 싶어. 그러니까 자리를 바꾸어주라.' 아들은 입을 다물었다. 아들은 자기 힘으로는 입술을 벌릴 수도 없는 사람처럼 엄마인 나를 참으로 괴롭다는 표정으로 올려다만 보았었다. 아마도 아들은 엄마의 그렇게 애절한 표정을 본 적이 없을 것이다. 아들은 엄마가 이렇게까지 불편해하리라고는 예상치 못했던 것 같다. 그냥 엄마니까 좀 더 편히 여행할 수 있게 배려한 것일 텐데. 내 마음이 이상하리만치 너무 불편했다. 지금 생각하니 아들 옆좌석의 사람과 바꾸어 앉자고 해볼걸 하는 후회가 든다. 할 수 없이 정해진 내 자리로 갔었다. 나를 떠밀듯이 버티고 있는 널찍한 의자를 바라보다가 스피커에서 벨트를 매라는 소리가 들려서 하는 수 없이 앉아서 스피커 소리에 순응했었다. 11시간을 넘는 시간 동안 식사도 물도 안 먹고 눈을 감고 있었다. 이런 불편한 시간은 처음으로 겪었다. 불편한 데도 눈물이 까닭없이, 부질없이 흘러내리는 이유는 무엇이었을까? 분리불안증도 아니었다. 생살을 뜯어내는 듯한 괴로움을 느꼈었다.

세 번째 여행 마지막 날 귀국하는 비행기 안에서는, 지나간 여행의 기억에서 벗어났다. 나도 그때와는 다른 사람으로 변해 있었다. 아들도 2019년도와는 많이 다른 사람으로 바뀌었다. 아들은 더 많이 멋있게 성숙해졌고, 나는 좀 더 늙었다. 세상에는 변하지 않는 것이 없나 보다. 나도 멋있게 늙고 싶은데 변하고 싶은 방향으로 변했기를 바랄 뿐이다. 비행기 안의 좌석 내용도 바뀌어가나보다.
　세상에 변하지 않는 것은 없나 보다. 나무도 작년의 나무는 올해의 나무가 아니다. 쉼 없이 제일 많이 변하는 것은 사람의 마음일 테고, 그다음으로는 하늘의 구름 모양이다. 구름은 변화무쌍한 물질의 대표라고 할 만큼 쉬지 않고 변해주면서 내 눈을 데리고 돌아다닌다. 모양도 잘도 변하고 색도 신비를 품어내며 그릴 수 없을 만큼의 색채를 담아 치장하고는 고상한 자태로 나를 내려다보곤 한다. 때론 위협적인 색으로 변하고 '우르르 쾅쾅' 우리에게 화를 내기도 한다. 마구, 큰 물덩어리 같은 눈물을 퍼부으면서. 구름도 아플 때가 있나보다.

　나는 귀엽고 길쭉하게 만들어진 타원형에 가까운 비행기 창문으로 바깥을 내다보았다. 하얀 모랫바닥 같은 공항의 땅을 바라보며 말했다. '파리여, 안녕이다. 멋있는 파리였어. 많은 생각을 하고 간다. 파리의 역사와 건물과 강과 다리와 미사와 식당과 갤러리와 공원의 나무와 까마귀까지 모두 다 잘 있으렴.' 2박 3일의 여정에 이렇게 많은 사건이 마음에 담겨 있다는 것에 놀라움을 담아, 모든 것을 허락하신 무소부재하신 그분께 고마움을 아뢰었다. 그리고 '무사히 잘 가게 해주실 거죠'라고 전지전능하신 분께 말씀드렸다.
　아들도 좌석 세 개를, 나도 좌석 세 개를. 자리가 많이 남으니까 같이 앉고 싶은 사람들이 떠올라왔다가 사라졌다. 옆을 보고 뒤를 보아도 모두 한 사람이 세 좌석 줄에 혼자 앉아 있다.

그건 그렇고, 나는 우리나라에 모든 것을 맞추어야 했다. 인천에서 떠나올 때는 로마시간에 시계를 맞추었는데 지금은 한국시간에 시계를 맞추었다. 좌석 모니터에서 여행가이드에 맞추어놓았다. 인천까지의 거리는 8,935km란다. 내가 기억하는 숫자는 8,976km인데. 비행기가 날아가는 길이 조금 다를 수도 있겠지. 또 아니면 거리를 측정하는 데서 다르게 나올 수도 있겠다.

19시 5분, 비행기가 이륙 준비를 하나 보다. 내 엉덩이가 흔들림을 감지했다. 조금 더 가면서 이도 흔들렸다. 비행기가 굴러가니, 비행장 주변의 사물과 먼 곳의 산야가 뒤로 움직였다. 확 트인 시야의 모습이 계속 변했다.

19시 19분. 드디어 비행기 앞이 공중으로 올라갈 태세인가 보다. 나는 이런 감각이 정말 흥미롭다. 드디어 스피커에서 안내방송이 나온다.

"승객 여러분, 곧 이륙하겠습니다. 다시 한번 벨트를 매셨는지 확인해 주시기 바랍니다. 고맙습니다."

우리말로 하는 소리를 듣는데, 온몸에 전율이 흐르는 느낌은 왜일까? 2주 동안 우리말이 고팠던 걸까? 아들은 나한테는 우리말로만 했었는데, 그 정도로는 족하지 않았던 모양이다. 한국어 안내를 들으면서 조금은 난청이라도 괜찮다는 안도의 숨이 쉬어졌다. 한국어로만 하면, 대충 감으로 앞뒤를 맞추어 내용을 정리할 수 있으니 확실히 좋은 일이다. 나는 안내 방송하는 사람이 안 보여도 안내 방송하는 사람에게 마음을 모아 한마디 했다. '고맙습니다. 그리고 우리를 데리고 잘 날아가실 거죠. 부탁합니다.'
[사진23][49]

사람들은 가방을 내리느라고 분주한 소리를 만들고 있었다. 나는 여전히 아들만 쳐다보고 있었다. 아들은 가방을 챙기고, 나는 추억보따리를 끌어안았다. 나는 매 순간, 추억 보따리에서 뭔지 멋있고, 맛있는 그리고 의미있는 것들을 조금씩 꺼내서, 거기에 의미를 덧붙여 살찌워가며 살아갈 것이다.
　세상에서 최상의 부요를 누리며, 나누며 살아갈 내가 보였다. 내가 이렇게 호화로운 환경에서 살아간들, 누가 뭐라고 할쏘냐.

　비행기에서 나왔다. 우리나라 땅이다. 여기서는 나의 귀가 불량이라 하더라도 크게 어려울 일이 없다. '내 귀가 불량이라 잘못 알아들어서요'라고 말하면, 대부분의 사람은 웃으면서 좀 더 큰 소리로 말해주니까. 여행 중에는 아들이랑 함께여서 좋고, 돌아오니 우리나라 땅이어서 좋다. ― 영화 〈터미널〉에서 톰 행크스가 자기 나라가 없어져서 고생하던 모습이 보이니까. ―
　그러니까 애국가를 부르면서 귀국하는 것은 당연한 일이다. 국민학교 때부터 애국가를 부르면, 온몸이 찌르릉찌르릉했었다. 특히 '하나님이 보우하사'를 부를 때는 더욱 그랬다. 우리나라 애국가에 '하나님'이라는 말이 있다는 것이 참 좋다. '남산 위에 저 소나무'를 부를 때는 부활주일 새벽에 소나무 사이로 흰옷을 입은 성도들이 '예수 부활했으니…'를 부르며 걸어나오던 모습이 보여서, 몸이 으스스해지기도 했었다.
　그러나 여행이 끝나고 돌아와서 공항으로 들어가는 통로에서 혼자 부르는 애국가는 특별한 의미가 있다. 좋은 기분이 떠오르면 제일 먼저 찾아오시는 분, 그분께, '나라'라는 영역을 주신 그분께 고마움을.
　나는 언제든지 '아, 참 좋아요' 하고 말씀드리고 싶어졌다.
　나의 그분께.

　나는 여전히 매일 즐겁게 기쁘게 가지각색의 고마움을 올려드리며 살아갈 것이다.
　이미 받을 복을 다 받아서 살아가는 나이니까.
　이 세상에서도 저세상에 잇대어서 사는 사람으로 살아가야 하니까.

사진23 비행기에서 마주 본 창공 ▶

계속되는 순례 인생

우리의 제주도로 함께

　내 팔순을 아들과 딸과 며느리와 사위의 경호를 받으며 아주 특별하게 지냈다. 딸은 생일에 맞추어 미국에서 들어온 다음 날부터 나를 데리고 다니기에 바빴다. 남이섬에 가서 스며들어 오는 봄을 환영하면서 봄 속에서 헤엄을 치듯이 봄을 만끽하고 왔다.

　딸이 주도하는 제주도 여행에 아들이 자원하여 동행한단다. 넷이 함께 다녀왔던 1986년 제주도 여행, 그때처럼 '오리지널' 가족 넷만 가자고. 딸은 초등학생, 아들은 대학생, 나는 42살이었던. 가족여행은 그때가 처음이자 마지막이었다. 제주도에서 열렸던 학회 참석차 가는 남편을 따라 내가 큰마음을 먹고 아이들을 데리고 갔던 여행.

　아들은 아시아나로 날아왔고, 딸과 우리 부부는 대한항공으로 갔다. 우리는 제주공항에서 만났다. 딸은 공항에서 차를 렌트했다. 하얀 승용차를 렌트한 딸은 그때부터 기사이자 가이드가 되었다. 딸은 운전하고 아들은 조수석에 앉아서 딸과 이야기하는 복스러운 모습을 보여주었다. 이런 풍경을 보는 것 이상으로 더 좋은 관광 아니 여행은 없을 것이다.

　게다가 딸이 선정한 코스는 자연의 신비를 가득 품은 곳들로 가득 이어졌다. 1,100미터 고지의 습지라니! 돌아돌아 올라갈 때는 어지럽더니 딸이 주차하고 나를 데리고 탐방로로 걸어가면서 보니 진기한 풍경의 습지가 두 팔을 벌리고 마중하는 듯했다. 어떻게 이렇게 높은 곳에 습지가 있을 수 있을까?

'붉은 오름 자연 휴양림'은 나를 '원시림'으로 유혹해 끌고 들어갔다. 나의 눈에 이탈리아와 파리에서 보았던 돌기둥들이 이 원시림 속의 나무 둥치들과 나란히 서는 모습이 보였다. 왜 돌기둥과 우리의 큰 나무들의 둥치(덩치)를 비교하고 있는 것일까? 이어서 우리 땅 제주도에 있는 길쭉길쭉 하늘까지 올라가 있는 듯한 나무들이 참으로 멋있어 보였다. 땅은 붉은색을 띠고 있어서 '붉은 오름 자연 휴양림'이라고 붙일 이유가 되어 보였다. 나무들을, 땅에서부터 위로 뻗은 꼭대기를 바라보려고 했지만 포기할 수밖에 없었다. 나무 꼭대기 끝이 보이지 않을 정도의 높이는 나의 입을 다물지 못하게 만들었다. 로마에서 처음으로 돌기둥을 보았을 때와는 또 다른 의미의 감탄사가 폭발하려고 했다. 생명을 지녔으면서도 높이 올라가 있음에.

아마도 내 팔순 여행의 클라이맥스는 여기 자연 휴양림 속의 이 나무들에게만 속삭임으로 말해주어야겠다는 생각이 들었다. 이런 장엄 그 자체인 나무들은 유럽 여행에서 위축되려고 했던 마음을 품어주고도 남았다. 그래서 나무들에게 말했다.

"고마워요, 참 많이 고마워요."

2박 3일을 쉬지 않고 우리를 데리고 다니며 보여주느라고 온 몸과 마음과 정성을 다 썼던 내 딸, 귀한 시간 빼내어서 동행해준 아들에게 고맙다는 말 말고 또 무슨 말로 표현할 수 있을까? 1986년에 같이 방문했던 곳 중의 하나인 천지연 폭포에 갔다. 그때 아들과 딸의 모습을 내가 니콘 카메라로 기념 촬영을 했었다. 이번에는 천지연 폭포의 그 바위 위에서 스마트폰으로 또다시 모습을 담아주었다.

25년 이상이 지난 세월 동안 우리가 변한 모습과 마음이 빠른 속도로 지나갔다. 내 나이가 지금 아들의 나이보다, 딸의 나이보다도 젊었을 때의 일인데 아직도 내 안에 머물고 있음이 신기했다. 그때의 느낌은 잊을 수가 없다.

지금도 아주 자주 제노바 800m 고지의 성당에서 울려서 들려오던 소리를 듣기도 한다. 마음이 뭉클해지는 감동과 같이.

제주도 비자림 숲속에서 흙의 구수한 냄새와 나무들의 싱그러운 향내를 깊이 들이키며 걷는다.

언니와 함께

조카 은영이가 강릉으로 불러주어서 언니와 같이 수평선 저 멀리까지 펼쳐져 있는 동해를 가슴에 담았었다. 잘생기고 친절한 조카사위 허 서방의 서비스를 받으며 만찬을 먹은 기억도 참 좋다.
언니가 있어서 참 좋다. 나를 '신아'라고 불러주는 언니가 있어서 좋다. 자상한 형부가 운전하면서 바다 구경을 골고루 시켜주셨다. (지금은 그 형부가 내 곁에서 없어지셨다. 관棺에 뉘어서 화구火口로 들어가신 형부는 2시간도 안 되어서 희끄무레한 가루로 변하셨다. 나도 모르게 '흑' 하고 터져나오는 울음을 그대로 입밖으로 내보낼 수 없었다. 내가 울면 조카들도 울어버릴 테니까. 나를 아껴주시던 형부가 이렇게 없어지셨다. 허망하게시리. 이것이 이 땅 위에서의 인생. 2025년 3월 18일에.) 그것도 하루 종일. 언니와 바람을 만나고, 끝나지 않을 것 같은 언니의 이야기를 들을 수 있었던 뿌듯함을 마음에 포근히 담고 있다.

집에서

나의 또 다른 작은 세상이 여기에도 펼쳐지고 있다. 아파트 발코니 난간의 화분에 있는 발그스름한 채송화에 참새가 놀러왔다. [사진24] 나를 바라보는 참새들에게 말했다.

"그래, 먹어도 돼. 맛있게 꼭꼭 씹어서 먹으렴."

참새들은 채송화 잎을 쪼아 먹었다.

"물기가 촉촉해서 맛있다. 그치, 너도 먹어봐."

참새들이 화분에 발을 붙이고 서서 채송화 잎을 맛있게 먹고 있다.

"마음대로 천천히 먹으렴. 저쪽 화분에도 많은데. 친구들도 더 데려와도 돼."

참새와 놀든지, 아니면 직박구리와 이야기를 나누든지, 뭐든지 다 그분의 창조물임을 기억한다. 누구처럼 새들한테 설교는 안 하지만 정을 주고받으며 살 수는 있다. 마지막 그날까지 미약하나마 그분의 뜻을 마음에 담고 살아가는 것이 순례라고 여기며. 항상 미묘한 감정을 불러내면서 그분 안에서 그리고 내 속에 그분을 모시고서 즐겁고 고마운 좋은 생각들로 가득 채우고서 살아가야지.

자식들이 자라서 나를 감동하게 하고 즐겁게 해주듯이, 나도 그분을 즐겁고 기쁘게 해드리고 싶다. 하나님이 내 아버지라고 예수님께서 말씀하셨으니까, 나도 내 아버님이신 하나님을 즐겁고 기쁘게 해드리면서 살고 싶다.

이 나그네 순례의 길 끝나는 날까지, 그날, 또 다른 시작을 설렘으로 기다리면서, 나를 부르시는 그날까지, 그렇게 살고 싶다.

2023년 9월 9일
언니와 강릉을 다녀온 다음 날

사진24 (그림과 함께) 우리의 채송화 ▶

미주

1. 확인해보니 2023년 1월 8일에 보냈네요. "저랑 3월 첫째 둘째 주쯤 이탈리아 수도원 호텔 투어 가요. 올해는."
2. 이렇게 이번 여정을 시작했죠. 내가 좋아하는 미술관과 박물관보다는 성당과 수도원 중심으로 다니면 엄마가 훨씬 더 좋아하실 것을, 지난 두 차례의 여행을 통해서 깨달았거든요. 솔직히 생각은 그렇게 했지만, 막상 순례 컨셉의 여행 계획을 세우는 일은 막막했는데, 『묵상』을 보면서 monasterystays.com라는 사이트를 발견한 뒤에 구체적으로 계획을 짜볼 수 있었습니다.
3. 우버(Uber)를 우보(牛步, 소 걸음)로 부르시는 것이 재밌어서 고치지 않고 그대로 두었습니다. 어느 나라 택시 기사들은 현금을 선호하는 것 같습니다. 타기 전에 카드가 되냐고 확인했어야 했는데, 방심하는 사이에 놓쳤네요.
4. 음, 엄마. 지난번에 바르셀로나 갔을 때 어느 타파스 식당에서 엄마가 울어서 밥 제대로 못 먹고 나온 적 있잖아요. 그때 꽤 당황했었는데, 한참 뒤에야 엄마가 운 이유를 알고 충격받았거든요. 미국에서 어느 정도 사시기도 했고, 영어 메뉴라서 엄마 먹고 싶은 것을 고르실 줄 알았는데, 엄마에게는 그게 심리적으로 부담이었다는 것을 몰랐어요. 그래서 다음 여행 때는 제가 아는 것은 최대한 잘 설명을 해드리자는 생각을 하게 된 거죠. 엄마가 또 우시면 제가 속상하잖아요.
5. 바울 성당 공식 웹사이트를 찾아보니, 이 성당 안의 수도원 회랑은 코스마티와 바살레토라는 대리석 석공장인 가문에서 1205년에 시작해서 1235년에 완성했다고 하고요. 이 독특한 장식 방식은 이후에 코스마티 가문의 이름을 따서 코스마테스코 형식이라고 부른다는군요.
6. 걱정은 안 되었고요. 옷장 같은 책장에서 책 한 권 가지고 오시지 않아서 좀 아쉽네요.
7. contorno는 검색해보니 사이드 디시네요. 덕분에 이탈리아어 하나 배웠습니다.
8. Palazzo Bonaparte에서 2022년 10월 8일부터 2023년 3월 26일까지 '네덜란드 크뢸러뮐러 미술관 소장 반고흐 대표작'으로 '반고흐' 특별 전시했죠.
9. 베네치아의 로컬(Local)이라는 식당은 테이블 옆으로 작은 수로가 있는 분위기 좋은 식당에, 음식은 정말 탁월했죠. 베네치아같이 볼거리 많은 곳에

서 그렇게 점심시간을 길게 쓰는 것은 아까운 일이지만, 그만큼 가치있는 훌륭한 점심이었습니다.

10 그런 건 아니었고요. 기억이 선명하지는 않지만, 질문을 한 의도도 그렇고 답을 들었을 때도 그렇고, 엄마가 좋아하는 걸 좀 더 하려고 했던 건데, 엄마 답을 들으면서 어디에 포인트를 둬야 할지 잘 몰랐을 겁니다. 제가 드렸던 이콘 선물, 기억나시나요? 아버지가 광주에 직장을 얻는 바람에 갑자기 초등학교 마지막 학기를 가톨릭계 사립학교인 사레지오국민학교(지금은 살레시오초등학교)에서 마쳤죠. 그렇게 단기 속성으로 가톨릭 분위기에 친숙해진 덕분에 엄마 크리스마스 선물로 양림동 어느 길가에 있는 가톨릭 성물 가게에서 마리아상을 그간 모은 용돈으로 사드렸는데, 엄마가 그걸 받으시고 좀 당황하셨던 기억이 나서요. 정확한 워딩은 기억이 안 나지만 '가톨릭 학교에서 세뇌당했다'라는 요지의 대화를 아빠와 엄마가 한 기억이 나네요. 선물드리고 난감했던 순간이었죠. 성탄절에는 마리아도 주인공 중 하나인데, 조연이 아니라 주연에 집중했더라면 리스크가 적었으려나요? 6학년 때 그런 걸 어떻게 알았겠어요? 엄마도 많이 변하셨네요.

11 진짜 문은 전에 보셨듯이 근처 두오모 박물관 안에 있죠.

12 김동명 작사, 김동진 작곡의 가곡.

13 조영식 작사, 김동진 작곡의 가곡.

14 아주 오래전에 대학생 시절에도 한 번 말씀하신 적 있었죠. 이날만큼 상세하게는 아니었어도. 그땐 엄청난 충격이었죠. 이날 처음 들었다면 저녁을 먹을 수 있었을까 싶네요.

15 음. 자주는 아니어도 종종 누려봤는데요.

16 지금도 그 집(36 Andrews Circle, Atlanta, Georgia), 특히 그 방에 대한 단편적인 기억이 있어요.

17 I는 1, V는 5, X는 10, L은 50, C는 100, D는 500, M은 1,000이에요. 보통은 보이는 그대로 읽으면 되지만, IV는 4(5-1), IX는 9(10-1), XL는 40(50-10), CM은 900(1000-100)이니 주의할 필요가 있어요. 예를 들어 엄마의 생년은 MCMXLIV로 표기하겠네요.

18 사진을 뒤져보니 이탈리아어로 쓰여 있고, 동상 작품명은 〈단테는 숲에서 길을 잃었다〉이군요. 작품 설명 대신 적힌 글은 단테의 『신곡 지옥편』의 제1곡 49-54절인데 열린 책들 판(김운찬 역)을 보니 이렇습니다.

　　"그리고 암늑대 한 마리, 수많은 / 사람을 고통 속에 몰아넣은 암늑대가 / 엄청난 탐욕으로 비쩍 마른 몰골로 / 내 앞에 나타나는 모습을 보고, 나는 / 얼마나 두려움에 사로잡혔는지 / 언덕 꼭대기를 향한 희망을 잃었다."

19 글로 물어봐 주셔서 감사합니다. 이리저리 검색해보니 피렌체시의 어두운 조명 시설은 1966년에 홍수 이후 것이라 굉장히 노후한 것이고요. 2018년부터 LED로 교체하는 중이라고 하는데 우리가 있었던 곳까지는 아직 교체

가 안 된 것 같아요. 다음에 가시면 밝아진 것을 확인하실 수 있을 것 같습니다. 그래도 엄마의 해석은 멋있습니다.
20 친절하게 이탈리아어와 영어로 쓰여 있었죠. Buchetta del vino / Wine Window.
21 정답 없는 질문이었죠. 왜냐하면 자주 여행 안 하시니까, 가능하면 엄마가 좋아하는 걸 더 해보려고 참고하려고 질문한 건데, 이렇게나 복잡하게 생각하실 줄은….
22 대략 1km쯤 뻗어 있는 갈리에라 길(Via Galliera)이었죠.
23 이게 뭔지 모르는 사람이 있을 거라고 편집자 이상원이 뜻을 추가하자고 하네요: 발앞이 둥글며, 발볼이 넓고 굽이 낮은, 중국 스타일의 구두.
24 볼로냐 어린이 도서전에서는 일러스트레이터들이 자기 홍보를 할 수 있도록 전용 벽보를 운영하죠.
25 해외의 전문 도서전은 규모가 크니 걱정이 안 될 수 없죠. 서울 도서전과 단순 비교를 하자면 2023년 볼로냐는 2024년 서울 도서전보다 최소한 10배는 되었던 것 같고, 여러 개의 건물로 나뉘어 있어서 79세 노모가 꼬부랑말 좀 읽고 말하고 방향감각도 좀 있기 전에는 국제미아 되기 딱 좋은 곳이니 걱정이 안 될 수 없죠. 물론 잘 하시리라는 것을 아니 그렇게 떠난 것이지만.
26 왜 엄마를 볼로냐 어린이 도서전에 모시고 왔냐면요. 이미 입장권부터 일러스트레이터 것으로 끊었듯이 엄마가 도서전에서 다른 그림 작가들처럼 포트폴리오를 편집자들에게 보여주며 그림 의뢰를 받도록 시도하거나 최소한 그림에 대한 평을 받아보시게 하려는 것이었습니다.『도널드 밀러의 오색사막 순례 이야기』의 표지를 파스텔로 그리신 것을 보고 아이패드와 펜을 사드렸었죠. 그랬더니 너무 잘 그리셔서 우리 책『도널드 밀러는 인생 편집 중』의 표지와 내지 그림을 의뢰드렸었죠. 너무 괜찮게 그리셔서 볼로냐 도서전에 한 번 진출해 보시면 좋겠다 싶었어요. 그런데 고집을 안 꺾으시고, 이 책에서도 그런 제안을 받은 것이나 그런 제안을 끝까지 거부하신 것은 쓰지 않으셨네요. 그림 작가 모시고 출장 온 아들 입장에는 비용을 엉뚱한 데 지출한 것이 되었답니다.
27 같이 들어갔으면 좋았을 텐데, 막판에 예약을 해서 영어 투어 가이드가 안내하는 자리를 하나 어렵게 구했어요. 현장에서 혹시 예약 취소 표가 나오면 들어가려는 플랜B로 갔었는데, 아쉽게도…. 저는 그래도 2015년에 한 번 본 참이라 꼭 봐야 하는 것은 아니었으니, 엄마만이라도 본 것이 정말 다행이죠.
28 지금 다시 보니 '아줌마'보다는 '부인'이나 '숙녀'가 좀 더 적절한 번역어일 것 같네요.
29 이 성당(수도원)에 오게 된 것은 설명이 좀 필요할 것 같네요. 이번 여행을 계획할 때 승효상 선생님의『묵상』(돌베개, 2019)을 참고했는데, 승효상 선

생님이 'monasterystays.com'이라는 수도원 숙박시설을 소개하기에, 그걸로 이탈리아 수도원 숙소를 예약한 거였어요. 로마와 피렌체는 나름 성공했는데, 이곳은 수도원 숙박시설이 아직 시즌이 시작하지 않아서 숙소 오픈을 안 한 거였죠. 무슨 연유인지 중간에 누군가가 예약을 접수 처리해 버려서 이런 문제가 생긴 것이었습니다. 사이트 자체도 한 20년 전에 만든 것처럼 허술해 보이고 일처리 방식도 마음에 안 들었는데, 결국에는 삼세판이었네요. 그래도 이 예약 오류가 그다지 나쁘지 않았던 것은 결국 엄마가 수도원 건물 안에서 자고, 멋진 이탈리아 아저씨와 밥도 먹고 와인도 마셨다는 거죠. 외부인용 수도원 객실에서 지냈다면 불가능한 일이었겠죠.

솔직히 택시 불러서 내려가면 숙소야 어렵지 않게 구할 수 있었을 텐데, 그나마 여기가 이번 순례여행에서 제대로 된 수도원 숙박을 할 마지막 기회였던 거라, 그게 너무 속상해서 밀어붙여 본 겁니다. 솔직히 예배당에서 자라고 하면 그 또한 못할 건 없다고 생각했어요. 옷도 많으니까 다 꺼내 입고 자면 될 터였으니까요. 그랬더라면 엄마가 고생을 좀 하셨겠지만.

30 물론 라틴어나 영어와 비슷한 단어들도 좀 있어서 눈치로 알아채는 것도 없지 않았지만, 순례란 말은 '산펠레그리노'(San Pellegrino)라는 이탈리아 생수 이름을 접하면서 알게 된 단어라 어렵지 않았죠.

31 제가 이렇게 길고 자세하게 얘기해 드린 기억은 없는데, 아마도 엄마가 그 뒤에 조사한 이야기를 좀 붙이신 것 같아요. 아무튼 지금 기억나는 것은 베네치아의 페기 구겐하임 미술관에서 그림을 본 후 살루테 성당으로 걸어가는 길에 있던 마지막 다리 이름이 '폰테 산 크리스토포로'여서 다리 이름의 주인공 이야기를 짧게 한 것이 기억납니다.

32 Paul에는 Wrap 메뉴가 보통 없어서 이상해서 영수증을 뒤져보니, 제노바 기차역에서 갔던 식당은 Mentelocale Bar Bistrot였고, 드신 음식 이름은 정확하네요. 파업 중인 프랑스 기차 때문에 표를 어렵게 다시 끊은 것도 제노바가 아니고 벤티밀리아였죠. 벤티밀리아에서 프랑스 기차를 갈아타야 했는데, 파업 때문에 우리가 예약한 기차가 사라져서 부득이 새로이 표를 사려고 한 것인데(기존 것은 환불처리하고), 나중에 알고 보니 프랑스에서 기차가 파업 중일 때는 그냥 기존 표를 가지고 아무 기차나 타도 문제없다더군요. 여행하면서 배우게 되는 것들이죠. 그나저나 다른 곳들은 모두 정확하게 기록하셨는데, 이 부분의 기록들이 정확하지 않은 것을 보면 기차 파업 때문에 엄마도 스트레스를 많이 받으셨던 것 같네요.

33 일단 승효상 선생님이 소개해준 웹사이트에서 제시하는 적절한 수도원 호텔을 니스에서는 찾을 수 없었고요. 그래서 숙소를 어떻게 할지 고민하면서 숙소들을 살펴보았는데 바닷가 뷰가 너무 좋은 곳이 많아서 호텔 멤버십이 높은 체인 호텔로 업그레이드해서 좋은 방을 잡게 되었던 것입니다. 저도 방에 들어가서 지중해 풍경을 보면서 역시 숙소 선정을 잘했다고 생각했습

니다. 비록 순례 콘셉트에 살짝 어긋나더라도요.
34 샘 어드먼스(Sam Eerdmans)는 사업 초기부터 저의 좋은 멘토이자 친구였죠. 2022년 12월 초에 췌장암 말기(4기) 판정받고, 그다음 해 1월 26일에 세상을 떠났는데, 죽기 전인 12월 말에 만났을 때 '다음'이라는 말을 해놓고는 '다음'이 없을 거라는 사실을 서로 깨닫고서는 잠시 다음 없음을 조용히 슬퍼했죠.
35 죽기 한 달 전쯤에 만났을 때 샘은 중간중간 묘사하신 그런 통증으로 정말 고생했어요. 다행히(?) 오바마케어 덕분에 무료로 나오는 강력한 진통제(마약류)가 있어서 도움을 받았죠. 그렇지만 고통이 시작되는 순간 몸을 비틀면서 내는 신음소리는….
36 음, 프랑스 기차는 여전히 파업 중이라 예정대로 간 기차는 하나도 없었는데요.
37 그곳도 가시면 좋아하셨을 텐데, 일정에 맞춰 넣을 수가 없어서 아쉬웠어요.
38 결국 둘째 손녀는 여기가 아니라 파리 근교에 있는 대학교에 교환학생으로 가서 지금 이 책을 편집하는 동안 잘 생활하고 있어요.
39 어떻게든 순례 여행 콘셉트에 맞추려고 노력했습니다.
40 푸하하! 80살이었어도 아마 즐거웠을 거예요. 좀 힘들긴 했겠지만.
41 승무원과 길게 대화한 것은 이날 파업 탓인지 점심 식사가 없다는 얘기를 듣고 다른 방법이 없는지 얘기를 했던 것으로 기억해요. 결과적으로 계획에 없이 점심을 제대로 못 먹어서 이날 제가 좀 많이 힘들었죠.
42 엄마가 고생할까봐 걱정되어서 그런 거죠.
43 다른 유럽 국가는 괜찮은데, 유독 파리가 부담스럽더라고요. 상표가 붙은 옷도 그렇고 눈에 튀는 색의 옷도요. "나는 관광객입니다"라고 광고하는 것 같아서요.
44 맞아요! 그래서 꼭 해보고 싶었어요!
45 이 그림 완성하신 것이 사라졌다니 정말 아쉽습니다. 미완성 작품을 보면서 아쉬움만 넘칩니다.
46 과거 동대문운동장역에 있던 재개봉관 계림극장에서 상영했던 〈개인교수〉(원제: Private Lessons; 1981)라는 영화였죠.
47 과장도 심하십니다! Duolingo로 하루에 4분씩 3년쯤 했고, 영어 단어와 비슷한 것이 많아서 눈치로 짐작하는 것이 많을 뿐입니다.
48 남들이 들으면 비즈니스 클래스나 퍼스트 클래스인 줄 알겠어요. 아시아나 이코노미 클래스 앞자리 유료석은 돈을 조금 더 내기 때문에 사람들이 잘 안 앉아서 이렇게 세 자리씩 쓰게 될 가능성이 높다는 걸 알고 시도해본 겁니다. 올 때는 조금 더 편하게 오는 것이 좋을 것 같아서요.
49 전 이것이 여전히 사진이라는 것이 안 믿겨집니다. 사진이라고 하기에는 너무 그림 같고, 그런데 또 그림이라고 하기에는 사진 같은 면이 있어서요.

부록

이 책에 언급된 책, 영화, 장소

편집자 주: 흔히 이런 책을 보면 보고 싶거나, 가고 싶은 곳들이 있는데, 정확한 정보를 책 자체로는 찾기가 불가능한 책들을 많이 접한 독자 경험을 살려서, 이 책에서는 이런저런 자료들을 추가했습니다. 장소는 모두가 다 알만한 곳은 제외하고, 도시별로 덜 알려진 곳을 중심으로 선별하였습니다. 숙소는 수도원 숙소만 포함했습니다.

책

Rolf Toman (글), Achim Bednorz (사진), *ARS SACRA*, H. F. Ullmann, 2015. 이 책은 약 8kg쯤 되며, 크기는 38cm x 48cm나 된다. 성화라는 도서명이 가리키듯이 성화집인데, 좋은 도판이 아주 많이 들어있다.

도널드 밀러, 『도널드 밀러의 오색사막 순례 이야기』, 허진 역, 잉클링즈(종이책); 알맹4U(전자책), 2022.

도널드 밀러, 『도널드 밀러는 인생 편집 중: 천 년 동안 백만 마일 일러스트레이션판』, 윤종석 역, 김재신 그림, 알맹4U, 2022.

댄 브라운, 『인페르노』, 안종설 역, 문학수첩, 2013.

승효상, 『묵상』, 돌베개, 2019.

레이첼 에반스, 『헤아려 본 믿음』, 김경아 역, 바람이불어오는곳, 2023.

유현민, 왕일민, 『어머니와 함께한 900일간의 소풍』, 랜덤하우스코리아, 2007.

로스 킹, 『브루넬레스키의 돔』, 김지윤 역, 도토리하우스, 2021. 이 책은 몇 차례 한국어로 나왔는데, 이 책만큼 피렌체 두오모의 역사를 재미있고 알차게 쓴 책이 없다.

레프 니콜라예비치 톨스토이, 〈두 노인〉. 이 단편소설로 그의 단편소설집에서 쉽게 찾아볼 수 있다.

존 폭스, 『위대한 순교자들』, 맹용길 역, 보이스, 1976.

영화/다큐멘터리

〈검은 수선화〉, 원제: Black Narcissus; 1947. 영국 영화.
〈기도의 숨결〉, 원제: Leur Souffle; 2019. 프랑스의 프로방스 베네딕도회 수녀들의 모습을 담은 다큐멘터리.
〈리틀 러너〉, 원제: Saint Ralph; 2004. 캐나다 영화.
〈맹룡과강〉, 원제: 猛龍過江; 1972. 홍콩 영화. 변기 시트가 없을 때를 대비해서 이소룡의 비법을 배울 수 있는 유익한 영화.
〈사운드 오브 뮤직〉, 원제: The Sound of Music; 1959. 미국 영화.
〈여사장〉, 1959. 한국 영화.
〈위대한 침묵〉, 원제: Die große Stille; 2005. 필립 그뢰닝(Philip Gröning)이 알프스 산맥의 프랑스 쪽(서쪽)에 있는 라 그랑드 샤르트뢰즈(La Grande Chartreuse)라고 널리 알려진 카르투시오회 모 수도원 수사들의 일상을 담은 다큐멘터리.
〈터미널〉, 원제: The Terminal; 2004. 미국 영화.

장소

로마

Casa di Accoglienza Suore di Santa Elisabetta: 로마 수도원 숙소. 주소는 Via dell'Olmata, 9; 00184 Roma, Italia. 테르미니역에서 걸어갈 수 있는 거리이고, 최근에 돌아가신 교황도 묻힌 산타마리아 마조레 대성전이 바로 건너편이기도 하다. 작은 채플이 있어서 새벽에 미사에 참석할 수 있고, 수수한 아침 식사도 먹을 수 있다.
Mamertino, Carcere: 마메르티노 감옥. 이탈리아 로마의 포로 로마노 끝자락에 있다. 바울과 베드로가 갇혔던 곳으로 알려져 있다.
La basilica [papale] di San Paolo fuori le mura: 성 밖 성 바오로 성당(혹은 산 파올로 푸오리 레 무라 대성전). 이탈리아 로마 소재. 이 책에서는 주로 '바울 성당'으로 되어 있다. 사도 바울의 무덤이 있는 것으로 여겨진다.

피렌체

Casa per Ferie Suore Oblate dell'Assunzione Borgo Pinti: 피렌체 수도원 숙소. 주소는: Borgo Pinti, 15, 50121 Firenze FI, Italy. 로마 숙소와 마찬가지로 새벽 미사도 있고, 수수한 아침 식사도 제공한다. 다른 계절에는 어떨지 모르겠는데 봄의 정원은 아주 예쁘다.
Ospedale degli Innocenti: 오스페달레 델리 인노첸티. 이탈리아 피렌체 소재. 이 책에서는 '무죄한 이들의 병원'로 되어 있다. 1445년에 병원과 고아원으로 설립되었고, 지금은 박물관이다. 두오모를 올린 브루넬레스키가 설계했다.

Museo Nazionale di San Marco: 산 마르코 국립 박물관. 500년 전 산 마르코 수도사들이 사용했던 방, 도서관, 회랑을 볼 수도, 거닐 수 있어서 유익한 곳이다.

Badia Fiorentina: 바디아 피오렌티나 수도원과 성당이 있다. 매일 저녁에 드리는 아름다운 미사에 참석할 수 있다. https://www.badiafiorentina.org/

볼로냐

Basilica di San Petronio: 페트로니오 성당.

Monastero di Santa Caterina: 성 카테리나 수도원. 아쉽게도 문이 닫혀 있어서 들어가지 못했다.

La fiera del libro per ragazzi (볼로냐 어린이 도서전). 볼로냐 어린이 도서전은 Bologna Fiere 전시장에서 매년 봄에 열리며, 전 세계에서 가장 큰 어린이 도서전이다.

제노바

Santuario di Nostra Signora della Guardia: 원래는 성당 부속 건물인 수도원 숙소인 (Casa Del Pellgrine Santuario Nostra Signora Della Guardia)를 예약하고 갔지만, 예약 사이트의 실수로 결국 성당의 게스트 숙소에 묵게 되었다. 방문객을 위한 정식 수도원 숙소는 어떤지 모르겠지만, 일단 여기까지의 교통편이 꽤 불편하다는 것을 제외하고는 일단 도착하기만 하면, 그리고 날씨만 협조적이라면 정말 만족스러울 것으로 짐작된다.

니스

Cathédrale Sainte-Réparate de Nice: 니스 대성당. 잠시 들렀던 곳이다.

Basilique Notre-Dame de la Garde: 노트르담 드 라 가르드 성당. 니스에서 아비뇽으로 가는 길에 기차를 갈아타느라 잠시 기다리는 중 마르세이유 기차역에서 올려다보며 감상한 성당이다. 실제로 방문해 보면 건물도 독특하지만 거기서 마르세이유 시내와 앞 바다를 내려다보는 경치가 정말 탁월하다.

파리

Fontaine des Innocents: 이노상 분수.

Église Saint-Eustache de Paris: 생 외스타슈(생퇴스타슈) 성당.

팔순 바보 할머니 순례 이야기

저자 김재신
교정 및 편집 유다미, 이상원, 맹호성
디자인 맹호성 with helps from 구십구더하기일

펴낸이 김진실, 맹호성
펴낸곳 알맹e (사람)
등록 제25100-2014-000047호(2014년 7월 25일)
주소 서울특별시 노원구 동일로 1700, 1031호 (파르코오피스텔) 01624
e우편 rmaenge@rmaeng2.com

2025년 6월 5일 초판 1쇄 발행

종이책 ISBN 9791191822823
PDF전자책 ISBN 9791191822830

정가는 표지 뒷면에 있습니다.